近代中国社会保障立法研究

(1912—1949)

◎ 岳宗福 著

齊魯書社

序

社会保障是人类社会一个十分古老的问题。中国在古代漫长的农业时代,救灾济贫、施舍孤苦等传统社会保障活动就史不绝书;近代以后,随着工业化的启动和发展,中国社会开始步入从传统农业社会向现代工业社会的转型时期,传统的社会保障模式也随之开始向现代转换。当今学术界对中国社会保障制度的研究才刚刚起步,有分量的研究成果不多,而对于近代中国的社会保障问题,更是很少有人问津。岳宗福在浙江大学攻读博士学位期间,勇于探索,独辟路径,选取“近代中国社会保障立法研究”作为博士论文课题,在大量收集资料的基础上,经过刻苦努力,终于完成了《近代中国社会保障立法研究(1912—1949)》二十余万言的论著。

当前,我国社会保障制度还处于不断改革和完善的过程之中,社会保障学界立足于为现实服务、为改革服务的宗旨,一方面比较倾力于介绍和研讨国外社会保障制度发展的成熟经验作为资鉴;另一方面则更加着眼于为我国社会保障制度的改革“出谋划策”。这当然无可厚非,因为这些问题都是“急务”,也是“实务”。那么,置“急务”和“实务”于不顾,研究“近代中国社会保障立法”这样一个“冷僻”为题,又有多大的意义呢?我作为作者的导师,也是本书稿的最早读者,想就此谈几点自己的粗浅看法。

首先,研讨我国社会保障制度发展的历史经验与研讨国外社会保障制度的发展经验具有同等重要的借鉴意义。古人云:"他山之石,可以攻玉",可以用来说明借鉴其他国家社会保障制度的发展经验对完善我国社会保障制度的重要意义。古人又云:"前事不忘,后事之师",则可以用来说明总结我国近代社会保障发展的历史经验对发展我国现代社会保障制度的重要意义。历史的发展具有连续性、承传性,新中国是在旧中国的废墟上产生的,要认识新中国的社会保障制度并对其进行成功的改革和完善,对旧中国的社会保障问题研究仍然是必要的,即使仅仅作为一部旧时代的"病历",也值得我们借鉴和分析。

其次,研究近代中国社会保障问题可以丰富和完善正在成长中的社会保障学科体系。大家知道,社会保障学是近些年新兴的一门相对独立的学科,其学科体系尚未完全确立,理论框架亦未最后定型,各方面的研究力量更相对薄弱。但不论这门新兴学科今后如何发展,社会保障制度发展史研究都应该是该学科基础理论研究的一项不可或缺的重要内容,诚如郑功成先生在《社会保障学》一书中所指出的:"对社会保障进行纵向考察是发现社会保障规律、实现社会保障知识体系的基础。"因此,研究近代中国社会保障立法,从一个独到的视角透视近代中国社会保障制度发展的历史,对于完善正在成长中的社会保障学科体系具有重要的学术价值。

再次,开展近代中国社会保障立法研究可以填补中国近代社会史和法制研究领域的一项空白。本书分析了近代中国社会保障立法的历史背景与社会动因、思想渊源与理论基础及相关的社会政策、社会立法和社会行政问题,运用社会保障学的基本理论,结合近代中国社会的实际情况,从社会救济、社会保险、社会福利、社会抚恤四个方面初步建构了近代中国社会保障法制体系,在如实指出近代中国社会保障立法的阶级本质及其局限性的同时,客观地肯定了其在确立具有现代意义的社会保障立法理念、开启中国近代社会保障法制化之路、推进中国法制现代化及社会化等方面的积极意义。新中国成立近六十年来,全面而深入地研究近代中国社会保障问题或社会救济问题的成果很少,像本书这样,专门研讨近代中国社会保障立法问题在史学界尚属首次。从这个意义上讲,该项研究具有开拓性。

当然,关于近代中国社会保障问题的研究还有许多工作要做,作者的这本著作只是从立法的角度对近代中国社会保障事业作了初步的探究,另外还可以从制度史、事业发展史等不同的角度进行更深广的研究。同时,由于社会保障学的基本理论没有最终定型,相信随着该学科理论的不断完善和成熟,对于近代中国社会保障问题的研究也会更加深入、更加丰富。我也希望作者能继续努力,在今后的研究中取得更多更大的成果。

岳宗福出身寒门,走上社会后在家乡乡镇中学教过书。但他不甘沉寂,勇于向命运挑战。在山东大学历史系攻读硕士是其人生的转折点。毕业后在山东省档案馆工作多年,孜孜不倦地广阅卷帙。继而更上一层楼赴浙江大学攻读博士学位。期间,他的学术论文不时面世,在同辈学人中小有名气。现在又步入山东一座高校的讲坛,成为一名高校教师。数年来,他的刻苦博览,令人钦佩;他的成长进步,令人刮目;他的学术成就,令人感叹! 这大抵是应了毛泽东主席所讲的那句话:“卑贱者最聪明,高贵者最愚蠢”。“世上无难事,只要肯登攀”,他勇于攀登“中国近代社会保障立法研究”这座冰山,且卓然有成,这也许又是毛主席所津津乐道的一种历史现象:“自古以来,创新学派都是学问不足的青年人,他们一眼看出一种新东西,就抓住向老古董开战。”

作为岳宗福的导师,他的博士论文即将付梓,我感到十分欣慰。欣慰之余,下笔不能自已,失当之处,尚祈专家同仁不吝赐教。是为序。

吕伟俊

2006年国庆节于山东大学文史楼

目　录

导论

一、选题的缘起

社会保障是人类社会一个十分古老的问题,但这一问题的社会化最早开始于西方生产工业化和经济市场化之后,并且随着政府的不断深度介入,逐渐形成日趋完备的社会保障机制。特别是近些年来,世界一体化和经济全球化的趋势不断加强,社会保障问题也随之成为世界各国共同面临的重要问题。

中华人民共和国成立后,长期实行计划经济体制,社会保障问题几乎全部都由国家统包统揽。在国家保障机制的覆盖下,社会保障一直没有成为社会关注的焦点。改革开放后,特别是随着社会主义市场经济体制在中国的确立和不断完善,社会保障问题才不断凸显出来,并逐渐成为中国学术界广泛关注的一大热点。

检索近几年来中国内地公开出版和发表的有关社会保障的著述,似乎不难发现,当前学界的注意力主要集中在国外特别是西方国家社会保障制度的介绍、社会保障制度和社会保障立法基本理论的探讨、当代中国社会保障制度的建立和立法研究等几个方面,社会保障制度发展史的研究一直是一个薄弱环节。为数不多的专门著述也主要是探讨西方国家社会保障建立史或者总结古代中国的一些社会保障思想,而为数众多的关于社会保障制度的综合性研究著作,除包括前两方面的内容外,对中国共产党领导的革命根据地和解放区的社会保障问题多有介绍,个别的对民国北京政府和南京政府时期的社会保障问题也有批判性涉及,目前所能见到的关于近代中国社会保障问题的综合性研究成果,就是龚书铎先生总主编的《中国社会史·民国卷》中"三种政权的社会保障制度"一章的有关内容。

造成近代中国社会保障问题研究如此薄弱的原因是多方面的。从客观上说,社会保障是与现实社会息息相关的重大问题,特别是在建立比较完备的、适合中国国情的社会保障体系已成为当前政府和社会都十分关注的重大课题的情况下,学界的研究力量趋向现实,也是理所应当,势所必然。但笔者认为,主观认识上的偏执应是导致这一局面的主因,如有的社会保障学教材就认为:"中国社会保障实践,自古有之,但作为社会保障制度,则是从20世纪50年代陆续建立起来的。"①这种认识代表了目前众多学者的观点,几乎可以说是当前社会保障学界的"共识"。这种"共识"的存在,实际上禁锢和封锁了对近代中国社会保障问题的深入研究。"共识"的达成可能基于如下两个方面的因素:

一是把社会保障制度当做体现当今中国社会主义制度优越性的一项标志。说新中国成立前中国共产党曾经建立过社会保障制度,可以也容易为大多数人所接受,但如果说近代的民国北京政府、南京国民政府也有过搞社会保障制度的"动作",则似乎有往旧政府脸上"贴金"的嫌疑,不少人不愿意承认,也不好接受。其实,任何国家从古至今都存在因社会成员的老、弱、病、残、贫困等引起的保障问题,也是任何政府(不管它是资本主义的还是社会主义的)都无法摆脱而必须应对的社会问题。如法

① 李晓林、王绪瑾主编:《社会保障学》(全国高等教育自学考试教材),第13—14页,中国财政经济出版社,1997。

西斯党是意大利历史上的一个反动政党,而其执政期间颁布的《劳动大宪章》仍然规定:"法西斯国家应对工人举办下列各种救济事业:(甲)工人因公致残保险制度之推行;(乙)现行保险制度之改进;(丙)工人疾病保险制度之举办;(丁)工人失业保险制度之推行;(戊)青年工人保险制度之举行。"①不管其实际效果如何,社会保险制度本身的存在是不容怀疑的。再者说,社会保障制度最初起源于西方工业发达的资本主义国家,也谈不上只是社会主义制度的优越性。

二是用当今世界社会保障的标准和模式来审视历史,当然不会承认在中国近代存在社会保障制度。其中,代表性观点是认为社会保险是社会保障制度的核心内容,而近代不论是民国北京政府时期还是南京国民政府时期都没有建立起完备的现代社会保险制度,因而根本没有社会保障制度可言。这种主张似乎忽视了一个基本的事实,那就是社会保障制度自形成以来一直是在发展变化的,它既存在着地域上的差异性,也存在着时间上的变异性,根本不存在统一的、超时空的标准和模式。从地域上看,现代世界上没有哪两个国家或地区的社会保障制度完全相同,据美国社会保障署统计,截止到1995年全世界已有165个国家和地区建立了社会保障制度,②它们不但模式不统一,连保障项目也各不相同。从时间上看,人类社会不同历史时期的社会保障模式是不断发展变化的,社会救助、社会保险、社会福利等都是社会保障发展史上出现过的基本模式,社会保险模式的核心化只是现代多数国家社会保障制度发展的一种

① 陈凌云:《现代各国社会救济》,第4—5页,商务印书馆,1937。

② 参见美国社会保障署编:《全球社会保障——1995》,华夏出版社,1996。

趋向,而不是社会保障制度唯一的最终的选择。从历史上看,1935 年以前的丹麦、新西兰和南非的社会保障制度都没有采取社会保险模式,但我们并不能因此否定这些国家存在社会保障制度。①

综括上述,以下论断应该能够成立:一、因社会成员的老、弱、病、残、贫困等引起的保障问题是世界上每个国家在每个历史时期都无法回避的社会问题;二、世界上各个不同国家因自身的人文、地理环境和历史传统不同对社会保障问题的应对方法和模式则会千差万别;三、同一国家不同历史时期的政权应对社会保障问题的价值取向和方法方式不可能完全相同,这种不同不仅与政权的阶级基础有关,而且与政权所处的不同国际国内社会历史环境有关;四、历史上不具有进步性的政权,其应对社会保障问题的出发点多是出于维护自身统治的需要,其方法可能是拙劣的,其方式可能是落后的,其制度可能是不健全的甚或漏洞百出的,其效果可能是聊胜于无的或者是有名无实的,但这些都不能构成我们否定其社会保障制度存在的理由,而只能作为我们评判的依据;五、不论从历史上看,还是从现实世界看,社会保障的模式都是多种多样的,不应当把某种模式存在与否或完备与否作为衡量社会保障制度是否存在的主要标志。

如果按照上述观点来观察和分析近代中国社会,我们应该

① 从当今世界看,如新加坡的社会保障制度建立于 20 世纪 50 年代,其核心内容是中央公积金制度,经过四十多年的运作,已成为新加坡全民社会保障制度。其保障范围大于社会保险模式,保障效果也不逊于社会保险模式。再如南美的智利在 1924 年就建立起了社会保险模式的公共保障制度,但迫于老制度运行的严重困难,1980 年起智利政府开始对传统的社会保障制度进行引人注目的改革,从一个公共的现收现付的制度,改变为一个政府监控下的私人管理的、分散化的基金积累的制度,实际上是放弃了原来由政府包办的社会保险模式。

不会否认:近代中国也存在因社会成员的老、弱、病、残、贫困等引起的保障问题;民国北京政府和南京国民政府作为近代中国的两个主要政权也要应对这些问题,并且在当时国际社会保障思想和制度的影响下,可能会有一些建立社会保障制度的“举措”,尽管这些“举措”今天看起来不成体统、漏洞百出,甚或其目的也不过是装点门面、愚弄民众。但是,只要存在这些“举措”,研究近代中国社会史和中国社会保障制度史对此就不应“忽略不计”。

当然上述推论不能代替事实,那么民国以来的近代中国在社会保障问题上到底有没有一些“举措”呢?回答是肯定的。首先,1943年9月,南京国民政府正式颁行《社会救济法》,“这是中国历史上第一部救济法”①。这实际上也是民国时期的一项综合性社会保障立法,因为“就现代社会而言,社会救济仅仅是社会保障事业的一部分。而民国时期的救济事业则与现代社会的社会保障,在概念、内容和目的上有很强的类似性”。因此,“民国的社会救济事业几乎可以与我们今天理解的社会保障画上等号”②。关于这一点,民国时期的学者也曾有过明确阐述:“近年以来……各国多认社会救济乃政府对于人民之一种重要责任,在人民方面,则为一种应享之权利。故有抛弃‘社会救济’之名词,而改称‘社会福利’(Social Welfare)或‘社会事业’(Social Work)或‘公共救助’(Public Assistance)者。”③其次,国外的社会保险制度也已被介绍到中国,社会保险已成为当时社会学界积极探讨的重要课题,从民国北京政府到南京国民

① 蒋月:《社会保障法概论》,第43页,法律出版社,1999。

② 王云骏:《民国南京城市社会管理》,第86页,江苏古籍出版社,2001。

③ 陈凌云:《现代各国社会救济》,自序,商务印书馆,1937。

政府的重要劳工立法中都包含有社会保险的条款或内容,国民政府先后制定过《劳动保险草案》、《强制劳工保险法草案》、《社会保险方案草案》、《社会保险法原则》等多种法律文本。另外,民国政府在退休、养老、抚恤、救灾、福利等方面还有许多制度性立法,因正文中还要详细阐述,这里不再赘述。

尽管近代中国在社会保障方面或者按照民国时期流行的说法叫社会救济方面,制定过一些政策法规,有过一些"举措",但这些内容是不是历史研究的范围呢?梁启超先生在《中国历史研究法》一书中谈及"史之意义及其范围"时,曾列举过"适合现代中国人所需要之中国史"应包括的"重要项目",其中第13项就是:"经济制度——例如货币之使用,所有权之保护,救济政策之施行等等,其变迁何如?其影响于经济状况者何如?"①显然,梁启超先生这里把我们今天所说的社会保障问题,作为社会经济制度的一部分而纳入了史学研究范围。但是,近代中国社会保障问题似乎一直没有引起学界的足够重视,以致至今仍然是一个薄弱环节。

鉴于上述情况,笔者很希望能对近代中国社会保障问题做一次全面系统的研究,但自知才学疏浅,兼以时间、精力所限,恐力有所不逮,便首先选择从立法的角度做一下尝试。这里需要说明的是,在中国法制史上,立法作为国家一项专门活动,作为特定国家机构的专门职掌,始自辛亥革命后建立的民国政府,民国政府的政治家们从引进西方国家行政、立法、司法三权分立机制,到实施立法、司法、行政、考试、监察五权分立的权能分治体制,均把立法权作为国家政治的重要内容,作为政权体制中的一

---

① 梁启超:《中国历史研究法》(外二种),第12页,河北教育出版社,2000。

个独立方面。[1] 因此,本书名为"近代中国社会保障立法研究",实为民国社会保障立法研究,研究主体限于1912—1949年间民国北京政府和南京国民政府统治区。当然,在行文的过程中,个别地方会适当地前延后伸,以保持历史面貌的完整性和连续性。

二、社会保障立法概说

人类的社会保障问题是自有人类历史以来各个不同形态的社会都会遇到并且必须解决的重大问题。因为自古以来,就总有一部分社会成员需要政府的、社会的或他人的援助才能避免生存危机,各国政府为了维护社会稳定、缓和阶层矛盾,亦在很早以前就制定并实施过诸如救灾、济贫等社会政策,如英国在1601 年即颁布了《济贫法》。18 世纪末,德国更适应工业化社会的需要,率先建立了社会保险制度。但"社会保障"(Social Security)[2]一词的出现,最早却是在 1935 年美国罗斯福总统签署的《社会保障法》(Social Security Act of 1935)之中,此前虽有相关的社会保障政策及其具体实践,但缺乏一个较为公认且相对统一的名称。此后,社会保障一词逐渐被有关国际组织及多数国家所接受,成为以政府和社会为责任主体的社会安全保障制度的统称。

(一)社会保障与社会保障立法

由于世界各国社会保障内容以及价值取向都存在着巨大的差异,加以学者们的研究视角与价值观选择的不统一,使得社会

---

① 朱勇:《中华民国立法史·序言》,中国政法大学出版社,2000。

② 其中 security 来自拉丁语 apart from care,表示"不担心"或"脱离担心"之意。我国台湾地区多译为"社会安全",但容易与公共安全(Public Security)相混淆。

保障概念的界定呈现多样化特色。台湾地区有的学者认为,社会保障是一个具有“包容性的概念”,很难对其做一个非常固定的定义或描述。笼统地说,社会保障通常指一种蕴涵着复杂的社会动态过程的社会制度,它由许多种方案和法案共同组成,在不同的国家、地区和社会形态之间,彼此内涵不尽相同,甚至同一国家不同历史时期和同一时期的不同团体的个人之间,也常指不同的事物。① 因此,国内外学者关于社会保障的定义一直众说纷纭,莫衷一是。

在社会保障制度发展史上,英国是老牌资本主义国家,也是西方福利国家的代表。1942 年 11 月,英国著名经济学家、伦敦经济学院院长贝弗里奇在《社会保险及其相关服务》报告中阐述的社会保障定义,与其报告一样影响深远。贝弗里奇将社会保障视为一项以国家为主体的公共福利计划,认为社会保障是指人民于失业、疾病、伤害、老年退休、家长死亡后、工资中断时生活费用的保障,以及辅助其生育、婚丧时的意外或必要的费用。在贝氏理论中,社会保障被作为一项国民收入再分配的手段,其明确定义就是确保最低生活的安全。德国的社会保障起源于社会保险,德国著名经济学家路德维希·艾哈德认为,社会保障即社会公正和社会安全,是为因生病、残疾、老年等原因丧失劳动能力或遭受意外而不能参与市场竞争者及其家人提供的基本生活保障,其目的是通过保障使之重新获得参与竞争的机会。② 美国社会保障法案的推行者罗斯福总统认为,美国国民

---

① 参见詹火生、吴明儒:《西欧社会安全制度发展之分析》,王国羽主编:《社会安全问题之探讨》,台湾“国立”中正大学社会福利研究所,1993。

② 路德维希·艾哈德:《大众的福利》,第 181 页,武汉大学出版社,1995。

同意不惜一切保护自由民主,但保护自由民主的第一线,就是经济安全的保障,也即是社会安全制度之推行。《美国社会福利辞典》将社会保障定义为:对国民可能遭遇的各种危险,如疾病、年老、失业等加以防护的社会安全网。① 国际劳工组织于1942 年出版的报告书——《向社会保障靠拢》则将社会保障定义为:"社会保障是针对因疾病、工伤、失业、残疾、死亡等不测和分娩、老龄等情况,而导致丧失或部分丧失劳动能力和基本生活需要时,由政府负责,利用一系列公共的或法律手段,集聚社会力量,向社会成员提供医疗、养老等物质援助和各种服务,以确保其基本生活。"②上述社会保障定义的表述虽然详略不同、各有侧重,但它们都包含了一些共同的因素:一、社会保障是由社会或政府运用行政和立法的手段来处理和解决人类社会发展进程中共同存在的社会问题的一种积极的社会政策。二、社会保障是通过组织或制度来实施的覆盖大多数社会偶发事故(Social Contingencies)或社会风险危机(Social Risks)的一组或多组政策工具,其目的是补偿各种社会事故所造成的经济损失。因此,社会保障的种种不同定义"基本上都具有这样的含义,即社会通过它的一系列处置经济和社会灾害的公共措施,为它的成员提供保护"③。

中华人民共和国成立后,在计划经济时代长期将社会保障的几个组成部分分别称为劳动保险、社会救济、社会优抚、社会

① 转引自林嘉:《社会保障法的理念、实践与创新》,第 5 页,中国人民大学出版社,2002。

② 转引自郭士征:《社会保障——基本理论与国际比较》,第 15 页,上海财经大学出版社,1996。

③ 联合国国际劳工组织主编:《社会保障基础》,第 3 页,吉林大学出版社,1989。

福利等,在第七个五年计划中才开始使用"社会保障"一词。此后,社会保障问题逐渐成为学界研究的一个热点,但关于社会保障的定义也是见仁见智。20 世纪 80 年代,社会保障尚未成为一个独立学科,一般视为实现社会控制的一种手段,被定义为:"国家对于因生老病痛、灾害事故、身心障碍、失业待业等而发生困难的社会成员个人,提供经济、医疗以及其他方面的帮助和服务,并使之制度化,成为一部分人获得生活、教育、劳动等权利的依据,从而保障社会成员不至于生活在贫困线以下。"①90 年代,学界对社会保障的内涵有了更深的认识,认为:"社会保障是国家和社会根据立法,对由于社会和自然等原因造成生活来源中断的社会成员给予一定的物质帮助,从而保证其依法赋予的基本生活权利,维系社会稳定的社会安全制度。"②进入 21 世纪后,随着学界对社会保障问题研究的逐步深入,对社会保障的定义更加全面准确:"社会保障是指国家立法强制规定的、由国家和社会出面举办,对公民在年老、疾病、伤残、失业、生育、死亡、遭遇灾害、面临生活困难时给予物质帮助,旨在保障公民个人和家庭基本生活需要并提高生活水平、实现社会公平和社会进步的制度。"③这种定义凸现了现代社会保障的基本特征:(1)强制性,由国家立法强制规定和实施;(2)社会性,由国家和社会举办;(3)普遍性,为所有遭遇不幸的公民提供帮助,以满足其基本生活需要,但在某些项目上也具有提高公民生活水平的功能;(4)公平性,社会保障的价值在于实现社会公平和社会

① 郑杭生主编:《社会学概论新编》,第 445 页,中国人民大学出版社,1987。

② 张海鹰主编:《社会保障辞典》,第 298 页,经济管理出版社,1993。

③ 林嘉:《社会保障法的理念、实践与创新》,第 8—9 页,中国人民大学出版社,2002。

正义。

现代社会保障机制从建立到运作,都离不开国家立法。立法即制定法律,“就广义言,行政机关之颁行条例章程,自治团体之订立公约规则,均可谓之立法。就狭义言,必立法机关依立法程序之议决法律案,乃可以谓之立法。”①这里,社会保障立法是一个广义上的概念,既指国家立法机关按照立法程序制定和颁布社会保障法律法规的活动,也包括行政机关颁行条例章程及自治团体订立公约规则等活动。在多数情况下,社会保障立法与社会保障法是两个通用的概念,如有学者就认为:凡是依据社会政策制定的,用以保护某些特别需要扶助人群的生活安全,或用以促进社会福利的立法,就是社会保障法。②

社会立法、劳工立法是两个与社会保障立法含义很相近的概念,关于三者之间的关系,不论从国内外学界的观点来看,还是从世界各国的立法实践来分析,都很难得出一致的结论。劳工立法也称劳动立法,19 世纪初英国率先将劳工问题纳入立法议程,其直接起因是童工问题,1802 年英国国会通过的《学徒健康及道德法案》是世界历史上第一项保护童工的立法,也是第一部限制资本家剥削工人的法律,一般被认为是“工厂立法”的开端,开创了近代劳动立法的先河,③也有学者称之为“近代社会保障立法之首例”④。社会立法的概念最早出现于德国,“我们今天所称之是‘社会法’,这一名词的第一次被使用是与俾斯

① 谢振民编著:《中华民国立法史》(上),第 5 页,中国政法大学出版社,2000。

② 蒋月:《社会保障法概论》,第 23 页,法律出版社,1999。

③ 王益英主编:《外国劳动法和社会保障法》,第 27 页,中国人民大学出版社,2001。

④ 蒋月:《社会保障法概论》,第 31 页,法律出版社,1999。

麦的贡献有关,他在1880年代曾立法规定社会保障,以防疾病、灾害、残废、老年等意外事故。”①这里实际上也指出了社会立法与社会保障立法的同源性。同时,这些社会立法又是保护劳工立法的一部分,因此有学者认为“今天世人所称社会立法,大抵皆是工业革命以后基于劳工保护开始而发展起来的”②。社会保障立法概念最早源自美国《社会保障法》。可见,单纯从概念上看,劳工立法的出现早于社会立法,社会立法的出现又早于社会保障立法。但如果深入分析三者产生的历史背景和包含的实质内容,就会发现,三种立法都出现于工业革命的历史背景之下,其实质内容和价值取向也都是保护劳动者。因此,三者在早期除了名称不同,所指称的内容并没有实质性区别。

20世纪以后,特别是第二次世界大战后,随着社会经济的发展和“法的社会化”趋向,西方国家的法学家逐渐扩大了社会立法的范围,将其视为介于公法和私法之间的第三法域。从各国学者对社会法的研究和理解看,他们一般把原初意义上的社会立法定义为狭义的社会立法,通常专指社会保障立法。而把为了解决社会性问题而制定的各种有关社会法规的集合定义为广义的社会立法。诚如美国学者海伦·克拉克在《社会法》一书中所说:“其立法意义一是为了保护在特别风险下的人群利益,另一方面是为了大众的利益,我们今天使用这一名词必须包括这两方面的意义。”③这里,为保护特别风险下的人群的利益而制定的各种社会立法,是狭义的社会立法,如工业革命前的济贫法,工业革命后的工会法、工厂法、社会救济法、社会保险法

① Helen I. Clarke, *Social Legislation* (1940), p. 117.

② 蒋月:《社会保障法概论》,第31页,法律出版社,1999。

③ Helen I. Clarke, *Social Legislation* (1940), p. 117.

等;为了大众的利益而进行的社会立法是广义的社会立法,如婚姻法、优生保健法、国民住宅法、国民教育法、环境保护法等。大体上说,在英美国家,社会立法通常做较广义的理解,而在德、法和日本等国通常做较狭义的理解,特别是在德国社会立法通常就指社会保障立法,两个概念是可以通用的。

这里需要指出的是,近代中国法学界对“法的社会化”趋向已有清楚的认识,并且已成为政府立法追求的目标,“吾国以前私法,多为前清草案,直接继受外国个人主义之法律,不足以适应现代之潮流。立法院除编纂《新民法》外,并同时遵照国民党政纲起草《土地法》、《劳工法》。……凡此劳工立法、土地立法之趋势,不独吾国为然,而在施行社会主义或社会政策之国家,尤为显著。”①劳工立法被视为社会化立法的主要组成部分,实为一种狭义的社会立法观念。因此,就近代中国来说,社会保障立法与社会立法两个概念的内涵基本上是可以等同的。

(二)社会保障立法的历史条件

社会保障立法是社会发展到一定历史阶段的产物。恩格斯在谈到法律的起源时曾经指出:“在社会发展某个很早的阶段,产生了这样一种需要:把每天重复着的生产、分配和交换产品的行为用一个共同规则概括起来,设法使个人服从生产和交换的一般条件,这个规则首先表现为习惯,后来便成了法律。”②这一段话揭示了法律制度形成的一般规律。人类历史上最早的社会保障立法可以追溯至17世纪英国的《济贫法》,而具有现代意义的社会保障立法则出现于工业社会到来之后。因此,工业时

① 谢振民编著:《中华民国立法史》(上),第21页,中国政法大学出版社,2000。

② 《马克思恩格斯全集》(第2卷),第538页,人民出版社,1972。

代的到来是现代社会保障立法的历史前提。

在人类社会漫长的农业文明时代,社会的基本生活保障一直沿着三条线索发展,一是家庭成员之间的相互保障,这是一种最普遍、最悠久、最基本的保障制度,这种保障具有分散性;二是劳动者之间的互助保障,这种保障带有自愿性;三是奴隶主、封建主和教会等统治阶层提供的慈善性、救济性保障,这种保障带有临时性。三种保障形式都不具有强制性,也就没有立法的必要性。18 世纪欧洲工业革命爆发,宣告了人类工业文明时代的来临。工业革命使社会生产形式发生巨大变化,实现了生产社会化,使社会财富的积聚加速增长,但也带来了一系列新的社会问题和社会矛盾,诸如家庭保障功能的日渐弱化;机械、化工等工业风险增加;工伤、失业问题严重;社会分配不公,贫富差距加大;劳资矛盾尖锐等。而传统的农业时代那种分散性、临时性保障机制已无力应对这些新的社会问题。于是,借助社会立法以及政府的职能建立新的保障机制,来解决社会弱势群体的经济保障问题就成为工业时代的客观要求。

工业化促进了生产力的发展,提升了生产社会化程度,从客观上为社会保障立法奠定了物质和经济基础。但社会保障立法作为一种社会经济资源配置手段,并不是资产阶级“良心发现”的产物,因此也就不会自发地产生。经济利益和社会权力的分配,取决于社会各阶层、各集团力量的对比。19 世纪末期,欧洲工业国家劳资矛盾日益尖锐,贫富两极分化严重,劳工阶级作为一支独立的政治力量登上了历史舞台。劳工阶级的不断壮大和觉醒,使得资产阶级政府不得不通过社会立法建立新的社会保障机制,借以调整原有的社会经济资源分配格局,缓和甚至瓦解劳工阶级的斗争,安定社会秩序。俾斯麦在德国国会的一次著名演说中曾赤裸裸地指出,“伤残和养老保险是削弱革命的投资";"一个期待领取养老金的人,是最守本分的,也是最容易被驯服的"①。可见,社会保障立法最初的主要动机是为了消弭阶级斗争,是对劳工阶级做出的不得已的让步。换句话说,正是劳工阶级的斗争使社会保障立法从最初的可能走向了现实。进入20世纪后,维护社会稳定和社会公平,逐渐成为社会保障立法理念,尤其是第二次世界大战可以作为社会保障立法的一个分水岭,社会保障立法理念开始突破社会稳定与社会公正,而谋求与经济发展相结合的新价值,社会保障机制亦渐由以前的临时应急措施而变成一种长期稳定协调发展的战略。

(三)社会保障立法的基本原则

社会保障以解决国民生存保障问题并促进社会经济协调发展为基本出发点与归宿点,社会保障立法实质上就是社会成员生存权利保护法和国民安全法,同时也是社会调节法和社会稳定法。因此,在立法中一般应遵循下列基本原则:

一是生存权保障原则。生存权包括生命权、健康权、物质享受权等内容,是公民在社会中健康生活并进而享受经济的、政治的、文化的各项权利的基础。最早在立法中明文规定生存权的是德国《魏玛宪法》,其中规定,经济生活秩序必须与社会正义原则及维持人类生存目的相适应,所谓社会正义在于保障所有社会成员能够过上体现人的价值和尊严的生活。《魏玛宪法》首次确立了现代意义的生存权,并赋予生存权以具体的内涵,即生存权不仅仅是活下去的权利,而且是能够体现人的价值、体现人的尊严地生活下去的权利。② 但是在现实社会生活中,总有

① 参见北京大学社会学系编:《社会保障教学参考资料(之一)》,第13—14页。

② 参见林嘉:《社会保障法的理念、实践与创新》,第43页,中国人民大学出版社,2002。

一些成员会由于各种社会不幸而陷入生存的危机,社会保障立法的宗旨就在于当社会成员面临着生存困境时,国家和社会有义务为其提供物质帮助。因而,生存保障权是社会保障立法的最基本原则。

二是普遍性与区别性相结合原则。社会保障立法的实施范围应当包括全体社会成员,强调一切社会成员享有社会保障的共同权利,这就是普遍性原则;同时,又必须承认社会成员之间不仅存在着阶层差异,而且存在着个体差异,他们对社会保障的需求并非完全一致,因而需要区别对待,这就是区别性原则。在社会保障立法中将普遍性与区别性相结合,是英国社会保障专家贝弗里奇在其著名的《社会保险及相关服务》报告中首先倡导的,并成为许多国家社会保障立法实践的重要依据。

三是保障水平与社会经济发展相适应的原则。社会经济发展水平决定着社会保障的发展水平,因为社会保障是以经济发展创造的可供进行再分配的社会财富作为基础的,没有这个基础,就没有社会保障。同时,社会经济发展水平也决定了社会成员的生活水平,而社会成员的生活水平状况又必然要求有相宜的社会保障待遇。因此,在社会保障立法实践中,既要充分考量社会经济发展对社会保障的客观要求,又要客观把握所处时代的社会经济承受能力。

四是权利与义务相结合的原则。权利与义务是社会保障立法中的一对基本法律范畴。马克思曾指出:“没有无义务的权利,也没有无权利的义务。”①因此,社会保障立法应当遵循权利与义务相结合的原则,如在社会保险立法中规定劳动者承担相应的缴费义务,在社会救济立法中要求受益者配合社会救济机

① 《马克思恩格斯全集》(第2卷),第538页,人民出版社,1972。

构的家计调查等。当然,权利与义务相结合并非权利与义务的对等。

五是公平优先原则。社会保障立法就是通过法律的手段对国民收入进行的分配和再分配,是国民收入的一种带有强制性的转移,即从高收入者转移到低收入者,从健康者转移到疾病者和残疾者,从家庭负担轻者转移到家庭负担重者,其背后最根本的立法理念就是社会公平。因此,社会保障立法的过程可以遵循公平与效率相结合的规则,而通过立法所确立的社会保障制度却需要更多地考虑社会公平问题。这是社会保障作为社会长期稳定发展机制的客观要求。

(四)社会保障立法体系

社会保障立法体系是指社会保障法制的各个有机组成部分。由于世界各国社会保障内容的不同,彼此之间社会保障立法体系也互有差异。英国社会保障网络实际上是以贝弗里奇的"社会保险方案"、"国民健康服务方案"以及"国民救济方案"为基础构建的。第二次世界大战后,英国相继颁布了《家庭补助法》、《国民保险法》、《工业伤害保险法》、《国民医疗保健法》、《国民救济法》五大立法,构建了英国的社会保障立法体系。① 德国传统的社会保障立法体系实质上就是社会保险法。第二次世界大战后,德国增加了对非劳动者的保障,引入了社会补偿(Social Compensation)概念,对退役的士兵、因公伤亡者、因恐怖暴力而受难者均提供社会补偿。此外还增加了社会津贴,包括家庭津贴、老人津贴、助学津贴、房屋津贴等,这些社会救助方案也成为其社会保障立法体系的重要内容。美国《社会保障法》

① 参见王益英主编:《外国劳动法和社会保障法》,第29页,中国人民大学出版社,2001。

规定社会保障体系包括社会保险、公共补助、儿童保健和福利服务四大类。其后,历届美国总统又提出了许多社会保障创议,相继建立了医疗保健、教育、住宅等方面的社会保障立法体系。①综上可见,社会保险、社会救济、社会福利是社会保障立法体系的基本组成部分。1989 年国际劳工局社会保障司综合世界主要国家社会保障立法内容,认为:"构成社会保障的各种要素或组成部分包括:社会保险(Social Insurance)、社会援助(Social Assistance)、由国家财政收入资助的补助金(Benefits)、家属补助金(Family Benefits),以及储蓄基金(Provident Funds),还有对雇主规定的补充条款和环绕社会保障而发展的各种补充方案。"②这是一个比较全面和权威的结论。

中国政府划定的社会保障范围更为宽泛,《中共中央关于建立社会主义市场经济体制若干问题的决定》中指出,社会保障范围包括社会保险、社会救济、社会福利、优抚安置、社会互助和个人积累保障。但国内学术界对社会保障的理解与政府并不完全一致。如:有的学者认为,社会保障一般是由公的扶助(包括社会救济)、社会保险、社会福利和公众卫生及医疗组成;还有的学者认为,社会保障大体上包括社会保险、社会福利、社会救助、医疗保健服务、社会优抚几大类。③ 比较普遍的观点认为:社会保障由社会保险、社会救助、社会福利和社会优抚四大

---

① 参见王益英主编:《外国劳动法和社会保障法》,第 384 页,中国人民大学出版社,2001。

② 联合国国际劳工组织主编:《社会保障基础》,第 4 页,吉林大学出版社,1989。

③ 郭士征:《社会保障——基本理论与国际比较》,第 16 页,上海财经大学出版社,1996;刘金章主编:《现代社会保障通论》,第 5 页,天津科学技术出版社,1996。

部分构成,其中社会保险是社会保障的基本纲领,社会救助是最低纲领,社会福利是最高纲领,社会优抚是特殊纲领;①同时又把人寿保险、慈善事业等视为社会保障体系的有益补充。这里,结合当前国内外社会保障立法的一般理论及近代中国社会保障立法的实际状况,介绍一下社会保障立法体系的若干基本概念。

(1)社会救助(Social Assistance) 社会救助是人类社会最古老的一种保障形式,也是现代世界各国社会保障制度的基石。社会救助的内涵是指国家和社会面向由贫困人口与不幸者组成的社会弱势群体提供款物接济和扶助的一种生活保障政策,它通常采取非供款制与无偿救助的方式,目标是扶危济贫,救助社会弱势群体,维护社会秩序的稳定。社会救助的外延,则包括灾害救济、贫困救济和其他针对社会弱势群体的扶助措施。

社会救助,也作社会援助。英语中"Public Assistance"一词含义与"Social Assistance"基本相同,分别有公共救助、公共援助、公的扶助、公共协助等多个译法。因此,社会救助、社会援助与公共救助、公共援助、公的扶助、公共协助等概念的内涵大致相同。但是,中国近代广泛使用的却是"社会救济"概念。"救济"一词,中国古已有之,其含义为中央或地方政府及其所属机构对灾民或贫民的实物或金钱赈济。与西方的"国家济贫"相比,在恩赐观念和被动性、随意性方面大同小异,但不像西方突出对贫民的惩戒。西方社会福利理念传入中国后,传统的"救济"一词仍被沿用,但赋予了新的意义,有广义狭义之分,狭义上等同于现代的社会救助,广义上则与我们今天所说的社会保障、社会福利大致相同。

---

① 李晓林、王绪瑾主编:《社会保障学》(全国高等教育自学考试教材),第13—14页,中国财政经济出版社,1997。

(2)社会保险(Social Insurance) 社会保险,又称劳动保险,是国家通过立法的形式将部分劳动者因遭遇年老、疾病、失业、意外伤亡等种种不幸所发生的经济损失分配于社会大多数成员负担的一种制度安排。社会保险作为工业化的产物,现已成为许多工业国家社会保障体系的主流模式,贝弗里奇报告就曾提出社会保障要以社会保险为核心的构想,并在英国率先付诸实施。从当前各国社会保障的总体状况来看,社会保险所发挥的作用也是居首要地位的。因此,有的学者甚至把社会保险与社会保障完全等同起来。

社会保险的基本原理为:(1)资金来源于雇主和雇员分担的保险费。有时或许国家也介入其中,国家参与社会保险,或则采取补充保险费的形式,或则采取从财政收入中拨款的形式;(2)除少数例外,参加保险是强制性的;(3)保险费积累为专用基金,保险补助金则从基金中支付;(4)个人享受保险补助金的权利,根据他个人交纳保险费的记录而得到保证,也无须对他的需要或经济状况进行调查;(5)保险费和保险补助金的标准,总是和他的身份与他挣得的收入有关;(6)工伤保险计划通常全部由雇主资助,也不排除国家从财政收入中拨款的可能性。①

(3)社会福利(Social Welfare) 社会福利作为一种制度安排,是工业社会的伴生物。20世纪以来,社会福利通过社会化行为而走向制度化,不再是传统社会的局部的、有限的活动,而是一项面向全体国民的社会政策,其内容也不再是满足国民因生存而需要的单纯的物质保障,而是增进了精神生活和个人全面发展的需要。因而,在西方福利国家,社会福利是一个比社

① 联合国国际劳工组织主编:《社会保障基础》,第5页,吉林大学出版社,1989。

会保障含义更广的概念，通常指国家采取的各种社会政策的总称，即把凡是为改善和提高全体社会成员物质、精神生活而采取的措施、提供的设施和服务等都称为社会福利，不仅包括我们所谓的社会保障内容，而且包括公共文化、公民免费教育、公共卫生服务与设施、家庭救助等。

中国内地学者一般把西方国家的社会福利观念称之为广义的社会福利，并视为“最高层次的社会保障，或者说是社会保障发展的最高境界”①；而多数学者使用的是狭义社会福利概念，主要指社会和国家出资兴办的、旨在为社会公众谋利益的各种福利性事业，以及国家为全体社会成员提供的各种福利性补贴，包括一般社会福利、职工福利和特殊社会福利。在近代中国，社会福利概念也有广狭义之分，广义上与西方福利国家所谓社会福利的含义相近似，狭义上主要是指慈善事业和一部分社会救济事业，类似于特殊社会福利，“其范围包括残废院（或称救济院）、盲哑学校、孤儿院、育婴堂、托儿所（或称育儿院）、难民收容所（或称难民习艺所）等社会上所谓‘慈善’事业。如就事业的社会性说来，荣誉军人教养院一类的组织及义仓储蓄备荒等，也应列入社会福利事业的范围中”②。

(4)社会抚恤　社会抚恤是近代中国广泛存在的一种社会保障措施。抚恤，指国家给予因公、因战而受伤致残的公务人员、军人及其他社会公职人员和牺牲、病故、失踪的公务人员、军人及其他社会公职人员的家属的带有安抚性质的金钱或物质帮助。这是“另一条通向社会保障的航线”，一般由“国家直接从

① 林嘉：《社会保障法的理念、实践与创新》，第 10 页，中国人民大学出版社，2002。

② 山东省档案馆等编：《山东革命历史档案资料选编》（第 16 辑），第 460—461 页，山东人民出版社，1984。

财政收入中拨款,对某一特定范畴的每一居民提供大部分或主要的补助金"。① 近代中国政府曾针对公务员、军人、警察及其他社会公职人员颁行过专门性抚恤法规。当时在共产党领导的革命根据地,一般把这项制度与对革命军人及其家属的优待合在一起称作优抚。因此,中国内地研究社会保障的学者使用的多是"社会优抚"的概念。但笔者认为,"社会优抚"一词政治色彩较浓,一般专指中国共产党的优待抚恤制度,而使用"社会抚恤"一词则带有中性色彩,也比较切合近代中国的社会实际。

(5)人寿保险(Life Insurance) 人寿保险是指商业保险公司运用经济补偿手段经营的以人的生命和身体为"标的"的一种保险制度。人寿保险与社会保险虽然是两种完全不同的运作机制,但由于人寿保险以长期合同居多,储蓄性较强,是为个人和家庭提供经济生活保障的一种重要手段,一般被视为社会保险的有益补充。英国经济学家帕维基认为,国家保证国民的最低生活限度,而个人则谋求这一限度以上的经济生活愿望,因而应强调社会保险与人寿保险的配合。美国经济学家罗伯茨提出:"社会保险制度处于危机之中,因为它们要对一代又一代的人支付不断增长的实际社会保险金,解决这一问题的途径就是削减社会保险金的增长计划,此外,要通过商业人寿保险的发展来弥补社会保险的不足。"②特别是以英国为代表的西方福利国家出现"福利"危机以后,各国纷纷将市场运作机制引入社会保险领域,人寿保险的补充作用日益加强。

(6)慈善事业 慈善是一种美德、善行和爱心,是人类最需

---

① 联合国国际劳工组织主编:《社会保障基础》,第 7 页,吉林大学出版社,1989。

② [美]罗伯茨:《供应学派的革命》,第 253 页,上海三联书店,1987。

要、最应当具备的基础性道德，其本质是人类善爱之心的表现与标志。[①] 有的学者把慈善视为社会救助的一部分，有的学者则认为慈善具有施舍性，不属于社会保障的范畴。但是，慈善和社会保障一样，都具有社会财富再分配的功能，著名经济学家厉以宁教授曾把社会分配归纳为三种：一是以竞争为动力的分配，根据能力大小决定收入；二是以公平为原则的分配，通过社会保障、社会福利的再分配；三是以道德为动力的分配，有钱人自愿把钱分给穷人，这就是慈善事业。[②] 由此看来，慈善事业起到了社会保障的作用，可视为"建立在社会捐献基础之上的民营社会化保障事业"[③]，可以归入社会救助或社会福利系统。

综上所述，社会保障立法体系是由若干子系统组成的，各个子系统项目的设置均以解决特定的社会问题为前提，共同调整国家或政府、企业或工厂和社会成员在社会保障活动中所发生的各种社会经济关系，从而成为一个独立的法律部门。同时，由于社会保障立法体系是由多个子系统构成的，其内容庞杂、规模庞大，根本不可能做到用一部法律来规范全部社会保障事务，任何国家都会按照总括与分工的原则来制定多部社会保障方面的法律制度。因此，社会保障立法体系不会由一部法律或同一层次的法律构成，而必然是由一定数量的法律、法规、命令、条例等共同构成的一个分工协调的多层次系统。

三、近代中国社会保障立法研究透视

社会保障在中国尚是一种新的理念，但社会保障实践活动

---

① 郑功成等：《中华慈善事业》，第1页，广东经济出版社，1999。
② 参见蒋月：《社会保障法概论》，第76页，法律出版社，1999。
③ 郑功成：《社会保障学》，第28页，商务印书馆，2000。

在中国却由来已久。因此,社会保障作为一门新兴的相对独立的学科,其理论体系虽仍在成长和逐步完善之中,但运用其基本理念纵向考察分析中国社会保障发展历史的学术研究活动已经发轫,并取得了初步的成果。如龚汝富的《浅议中国古代社会保障体系》(《光明日报》,2001 年 12 月 4 日)一文,较早借助社会保障理念分析了中国宋元以来社会保障的发展概况,认为中国古代社会保障体系在总体上尚处于低层次水平,但其保障范围基本上"囊括了近现代社会保障业务的主要内容"。龚书铎总主编的《中国社会通史·民国卷》设专章考察了民国时期三种政权(即民国北京政府、南京国民政府、革命根据地)的社会保障制度,这是迄今所见最早系统研究近代中国社会保障问题的学术成果,对笔者确定研究方向颇有裨益。此外,中国内地关于社会保障通论的一些著述对中国古近代社会保障的历史状况也略有记述,如冯兰瑞等著《中国社会保障制度重构》(经济科学出版社 1997 年版)一书第 2 章"中国社会保障制度的形成"及卫兴华主编《中国社会保障制度研究》(中国人民大学出版社 1994 年版)一书第 2 章"中国社会保障制度的历史与沿革"即颇具代表性,但这些著述多侧重于中国古代社会保障措施及近代革命根据地社会保障制度的历史考察,而对民国政府的社会保障问题则语焉不详。再者,上述论文及论著无一从立法的角度考察近代中国社会保障问题,这也是它们共有的不足之处。

法制化是工业时代社会保障制度发展的基本趋势,中国当然也不例外。黄艳在《我国社会保障立法的历史发展》(《重庆三峡学院学报》2000 年第 3 期)一文中用近一半的篇幅考察了"新中国成立前的社会保障立法",正是在其直接启发下,笔者廓清了研究思路,并最终选择"近代中国社会保障立法"作为论题。该文在"近代中国社会保障立法史"研究上尚属"开山之作”,苏振芳所著《社会保障概论》基本上吸纳了其研究成果。但需要指出的是,其中涉及近代中国社会保障立法的内容不足3000字,仅列举了北洋政府、广东革命政府、武汉国民政府、南京国民政府、革命根据地和解放区等各个政权所拟订及颁发的有关社会保障的法规名称,对法规内容均付诸阙如,因而不仅内容过于简略,而且其分析评价也给人游谈无根之感。

工业时代的社会保障立法与劳动立法息息相关,劳动立法往往是社会保障立法的必经阶段。这在西方社会保障立法进程中已得到了证明,近代中国的社会保障立法亦然。饶东辉的《民国北京政府的劳动立法初探》(《近代史研究》1998年第1期)是近年来研究中国近代劳动立法的一篇佳作,文章分析了当时劳动立法的缘起,并分三个阶段考察了立法过程,认为民国北京政府的劳动立法是中国法制近代化和社会化的重要环节。该文立论精审,语言简练,史料丰富,言之有据,对笔者研究民国早期的社会保障立法多有启迪和裨益。

目前,中国内地越来越多的学者开始关注社会保障立法问题,新近出版的一些有关著作对近代中国社会保障立法问题多有论及。如林嘉著《社会保障法的理念、实践与创新》(中国人民大学出版社2002年版)一书关于“我国社会保障法律制度的建立与发展”一章下即设有“中华人民共和国成立以前我国社会保障立法的发展”一目,但作者只是简述了中国共产党领导的革命根据地和解放区的社会保障立法状况,而对民国政府的有关努力却只字未提。比较之下,郑功成著《社会保障学——理念、制度、实践与思辨》(商务印书馆2000年版)一书的观点尚称客观,作者在“法制与管理”一章中把中国的社会保障法制建设分为两个大的阶段,即旧中国阶段和新中国阶段,并认为,在旧中国并不存在全国性的社会保障立法,但民国时期的国民政府和共产党领导的地区又确实制定过一些社会保障方面的法规或草案。不过,对民国政府的社会保障立法仅举出国民政府1929年的《劳动保险草案》和1944年的《社会保险方案草案》即一语带过,而对民国北京政府的有关举措基本否认,这显然也有失偏颇。

社会保障是一个包容甚广的制度体系,社会救济、社会福利、社会保险、社会抚恤等都是其子系统。学界对近代中国上述各领域法规制度的研究成果,也为笔者研究近代中国社会保障立法奠定了基础。蔡勤禹所著《国家社会与弱势群体——民国时期的社会救济(1927—1949)》(天津人民出版社2003年版)是一本近50年来对国民政府(1927—1949)社会救济进行全面而深入研究的专著。该书从国家与社会的视角,首先从制度层面厘清了民国时期社会救济思想、行政体制、立法和设施;又从实践层面区分政府与民间两大板块,论述了民国时期社会救济事业的业绩、效应和水平。作者在书中专设"社会救济立法"一节,对民国时期社会救济立法进行了专题研究,观点中肯,资料详实,为研究近代中国社会救济立法奠立了基础,提供了参考。但该书侧重对立法内容的横向排比,而疏于对立法进程的纵向考察,可谓其美中不足。台湾学者张玉法先生以其多年来研究山东区域史的功力及深厚的学术造诣,对抗战前山东地区的社会救济进行了个案研究。他在《民国初年的社会救济(1912—1937)——山东地区的个案研究》一文中指出:"民国初年山东地区的社会救济,最重要的发展是从传统的形态,发展到传统与近代混合的形态,显现了多元化的倾向。"①这一结论不仅对抗

① 张玉法:《民国初年的社会救济(1912—1937)——山东地区的个案研究》,《中华民国史专题论文集》(第二届讨论会),台湾"国史馆"印行。

战前山东地区的社会救济来说是中肯的,就是用以评价整个民国时期社会救济问题乃至民国时期社会保障状况,也是恰如其分的。陈竹君《试论抗战时期国民政府的劳工福利政策及其缺陷》(《民国档案》2003 年第 1 期)是新近发表的一篇研究抗战期间国民政府劳工福利政策的论文,此文虽侧重于劳工福利政策的分析,且时间仅限于抗战期间,但对研究国民政府时期的社会福利立法仍具有一定的史料价值和借鉴意义。

台湾地区的学者在研讨社会立法或社会福利立法问题时,对近代中国的社会立法状况予以了相当关注,其中对研究近代中国社会保障立法具有重要参考价值和借鉴意义的著作主要有:陈国钧所著《社会政策与社会立法》(台湾,三民书局 1984 年版),该书在论述国民政府在台湾地区社会立法的同时,对其在大陆期间的劳工立法、社会救助立法、社会保险立法等社会立法内容都有具体追述;周建卿所著《中华社会福利法制史》(台湾,黎明文化事业股份有限公司 1992 年版),对国民政府在大陆期间与退守台湾后的社会政策及其社会救助、儿童福利、老年福利等各方面法规都做了相当详尽的阐述,为研究民国时期的社会救助立法、社会福利立法提供了重要资鉴;刘见祥博士的论文《我国社会保险政策与实践之研究》(台湾,私立中国文化大学三民主义研究所 1991 年博士论文),分三个阶段阐明了国民政府在大陆期间的社会保险立法的沿革;台湾"考试院"考铨丛书指导委员会主编的《中华民国公务人员退休抚恤制度》(台湾,正中书局 1984 年版)为分析民国时期的社会抚恤立法提供了重要史料。上述论著在内容上多侧重于国民政府迁台后的法规政策的记述,对其在大陆统治时期的有关情况则着墨不多,更未涉及民国北京政府的贡献,并且在观点上对国民政府的举措多有溢美之词,但其中许多鲜见的文献资料却使笔者受益良多。

另外,本课题的研究还建立在以下各种学术研究成果的基础之上:(一)关于近代中国民政史的研究,如敖文蔚著《中国近现代社会与民政》(武汉大学出版社1992年版);孟昭华、王明寰主编《中国民政史稿》(黑龙江人民出版社1986年版);余双秋主编《中国民政史》(湖南大学出版社1989年版)等。(二)关于近代中国保险史的研究,如颜鹏飞等主编《中国保险史志》(上海社会科学院出版社1989年版);吴申元、郑韫瑜编著《中国保险史话》(经济管理出版社1993年版);中国保险学会编《中国保险史》(中国金融出版社1998年版)等。(三)关于近代中国人事制度史的研究,如林代昭主编《中国近现代人事制度》(劳动人事出版社1989年版)等。(四)关于近代中国法制史的研究,如邱远猷、张希坡著《中华民国开国法制史——辛亥革命法律制度研究》(首都师范大学出版社1997年版);张晋藩著《中国法律的传统与近代转型》(法律出版社1997年版);谢振民编著《中华民国立法史》(中国政法大学出版社2000年版)等。(五)关于近代中国社会经济史研究,如朱斯煌主编《民国经济史》(台湾,文海出版有限公司1985年版);周积明、宋德金主编《中国社会史论》(湖北教育出版社2000年版);秦孝仪著《中华民国社会发展史》(台湾,近代中国出版社1985年版);赖建诚著《近代中国的合作经济运动——社会经济史的分析》(台湾,正中书局1990年版)等。这些学术成果,有的丰富了笔者的研究内容,有的拓宽了笔者的研究思路。

总而言之,尽管近代中国社会保障立法研究还是一个有待开拓的新领域,但前人为数不多的初步的研究成果激发了笔者进一步研究的愿望,而其他各种相近或相关的学术成果也为笔者进一步研究奠定了良好的基础,笔者将在充分吸收和借鉴这些学术成就的同时,借助社会保障学的一般理论,努力把近代中国社会保障立法的研究引向深入。

四、研究目标、意义与方法

从总体上看,近代中国社会保障法制史的研究才刚刚起步,基本上还处于拓荒状态。综观已有的学术成果,其不足之处十分明显。首先,社会保障法制史的研究根本没有取得相对独立的地位,充其量不过是社会保障学基础理论研究以及社会保障法学理论研究的附属品。其次,研究力量分散,缺乏系统研究。学者们对近代中国社会救济、社会抚恤立法倾力较多,研究成果相对也较成熟,而中国内地学者对民国政府的社会保险、社会福利立法问题基本上无人问津,更谈不上对近代中国社会保障立法进行系统研究。第三,微观研究比例失调,缺乏宏观研究。就近代中国社会保障立法的研究现状而言,中国内地学者倾心于革命根据地和解放区的社会保障法制建设,对国民政府的作为多闪烁其词;台湾学者仅关注国民政府在大陆期间的立法,对革命根据地的成就只字不提;而不论内地还是台湾,学者们对民国北京政府的举措都关注不够。有鉴于此,笔者将对近代中国社会保障立法作全面系统的研究,并力图在方法的运用、论点的提出、结构的安排以及材料的处理上有所突破和创新。

研究近代中国社会保障立法既具有理论意义,也具有现实意义。社会保障法制化是当今中国内地正面临的一个重大问题,但学术界在积极探讨中国社会保障法制化之路的时候,却忽略了对近代中国社会保障立法尝试的深入研究。因此,开展近代中国社会保障立法研究对于中国社会保障发展史以及中国社会保障法制史研究都具有积极的推动作用,并可以丰富和完善正在成长中的社会保障学科体系,这是其学术价值所在。历史的发展具有连续性,“旧中国死亡了,新中国长大了,但新中国是在旧中国的废墟上产生的,要认识新中国的一切,对于旧中国的研究仍然是有其必要的。”①因此,开展近代中国社会保障立法研究对于构筑适合中国国情的社会保障法制体系具有重要的价值,即便仅仅作为一部旧时代的“病历”,也值得我们借鉴和分析,以期发现和治疗中国社会保障法制化过程中的常见“病症”。这应该是其现实意义所在,正如马克思所指出:“人们自己创造自己的历史,但是他们并不是随心所欲地创造,并不是在他们自己选定的条件下创造,而是在直接碰到的、既定的、从过去继承下来的条件下创造。”②

全面系统地研究近代中国社会保障立法,首先要尽可能多地占有资料,并对收集到的资料进行爬梳、整理,这是传统的研究方法,也是史学研究的基本方法。在此基础之上,本文将以唯物史观为基本指导思想,以社会保障立法的基本理论为分析工具,进一步运用历史学、社会保障学、法学相结合的研究方法,对近代中国社会保障立法进行综合性研究。英国著名史学家R. G. Collingwood谈及史学研究方法时,曾说过:“剪刀浆糊式的历史学者研究时代,他们尝试从有限的事件中收集最多的证据,期望能从中得到某些东西,但结果都是枉然。科学式的历史学者研究问题,他们会提出问题。如果他们是优秀的历史学者,他们就会以自己的方式去解答自己所提出的问题。”③依照他的说法,笔者是怀着虔诚的科学的心灵,左右手又分别拿着一把剪刀

① 千家驹编:《旧中国公债史料(1894—1949年)》,序言,中华书局,1984。

② 马克思:《路易·波拿巴的雾月十八日》,《马克思恩格斯选集》(第1卷),第603页,人民出版社,1972。

③ [英]柯林乌著:《历史的理念》,第283页,台湾联经出版事业公司,1981。

和一瓶浆糊,但令人忐忑的是,“尽人事”之后,却不知“画眉深浅入时无”。

五、研究思路、文章架构与创新点

近代中国社会保障立法研究是一个涉及历史学、社会学、法学等多门学科的综合性课题,充分借鉴和融合相关学科的理论体系作为分析工具是开展本课题研究的必要条件。在此基础之上,本文将以社会保障的基本理论来解析近代中国社会保障立法的历史动因、思想渊源,归拢近代中国社会保障立法的成果,并力求作出客观公正的评价。按照这种基本研究思路,全文拟分如下几个部分:

导论部分叙述了选题的缘起,综括社会保障立法的基本理念,为下文提供主要的理论分析工具,并综述了近代中国社会保障立法问题的研究现状与现有研究基础,阐明了研究目标、方法及意义,说明了研究思路。上篇为总论,包括三章内容,分别论述了近代中国社会保障立法的社会历史背景和社会动因,近代中国社会保障立法的思想渊源与理论基础,近代中国社会立法概况及与之密切相关的社会政策与社会行政问题。下篇为分论,包括四章内容,从社会福利、社会救济、社会保险和社会抚恤四个方面归拢和分析了近代中国政府的社会保障立法内容。结语部分着重从理念和制度两个层面对近代中国社会保障立法进行了评价。余论部分试图对近代中国社会保障立法的历史作用和历史价值作出更深入的思考。

由于社会保障制度发展史的研究在中国才刚刚起步,关于近代中国社会保障立法的研究更是基本上处于空白状态。因此,选择近代中国社会保障立法作为研究课题本身就是一个创新和探索。笔者通过本课题的研究,试图填补中国近代社会史和法制史研究领域的一项空白,并力图使社会保障法制史的研究在正在兴起的社会保障学领域里占有相对独立的一席之地。在此基础上,笔者在从事本课题研究的过程中还尝试在如下方面有所创新:一是鉴于社会保障立法是社会发展到一定历史阶段的产物,以相当篇幅分析了近代中国社会保障立法的历史背景与社会动因、思想渊源与理论基础及与之密切相关的社会政策、社会立法和社会行政问题,而不是简单地就事论事或仅仅单纯地研讨立法的过程与内容;二是在社会保障学科理论还不十分成熟的情况下,尽量运用目前国内学界比较趋同的社会保障理论,适当汲取国际社会保障学术研究成果,并结合近代中国社会的实际情况,从社会救济、社会保险、社会福利、社会抚恤四个方面初步建构了近代中国社会保障法制体系的雏形;三是针对目前国内学界轻视近代中国社会保障立法研究的状况,在如实指出近代中国社会保障立法的阶级本质及其某些局限性的同时,客观地肯定了其在确立具有现代意义的社会保障立法理念、开启中国近代社会保障法制化之路、推进中国法制现代化及社会化等方面的积极意义;四是将近代中国社会保障立法放在中国近代社会转型的大背景下进行考察,对其在中国社会保障模式的近代转型和道路选择过程中的历史作用与历史价值作了进一步的分析和更深入的思考。

上 篇

第一章 历史背景与社会动因

社会保障立法是一定社会历史条件下的产物。中国自近代以来开始步入社会转型期,以中华民国为历史界标的20世纪上半叶,在中国几千年的历史长河中虽然只不过是极其短暂的一瞬,但无疑是其中社会生活各方面动荡和变化最为剧烈、最为惊心动魄的一个历史时段。这一时期,初步的工业化推动着传统农业社会向现代工业社会的转型,劳工阶级的崛起以及由自然灾害带来的自然环境变化、因人口大规模急速流动引发的流民问题等因素也进一步加剧了社会的变迁。社会的转型和变迁容易导致社会结构的失调和各种社会问题丛集而生,但传统农业时代单一的社会救济模式又难以应对由工业化带来的新生社会问题。在此历史背景之下,通过国家立法,建立适应工业时代需要的社会保障体系,就成为社会历史发展的必然趋势。

第一节 近代中国工业化问题

18世纪发生在英国的工业革命标志着人类社会工业时代的来临。中国工业化比西方晚了一个多世纪,经过清末的工业初始化和民初第二次工业化浪潮,到南京国民政府前期曾一度出现工业化的高峰,但随之而来的抗日战争严重阻滞了工业化的进程,并用"战争之手"改变了工业化的格局,截至20世纪上半叶,中国工业化仍处于不发达状态。然而,初步的工业化推动着中国社会保障模式从传统单一的形态向传统与近代相混合的多元化形态嬗变,并为近代中国社会保障立法提供了基本历史条件。

一、近代中国工业化之路

工业初始化(19世纪60年代—20世纪初) 近代中国工业化发轫于晚清时代。鸦片战争后,外国资本开始不断渗透进来,并在广州、上海等第一批通商口岸兴建了中国最早的现代工业,为中国传统的社会经济结构注入了新的发展因子。甲午战败,《马关条约》允准外国人在中国直接办工厂,在此后的20多年里,外商在华办厂的速度迅猛增进。"这期间,帝国主义在中国设立的资本在10万元以上的工厂和矿场有136家,资本达10300多万元。另外,铁路借款达47418万元,还有航运以及银行、洋行等大量投资。"①因此,"19世纪后半叶开始逐步形成的中国现代经济部门,肇端于外国人的创办"②。

毛泽东指出:"外国资本主义对于中国的经济起了很大的分解作用。一方面,破坏了中国自给自足的自然经济基础,破坏了城市的手工业和农民的家庭手工业;另一方面,则促进了中国城乡商品经济的发展。""这些情形,不仅对中国封建经济的基础起了解体的作用,同时又给中国资本主义的发展造成了某些

---

① 冯兰瑞等:《中国社会保障制度重构》,第40—41页,经济科学出版社,1997。

② [法]白吉尔:《中国资产阶级的黄金时代(1911—1937)》,第28页,上海人民出版社,1994。

客观的条件和可能。因为自然经济的破坏,给资本主义造成了商品的市场,而大量农民和手工业者的破产,又给资本主义造成了劳动力的市场。”①由于外国资本的刺激和社会经济结构的变化,晚清政府开始逐步投资兴办现代工业,掀起了洋务运动,继1865年曾国藩在上海设立机器局后,一些大官僚陆续开办了20多个工厂,投资约1900万元,主要是为军工服务的采矿业、炼铁业、纺织业和交通运输业,雇工约2万人,这是中国最早的官僚资本企业。19世纪70年代起,一些商人、地主开始投资于缫丝、棉纺、面粉、火柴等轻工业和煤矿业,创办工厂约100多家,资本总额约500万元—600万元,雇工约3万人,这是中国最早的民族资本企业。② 晚清洋务运动被学界称为中国第一次工业化浪潮,这次浪潮一直波延至20世纪初清朝的灭亡,其基本特征是借助国家资金和国外贷款优先发展重工业,特别是军工企业。总起来看,民国以前,“中国的现代工业部门,就其发展状况而言,显得极为有限和不协调,并与外国人在华发达的现代工业形成鲜明的对照”③。

第二次工业化浪潮(1912—1926年) 1911年辛亥革命的爆发及其影响推动了中国的工业化。中华民国成立后,在南京临时政府存在的3个多月时间里,颁布了许多有利于振兴实业的法令和布告。北京政府时期,又制定了一系列有关奖励实业发展的条例、章程、细则、法规,其中重要的条例有:1914年1月

① 毛泽东:《中国革命与中国共产党》,《毛泽东选集》(第2卷),第626—627页,人民出版社,1991。

② 参见《旧中国的资本主义生产关系》,第7—8页,人民出版社,1977。

③ [法]白吉尔:《中国资产阶级的黄金时代(1911—1937)》,第37、84页,上海人民出版社,1994。

公布的《公司条例》和《公司保息条例》,7月公布的《商人通例》、《商业注册规则》及《商业注册规则施行细则》等,为中国现代工业的发展扫除了一些障碍。1914年第一次世界大战的爆发,更是为中国现代工业的发展提供了一次难得的契机。由于英、法、德等欧洲国家忙于战争,不得不放松了对中国的经济侵略,以英国为例,从1917—1919年投放到中国市场的棉织品,就比战前减少了48%[①],进口贸易和外来竞争的衰落推动了中国民族工业的发展;国外对原料和食品的强烈需求也刺激着中国出口贸易的增长;而世界市场白银价格的上涨,更是为中国货币购买力的提高创造了客观条件。正是在这种特殊的世界环境下,中国现代工业的发展进入了"黄金时代",学界称之为"中国第二次工业化浪潮",其中1912—1920年期间,中国工业的年平均增长率为13.8%,是整个民国时期增长速度最快的阶段[②]。这次工业化浪潮通过利用私人资本和发挥私营企业家的聪明才智,以及激发国民的爱国热情,重点发展了轻工业和中小企业。

经过第二次工业化浪潮,"全国工业已具新式工厂形式者,无虑数十百种;每一种新式工业,综计全国,亦往往达数十百所"[③]。至于当时全国具体共有多少个新式工厂,因无可靠数据已不能准确说明,据《第一次中国劳动年鉴》记载,民国元年(1912年)全国仅有工厂数20749家[④],民国22年(1933年)中

① 严仲平等编:《中国近代经济史统计资料》,第153页,科学出版社,1955。

② 白吉尔:《中国资产阶级的黄金时代(1911—1937)》,第84—85页,上海人民出版社,1994。

③ 王世杰:《中国工会法问题》,《东方杂志》(第24卷第3号),1927年2月。

④ 王清彬等编:《第一次中国劳动年鉴》,第12页,北平社会调查部,1928。

国劳动年鉴所载,全国23个省市工厂数已达363322家①,20多年间工厂数增加了18倍有余,由此不难推想第二次工业化运动期间中国新式工厂的增长速度。其中如纺织、缫丝、面粉、制糖、炼铁、造纸、制革、火柴、电气、卷烟、印刷、肥皂、水泥、化学、罐头食品等工业部门都涌现了许多工厂,而尤以纺织、面粉、火柴、肥皂等业发展最为显著。譬如,纺织工业在1914年全国厂数仅32家,纱锭数仅97万;到1921年则已增至113家,纱锭数增至326.6万。②

值得注意的是,这一时期外国在华投资格局发生此起彼落的消长变化。第一次世界大战开始后,德国在战争中被大大削弱,最后成为战败国;法国备受战火摧残,失去了输出资本的能力;俄国经过十月革命推翻了沙皇统治,苏维埃政权抛弃了沙俄时期的侵华政策;英国虽然减少了对华商品输出,但其在华经济实力仍存;日本和大战初期没有参战的美国则趁机加紧对中国经济进行渗透。这样在大战开始后,外国在华经济势力就由原来的英、德、俄、法四强,逐步转变为英、日、美三强,尤以日、美扩张迅速。日本1914年在华投资额仅18660万美元,1920年据推算已达35190万美元,仅次于英国,跃居第二位;美国也由1914年的5390万美元上升到1920年的9000万美元,已与法国相当。③ 但从当时经济发展的总体形势看,日、美的经济扩展还不足以填补欧洲因战争而腾出的中国市场容量,加上抵制日货运动的持续开展,使中国工业化的发展迎来了难得的机遇,进入了

① 朱斯煌主编:《民国经济史》(上),第369页,台湾文海出版有限公司,1985。

② 《中国年鉴》,第1419页,商务印书馆。

③ 参见许涤新、吴承明:《中国资本主义发展史》(第2卷),第727—728页,人民出版社,1990。

"黄金时代"。

大战结束后,西欧各国经济经过恢复,重新加紧了对华商品倾销和资本输出。在战争中暴富的美国更进一步加大了对华投资的力度,1914—1920 年美商在华设厂 20 余家,1921—1930 年增至 33 家。日本则后来居上,据估算 1930 年在华投资总额达 101310 万美元,位居列强之首。战后局势的变化,逐步结束了中国工业化的"黄金时代",但第二次浪潮的余波依然在延伸。这是因为战后列强对华倾销的商品和投资的部门各有侧重,很不平衡,其中面粉、纸张、毛纺织品、钢铁、机器五金、水泥等进口剧增,而棉布、棉纱、火柴、针织品进口却呈现下降或锐减之势。外资较集中的部门,在东北是铁路和矿山,在关内是棉纺织、卷烟和电力。这种不平衡状况与市场变化的不确定性为中国工业化浪潮继续伸延创造了条件。从经济发展的规律看,列强在华开设工厂既是经济侵略活动,但在客观上又起到了近代生产技术转移和企业管理示范的作用,因此对中国近代的工业化在某些方面也会产生有利的影响。如 1925 年南洋兄弟烟草公司设立浦东分厂时,即仿照了英美烟草公司的管理制度。①

工业化高峰(1927—1936) 从南京国民政府成立到抗日战争爆发的十年,中国工业化走过了一条"V"字形的发展道路。国民政府成立初期为发展工业采取了一系列积极的政策,如通令提倡国货,规定除本国没有的产品外"应一律购用国货";颁布扶植工业发展的法规,如《特种工业奖励法》、《工业技术奖励条例》,鼓励私人发展企业。同时,五卅运动后兴起的抵制日货运动为民族工业的发展创造了有利的国内环境。正如"火柴大

---

① 参见许庆朴、张福记主编:《近现代中国社会》(上册),第 238—239 页,齐鲁书社,2002。

王"刘鸿生所说:"真正使我第一个企业成功的主要原因,是那时的爱国运动推动了这个企业的发展,因为当时每个人都愿意购买国货。"①在这种背景下,中国工业化在1928年至1930年间迎来了又一个黄金时期。在棉纺织方面,1927年全国华商纱厂共119家,纱锭368万枚,棉纱产量2073万包,到1930年分别增至130家、450万枚、2381万包。机械工业方面,1924年全国有各类机械厂284家,1931年增至457家。造纸、煤炭、钢铁、水泥等行业也有较大发展。全国造纸厂由1926年的18家增至1930年的25家,煤炭产量1930年比上年增加0.8个百分点,钢铁和水泥产量1930年分别比1927年增长10%和17%。②

20世纪30年代,世界资本主义经济危机开始波及中国。从1931年起由于资本主义各国相继放弃金本位制,银价回升,中国市场物价大跌,更加上东北广大市场和资源的丧失,洋货跌价倾销和日货走私进口等原因,中国民族工业的发展遇到危机,呈现衰退状态。注册工厂与资本额从1931年起明显下降,工厂改组与歇闭者增加,开工率严重不足。而期间频频发生的大水灾更是雪上加霜。到1935年中国民族工业跌入了低谷,仅以棉纱业为例,全国纱锭的开工率从1931年的92.2%下降到1935年初的82.4%,至6月底的停工纱锭数增至626132枚,占全国纱锭总数的22.5%。③ 为了摆脱困境,1935年11月国民政府废除银本位制,开始实施法币政策,促进了中国工业化的复苏。

① 孙健:《中国经济史——近代部分》,第485页,中国人民大学出版社,1989。

② 参见史全生等:《中华民国经济史》,第266—267页,江苏人民出版社,1989。

③ 许庆朴、张福记主编:《近现代中国社会》(上册),第336页,齐鲁书社,2002。

与此同时,世界各资本主义国家逐步走出了经济危机的阴影,出现了短暂的繁荣;中国大规模内战也基本停止,而1936年全国大部分地区风调雨顺,农业获得大丰收。在这些有利因素的影响下,国民经济出现了复苏的局面,中国工业化也开始走出低谷,并在1936年达到近代中国的最高峰,工业品总产值为法币122亿元,比1935年增加11%,其中棉纱增加29%,水泥增加26.2%,火柴增加18.8%,电力供应增加8.1%。1936年资本主义生产已占全部工业总产值的58.6%。这次工业化态势一直延续到1937年上半年,"若非日本帝国主义侵入,会大有发展的"①。

工业化格局调整(1937—1949) 抗日战争打断了中国工业化的正常进程,期间除个别行业在国民政府的政策扶持下有所发展外,整个民族工业开始走向全面衰落,而"战争之手"也改变了中国工业化的原有格局。因此,这一时期,虽然工业化水平呈现颓势,但在整个近代工业化进程中仍具有深远的影响。

第一,大批工厂内迁改变了工业化的地理布局。中国原有的现代工业主要集中在沿海、长江中下游城市和东北地区,内地很少,甚至没有。抗战爆发后,上海等地的不少民族资本家出于爱国热情,也为避免企业遭受日本掠夺,向国民政府申请将工厂迁往内地。国民政府为适应战时军用民需,除将一些国营工厂内迁外,对自愿迁移的民族工业也给予贷款和运输的便利,同时还强制一批政府所需要的工厂内迁。于是,大批战区工厂相继迁往内地,自1938年到1940年,工业设备陆续内运达117357吨,私营工厂移入者共639家,1940年已开工者占70%。1941

① 吴承明:《中国的现代化:市场与社会》,第101页,三联书店,2001。

年在经济部注册的私营工厂 1915 家,省营工厂 110 家,国营工厂 98 家,共计 2123 家。到 1944 年工厂总数为 2566 家(其中国营者 502 家,占 9.5%),1945 年更增至 5998 家。①

中国西南地区工业十分落后,1937 年川、黔、滇、陕、赣、湘、桂 7 省共有工厂 237 家,仅占全国工厂总数的 6.03%②。大批工厂内迁后,填补了西南地区工业的大部分空白,钢铁、机械、电器等重工业工厂为该地区的工业发展提供了大量的机器设备,同时还带来了大量资本以及先进的技术与管理方法,从而在中国西部形成了若干个工业区,而尤以重庆的发展最为显著。抗战时期工厂迁入重庆最多,在迁入工厂的推动下,重庆工业得到飞速发展,到 1940 年工厂总数已达 429 家,占西南地区工厂数的 50.7%,占大后方工厂总数的 31.6%,形成了以重庆工业区为中心的西部工业新格局,奠定了重庆作为长江上游工业重心的地位。同时,工厂内迁也在中西部结合地带造成了若干近代工业新的增长点。如内迁湖南的有机器、电器、化工纺织、文印等各业工厂 134 家,占全省工厂的 63.5%,逐渐形成了沅陵、洪江两个工业区,结束了湘西无近代工业的历史。③ 抗战期间,迁到宝鸡地区的工厂有申新纱厂、洪顺机器厂、民康毛纺厂、福新面粉厂等,"经过三年来之

① 国际劳工局中国分局 1947 年度 10 至 12 月之月报,参见朱斯煌主编:《民国经济史》(上),第 369 页,台湾文海出版有限公司,1985。

② 陈真等著:《中国近代工业史资料》(第 4 辑),第 97 页,三联书店,1957。

③ 参见黄立人:《抗战时期大后方经济史研究》,第 174—175 页,中国档案出版社,1998。

惨淡经营”，在黄土高原形成了一个初具规模的“秦宝工业区”,宝鸡从此成为西北地区的工业重镇。① 然而,由于工厂内迁和抗战胜利后的“回流”给中国工业带来了巨大损失,其改变中国工业化布局的意义已大打折扣。

第二,国家官僚资本的膨胀改变了工业化的资本构成。国家官僚资本是国民政府时期出现的一种特殊的资本形式,它是在接管了晚清政府和民国北京政府官僚资本的基础上,通过发行公债,从统制金融和贸易开始,到开办“国营工厂”而逐步形成的。它不同于资本主义国家的垄断资本,“不是由于资本主义生产的发展引起的集中而后形成的垄断,而是通过掌握政权利用政权的力量采取超经济的掠夺手段积累起来的”②。国家官僚资本形成于抗日战争前,但在工业领域并未取得垄断地位,1936 年的官僚资本在工业资本总额中仅占 12%。全面抗战爆发后,国民政府在服从抗战需要的名义下设立了工矿调整委员会,一方面扩大对国营厂矿的投资,一方面兼并民营厂矿。接着在 1938 年底改组资源委员会,使之成为法定的国家垄断工矿业的机关,同时公布《非常时期农矿工商管理条例》,规定把抗战必需的工矿业分别收归政府办理或由政府投资合办。这样,国民政府很快就垄断了工矿业。以资源委员会为例,1937 年底所辖的工矿企业事业单位仅 26 家,1938 年增至 63 家,1943 年增至 105 家,1945 年更增至 128 家,8 年间增加了 4 倍多,垄断了

① 秦宝工业区公共事业委员会筹备会:《秦宝工业区之缘起》,1941 年 9 月 20 日。

② 孙健:《中国经济史——近代部分》,第 742 页,中国人民大学出版社,1989。

国统区的钢铁、有色金属、电力、煤炭、石油、机械、电工、化工等重工业部门。官僚资本在工业资本总额中的比重也随之由原来的12%急蹿至69.58%。①

抗战结束后,国民政府以经济部主持对敌伪企业的接收。据1947年7月经济部报告,共接受接收敌伪工厂2411家(价值约20亿美元),其中标卖和发还的占10%,而绝大部分变为官营企业。这样到解放前夕,官僚资本约占中国全部工业资本的2/3,占全部工业、交通、金融、贸易等近代企业资本的80%左右。官僚资本垄断了全国发电量的67%,煤产量的33%,钢铁产量的90%,石油、有色金属产量的100%,并占有全国纺锭的38%,布机的60%,还占有全部铁路、航空运输和44%的轮船吨位。② 官僚资本垄断地位的形成,影响了市场有效竞争的开展和资源配置效率的提高,并成为国民政府官僚政要贪污腐化的渊薮,严重妨碍了中国工业化的健康发展。

最后,为了从总体上把握近代中国的工业化状况,有必要考察一下民国时期工业化的发展速度和发展规模。根据学界研究,民国时期工业化速度最快是在1912到1920年期间,平均年增长率为13.8%,但就1912到1949年整个时期而言,平均年增长率只有5.5%,如果将经济陷于崩溃边缘的抗日战争时期排除在外,那么1912年到1936年的年均增长率就可达9.2%。③

① 陈真等著:《中国近代工业史资料》(第3辑),第1419页,三联书店,1957。

② 参见《旧中国的资本主义生产关系》,第10—11页,人民出版社,1977。

③ 张约翰:《近代中国的工业发展状况:一种定量分析》(John K. Chang, Industrial Development in pre—Communist China: a Quantitative Analysis),爱丁堡大学出版社,1969。

关于工业化规模,一般认为,在抗日战争前,中国工农业总产值中现代化工业的产值只占10%,而90%属于农民和手工业者的个体生产。经过战争的破坏,中国的工业化几乎止步不前,至1949年现代工业的产值占工农业总产值的17%。[①] 但根据吴承明先生的最新研究,1920年现代化生产占工业总产值的10.78%,占工农业总产值的5.03%;1936年则比重分别升为23.69%和11.35%。如果把农民自给性加工计入现代工业,则1920年的比重修正为19.59%和6.36%;1936年的比重分别升为36.04%和13.58%。如果把具有资本主义生产性质的工场手工业、散工制和手工采矿业也计入现代化生产,则1936年资本主义生产已占工业总产值的65%,占工农业总产值的24.48%。[②] 由上可见,在民国时期曾出现过工业化发展较快的历史时段,但总起来看发展还比较迟缓;现代工业产值约占工农业总产值的1/5左右,工业化水平还处于初步发展阶段。

二、近代工业化与社会保障模式的历史嬗变

近代中国工业化水平虽然并不高,但它引导着先进生产力的发展方向,是影响社会转型的最重要因素,也是推动中国社会保障模式从传统单一形态向近代多元化形态嬗变的最根本动力。

首先,城市化进程加快,传统的家庭保障功能受到冲击。工业化加速了近代中国的城市化进程。据估计,鸦片战争前后,中国城市人口比例仅为全国人口的5.1%,约2000万;而随着洋务运动带动中国工业的初始化,到19世纪末期,尽管中国人口

① 李富春:《关于发展国民经济的第一个五年计划的报告》,《人民日报》,1955年7月8日。

② 参见吴承明:《中国的现代化:市场与社会》,第105页,三联书店,2001。

总数有所下降,但城市人口却从2000万增至2350万,约占全国人口总数的6%。① 第二次工业化浪潮为城市化提供了一次新的推动力,现代工业经济部门的发展吸引了大量的农业人口,城市人口的年增长率远远超过了全国人口的增长率。以上海为例,如将各个区的人口合算,它在1910年约有130万,到1927年则翻了一倍,增至260万②,其中农业移民占了72%—83%。③"这种增长反映了发展中的城市对农业社会的吸引力。"④到20世纪30年代,中国城市化规模进一步扩大,据1933年资料统计,当时全国总人口约45000万,而城市人口约达4600万,占人口总数的1/10以上;并且呈现出人口向大城市高度集中的明显趋势,产生了10个50万人口以上的城市,其人口数占全国城市人口总数的35.5%⑤。参见下表:

表1—1 中国近代50万人以上大城市简表(1933—1936年)

等级规模(万)	城市数		人口数		城市名称
	(个)	%	(万)	%	
大于200	1	0.50	348.0018	10.8	上海
100—200	4	2.12	480.2877	14.9	北平、广州、天津、南京
50—100	5	2.70	316.5665	9.8	汉口、香港、杭州、青岛、沈阳

资料来源:沈汝生《中国都市之分布》,《地理学报》第4卷,第1期,1937。

① 参见施坚雅:《晚清时期的城市》(William G. Skinner: *The City in Late Imperial China*),第205—220页,斯坦福大学出版社,1975。

② 罗志如:《统计表中之上海》,第21页,第29表,南京国立中央研究院社会科学研究所季刊,1932年第4期。

③ 邹依仁:《旧上海人口变迁的发展》,第11页,上海人民出版社,1980。

④ [法]白吉尔:《中国资产阶级的黄金时代(1911—1937)》,第120页,上海人民出版社,1994。

⑤ 参见顾朝林等:《中国城市地理》,第74—77页,商务印书馆,1999。

传统中国是一个家庭观念十分浓重的国度,“聚族而居”、“四世同堂”自古就是家族兴旺和家庭幸福的象征。中国传统家庭是一个功能很完备的社会基层事业实体,担负着从生产消费到政治(司法)、赡养、祭祀(宗教)、生育养教、婚姻生活、精神娱乐以及家庭保护的功能,无一不备,形成了一整套严密的规范。但是,近代工业化和城市化进程改变了中国传统的生产和生活方式,也改变了传统的家庭功能。民国社会,“传统家庭的功能则因为社会组织和结构的进步,许多功能被转移或取代。有的功能虽无法取代或转移,但内容和方式也在发展变化。总的趋势是,传统的家庭功能正逐渐地缩小和萎缩,家庭逐渐从事业实体功能型向感情生活功能型过渡”①。

“养儿防老,积谷备荒”是中国传统家庭养老保障功能的写照,但工业化和城市化严重冲击了传统家庭的这种养老保障功能。由于工业化、城市化导致老年人的经济保障、家庭照顾以及老年人在家庭中地位的丧失,至少可以列出如下事实:其一,工业化导致每个人,不管是子女还是父辈,都要靠工资收入为生,在某些情况下,子女或其父辈不能左右自己经济生活。这种靠工薪收入维持生计的事实,使子女赡养老人的能力更多地不能由自身决定了。其二,由于城市化的推进,城市的扩大和就业因素、居住条件的限制,使子女对父辈的照料受到住房、集体特别是休闲时间等一系列的限制,事实是困难增多了。其三,老弱病残家庭成员的照料很有必要,但随着城市化的发展,由于工作机遇的扩大和职业选择的多样,使家庭成员可以从不同的工作获取收入,特别是占相当比重的妇女都因就业而不在家,使这些照

① 龚书铎总主编:《中国社会史 · 民国卷》,第139页,山西教育出版社,1996。

料难以在家中实现。[1] 因此,在民国时期,家庭的养老功能也发生了很大变化。虽然无论在城市或乡村,赡养老人仍然是家庭的普遍现象,但其内容和实质已发生变化。传统农村家庭赡养老人除了道德感情使然外,更主要的是受政治因素的影响,老人是家庭的中心。而现代社会家庭赡养老人,道德和感情的因素居多,老人已逐渐不再是家庭的中心了。而且供养的方式也在变化,传统是全家共同供养,现代多是分居供养或轮流同居供养,维持着小家庭的特点。在城市产业工人和一般市民家庭,这种趋势更加明显,家庭的经济功能大为削弱,至于农村家庭的教育、宗教、保护与司法等功能均已转移到城市的各种社区组织和行政职能机构那里去了。总之,家庭规模的小型化和简单化,制约了家庭功能的发挥;反过来,社会结构的高度整合又使社会为家庭提供了更多的服务功能,促使家庭功能外移和家庭结构变迁。[2] 家庭功能的变迁必然促进家庭保障模式向社会化保障模式的嬗变。

其次,传统的官府施舍性保障模式开始向社会公益性保障模式转变。光绪初年开始兴起的"义赈"活动在近代中国社会保障发展史上具有重要的意义。有清一代,政府对于灾荒的赈济,继承了中国历代官府赈灾的传统,形成了一套颇为严密的"官赈"制度。但晚清以后,由于财政窘迫和政治腐败,"官赈"制度已经弊端丛生。正是在这种背景下,兴起了一种"民捐民办",即由民间自行组织劝赈、自行募集经费,并自行向灾民直

① 参见刘燕生:《社会保障的起源、发展和道路选择》,第 49—50 页,法律出版社,2001。

② 参见张静如等主编:《北洋军阀统治时期中国社会之变迁》,第 270—271 页,中国人民大学出版社,1992;龚书铎总主编:《中国社会史·民国卷》,第 140—141 页,山西教育出版社,1996。

接散发救灾物资的“义赈”活动。晚清的义赈活动已不同于传统的分散性慈善活动,积极倡导义赈活动的头面人物和骨干成员正是在当时颇具经济实力的洋务企业家。例如,大名鼎鼎的郑观应、盛宣怀、谢家福、胡光墉等人,不仅都是兴办洋务企业的健将,同时也是义赈活动的最初发起人和主持者。这些新兴的城市精英阶层代表新的社会力量,他们组织的义赈机构,不仅联络各地已有的善堂等慈善组织,而且广泛联系某些新式企业如电报局、轮船招商局等在各地的分支机构,甚至把中国驻外使领馆及企业的驻外商行也纳入了自己联系的范围。这样,就形成了一个触角伸及全国各地甚至世界一些重要城市的规模巨大的义赈网络。于是,民间的赈灾活动,也就从以往某些乐善好施的“善人”的个人“义举”变成了社会化的公益慈善事业。可以说,义赈活动既不同于传统的民间慈善义举,也有别于“官赈”施舍,“是随着带有资本主义性质的经济成分的出现而兴起的”①。

义赈活动在晚清的兴起和发展绝不是偶然的,从中我们不难察知中国传统的官府施舍性保障模式向社会公益性保障模式转变的历史轨迹。民国以后,“在城市慈善机关募捐和管理等传统活动中,士绅的作用愈来愈为国家机关和公共卫生福利机构所取代”②。例如,在1917年的山东济南,公共卫生局取代了传统的广仁善局。③ 由于此时的民国政府毕竟已不同于传统的

① 参见李文海:《世纪之交的晚清社会》,第401—420页,中国人民大学出版社,1995。

② [法]白吉尔:《中国资产阶级的黄金时代(1911—1937)》,第138页,上海人民出版社,1994。

③ [美]戴维·D.巴克:《中国城市的变迁:1890—1949年山东济南的政治及其发展》(David · D · Buck: *Urban Change in China Politics and Development in Tsinan, Shantung*,1890—1949),第147—148页,麦迪逊·威斯康星大学出版社,1978。

封建朝廷,它在形式上已经是现代政府,而现代社会保障制度发展最明显特征之一正是政府的全面深度介入。因此,这种趋势并不是历史的倒退,相反,正是社会保障模式从传统走向现代的必要环节。

第三,市民社会初步形成,使社会立法成为可能。人类社会在发展演变过程中,市民社会的出现对政治制度和法律制度的变化产生了深刻影响。黑格尔在《法哲学原理》一书中对市民社会作了这样的定义:市民社会,这是各个成员作为独立的单个人的联合,因而也就是在形式普遍中的联合,这种联合是通过成员的需要,通过保障人身和财产的法律制度,和通过维护他们的特殊利益和公共利益的外部秩序而建立起来的。黑格尔所谓市民社会与资本主义社会是等同的,"市民社会是在现代世界中形成的,现代世界第一次使理念的一切规定各得其所"①。在市民社会出现以前,社会经济生活的主体限于国家,不存在独立于国家以外的自主的和自发的社会主体,表现在法律上就是"诸法合一",国家是法律的制定者和受益者。

中国自周秦以来即进入了以农业为主要生产方式的社会,这种传统型的社会是一种自然经济形态,生产的主要目的是为了谋生而不是为了营利。在这种经济结构下,实行的是中央集权的专制国家,"溥天之下,莫非王土",政治权力涵盖了一切,独立的社会力量受到大一统中央集权的钳制和扼杀,未能形成独立的市民阶层。与此相适应,法律上实行一元法律结构,以封建国家为本位。近代工业化和城市化的发展从根本上改变了中国传统的社会制度,摧毁了古老的政治制度的基础,推动了中国社会结构从传统向现代的转型。由于新旧社会结构的存在,推

① 参见黑格尔:《法哲学原理》,第174、197页,商务印书馆,1979。

动了市民社会的萌芽,而市民社会的出现又导致居间状态的团体(商会、教育会或农会)的涌现,在城市社会逐渐形成了主要由传统士绅、商人和工业资本家组成的城市精英阶层。在清朝末年和民国时期的最初十几年,政府权威日渐式微,中国呈现军阀混战的无政府局面,城市精英阶层作为市民社会的一个组成部分,自觉地投身于社会公益活动,如发展慈善事业,维护社会治安,疏通河道,修筑堤坝,促进城市建设,加紧港口整治以及推动事业的兴办,显示出它有能力组建自己的代表协会,确定审议和协商程序,在整个市民社会基础之上建立自治机构。但随着中国资产阶级黄金时代的结束和国家官僚资产阶级的崛起,中国的市民社会并没能像西欧那样得到比较完全和成熟的发展。

尽管中国近代的市民社会具有不成熟性和脆弱性,但它的出现毕竟从根本上解构了中国传统的社会政治基础,并使社会立法成为可能。同时,19 世纪末和 20 世纪上半叶,世界范围内的社会立法潮流也影响着当时的中国政府。因此,不论民国北京政府还是南京国民政府在想方设法加强自身专制独裁统治的同时,在法律上也不得不呼应"私法公法化"的历史潮流,"渐由传统个人主义,而倾向于社会化"①,开始进行社会立法。最为典型的是劳工立法,民国北京政府制定了《暂行工厂通则》,南京国民政府成立后颁布实施了《工厂法》,国家干预雇佣劳动关系的结果,使得劳工法逐步脱离民法而成为一个独立的法律部门。社会保障立法自 19 世纪在西欧诞生以来,在世界各国得以迅速发展,成为与现代市民社会伴生的重要法律制度,南京国民政府 20 世纪 30 年代制订的《强制劳工保险法草案》和 40 年

① 谢振民编著:《中华民国立法史》(上),第 21 页,中国政法大学出版社,2000。

代制订的《社会保险方案草案》、《社会保险法原则》、《社会救济法》,都体现了维护社会公益和保护社会弱者的社会保障立法理念。

第二节　近代中国劳工问题

中国劳工阶级是随着近代工业化的不断发展而崛起并日渐壮大的一种新兴社会力量。“社会里有一部分人们要终身受雇于资本家、靠工资来谋生的,这就是劳工阶级。”[①]民国以来,“工业虽属落后,而劳工运动之热烈轩昂,决不在其他国家之下,在三十余年中工运屡起屡仆,其正当高潮之际,每在社会发生极剧烈之影响”[②]。因此,劳工问题对近代中国社会的影响和冲击是深刻的也是深远的,如果说工业化为近代中国社会保障立法提供了基本历史条件,劳工问题则应是工业化进程中推动社会保障立法的基本社会动因。

一、劳工阶级的规模和结构

中国劳工阶级与工业化相伴而生,19 世纪末中国已有现代工业工人约 10 万人。第二次工业化浪潮期间,全国各种制造业工人总数约为 107 万人[③],现代工业工人约为为 41 万人[④],农民

① 陈达:《中国劳工问题》,第 250 页,商务印书馆,1929。

② 朱斯煌主编:《民国经济史》,第 375 页,台湾文海出版有限公司,1985。

③ 此为 1915 年数目,参见《中国年鉴》,第 1421 页,商务印书馆,1916。

④ 此为 1919 年数目,并且有若干省区未列入统计,参见民国北京政府农商部统计科编纂:《第八次农商统计表》,第 233 页。

人口比重为85%[①]。但时人认为:“此种统计或则太旧,或则不全,大概俱远在实数之下”[②]。20世纪30年代,现代工业的发展壮大了工人阶级队伍,据1932年劳动年鉴记载,13省91城市产业、铁路、邮务、电政、航业及各种矿业之工人共计162.6万人,1933年劳动年鉴所载23省市之工人,包括产业、铁路、邮务、电政差役、无线电技工差役、各种矿业工人,共计约233万人[③];再据中央工厂检查处1934年年报,11省合于《工厂法》第一条规定(工人30人以上——作者注)的工厂之工人约有52万人[④]。因此,截至抗日战争前,中国工业工人(手工业工人除外)至少有230万人以上,其中现代化工业工人至少也在52万人以上。抗日战争时期,中国工人阶级进一步扩大到250万—300万人;全国解放前夕,产业工人约有400万人。[⑤]

中国劳工队伍中,女工和童工占有很大的比重。抗日战争前,国民政府实业部对女工和童工的人数曾有3次统计,据1933年统计,23个省市工厂工人为2190409人,其中男工272630人,女工421980人,童工22381人,性别不明者约占半数,而女工接近男工的1倍;据1932年该部调查13省91城市工厂工人为1141782人,其中除599601人性别不明或为童工外,男工305121人,女工236051人,女工又明显少于男工。两

① China Year Book (1926), p896。

② 王世杰:《中国工会法问题》,《东方杂志》(第24卷第3号),1927年2月。

③ 参见南京国民政府实业部编:《民国二十一年中国劳动年鉴》和《民国二十二年中国劳动年鉴》。

④ 参见南京国民政府实业部中央工厂检查处:《民国二十三年全国工厂检查年报》附录,第40页。

⑤ 参见冯兰瑞等:《中国社会保障制度重构》,第43页,经济科学出版社,1997。

个连续的年度中,男女工比例悬殊如此之大,似不足采信。比较可信的材料应为国民政府实业部1930年在9省28城市的调查情况,在799912个工人中,男工372170人,占46.5%,女工372837,占46.6%,童工54905人,占6.9%,后南开大学研究人员根据自己的调查研究修订为男工占49%,女工占45%,童工占6%。这些数字虽不能代表男工、女工、童工的实际人数,但比较而言基本上反映了当时劳工队伍中性别比例结构和年龄比例结构。大量的女工分布在纺织行业,其中纺织女工占女工总数的80%—90%;童工也以纺织业中比例最高。①

二、劳工阶级的生存状况

中国近代工业化过程中存在着外国资本、国家官僚资本和民族资本等三种资本形式,劳工阶级也就受三种资本的雇佣和剥削。虽然为了实现资本利润的最大化,中外资本家都不得不"关注"劳工生活,以维持他们最起码的生存条件。但与西方发达资本主义国家相比较,近代中国劳工阶级的生存状况十分恶劣。诚如第二次全国劳动大会宣言所说:"我们现在水深火热之中,痛苦万状:不是生活程度日高,工资不够维持,便是工作时间太长,疲劳过度;不是工厂私定苛章,虐待工人,便是整工包工头等,殴辱剥削工人;不是横遭抢掠欠薪失业,便是受拉夫封船苛捐重税痛苦;种种事实,数不胜数。"②这里,我们从四个方面窥其一斑:

首先,社会地位低下。在外资企业中,外国资本家将劳工分

① 参见朱斯煌主编:《民国经济史》,第370页,台湾文海出版有限公司,1985。

② 王清彬等编:《第一次中国劳动年鉴》(第2编),第357页,北平社会调查部,1928。

为三等:第一等是他们本国来的工人,工资比从事相同工作的中国工人高十几倍;第二等是外资从其老殖民地招募来的工人以及白俄人,工资也比中国工人高;中国工人处于第三等,工资最低。同工不同酬的现象比比皆是,例如美商上海电力公司,白俄司炉和吊车工人的工资比同工种中国工人要高两三倍。在招工和用工制度方面,外资企业采用工头招工制,中国工人到外资企业做工,必须通过工头,要受工头的压迫和剥削。近代中国的包身工、养成工制,也是首先在外资企业出现的。

官僚资本企业除效法外资企业的一套办法外,还采取封建官商的强制手段,圈占民田开办企业,并强迫原地居民进厂劳动。这种强迫劳动的制度被四大家族的官僚企业所继承,他们还进一步利用手中的特权,用"军令"管制工人,强迫雇佣和辞退,剥夺工人的就业自由。商人、地主等民族资本家虽无特权,不能用"军令"来对待工人,但也总是想方设法从工人身上榨取更多的利润。

其次,工作时间长。近代中国劳工劳动时间大多数都在10小时到12小时之间。从地域上看,上海市每天工作8小时及8小时以下的工人只占工人总数的约2%,8小时到11小时的约占30%,11到12小时的约占68%;武汉市每天工作8到9小时的占8.85%,10小时的占20.23%,11至12小时的占69.97%,13至14小时的占0.95%。其他地方,如天津、青岛一般为8至12小时,广州、芜湖为8至14小时,厦门为8到15小时。从行业上看,棉纺、面粉、缫丝等大行业,工人每天工时大体都是12小时,只有个别三班倒的大厂是8小时。卷烟、火材、丝织等大厂一般为10至11小时,小厂12小时。手工工场工人的劳动时间更长,有的甚至达到17—19小时。女工和童工的劳动时间与男工大体相同,女工有的劳动时间比男工还长。

工厂主还采取种种手段延长工作时间,如要工人提前上班,延迟下班,班前准备和班后清扫都在规定的工时以外,不给工资;强制工人加班加点,有所谓"半夜工"(下班后夜里再工作3.5到4个小时)和"礼拜工"(礼拜天加班16个小时),不能请假,否则开除;还有卑鄙的"昧心钟"办法,上班前将时钟拨快,下工前拨慢,或用"电动子母钟"在工作时间停它几次,拉长工时等。据统计,用这些办法迫使工人1年中要为工厂主多做工1个月而没有工资或补助。① 工人很少有公休假日,据1930年国民党工商部对29个城市的调查,工人公休假日一般每年在20至30天之间,少的只有几天。休假最少的是小厂小矿和手工工场,杭州、汕头一些工场手工业的工人1年只有3天休息时间。②

第三,工资收入难以满足基本生活需要。20年代中期以前,工人工资往往不能满足最低生活费的需要,以经济最为发达、工人最集中的上海为例,工人的生活费,据1920年5月1日《星期评论》的一个材料,夫妻两人每月需要17.5元;又据上海租界工部局1923年的调查,夫妻两人每月至少需要16元。而1920年上海纱厂的工资(以粗细纱车工为准)约为每天0.27—0.30元,合每月7.3—8.1元,远远低于最低生活水平。即使是工资较高的机器业,每天的工资0.30—0.40元,该业供伙食,加饭费6元,合每月14.1—16.8元,也还不足以维持夫妻工人的

① 参见冯兰瑞等:《中国社会保障制度重构》,第48—49页,经济科学出版社,1997。

② 参见《旧中国的资本主义生产关系》,第91—93页,人民出版社,1977。

家庭生活。①

1925年到1927年是近代中国工人收入最好的时期,但工资仍不能保障工人家庭的基本需要。据上海总工会1927年发表的一份宣言披露,一个三口之家每月需生活费23.80元,实际上工人家庭一般不止三口,而是平均4.6人。1931年国民党工商部曾调查30个城市,一对夫妻及子女3人的五口工人之家,每月平均生活费27.20元,这仅仅是维持工人生命的最低标准②。而同期各行业工人工资大抵以5元以上14元以下最为普遍③。

20世纪30年代以前,工人实际工资下降,而名义工资曾有所上升。30年代后,名义工资也开始下降。据国际劳工组织调查:"上海工人的货币工资,以1931年为100,则1932年为98.83,1933年为96.15,1934年为91.39,1935年为84.30。"④另一方面,生活费用日益高涨,工人生活陷于极端困难的境地。抗战爆发后,据上海工部局工业社会组编制的各工业工资状况,上海工人每月平均收入,1936年为13.353元,1937年为12.176元,1938年为12.295元,1939年为17.09元(是年工业畸形繁荣),1940年为34.803元。5年间每月工资虽增加了近3倍,但增加率仍低于生活费指数,因此5年中真正工资仍在逐年减少,

① 参见《旧中国的资本主义生产关系》,第126—127页,人民出版社,1977。

② 参见《旧中国的资本主义生产关系》,第128页,人民出版社,1977。

③ 国民政府实业部编:《民国二十二年中国劳动年鉴》,第1编,第102—104页。

④ 《旧中国的资本主义生产关系》,第131页,人民出版社,1977。

据统计1940年的真实工资仅相当于1936年的56%。①

第四,经常面临工业灾害和失业的威胁。工业灾害是指现代工业生产中发生的危及劳动者身心健康和生命安全的各种灾难和变故。据1935年国民政府中央工厂检查处编制的统计数字:1934年全国共发生工业灾害2470次,伤亡人数为5011人,各种损失估计达573.7万元;1935年发生工业灾害2655次,伤亡5629人,损失估计为1027.2万元。而当时工业安全协会根据上海公共租界内工厂数和发生灾害的次数推测,全国工厂在1935年可能发生的灾害应在18032次以上,伤亡人数至少为22568,损失估计至少有2172.6万元,大大超过官方统计。又根据工业安全协会对1935年上海全市工业灾害行业分布的分析,机器及金属品工业中事故率最高,依次递减者为纺织业、制造业、运输业、饮食品加工业、印刷造纸业、化学工业、公用事业和服饰品工业。②

失业指工业社会中有工作能力和愿望的劳动者找不到工作的现象。民国时期失业人数很多,国际劳工局中国分局在抗战前后曾进行过两次统计,一次为战前1935年,失业人数为5893196人;以区域而分,以广东省和北平市最高,分别为1578482人、500935人;以行业而论,以盐业为最高,达1401000人。又据该局分析,引起失业的原因主要有四个方面:一是经济恐慌之袭击;二是农村破产之影响;三是旧式工

① 参见朱斯煌主编:《民国经济史》,第371页,台湾文海出版有限公司,1985。

② 参见朱斯煌主编:《民国经济史》,第372页,台湾文海出版有限公司,1985。

业之淘汰;四是改良事业之影响。①一次是战后1946年,失业人数703264人,其中在内地者为56444人,在收复区者为646820人;以区域而分,收复区以江苏省最高,为130000人,内地以重庆最高,为30127人;以行业论,矿业和纺织业最高,分别达99595人和98987人。这次失业的最大原因当为战后各地工厂纷纷迁移和被迫停闭所造成,数字仅及战前的1/8,其准确性和全面性颇值得怀疑,但仍可以作为反映大量工人经常遭受失业威胁的一项佐证。又据上海失业救济委员会的估计,1945年底上海失业工人达99000人,其中以纺织业为最高;广州市社会局估计1946年5月失业工人为5311人,而在1945年最高曾达10000人;汉口1946年6月的失业人口据估计达10626人。②

三、劳工阶级争取社会保障待遇的斗争

民国初期,特别是第二次工业化浪潮期间,中国民族资产阶级中的一些开明进步人士(如穆藕初、聂云台等),面对外国资本对民族工业的激烈竞争和发展经济的艰巨任务,深刻地认识到与工人团结一致、维护社会和谐的必要性,曾倡导一种谋求工人福利和资方利益相结合的家长制观念。他们主张:"工人的精力代表了工业的不可见资本……而这种资本是不应该浪费的"③;"民主实业的新制度,实际上是业主和劳工的互助"。这

① 参见国际劳工局中国分局:《1935年中国失业人数估计》,《国际劳工通讯》(第16号),1936年1月。

② 参见国际劳工局中国分局1946年度10至12月月报。

③ 《密勒氏评论报》,第324页,1920年7月10日。

些意见也得到了劳工界的某些反响。[①] 这种主张在当时产生了颇大的社会影响,胡适甚至认为:“在形成一种极为理智和富有感染力的舆论,实行卓有成效的立法之前,要解决中国的劳工问题,只能取决于像聂云台、穆藕初两先生这类具有睿智卓识的业主所自觉提出的政策”[②]。

不可否认,聂云台、穆藕初等为改善工人条件所做的努力,对保障工人经济利益甚至促进当时政府的相关立法都具有积极的意义。但如果据此就认为,“工人阶级的所有进步,不一定要通过无益的斗争而获得,也不一定要通过反对资产阶级来实现,而是应该同资产阶级合作,并在后者的指导下加以完成”[③],则失之偏颇。因为资产阶级与劳工阶级是对立的,具体到经济利益上,资产阶级一方面通过榨取劳工阶级的劳动所创造的剩余价值来实现利润最大化,另一方面则极力压低劳工的工资和其他经济保障支出,维持劳工阶级经济利益的最小化,即便在中国民族工业的“黄金时代”也是如此:从1914—1919年,纱厂的平均利润增加了26.7%[④],最有影响的纱厂获得利润高达20倍,有的甚至高达50倍,股息达到30%—40%,甚至90%;但是资本家的收入并不与他们的雇工分享,广州手工业者和工人的工资仅增加了7%,而上海也不过10%。[⑤] 可见,个别开明资本家

---

① 参见中共中央马恩列斯著作编译局研究室编:《五四时期期刊介绍》(第3集),第289页,人民出版社,1958。

② 《密勒氏评论报》,第324页,1920年7月10日。

③ [法]白吉尔:《中国资产阶级的黄金时代(1911—1937)》,第233—234页,上海人民出版社,1994。

④ 严仲平等编:《中国近代经济史统计资料》,第165页,科学出版社,1955。

⑤ 参见《上海总商会月报》(第4卷第4号),第35—36页,1924年4月。

的嘉言善行无法改变工人恶劣的生存环境,中国劳工阶级即使仅仅为了获得最基本的生存保障,除了依靠自身的斗争之外,也别无他途。

中国劳工阶级自诞生之日起,就不断进行着反抗剥削和压迫的斗争。19 世纪后 20 年,斗争首先在外资企业和清政府官办厂矿中爆发。如 1882 年开滦煤矿工人争取平等工资的罢工,1883 年上海江南机器局工人反对延长工时的罢工,1895 年南京金陵制造局工人抗议假日加班的罢工等。从 1895 年至 1913 年,有记载的罢工就有 70 余次。但这些早期的罢工斗争还处于自发状态,缺乏组织性,斗争的目标也仅仅局限于缩短工时、增加工资等方面。

民国以后,随着工会组织的出现,中国劳工阶级的罢工斗争组织性不断加强,次数不断增多,规模也不断扩大,表现在斗争目标上则出现了要求养老金、医疗补助、保障最低工资、劳动保险等具有社会保障性质的新内容。如自 1918 年至 1926 年的 9 年间,历经五四运动和五卅运动,劳工阶级罢工斗争出现了两次高潮,罢工达 1233 次,其中因经济压迫而罢工者,居罢工总次数 47.15%;因不堪虐待而罢工者,居罢工总次数 22.97%,两者合计则改善待遇的罢工比例为 60.12%。不难看出,经济压迫一直是中国劳工罢工斗争的重要原因。而“十五年(1926)之罢工要求,又多数自纯粹经济问题,转而注重劳工待遇。可见近两年之劳工运动,已有重要之变迁矣”①。这种“重要变迁”主要表现在已由单纯的经济斗争转向争取包括社会保障在内的各种劳工待遇的斗争。参见下表:

① 参见王清彬等编:《第一次中国劳动年鉴》(第 2 编),第 149—151 页,北平社会调查部,1928。

表1—2 含有社会保障内容的罢工斗争举例(1918—1926年)

罢工名称	具有社会保障性质的罢工要求	罢工结果
汉口英美烟厂工人罢工(1926年11月—12月)	(1)女工分娩前后,厂方须给假4星期,休息期内,以活工计算者,每日须给生活费4角,以月计算者,则照原有工资发给。(2)凡因病请假者,工资须照常发给,因疾病死亡者,须给抚恤费6个月,数目照原有工资发给。(3)以后厂方自行停工时,工资须给6/10。(4)各种节假日、纪念日,须照例放假,工资照给。(5)厂方增加工人,须由工会介绍,开除工人,须得工会同意。(6)因公毙命或残废者,厂中应永远发给养老金,数目照原有工资发给。(7)厂方每月应提出工人教育费1500元。	除(6)、(7)项厂方保留外,其他均同意。
武汉印刷工人罢工(1926年11月)	(1)最低限度工资每人每月16元。(2)阴历年底,各工厂应给各个工友及学徒双薪1月。(3)各种节假日、纪念日照例放假,工资照给。(4)食宿方面,工人学徒每人每月最低限度伙食费8元,并应有良好宿处,否则每人每月给费3元,听其租房外宿。(5)因工疾病及受伤,假期中不扣工资,并给医药费,死亡及残废,均需由工厂抚恤,其数目由工会与工厂协定。(6)为解决失业问题,各工厂2年半内,不得招收学徒,但新开工厂不在此例;在工人失业过多时,各厂不得加工,并禁止同行生意。	厂方同意:(1)最低限度工资每人每月15元,小工不在此例。(2)阳历12月,各工厂应给各个工友及学徒双薪1月,但以在工厂6个月为限。(3)各种节假日、纪念日照例放假,工资照给;(4)食宿方面,工人学徒每人每月最低限度伙食费6元,并应有通风透亮的正式铺位,否则每人每月给费2元,听其租房外宿。(5)因公受伤,假期中不扣工资,并给医药费,如致死亡,须有工厂抚恤,其数目最低须有4月薪资;工人疾病,经医生证明,工资照给,但以两个月为限。(6)为解决失业问题,各工厂1年半内,不得招收学徒,但新开工厂及扩充营业者不在此例。

（续表）

罢工名称	具有社会保障性质的罢工要求	罢工结果
杭州机织工人大罢工（1926年3月）	(1)承认工会有代表工人全体之权;(2)不得无故开除工人;(3)创办工人补习学校于厂内,一切经费由厂方担负;(4)工作厂及饮食须注重卫生;(5)如遇等待工作而停工,每日须给生活费5角;(6)工人病时,公司每日须负担生活费5角;(7)工人死亡,公司须给予抚恤金。	罢工失败,厂方未同意其条件。
青岛日本纱厂罢工(1925年4月—5月)	(1)工人受伤,由厂方担任医药费,因伤不能工作期内,仍给全份工资。(2)女工生产前后各给假1月。	厂方仅同意(1)项要求。
湖南水口山铅矿工人罢工(1921年12月)	(1)水口矿局承认水口小工人俱乐部有代表工人之权,俱乐部创立之小学校,由矿局与以地面并支给建筑费1000元,学校经费每月200元。(2)星期及例假,照给工资;每年旧历年底,给1个月份之赏金;每年应有1个月之休假,其间工资照给;罢工期内,照给工资。(3)矿夫因公死亡者,应给抚恤金,每年工资在150元以下者,予以150元之恤金,150元以上者,予以1年份之工资;因公残废者,予以相当职业,每月并给膳费6元。(4)因婚丧及患病旷工者,照给工资;婚丧本省人予1个月之休假,外省人予两个月之休假;因病休假以4个月为限;工作地死亡者,予以5个月份之工资一次。	所提条件大部分为矿局所承认。

(续表)

罢工名称	具有社会保障性质的罢工要求	罢工结果
开滦煤矿工人罢工(1922年10月)	(1)工人在受雇期内受伤不能工作,应由局中担任医药费,并酌给津贴;(2)在受雇期内死亡,应由局中给以5年之恤金。	经调停,矿局同意(1)项。
京绥铁路车务工人罢工(1922年10月)	(1)工人因病死亡时,支给1年份之工资于其亲属。(2)因执行公务死亡者,支给2年份之工资;因过劳及公务罹病而缺勤者,不论时间长短,不扣工资。	路方承认工人之要求。
京奉铁路唐山工厂工人罢工(1922年10月)	(1)每年予2星期休假1次,每3年予两月休假1次,休假中照给工资;每月定2日公假日,照给工资。(2)因病缺勤,如有医生证明书时,第1月给全数工资,第2、3月给半数工资,以后停给。(3)罢工期内工资照给。(4)路局选适当地点建筑工人住宅及工人俱乐部并设水道电灯等。(5)因公负伤或老年不能工作者,应抚养其终身,照支原薪;工人死亡时,服务满1年者,给以2个月工资救恤之;满2年者,给以4个月之工资。	路局同意:(1)承认每年得请假两月;(2)承认每年得有2星期之休假1次,休假中给全数工资;(3)因病缺勤,有医生之证明者,照给工资,但长期患病不在此限;(4)罢工期间工资照发,但须先承认复工。
陇海路工人同盟罢工(1921年10月)	(1)工人于公务执行中负伤者,铁路当局予以治疗费,残废者,应讲求相当之救济法;(2)因疾病休假者,给半额工资,死亡时给以6个月份之工资,并无偿输送其尸体回乡;(3)对于因公致死者,支与3年份之工资,并无偿送还尸体,并使其子弟得袭死者之职;(4)就职后,非经6个月,不得解雇。	经交通部调停,铁路当局正式承认工人的要求。

(续表)

罢工名称	具有社会保障性质的罢工要求	罢工结果
安源路矿工人罢工(1922年9月)	(1)工人俱乐部改为工会,路矿两局承认工会有代表工人向两局交涉之权;(2)以后两局开除工人应得工会同意;(3)以后工人例假、病假、婚假、丧假,两局须照发工资;(4)工人因工受伤不能工作者,两局须抚养终身,照工人工资多少终身发给。	路矿当局迫于压力,承认工人全部要求。
正太铁路全体工人罢工(1922年11月)	(1)路局雇佣工人,须经工会介绍;(2)路局设立扶轮学校,教育工人子弟;(3)罢工期间,照给工资;(4)因公负伤者,除给以治疗费外,并照常给资,因公死亡者,支给1年份之工资。	经过斗争,路局完全承认工人之要求。
全国电报局大罢工(1925年9月)	关于年考奖金、津贴加成、养老金、抚恤、劳绩金、棺殓费以及其他种种细则,由交通部于1星期内,派定全权代表,携带委任状来沪,会同中国电报工会联合会委员修订之。	交通部对此条件,暂时保留,待召集全国主要电报局代表会议解决之。
上海华商电车工人罢工(1926年8月)	工人疾病,及因公受伤,照常发给工资。	公司同意:如遇因公致疾或致伤者,则公司自当担任;病假期内允给半数工资。
上海先施公司职员罢工(1927年1月)	(1)无故不得开除工人,倘有重大过失,应得职工会许可;(2)工人如有疾病,一切医药费,由公司负担;(3)公司出资创办补习学校,优待青年职工及学徒免费入学;(4)职工死亡应给恤金于其家族,又退俸金应按商务书馆最近办法办理;(5)公司应正式承认职工会有代表全体职工之权。	(1)职工患病(花柳病除外)由公司指定医生调治,所有医药费由公司支给,以1个月为限;(2)职工在服务中死亡者,给其家族恤金200元。

(续表)

罢工名称	具有社会保障性质的罢工要求	罢工结果
汉口银行界职工罢工(1926年12月)	(1)各银行招雇工人,由工会推荐,试用1月,惩戒和开除工人须经工会同意,各银行无故开除工会会员,须加6个月薪资为旅行之费;(2)工人因公致伤不能工作者,各银行应给半薪为养身费,因公致毙命者,应给抚恤费300元;(3)最低限度工资为每月19元;(4)各银行对出店工人收款,途中如遇不测以致死亡及残废,须由银行与工会双方调查证明情形,酌量轻重,发给安葬费及抚恤费。	这些条件自签字后,于1927年1月1日开始实行。
杭州银行界职工罢工(1927年3月)	(1)行员无论何时,如无特别过失,不得辞退。但经该行员同意时,银行应照最近月薪给以6个月之退俸,得由该行员自行退职,倘按照各行惩戒规则,至必须辞退程度时,须将理由关知工会,经工会审查决定后,方可实行。(2)各银行招雇行员和工人,应尽先选用工会失业会员。(3)行员在行,遇有疾病时,行中须供给医药费,以3个月为限,但花柳病除外。(4)行员因行务致伤肢体或撄痼疾,不能改任他项职务时,得给予终身恤金,照最近月薪数目按月支给;凡行员积劳病故,应给以一时恤金,其数目以该员在职年俸及服务年限为标准,满1年以上者,给予退职时年俸5/10,每增1年,递加退职时俸给2/10,但至少须200元;因公死于非命者,除适用积劳病故之规定外,另给1000元。(5)凡行员在行服务满6年而年	各银行行长齐集杭州总商会开会,逐条讨论,全部容纳。

(续表)

罢工名称	具有社会保障性质的罢工要求	罢工结果
杭州银行界职工罢工(1927年3月)	逾,衰老不能任事者,应给予养老金,其数目照退职时月俸,按月支给之。(6)凡行员在行服务满6年者,给最近年金全数,以后每5年给一次,例如服务满12年,再给一次,余类推。年限应自各行员进行之日起,但以前资格最多以5年计算。(7)行员因行中停业而失业者,行中应一律给予最近薪俸数目3个月之慰金。(8)工人因工致伤,不能工作时,应照给半薪为生活费;在行服务期内病故者,应给抚恤费300元;其因公致死者,应给抚恤费至少500元。	各银行行长齐集杭州总商会开会,逐条讨论,全部容纳。
广州银行业大罢工(1926年12月)	(1)凡各银行除正副司理2人之缺,自由雇佣外,其余非广州商办银行职工工会会员外,不得雇佣。如新添雇员役时,应先函知本会认可,即由职业介绍部发给开工证。(2)凡各银行不得无故开除或调往别处及苛待本会会员;如银行歇业,须预先通知本会调查确实认可,但仍须补回失业者每名薪金12个月,另川资2000元,以维生活。(3)凡各银行雇佣本会会员,如因公受伤者,该银行须疗至痊愈;因伤成废疾,由该银行给回赡养费2000元;因伤毙命者由该银行给回恤金3000元;如会员有病者,由该银行负担调理,及一切药费,而养病期内,薪金伙食,照常支给。(4)本会如遇有必要时,若发生罢工者,罢工期内,所有职员一切薪金伙食,由银行如数发足,毋得扣除,并不得着令各会员离铺食	经广东省农工厅调处,双方达成如下条件:(1)凡各银行正副司理及正副司账等缺,由银行自由任免;其余如银行添雇员役时,银行方面应尽先雇佣银行职工会失业工人。如该银行职工会失业工人信用破产,或才技不可用时,银行得向外自由雇请。(2)凡各银行辞去职工时,预先将理由通知银行职工会,如该会认为无理由时,得提出抗议,由银行与该工会代表会解决之,如仍不能解决时,即交农工厅仲裁;当仲裁期内,银行职工不准藉故罢工;如银行因

（续表）

罢工名称	具有社会保障性质的罢工要求	罢工结果
广州银行业大罢工(1926年12月)	宿。	亏本歇业,须先一月通知工会,并补给工人2个月薪金。(3)凡各银行雇佣职工会会员,如因公受伤者,该银行须疗至痊愈;因伤成疾不能再行工作时,由该银行给回赡养费2000元;因伤毙命,由该银行给回恤金3000元;如会员由该银行担任指定医生调理,药费由职工自出,在调养期内薪金伙食照常支给,但以两个月为限。

资料来源:王清彬等编《第一次中国劳动年鉴》第2编第2章,北平社会调查部,1928。

由上表可见,劳工阶级在罢工斗争中提出的社会保障要求虽然互有异同,但都是劳工阶级最基本的生存保障条件,也涵括了工业时代社会保障的基本内容。尽管其中多数罢工未能达到预期目的,但劳工阶级争取实现社会保障的罢工斗争,对推动近代中国劳动及社会保障立法仍然产生了深刻的影响。以1923年2月京汉铁路工人大罢工为例,罢工期间,北京政府两院议员百余人共同议决如下建议案:(1)按照民国约法,政府应承认工人有自由集会之权;(2)政府应抚恤受伤之工人,其因伤致死者则抚恤其家属。罢工虽以失败而告终,"惟此次罢工之间接影响甚大,政府鉴于劳工势力之日盛,知有设定劳工法规之必要,民国十二年二月二十二日,明令主管各部草拟此项法律,以备提出国会。同年三月二十九日农商部公布暂行工厂法,后又拟有工会条例草案焉。”①

第三节　近代中国自然灾害问题

自然灾害是指自然界发生的不以人的主观意志为转移的自然现象引起的灾害,一般分为气象灾害、地质灾害、地貌灾害、水文灾害、生物灾害5类,其中以气象灾害最为普遍且损害最广、危害最大。民国年间,由于各类自然灾害的频繁发生,中国人赖以生存的自然环境发生了史所罕见的异常变动,对民国社会发展的历史进程产生了广泛影响,并成为影响中国传统社会保障模式走向法制化的重要因素。

一、民国时期自然灾害概说

人类社会自产生以来就面临着自然灾害的严重威胁,并且至今仍无法彻底摆脱其困扰。中国自古就是自然灾患频发的国度,民国以来,中国更是连年有灾,受灾地域极广,且常常多灾并发。据统计,仅从1912年到1938年的27年间,各种自然灾害就达77次之多。其中水灾24次,旱灾14次,地震10次,蝗灾9次,风灾6次,雹灾4次,歉饥2次,霜雪之灾2次。②

自然灾害的发生,横向地看某个时期的历史断面,每次灾变无不具有极大的偶然性、突发性和不确定性。但如果纵向地从整体上审视自然灾害演变的历史进程,就会发现多次偶然的、突发的、不确定的自然灾变中又有着一定的群发性、周期性和规律

① 王清彬等编:《第一次中国劳动年鉴》(第2编),第310页,北平社会调查部,1928。

② 参见刘五书:《论民国时期的以工代赈救荒》,《史学月刊》1997年第2期。

性。通过对中国有历史记载以来几千年自然灾害的研究,中国自然科学工作者已经发现存在3个重大灾害群发期,即夏禹宇宙期(约4000年前)、两汉宇宙期(前206—公元220)、明清宇宙期(1500—1700)和两个较小的灾害群发期,即清末宇宙期和20世纪60年代末迄今仍在延续的自然灾害相对频繁的时期。① 若仅就近代110年来重大自然灾害发生的情况来看,大量事实表明曾存在着两个高潮期:第一个高潮期大约在1840年至1890年间及其附近,第二个高潮期大约在1920年至1937年间及其前后。②

第二个高潮期虽以1920年至1937年为主,而实际上其前后波及延伸,基本上横亘整个民国时期。如以旱灾为例,据中国气象学家研究,大约从20世纪20年代初开始,中国南北大部分地区的气候开始出现了具有突变性质的干旱化趋势。与前期相比,干旱指数迅速上升,梅雨期降雨明显减少,梅雨的持续期在1909年、1919年前后分别达到民国时期的最高峰(平均38天)和次高峰(平均28天)后,到二三十年代缩短为25天左右,直至40至60年代才有明显回升。③ 民国年间发生的波及范围较大的旱灾主要有:1920年的华北大旱灾,祸及河北、山东、河南、山西、陕西5省,受灾人口达3000多万,死亡人数50万左右,被称

---

① 参见高建国:《灾害学概论(续)》,《农业考古》1986年第2期;马宗晋:《灾害与社会》,第295—297页,地震出版社,1990。

② 参见周积明、宋德金主编:《中国社会史论》(下卷),第622页,湖北教育出版社,2000。

③ 参见叶笃正:《中国的全球变化预研究(第一部分)》,气象出版社,1992;张家诚等:《中国气候》,第519—520页,上海科学技术出版社,1985。

为“40 年未有之奇灾”。[①] 据这年 11 月北京政府内务部赈务处的不完全统计,此次北方各省被灾 340 县,灾区面积 271.27 万平方公里,其中京兆区 17 县,直隶省 86 县,河南省 77 县,山东省 21 县,山西省 64 县,陕西省 75 县。[②] 1928 年河北、山东、河南、陕西、广东、广西等省大旱,并且旱情在大范围里延至 1929 年、1930 年,死亡约 1000 万人。1941 年至 1943 年又发生大面积旱灾,1941 年山东大旱经年,“迄冬无雨,河流尽涸”;陕西、河南、甘肃、山西及湘东、湘西、鄂中、鄂南等地旱灾颇重,在鄂南洪湖西岸的柳关、福田寺一带,禾苗焦黄,稻田干裂似龟背花纹;1942 年甘肃、四川、河南、湖南、湖北等地旱灾奇重,尤其河南几乎全境受灾,据《大公报》记者报道,“河南一百十县,遭灾的就是这个数目”,临汝县灾民面对酷旱,“环跪乞求,如疯如狂。甚至成群结队不远数百里上香求雨”,但“雨愈求愈远”;1943 年,河南、河北、山西、山东 4 省苦旱,灾区广大,饥民遍野。另外,还有 1925 年川黔湘赣鄂 5 省大饥荒(仅四川省因饥役而死者就达 115 万人[③])、1934 年的全国大旱灾、1936 至 1937 年的川甘大旱荒等,都发生在这一历史时段。

蝗灾往往与旱灾结伴而至,其高发期也开始于 20 世纪 20 年代,并先后出现了两个重大的盛发期:一是 1928 年到 1936 年,无年不蝗,而且有 6 年遍及 6 省以上,其中 1929 和 1933 年更高达 11 省 168 县和 9 省 1 市 265 县,害及河北、江苏、山东、安徽、河南、浙江、江西、陕西、辽宁、湖北、四川、湖南、山西等省,

---

① 魏宏运主编:《民国史纪事本末》(一),第 662 页,辽宁人民出版社,1999。

② 民国北京政府内务部印行:《赈务通告》(第 6 期),1920 年 12 月 25 日。

③ 夏明方:《民国时期自然灾害与乡村社会》,中华书局,1999。

范围甚广。一是1942年至1947年,主要集中于以黄泛区为中心的河南、安徽、河北、山西、江苏一带。① 从局部区域看,其危害程度更高,如1944年山西大旱,据《新华日报》载,汾城、临汾等17县出现多年未有的蝗灾,田陇积蝗四五寸,秋禾尽食,1947年河南蝗灾肆虐,受灾总面积1000平方公里;但从整体上看,其危及范围略少于前一个盛发期。

再看水灾,据中国水利电力部门统计,近代以来各流域发生特大洪水15次,其中12次发生1915—1935年间,而且绝大多数都是各该流域百年、数百年一遇的大洪水,而尤以1915年、1931年、1935年的水灾为最重。1915年,江西、湖南、云南等12省遭水灾,其间珠江流域大洪水使广东的东、西、北三江洪水交汇,淹毁农田648万亩,379万灾民流离失所。1931年6至8月,以长江、淮河流域为中心,发生了百年罕见的大水灾,而以洞庭湖环湖各县、皖南、苏北、河南罹灾最重;7月29日,长江洪水突破汉口江汉关水位26.94公尺的警戒线,湖北、湖南、安徽、江苏、江西、浙江、河南、山东8省中,有380余县被淹,被灾农田16662万亩,灾民达5311万人,死亡42万余人。1935年7、8月间,水灾最重的鄂、湘、皖、赣、苏、鲁、冀、豫8省被灾县241个,灾民2198万余人。② 另外还有1917年京畿大水灾、1921年淮河辛酉大水、1933年黄河中游洪水以及1939年海河大洪水等,均为数十年、十数年不见的洪水灾害。③

地震在这一时期活动也十分频繁。自20世纪以来,凡7级以上的地震活动显示出几十年的活跃和平静交替活动的规律,

① 参见吴福祯:《中国的飞蝗》,第2—8页,上海永祥印书馆,1951。

② 参见龚书铎总主编:《中国社会通史·民国卷》,第514页,山西教育出版社,1996。

③ 参见胡明思等:《中国历史大洪水(上、下)》,中国书店,1992。

其中1913—1937年、1944—1955年和1966—1976年为地震活跃期,平均持续时间约为16年。① 而整个民国期间造成万人以上死亡的7次地震均集中在1920—1933年不到14年的时间里;死亡千人以上的地震17次,其中15次发生于1913至1937年(另两次发生在1943年和1948年)。② 1920年甘肃海原(今属宁夏)大地震、1927年甘肃古浪大地震、1931年新疆富蕴大地震,震级都在里氏8级以上,其中海原大地震死亡人数不下30万,是近代110年间破坏性最大的一次地震。③ 另外还有1914年台湾、新疆发生的强烈地震;1915年青海、西藏发生的3次较大地震;1917年云南大关北的6级以上地震,均造成惨重损失。

其他如飓风、奇寒、疾疫、巨雹也每每发生。1919年中国东部地区的疾疫大流行,死亡约30万人;1931年青海疫灾,死亡20万人;1923至1925年云南东部的冷害,死亡30万人;1944年3月中旬,广西临桂、宜北、恭城、融县等地遭受特大雹灾,冰雹最大者重达14公斤;1945年河南省开封、桐柏两县遭受雹灾,民房、庄稼均遭损害;1947年夏秋之交,河南多次发生雹灾,山东东部也受冰雹袭击,都造成了相当惨重的危害。

综上所述,在民国时期,中国气候和生态环境都进入了复杂的、高度不稳定变化期,以致自然灾害发生频度加快,强度加大,出现了一个由大洪水、大旱灾、大地震、大蝗灾以及飓风、奇寒、疾疫、巨雹等多种重大灾害组合而成的灾害群发期,有的学者称

① 参见王劲峰等:《中国自然灾害区划》,第10—11页,中国科学技术出版社,1995。

② 参见张家诚:《地学基本数据手册》,第205—206页,海洋出版社,1986。

③ 参见周积明、宋德金主编:《中国社会史论》(下卷),第623页,湖北教育出版社,2000。

之为"民国灾害群发幕"①。迄今为止,有关各省区灾害频次的区域研究表明,截至民国覆亡前夕,全国绝大部分地区的水、旱、震、蝗及其他灾害发生的次数均与时俱增,且时间间隔越来越小。可以说,相对于其他历史时期,生活在民国时期的人们承受着越来越密集的各种自然灾害的侵袭。

从区域分布的角度看,这一时期的自然灾害虽然并没有从根本上打破旧有的灾害分布不平衡的区域格局,却继续呈现出自北而南、从中心到四边的区域扩散态势,具有明显的普遍化特征。过去人们常说"南涝北旱",其实,近代以来北方地区旱涝之频繁较南方有过之而无不及。金陵大学农业经济系美籍教授卜凯先生早在20世纪20年代末就指证了这一事实,认为"水旱两灾,皆易于发生在中国北部,每有较广大之面积,感受灾荒影响,以至演成饥馑。"②与此同时,南方的长江流域也变成了一个显著的灾害多发区域,从"历代以来有河患无江患"演变为"几与河防同患"。据《中国历史大洪水》一书统计,从1841年到1949年的100多年间,长江流域共发生9次大水灾,超过了同期黄河重大灾害性洪水的频次,其中2/3发生在1917至1935年间。前述之气候干旱化趋势也同时由北而南地推进,位处长江上游的四川省,民元以降到1937年即有16年遭受旱灾,其中又有12年受旱县数超过40个,成为该省明清以来有案可查的又一个特大旱期。③ 另据研究,华南地区在1710年至1910年属偏涝阶段,1910年以后则进入偏旱阶段,前文所述1942—

① 周积明、宋德金主编:《中国社会史论》(下卷),第625页,湖北教育出版社,2000。

② 卜凯:《中国农家经济》,第9页,商务印书馆,1937。

③ 参见李文海等:《近代中国灾荒纪年》及其《续编》中有关四川的灾情史料,湖南教育出版社,1990。

1943年广东大旱灾,就是该地区近300年来最大的一次。①

一般而言,地震、洪水、蝗灾、旱灾、疾疫乃至风、雹、霜、雪等的发生,主要是人类不可抗的自然力引起的瞬时灾害(也称突发性灾害),有一定的时间性和地域性,但民国时期自然灾害随着时间的推移频次越来越多、强度越来越大,就不能完全归因于自然因素的恶化,而实际上主要是人类活动对环境造成压力和破坏的结果,其主要表现就是森林减少、物种灭绝、土壤流失及沙漠化、盐碱化和水资源衰竭等"生态灾害"愈演愈烈。这种灾害虽然不像突发式灾害那样来势凶猛,但往往积渐而巨、汇流成海,具有全局性和不可逆性,一旦形成,便成为历史的包袱遗留给后世。据统计,至新中国成立时,历史遗留下来的生态债务包括全国范围内116万平方公里的水土流失面积、13.7万平方公里的沙漠化土地以及15亿亩不同程度上退化的草原和只有13%的森林覆盖率。②

自然环境恶化往往导致地表微生物或地球化学元素的富集或稀缺,从而进一步造成持续性的地方病灾害的蔓延,如血吸虫病、克山病、大骨节病、地甲病、地氟病、布氏菌病以及疟疾等病症几乎遍及全国。据调查,20世纪30年代,中国血吸虫病分布于13个省市,患者达1000万人以上③;云南省每年因患疟疾而死者,竟达数十万人之多④。

① 参见鹿世瑾:《华南气候》,第219页,气象出版社,1990。

② 参见周积明、宋德金主编:《中国社会史论》(下卷),第627页,湖北教育出版社,2000。

③ 参见龚书铎总主编:《中国社会通史·民国卷》,第517页,山西教育出版社,1996。

④ 车溢湘:《昆明市健康及卫生之调查》,第38页,西南联大社会学系1940年5月毕业论文,转引自周积明、宋德金主编:《中国社会史论》(下卷),第628页,湖北教育出版社,2000。

二、民国时期自然灾害的社会危害

自然灾害的发生往往是突然的和短暂的,但由其引发的社会危害却是严重的和长期的。因此,民国时期频繁严重、连绵不绝的自然灾害不仅直接威胁着近代中国人生存的自然环境,而且带来了极为严重的社会后果,并直接威胁着正常的社会秩序。

首先,自然灾害严重影响社会生活和生产秩序。洪水、地震、干旱等自然灾患过后,常常是房倒屋塌、田地荒芜的一片凄凉景象,百姓则被迫流离失所。1918 年 8 月 15 日,广州受狂风暴雨袭击,许多居民因房屋被毁而无处安身;1932 年夏天,松花江流域淫雨成灾,以致哈尔滨被淹达 1 月之久,20 余万市民无家可归,栖身于楼阁。更为严重的是,灾患使成千上万的民众衣食无着冻饿而死,或在死亡线上挣扎。仅据不完全统计,自 1927 年到 1936 年的 10 年间,全国因灾荒而死亡的人数就达 17121203 人①。如果说这些数字还比较抽象的话,那么北平华洋义赈会会董克拉克关于 1930 年西北大旱调查报告中的描述则让人触目惊心:“遍地灾民载道,死亡日益,遗弃儿童,侹瘠待毙,甚至人相屠食,惨不忍睹。”与此同时,更多的灾民则逃离家园,流落他乡,加以水灾给农业生产资料造成巨大的损失,大片农田被淹没,许多耕畜和农具被冲走,严重影响着农业生产。水、旱、风、雹等灾害的发生往往导致农副产品和工业原料短缺,从而影响着工业生产。

其次,自然灾害严重影响社会稳定,甚至引起政局动荡,直接威胁着民国政府的统治秩序。离乡背井的灾民无论流向城市,还是流向邻近的乡村,都会打乱当地正常的社会秩序。1920

① 参见邓云特:《中国救荒史》,第 142—143 页,上海书店,1984。

年华北5省大旱和甘肃大地震后,大批灾民涌向城市和其他无灾区及灾情较轻的地区,不仅给当地社会造成极度混乱,而且对中央政府形成巨大的压力。同时,在灾荒时期,政府苛捐杂税有减免之名而无减免之实,兼以土豪劣绅乘机压价购买土地、加重地租和高利贷盘剥,囤积居奇者也乘机哄抬粮价,更使灾民雪上加霜。在走投无路的情况下,他们常常铤而走险,加入反抗政府的行列。据统计,从1922年到1931年,全国共发生民众反抗斗争197起,其中因天灾引起就有62起,约占32%。①

三、民国时期的灾荒救济

灾荒救济是人类社会抵御自然灾害最古老、最普遍的一种自我保护机制,也是社会保障最原始、最基本的运作形式。中国作为一个自然灾害频发的国度,灾荒救济的政策和措施自古就不绝于书,一般统称之为"荒政"。荒政者,救荒政务、救荒政策之谓也。灾荒救助被称为"荒政",表明救荒是官府的重大政务,也凸现了政府在救荒中的主导地位。因此,中国历朝历代为维护自身的统治地位,都十分重视荒政。迄至民国时期,政府面对频频袭来的自然灾害和填衢塞途的汹汹灾民,为巩固其统治地位和维护其统治秩序,不得不在军阀混战和对付政敌的"繁忙"政务中,抽出时间来"打理"荒政。

民国北京政府和南京国民政府的灾荒救济方式可分为消极和积极两种。所谓消极救济方式,是指灾后救济,也称临灾赈济,主要包括急赈、平粜等方式。急赈是在突发性灾害(如水、风、雹、地震等)出现后,灾民衣食无着的情况下实施的一种紧

---

① 龚书铎总主编:《中国社会通史·民国卷》,第519页,山西教育出版社,1996。

急救助形式,主要是施与粮食、衣服和现金等。但民国时期的急赈往往由红十字会等民间慈善救护团体组织进行,正如有的学者所言,“政府制造灾祸,民间救灾办赈,成为民国北京政府时期的奇特现象”①。但我们也不能由此完全否认民国时期政府在急赈中的作用,因为民间团体的救助活动如果没有政府的支持与配合也将难以为继。如 1931 年大水,世界红十字会中华东南主会上海总办事处与地方殷实绅商合作,在安徽凤阳设流动粥厂 26 处,在调查灾民确实人数后,灾民凭所领签到指定地点领粥。另外,安徽蚌埠、阜阳、寿县等地也设立了这种粥厂,救活了不少灾民。所谓平粜,是对中贫人家由政府或社会团体筹备粮食,或以积谷平价出售,或暂期代质,订期偿还。这种救助方式可在饥馑之年限制商人牟取暴利,保障灾民的生活。1932 年上半年,皖北粮价昂贵,灾民有钱也无粮可购。世界红十字会中华东南主会上海总办事处在临淮、正阳、五河和寿县举办平粜。以五河为例,凡 5 口以下者每日粜米 1 升,5 口以上则粜米 2 升,计每日粜米 20 石左右。另外,蠲缓、借贷等传统救助方式在民国年间仍继续广泛使用。

积极救济方式主要包括工赈和积谷备荒等形式。工赈,也称以工代赈,即政府组织有劳动能力的灾民参加各种工程建设,给予一定报酬使其度过灾荒。工赈既有助于减少灾民的依赖性,增加贫困者的就业和收入,也有助于灾区基础设施的重建。时人认为,“为一时救急计,则以急赈为宜,若为增进社会生产力及铲除灾源并筹各地永久福利计则工赈实为当务之急”②,而

① 周秋光:《民国北京政府时期中国红十字会的慈善救护与赈济活动》,《近代史研究》2000 年第 6 期。

② 邓云特:《中国救荒史》,第 295—296 页,上海书店,1984。

工赈是“最合科学原则及最适于实用之救灾办法”①。因此,民国政府和各种救灾组织都十分重视工赈,并投入了大量的财力。通过中国华洋义赈救灾总会编的《1924 年办赈用款表》(参见表 1—3),我们可以看出工赈是当时十分普遍的一种救助形式,并且其款项比重较大,如山西省工赈和工程费之和为赈粮款的 4.4 倍。

表 1—3　1924 年办赈用款表②

各会	现金	赈粮	工赈	工程费	杂费
湖北省				263000 元	1000 元
上海市	924000 元		214000 元		
河南省	7000 元		68500 元		22000 元
山东省			79000 元	360500 元	14000 元
山西省		45500 元	7000 元	191500 元	21000 元
陕西省	15000 元	3000 元	6000 元		2000 元
甘肃省			45500 元	12500 元	2000 元
湖南省	140000 元	179000 元	11000 元		27500 元
汕头				52500 元	10000 元
重庆	12000 元	19500 元	2000 元		4000 元

民国时期的工赈主要包括疏浚河道、铺设公路、开挖水渠、植树造林、兴办实业等形式。1931 年江淮大水后举办的工赈是民国时期规模最大的工赈活动。这一年夏,长江及其主要支流和淮河、运河、钱塘江、闽江、珠江等流域发生了百年罕见的几乎

① 《安徽省水灾勘察报告书》(下编),第 78 页,1931 年 11 月。

② 中国华洋义赈救灾总会编:《救灾会刊》,1924 年 2 月号。

波及全国的大洪水。为此，国民政府成立救济水灾委员会，以办理灾区救济事宜。该会在总报告书中说："吾国历来办理赈济事业，多属私人团体。此次灾患遍及东南数省，损失之巨，流亡之多，万非私人机关所能济事。政府有鉴于此，是以设立本会，负责办理救济灾民及灾区善后事宜。忆在设立之初，即经决定将扬子江及淮运两流域各堤坝修葺改筑，两者并施，所有工役悉用灾民充，隐喻以工代赈之意，俾堤圩坚固。"①该会特设"工赈处"，工赈处之下设各区工赈局。这次工赈取得了空前的成效，据《救济水灾委员会工赈报告》称，"各区工赈局成立以后，派员分途招收灾工，编成排团，实行以工代赈"，"统计十六区，直接收容灾工共有一千零十二万八千七百三十名，而间接借工赈以生活者，当在千万以上"。② 1947 年 8 月到 12 月，为办理珠江重要决口抢堵工程，水利部拨工款 20 亿元，配合工粮 1000 吨，实行工赈，使该工程得以迅速完成。

积谷备荒是事前预防的重要救助方式，也是中国一种古老的社会保障方式。民国前期，军阀连年混战，仓储废弛。到 20 世纪 30 年代，南京国民政府经多年筹备，各省才有积谷之举，其种类有国立储备仓、省立储备仓、县仓、区仓、乡仓。1932 年，江苏、湖北、湖南、四川、山西、河南、河北、广东、云南、察哈尔、绥远及南京市 12 省市，积谷 391.1 万石。1942 年度，谷、麦、杂粮之积谷数分别为 15769070.71 石、258686.05 石、303941.16 石。③

民国政府的灾荒救助政策和措施显然还带有浓重的传统色

① 池子华：《流民问题与社会控制》，第 164—165 页，广西人民出版社，2001。

② 邓云特：《中国救荒史》，第 303 页，上海书店，1984。

③ 龚书铎总主编：《中国社会通史·民国卷》，第 523 页，山西教育出版社，1996。

彩,但我们也要看到其“在许多方面已向近代荒政迈出了一大步”①。这突出表现在灾荒救助的法制化趋势,如:在赈灾款项的筹集方面,民国北京政府于1920年11月颁布了《赈灾公债条例》,南京国民政府于1930年10月颁布实施了《救灾准备金法》,将救灾款项纳入财政预算;在查灾报灾及赋税蠲免方面,民国北京政府1915年1月参照前清的有关规定制定并公布了《勘报灾歉条例》,南京国民政府内政部1928年10月9日在该条例基础上经过修订,颁布实施了同名法令;在仓储备荒方面,南京国民政府颁布实施过《义仓管理规则》、《各地方仓储管理规则》、《农仓法》等。同时,民国地方政府在灾荒救助方面也出台过一些政策,如安徽省为保障工赈的有效进行,制定了《安徽省工赈办法大纲》17条。该大纲规定全省工赈事务由全省工赈委员会统一指挥,将全省划分4个工赈区,具体管理灾民的招募、居住、安置等;规定了工人应得工资的种类、膳食费按日发给、津贴按工作量递加发给等。②《工赈办法大纲》的出台,有利于工赈的制度化。上述法令和法规显示了民国时期灾荒救济的法制化色彩。

第四节 近代中国流民问题

人口的有序流动是社会运行的一种正常状态。近代中国,由工业化和城市化引发的农民向城市流动,若着眼于现代化的历史走向,应当说是社会发展进步的一种反映。但是,由于灾荒

① 龚书铎总主编:《中国社会通史·民国卷》,第519页,山西教育出版社,1996。

② 《安徽省水灾勘察报告书》(下编),第78—81页,1931年11月。

饥馑层出不穷、兵灾匪祸连年不断,加以人口与自然资源比例失调、土地兼并严重、失业现象广泛存在,成千上万的灾民、难民和游民成为一股巨大的社会盲动力量,并与流向城市的农民一起汇聚为社会转型期的流民浪潮。民国时期,严重的流民问题往往对社会产生爆发性的冲击波,扰乱社会运行的正常秩序,引发社会动荡,甚至成为政权更迭的主导力量。因此,“安揖流民”成为民国政府社会调控的重要内容,流民问题也成为推动传统中国社会保障模式走向法制化的重要因素。

一、社会转型期的流民浪潮

流民是一个复杂的社会群体。中国传统意义的流民包括相当广泛的社会阶层,但始终以农民为主体,他们往往由于自然的、政治的、经济的或其他重大社会变动的原因,被迫远离家园,扶老携幼,向自认为可以避难求生的地区流动迁移,而对于他们的迁移活动,在大多数情况下,官方是不愿接受的,并要进行不同程度的行政干预。[①]

由于近代历史条件较古代发生了重大变化,流民的意义还要宽泛些,即包括了因近代工业化和城市化的吸力以及自然经济解体所产生的推力而流向工厂和都市的农民。因此,民国时期,流民的构成主体虽然仍是农民,但成分更加纷杂,主要包括:(1)丧失土地而流亡他乡、四处乞讨的农民;(2)因自然灾害和兵匪灾害而被迫出逃的灾民;(3)因战争而逃难的难民(抗日战争时期最突出);(4)失去生产资料和正式职业、混迹于城市与乡村的无固定职业或执“贱业”的游民;(5)因自然经济解体的

① 参见赵清主编:《社会问题的历史考察》,第332页,成都出版社,1992。

推力或近代工业化与城市化的吸力而流向都市的农民。其中，前四个方面虽然在本质上与传统意义的流民没有什么显著的区别，但其规模之大、范围之广却是空前的。第五个方面则使流民具有了近代色彩，反映了随着社会的文明进步，流民自身的内涵也在不断丰富。当然，这五个方面的区分不是绝对的，游民往往是其他四个方面的流民转化而来的，而灾民、难民则常常与失地的农民、进城务工的农民和城市的失业人员同时共存。总之，五个方面的流民"殊源同流"，相互转化，错综复杂，难解难分，共同汇聚成为民国时期的流民浪潮。

民国时期，流民的规模到底有多大，现在已无法确切地统计，但我们可以借助其他的数据进行管窥蠡测。农民离村率是蠡测流民问题严重程度的一把标尺。民国北京政府时期，各地农村农民的离村率已相当高。(参见表1—4)

表1—4 民国北京政府时期部分地区农民离村率简表

地　区	全部人口	离村人口	离村率(%)
山东沾化县	5857	513	8.7
直隶遵化县	9085	241	2.65
直隶唐县	6177	281	4.55
直隶邯郸	4230	77	1.82
直隶盐山	803	70	8.72
江苏仪征	2084	30	1.44
江苏江阴	3414	80	2.34
江苏吴江	1372	67	4.88
浙江萧山	10355	795	7.68

资料来源：章有义《中国近代农业史资料》第2辑，第636页，三联书店，1957。

从表中可以看出,各地农村人口的离村率从1.44%到8.72%不等,平均为4.75%。另有一位名叫田中忠夫的日本人,根据他本人及马伦、戴尔仁、卜凯等西方观察家的抽样调查,估算出20世纪20年代中国农村人口的离村率为4.61%①。这与表中离村率的平均数非常接近。这些离开土地的农民,一部分进入新垦区或地多人少的边疆地区,例如东北等地;一部分则流入城市,充当各种苦力。但是,中国近代工业不发达,城市所能容纳的农村剩余劳动力极为有限。结果,大量无业农民找不到任何正当的职业。这部分人就成为游民阶层的后备军。据国民党农民部估计,1927年左右全国流民、兵匪等总数约达2000万人。②

南京国民政府时期,农民离村率有增无减。据国民政府实业部中央农业实验所综合几千名分布在各地的报告员的上报材料得出的统计数据,1931年至1933年间全国22省1001县总计全家离村之农家共有1920746户,占报告各县总农户的4.8%;有青年男女离村之农家共3525349户,占报告各县总农户的8.9%③。离村率比20年代有了大幅度的提升。这份统计资料虽然未包括辽宁、吉林、黑龙江、内蒙古、西康、西藏、新疆等地,但仍具有重大的参考价值。由此,我们不难想见,南京国民政府时期全国流民形势之严峻。

对同一地区的离村率进行纵向考察,更能看出流民问题的动态趋势。以河北定县为例,该县历年外流农民有增有减,但自

① [日]田中忠夫:《中国农村经济资料》(中译本),转引自池子华:《流民问题与社会控制》,第13页,广西人民出版社,2001。

② 参见张静如等主编:《北洋军阀统治时期中国社会之变迁》,第217页,中国人民大学出版社,1992。

③ 参见《农情报告》第4卷第7期,1936年7月。

1931 年起却扶摇直上,剧增至 1368 人,1932 年再增至 3367 人,1933 年更增至 7849 人,而 1934 年仅第一季度农民离村人数就达 15084 人,占全县人口总数的 3.771%,为 1924—1933 年十年中离村人数(18149 人)的 83%。这些数字令当时社会各界非常震惊,因为在全国 1900 多个县中,定县生存环境比较稳定,而且作为全国的"模范实验县",每年有 20 万元左右的固定投资用以改良农业、改善农民的生活条件。这样一个"模范县"流民问题尚且如此严重,其他地方自不待言,难怪有人惊叹:定县"农民离村的程度一至于此! 至于其他贫瘠的西北各省,几年来的天灾人祸,弄得田园荒芜,庐舍为墟! 农民离村的现象,更是报不绝书,大有'旭日初升,方兴未艾'的感慨!"①

城市人口的膨胀是管窥流民问题的一面镜子。城市具有蓄水池的效应,流民潮自然以此为汇聚之地。近代上海就是一个极富典型意义的"窗口"。1852 年上海人口不过 50 万,而近代上海人口出生率较整个近代中国人口出生率还低,如 1935 年公共租界的人口出生率为 20‰左右,而同期全国人口出生率一般估计为 30‰左右。另一方面,上海人口的死亡率却相当高,据公共租界历年偏低的统计资料,有时死亡率高达 30‰以上,至少也达到 10‰以上。② 就是说,有些年份人口自然增长率为负数。总起来看,近代上海人口自然增长率约在 10‰左右,按照这样的增长速度,近百年时间,上海人口最多增至 100 万—150 万人,而 1949 年上海实际人口增至 550 万。又据《上海市年鉴》提供的统计资料,从 1930 年到 1936 年,平均每年净流入上海的

---

① 参见池子华:《中国流民史 · 近代卷》第 1 章,安徽人民出版社,2000。

② 参见邹依仁:《旧上海人口变迁的研究》,第 12 页,上海人民出版社,1980。

人数为 120368 人,其中绝大部分是流民。这是上海人口过度膨胀的一个的重要注解。实际上,近代中国像上海这样城市人口的膨胀,几乎是普遍现象,不论是传统型城市还是新兴的近代城市,都面临着空前的流民浪潮的冲击。

二、民国时期流民问题的社会根源

民国时期,农民离村率与时俱增,城市人口急剧膨胀,我们隐约可以看到一幅"耕者离其阡陌,织者离其机杼,扶老携幼,逃亡四方"的流民图。那么,是什么力量使向来安土重迁、视土地如生命的中国农民背井离乡,踏上了流亡之途?换句话说,波涛汹涌的流民浪潮产生的社会根源是什么?

首先,自然灾害是流民潮重要的触发因素。翻开民国灾荒编年史,几乎每一次重大的自然灾害都会掀起一股不可遏制的大规模的农民流亡潮:1920 年华北大旱,灾区面积约占全国面积的 1/4,灾区约有 100 万强劳动力离家谋生,河南灾民逃亡江苏、安徽、湖北,陕西灾民逃亡四川、甘肃、新疆,山西、直隶、山东灾民逃荒到内蒙、东北;据统计,直隶献县、山东无棣等地流亡人口占当地总人口的 20% 以上[①],许多地区因此呈现出十室九空、满村萧疏的凄凉景象。

1931 年江淮大水灾,湖南、湖北、江西、安徽、江苏、河南 131 县 25494400 口灾民(按灾户 420 万,每户 6 人计)中,流离人口就有 10157760 人。[②] 当年湖南省赈务会编的《湘灾专刊》中有一首诗描绘了当时的凄惨景象:"扑面狂飙怒卷沙,牵衣儿女哭

① 参见魏宏运主编:《民国史纪事本末》(一),第 664 页,辽宁人民出版社,1999。

② 卜凯:《中华民国二十年水灾区域之经济调查》,《金陵学报》第 2 卷第 1 期。

声哗;伤心莫对旁人说,同是流离八口家。”[1]1938 年,南京国民政府“以水代兵”的荒唐决策,人为造成黄河特大水灾。水势所至,“澎湃动地,呼号震天,其惊骇惨痛之状,实有未忍溯想。间多攀树登屋,浮木乘舟,以侥幸不死,因而仅保余生,大都缺衣乏食,魄荡魂惊。其辗转外徙者,又以饥馁煎迫,疾病侵寻,不为溺鬼,尽成流民”[2]。有民谣为证:“蒋介石扒开花园口,一担两筐往外走,人吃人、狗吃狗,老鼠饿得肯砖头。”这次特大水灾造成豫、皖、苏 3 省 44 县受灾,死亡 893303 人,3911354 人流离失所,占黄泛区人口总数的 1/5。[3] 无须举出更多的例子,我们已经可以看出灾荒与流民潮之间的“互动”关系:“大灾大潮,小灾小潮,以致流民潮的潮起潮落,与灾害的消长成正比。”[4]

其次,兵灾匪祸也是引发流民潮的重要因素。民国时期,人祸常与天灾比肩而至,而人祸之中尤以兵灾匪祸危害最大。民国以降,战火延烧几遍宇内。据不完全统计,从 1912 年到 1930 年,平均每年有 9 个省份遭遇战争[5],足见战乱之频繁。“闾里为虚,居民流散”是战争中的常见情形。民国时期,仅国内战争造成的人口死亡(按造成万人以上人员伤亡的重大战争所做的不完全统计)就达 600 余万人[6],由此推算,因之而流亡的百姓

① 李文海等:《中国近代十大灾荒》,第 215 页,上海人民出版社,1994。

② 《中央日报》,1938 年 6 月 11 日。

③ 李文海等:《中国近代十大灾荒》,第 254 页,上海人民出版社,1994。

④ 池子华:《流民问题与社会控制》,第 26 页,广西人民出版社,2001。

⑤ 池子华:《流民问题与社会控制》,第 35 页,广西人民出版社,2001。

⑥ 周积明、宋德金主编:《中国社会史论》(下卷),第 630—631 页,湖北教育出版社,2000。

更是难以数计。而另据统计,抗日战争爆发后1年间,中国受战争直接威胁的民众约1亿人左右,由战地向安全区域流亡的难民约1500万人左右①。

匪祸是导致百姓流亡的一个不可忽视的原因。民国时期,匪患日盛,据估算当时全国土匪总数可达2000万。正可谓:"国家不像国家,简直成了土匪的世界!"②据记载,有一个流民在被问及是什么东西驱逐他流亡时,曾答说:"土匪、军队和饥馑。"③可见,匪祸与战争、灾荒可并列为流民的驱动力量。以广东省徐闻县为例,据当时民间统计的数字,该县受匪祸的村庄有七八百个,圩镇20多个,有5万多人被杀死,五六万人流浪他乡。④

第三,庞大的人口数量是流民潮频繁发生的客观基础。民国时期,中国人口再生产方式呈现出"高出生率——高死亡率——低增长率"的特征。这种人口再生产方式揭示了饥荒的人口反馈机制:"饥荒本身可能使人口高增长率这种状况不断地持续下去,高风险的环境诱发了高生育率这一反应,或者对自然生育率不做限制,这反映出孩子作为一种保险形式是有用处的。"⑤20世纪30年代金陵大学农业经济系按产权关系对江苏江阴农家人口婚姻生育率和死亡率所做的调查表明,其生育率总的来说依自耕农、半自耕农、佃农的顺序渐次增高,婴儿死亡率也依次递增,相反其家庭人口数则依次递减。

---

① 参见龚书铎总主编:《中国社会通史·民国卷》,第533页,山西教育出版社,1996。

② 戴玄之:《红枪会》,第61页,台湾食货出版社,1973。

③ [英]陶内:《中国之农业与工业》(中译本),第96页,正中书局,1937。

④ 河北文史资料编辑部编:《近代中国土匪实录》(下),第98页,群众出版社,1992。

⑤ [美]彭尼·凯恩:《1959—1961,中国的大饥荒》(中译本),第16—17页,中国社会科学出版社,1993。

显然,近代中国的农民尤其是贫苦的农民正是以高死亡率为代价换取其家庭的生存与绵延的。这种行为“已经衍化成为中国农民用以应付天灾人祸等意外风险的特殊的社会保障行为或者说求存机制”①。正是在这种机制下,尽管自然灾害层出不穷,战争之火连绵不断,却无法阻止民国时期中国人口“缓慢的但是大量的增长”之发展趋势。1913 年全国人口总数为 43940 万人,1923 年 43609 万人,1931 年 45280 万人,1936 年 47908 万人,1946 年 47002 万人,1949 年达到了 54877 万人。②

伴随着人口的持续增长,逐渐打破了人口与土地等自然资源之间的平衡,从中分离出来的流民越来越多,人满为患的呼声不绝于耳。民国时期,人口学家、经济学家如许仕廉、陈长蘅、陈达、吴景超、李景汉等,对人满之患深表忧虑,感到“无数无教养的小孩的哭声”,比“帝国主义者军舰在我国的领海内河所发生的炮声,尤令人感觉不安”③。

第四,土地兼并和农民的无地化是农民流离失所的强大推力。民国时期,除地主、官僚、商人、高利贷者在巧取豪夺兼并土地外,更有军阀在地方上强占土地。像安徽霍邱的张敬尧、阜阳的倪嗣冲各占田 7 万—8 万亩,被称为军阀地主的“模范”;袁世凯在河南彰德、汲县、辉县等地兼并土地达 4 万亩之多;曹锟是天津静海一带“最大的地主”;广东军阀陈炯明仅在海丰就占地 3 万亩;奉系军阀张作霖在东北占有土地 15.16 万垧(1 垧 =15

① 周积明、宋德金主编:《中国社会史论》(下卷),第 632 页,湖北教育出版社,2000。

② 参见池子华:《流民问题与社会控制》,第 49 页,广西人民出版社,2001。

③ 陈长蘅:《三民主义与人口政策》,第 248 页,商务印书馆,1930;转引自池子华:《流民问题与社会控制》,第 50 页,广西人民出版社,2001。

亩)以上。其他如山西军阀阎锡山、湖南军阀赵恒惕、四川军阀刘湘、广西军阀陆荣廷、江苏军阀齐燮元等兼并土地也无不累千上万。土地兼并的过程也是流民不断滋生的过程,流民之中,70%以上都是无地少地的农民。[1] 1935年,一位自称"村陋"的人记述了自己家乡——淮河南岸一个村子土地所有权的变动情形(参见表1—5),揭示了土地兼并与流民滋生的因果关系。从表中可以看出,50亩以上的人家,土地都渐渐增加了;30亩以下的人家就大多流于破产。而"那些完全丧失土地的村民,现在多到城市中间去谋生"[2],实际上是涌入了流民大潮。

表1—5 淮河南岸某村庄土地所有权的变动情形

20年前土地所有情形		1935年土地所有情形	
150亩	1家	310亩	1家
120亩	1家	270亩	1家
70亩	3家	100亩	3家
5—60亩	4家	90亩	4家
30亩	9家	80亩	9家
20亩	11家	70亩	2家
15亩	7家	20亩	15家
10亩	1家	10亩	5家
无地的	无	无地的	8家

第五,工业化引发农民的分化与流动,为近代流民打下了时

① 参见池子华:《流民问题与社会控制》,第20—21页,广西人民出版社,2001。

② 村陋:《淮河南岸的一个村庄》,《东方杂志》第33卷第4号。

代烙印。工业化过程,归根结底,就是农业劳动力非农化的过程。民国时期,中国工业化程度虽然不高,但已成为解构中国传统自然经济的强大力量,使"耕夫织妇弃其本业,而趋工场,必然之势也"①。如浙江平湖,"年来农村经济破产,农业之经营获利殊鲜,于是农民不得不打破其墨守乡土之故习,离开农村,前往城市,另谋较优之职业。据调查所得,今年农业户数较三年前(一九三三年前)调查时已减少百分之十二,因本县与各通商大埠,水陆交通,均称便利,每年前往上海、杭州或嘉兴等处谋充劳工或作商贩者,颇不乏人"②。而据外国人估计:"在上海纺织工厂之中,现有十二万工人,利用机器,生产二千五百万至三千万农民在家庭纺织车旁所生产的纱布数量;所以十二万农民的变为工人,是表示有千百万农民失掉了家庭的工作。"③这些千百万失掉家庭作坊工作的农民,不得不背井离乡,向工厂和城市寻找生路。这是民国时期中国农民分化流动的一个特点,尽管这种分化流动还主要局限于东南沿海工业较发达的地区,但这一社会变化的新趋势对流民生成的催化作用,绝不可小视。

综括所述,民国时期流民浪潮源于多种社会因素。但是,诸多社会因素并不是在均衡地起作用。据国民党中央农业实验所对 1931 年到 1933 年间全国 22 省 1001 县农民离村原因的调查显示,33. 5% 的源于天灾(包括水旱及其他灾害和农业歉收);14. 3% 的源于"匪灾"(包括战乱);7. 3% 的源于人口压力(包括耕地过少);源于经济压力的如农村经济破产、农村金融困敝、

① 彭泽益:《中国近代手工业史资料》(第 2 卷),第 232 页,中华书局,1962。

② 章有义:《中国近代农业史资料》(第 3 辑),第 900 页,三联书店,1957。

③ 参见薛暮桥:《旧中国的农村经济》,第 91 页,农业出版社,1980。

贫穷而生计困难者、捐税苛重、佃租率过高、农产物价格低廉、副业衰落等则依次为3.8%、2.6%、18.2%、4.8%、0.6%、1.5%、0.5%;源于求学、改营商业或其他职业以及不明原因者分别占2.9%、1.6%和8.4%①。自然灾害高居位首,而兵灾匪祸、人口压力也名列前茅。因此,时人认为,中国之离村现象"十九由于天灾兵祸之驱迫而成,是被动的不是自动的,是病态的不是常态的"②。另外,中山文化教育馆陈正谟先生1934年运用通信方式所作的关于各省农工过剩原因的调查,也显示了自然灾害的突出地位,在各种因素中占22.36%,与地少人多并列第一位③。总起来看,频繁的自然灾害、连绵的兵匪战乱和巨大的人口压力是造成民国时期流民问题的三大主要社会根源。

三、民国时期流民问题的社会救济

流民问题是民国时期一个复杂的社会问题。流民流向东北等地多人少的边疆地区成为中国边远地区的拓荒者,流入城市、工厂成为中国工人阶级的来源,这在客观上都推动了中国近代社会的进步。但是,由于中国近代工业不发达,城市容纳流民的能力有限,而边疆新垦区也难以在短期内容留大量的流民。因此,许多流民无法找到正当的谋生职业,而流入游民阶层,甚至被迫沦为土匪、娼妓等。

古语说:"国之有民,犹水之有舟,停则以安,扰则以危。"民国时期,流民的大量存在,使土地撂荒,赋无所出,役无所求,加

① 参见《农情报告》第4卷第7期,1936年7月。

② 吴至信:《中国农民离村问题》,《东方杂志》第34卷第15号。

③ 陈正谟:《各省农工雇佣习惯及需供状况》,第74页,中山文化教育馆1935年版,转引自周积明、宋德金主编:《中国社会史论》(下卷),第633页,湖北教育出版社,2000。

以他们的种种不正当的生存方式,严重危及了正常的社会秩序和统治秩序。因此,民国政府从维护自身的统治利益出发,不得不想方设法应对不绝如缕的流民问题。民国时期,政府救济流民的社会政策和措施,概括起来主要包括四个方面,即:赈济灾民、安揖游民贫民、救济难民和移民实边。由于我们在第三节重点介绍了民国时期的灾荒救助措施,其中已经包含了赈济灾民的政策和措施,这里主要介绍民国政府在其他三个方面的政策和措施。

第一,安辑游民与贫民。游民指没能寻到正当谋生门路的流民,其主要来源为:失去土地的农民,失去职业的工人,破产的小贩、手工业者,被遗弃的孤儿,卖淫的妇女,以及那些散兵游勇和游手好闲之徒等。1927 年,国民党农民部估计全国约有 2000 万游民,而从 30 年代农民离村的情况来看,全国游民数量当有增无减。如此众多的游民,为了生计,被迫从事各种不正当的活动。据 1920 年中国生计调查会的调查,各省游民阶层的不正当职业都有 20 到 30 种,全国总数不下数百种,主要包括土匪、盗贼、娼妓、兵痞、戏子、赌棍、乞丐、讼棍、开烟馆、卜卦、算命、看相、把戏、卖假膏药、卖武、游学、拐子、人贩子、巫婆等①。由于他们没有正当职业,生活极不安定,对社会秩序造成了严重影响。尤其是那些少年游民,逐渐染上了盗窃、聚赌、殴斗等恶习,对社会危害更大。为此,民国北京政府在继承和总结晚清政府设工艺局"收养游民"经验的基础上,于 1915 年 12 月颁布了《游民习艺所章程》,设游民习艺所,教以自谋生计的技能。这种习艺所虽因经费、人员困难,未能陆续推广,但毕竟突破了以

① 参见张静如等主编:《北洋军阀统治时期中国社会之变迁》,第 217 页,中国人民大学出版社,1992。

往社会救助单纯“收养”的模式,具有一定的社会进步性。

慈善事业是安辑贫民的有效途径。民国北京政府时期,全国各地就设有数量众多的慈善团体机关,但因管理不善,收效不大。南京国民政府成立后,仿效外国,对慈善团体采取扶助与监督政策,使之顺利开展各项业务活动。内政部于1928年6月间公布《管理各地方私立慈善团体机关规则》,咨令各省市政府、民政厅转饬所属县市遵照办理。由于《规则》缺乏对慈善团体全面监督的规定,国民政府又于翌年6月颁布《监督慈善团体法》,规定慈善团体为济贫、救灾、恤孤及其他以救助事业为目的之团体,不得兼营为私人赢利之事业,亦不得进行宗教宣传。

同时,国民政府内政部还颁行《救济院规则》,要求各省区、各特别市、各县市政府,为教养无自救力之老、幼、残废人,并保护贫民健康,依规定设立救济院,各县、乡、区、村、镇人口较繁处所,亦得酌量情形设立;救济院分设养老所、孤儿院、残废所、育婴所、施医所、贷款所等。根据1930年内政部对18省的调查统计,救济院和旧有慈善团体已达2087所;据1933年《申报年鉴》记载,当时全国救贫机关共834所,该《年鉴》还对17省常年救济人数进行了统计,结果显示为114196人①。

第二,救济难民。难民是因战争而流亡的流民,这里主要指中日战争期间流亡的难民。众所周知,自“九·一八”事变开始的长达14年的日军侵华战争,给中国人民带来极其深重的灾难。战争使大批居民离开家园,变成无家可归、缺衣少食的难民。而那些尚未逃离的人们,在日机的轰炸声和日军的枪炮声中,有相当一部分人变成了残废或孤儿。战争的残酷性、长期性

① 参见龚书铎总主编:《中国社会通史·民国卷》,第531页,山西教育出版社,1996。

使千千万万难民的生命变得更加脆弱。

卢沟桥事变爆发前,南京国民政府奉行"攘外必先安内"的错误方针,并不注重难民救济工作。"九·一八"事变后,东北数十万民众流亡关内,两年后,仍有约2万人左右滞留在关内。但直至1933年12月,国民政府行政院才召开会议,决定拨款10万元分4个月救济东北一般难民,具体办法是由内政部、驻北平政务整理委员会对北平现有私人设立之东北难民救济机关指导监督而实行之。① 与这一时期政府的消极态度形成鲜明对比,上海等地的一些民间组织则对难民伸出了积极的援助之手。1932年"一·二八"事变发生后,上海地区的居民大批逃亡附近乡村、内地和上海各租界,其中涌入租界者达数十万人之多。上海商界、医药卫生界、妇女界以及工会、学校和各慈善团体,积极组织救护队、战地服务团,抢救伤员、收容难民,展开了大规模的救护济难工作。在淞沪抗战中,各界共设立难民收容所83处,收容难民数万人。而直至1934年,为搪塞舆论的指责,国民政府财政部才拨款100万元办理淞沪地区善后救济。

卢沟桥事变爆发后,在全国抗日热潮的推动下,国民政府在转向积极抗战的同时也开始重视难民的救济工作。1937年9月7日,行政院通过《非常时期救济难民办法大纲》,将难民救济工作纳入法制化轨道。根据《大纲》规定,成立非常时期难民救济委员会,设总会于南京,在省及院辖市设立分会,在县、市设立支会,专办难民收容、运输、给养、救护、管理等救济事项。其救济经费,总会除呈准动用中央救灾准备金外,并得呈请中央指

① 《申报》,1933年12月10日。

拨专款或募捐。分支会经费由地方政府就原有救济机关及慈善团体之基金暨经常各费及地方救灾准备金中统筹支配，并得募捐①。后因国土不断沦陷，一些地方政府所在地再三变动，以及难民群体往往密集某一地区、某一交通线，不受行政区划的限制随意流动，难民救济委员会遂灵活应变，于战地及其附近设立救济区，每区特派委员主持其事，一方面督促该区难民救济分支会的工作，一方面直接办理救济事宜。

全面抗战开始后，流亡难民与年俱增。抗战初期和中期，救济难民工作耗费了大量人力、物力和财力。1938 年武汉抗战期间，难民经武汉西移达到高峰。湖北省政府规定，难民疏散途中伙食费每人每天 3 角，8 岁以下者减半，据统计这一年武汉疏散的难民总数在 100 万以上，仅途中伙食费一项耗资就达数百万元。尽管这样，据振济委员会②统计，滞留武汉三镇的难民还有 38660 人，分住 87 个难民收容所。又如平汉铁路难民救济专员所辖 8 个招待所，共救济难民 62862 人，所用经费为 15452.29 元，救济内容包括提供衣被、医药、资遣、食宿、孕妇调养等。另据统计，全面抗战爆发后 1 年间，国民政府为救济难民共拨款 700 万元，有 500 万以上的难民得到不同程度的救济。③

抗日战争胜利后，国民政府在协助难民返乡、医疗救助方面也开展了大量救济工作。1945 年 1 月，国民政府为配合联合国善后救济总署办理中国战后救济事宜，设立行政院善后救济总

① 参见敖文蔚:《中国近现代社会与民政》，第 105 页，武汉大学出版社，1992。

② 国民政府内政部在 20 世纪 30 年代规定，各级赈务(济)委员会之“赈”字一律用“振”。

③ 参见龚书铎总主编:《中国社会通史·民国卷》，第 533 页，山西教育出版社，1996。

署(简称“行总”)。在协助难民返乡方面,国民政府最先在重庆、贵阳、昆明三地设立难民遣送站,办理登记、调查、资遣等工作。凡经国营公路返乡之赤贫难民,全部免费乘车,并发给沿途食宿津贴;凡经水路并由“行总”租用汽船、木船返乡者,随船派有医疗及管理人员护送。后来,“行总”各分署在各地先后成立,又于各交通要冲设立遣送站或招待所,并实行护照制度。截止 1947 年底,经“行总”资助遣送的难民共达 157 万人①。在为复员民众实施医疗救助方面,中国红十字会所属 40 个区队自 1945 年 11 月到 1946 年 6 月,共为 587744 人施与医疗服务。

总起来看,南京国民政府的难民救济工作为维护民族生存、稳定后方社会秩序和争取抗战最后胜利起到了积极作用。但我们也要看到,由于其救济政策和措施的不平衡性,以及一些官员的敷衍塞责甚至中饱私囊,致使许多难民无法获得救济而陷入悲惨的境地。

第三,移民垦殖。移民垦殖是消纳内地过剩人口、削减流民流量的有效手段,也是把“调剂”性移民与开发边疆有机结合起来的一种社会调控模式。民国时期,移民垦殖的呼声不绝于书。1919 年孙中山在《建国方略》之二《物质建设(实业计划)》中提出,将“沿海、沿江各地稠聚人口”特别是“无所操作”的流民“调剂”出来,“移实蒙古、天山一带,从事垦殖”。人口学家乔启明在《中国乡村人口问题之研究》、《中国农村人口之结构及其消长》等文中指出,在解决流民问题的治标的方法中“首先就是移民问题”。移民“调剂”法,就是“将人口过密、田地过狭地方的人口,移植到人口较疏、田地较广的地方去”,如东北、西北地区。其实,在当时移民实边的呼声中,固边御敌的爱国热情也充

① 《中华年鉴》(下),第 1834 页,中华年鉴社,1948。

溢其间。正如《东方杂志》所刊《论移民实边之不可缓》一文所说:“徙民实边,为今日第一要计。盖国家既无多财力,以为经营八表之资,则移内地之羡民,以实边方之旷土,既可省筹边之费,且可减内地人满食寡之虞,一举而三善备焉。”熊希龄在《东三省移民开垦意见书》中也指出:“时至今日,欲救东三省之危局,莫如使各国商务之发达;欲挽东三省之利权,莫如使各省土货之畅销,而其要皆不外乎移民开垦。”民国时期,移民垦殖的力度大大加强了,政府在此过程中扮演着越来越重要的角色。据粗略估计,民国时期移居边疆的内地人口不下上千万(不含“候鸟人口”)。这一成效的取得,在很大程度上缓解了流民对内地社会的冲击,有效调解了内地人口与土地之间比例关系严重失调的局面,发挥了特殊的社会保障功能。

第二章 思想渊源与理论基础

社会保障立法需要立足于一定的思想理论基础之上。处于社会转型期的民国时代,由于工业化的不发达,农业时代的社会保障模式仍然占据着重要地位,传统社会保障思想与实践经验不但依然发挥着实际效用,而且成为传统社会保障模式走向法制化的重要思想渊源;另一方面,由于工业化毕竟已有了初步发展,社会保障模式现代化已成为近代中国社会发展的客观要求,西方工业先进国家社会保障理念的传入为社会保障模式现代化提供了理论基础和国际参照,国际劳工组织关于国际劳动及社会保障的公约和建议书则为社会保障模式现代化与法制化确立了国际标准。与此同时,国内学界关于社会救济、社会保险、社会福利等社会保障问题的学理研究也为政府立法提供了理论资鉴。

第一节 中国传统的社会保障思想与实践

中国是一个历史悠久的文明古国,在漫长的古代社会,勤劳智慧的中华民族积累了许多朴素的社会保障经验,形成了丰富多彩而且影响深远的社会保障思想。这些经验和思想一方面影响着中国传统社会保障实践活动,另一方面又在社会保障实践活动中进一步得到丰富和发展。传统社会保障思想和实践虽然还处于比较原始和朴素的状态,但在工业化不发达的近代中国,对传统社会保障模式法制化仍然产生着深刻影响,并成为其重要的思想渊源。

一、中国传统社会保障思想

中国传统社会保障思想可以追溯到远古时代。据史书记载,自黄帝时代起,就出现了“塞争端”、“通货财”、“存亡更守”、“有无相贷”、“疾病相救”等社会保障思想的萌芽。到尧舜时代,主张天下为公,《尚书·尧典》记载:“克明俊德,以亲九族,九族既睦,平章百姓,百姓昭明,协和万邦,黎民于变时雍。”周秦以降,在长期的社会发展进程中,逐渐形成了如下社会保障思想:

第一,社会大同思想。春秋战国时代,儒家学派创始人孔子承继了尧舜时代“天下为公”的思想,进而提出了大同社会的理想:“大道之行也,天下为公,选贤与能,讲信修睦。故人不独亲其亲,不独子其子,使老有所终,壮有所用,幼有所长,矜寡孤独废疾者皆有所养。男有分,女有归。货恶其弃于地也,不必藏于己;力恶其不出于身也,不必为己。是故谋闭而不兴,盗窃乱贼而不作,故外户而不闭,是谓大同。”①这段话包含着中国历史上古老的社会保障纲领,在孔子理想的社会里,不仅壮有所用,使每一个有劳动能力的社会成员都有发挥自己特长的工作和岗位,而且婴儿、未成年人都得到妥善的安置和教养,从而健康成长。更难得的是老有所终,矜、寡、孤、独、废、疾者皆有所养的思想。按照孟子的解释,老而无妻者称矜,老而无夫者称寡,少而无父者称孤,老而无子者称独,属于丧失或尚未形成劳动能力而

① 《礼记·礼运篇》。

无依靠的人;废指残废者,疾指受疾病折磨的人。总之,所有这些生活没有着落的人,或者换句现代的话说,这些社会弱势群体,都要由社会承担养护之责,直至生命的终结。可见,孔子的社会大同思想,“几乎已经包括了当代所要解决的养老、幼教、医疗、社会救济等社会保障的内容。从世界范围来看,也是比较古老、完备的社会保障思想”①。孟子进一步阐发了孔子的上述思想,说:“无恒产而有恒心者,惟士为能。若民,则无恒产,因无恒心;苟无恒心,放僻邪侈,无不为已……是故名君治民之产,必使仰足以事父母,俯足以蓄妻子,乐岁终身饱,凶年免于死亡。”“使民养生送死无撼,王道之始也。”②

第二,社会互助思想。中国古代思想家早就注意到,人类社会单凭个人的力量不足以自卫和谋生,《吕氏春秋·恃君览》有云:“凡人之性,爪牙不足以自守,肌肉不足以捍寒暑,筋骨不足以从利辟害,勇敢不足以却猛禁悍。”因此,必须互相合作、依靠集体的力量才能抵御当时的自然灾害和外来侵袭。如《墨子·兼爱》说:“为贤之道将奈何?曰:有力者疾以助人,有财者勉以分人,有道者劝以教人。若此,则饥者得食,寒者得衣,乱者得治。”主张依靠社会的力量,组织起来,有余力余财的人帮助贫困的人避免贫穷和灾难,具有互济互助、共同防御灾害和贫困的经济保障思想。《孟子·滕文公》也主张:“出入相友,守望相助,疾病相扶持,则百姓亲睦。”反映了中国传统儒家的社会互助思想。

第三,尊老慈幼思想。中华民族尊老养老敬老的优良传统

① 卫兴华主编:《中国社会保障制度研究》,第37页,中国人民大学出版社,1994。

② 《孟子·梁惠王上》。

源远流长,《周礼》中的《王制》、《内则》等篇都有关于养老的记述,如《王制》篇载有:“五十不从力役,六十不与戎役,七十不与宾客之事,八十齐丧之事弗及也。”即人到了50岁可以不服力役,60岁不服兵役,70岁不参加宾客应酬,80岁对于丧祭之事也毋庸参与。另外还载有:“八十者,一子不从政,九十者,其家不从政,父母之丧,三年不从政。”就是说,家里有80岁的老人,应留一子不从政,有90岁的老人,则全家都不从政,以便留在家里侍奉老人。

中国传统社会,尊老养老与慈幼是并重的。如《周礼·司徒》就将两者并列起来:“一曰慈幼,二曰养老。”孔子回答子路提问时主张“老者安之,朋友信之,少者怀之”。孟子也主张:“老吾老以及人之老,幼吾幼以及人之幼。”都是把养老与慈幼并重。战国时期形成的《管子》一书记载了管仲的经济思想。该书《入国篇》中说:“入国四旬五行九惠之教。一曰老老……所谓老老者,凡国都皆有掌老。”掌老是政府专门设置的负责掌管老人福利的官员。此外,《五辅篇》全面记述了辅弼国政和救民济贫之道,主张养长老、慈孤幼、恤鳏寡、问疾病、弔祸丧,此谓匡其急。可见,在管子的思想里,也是把养老和慈幼放在首要地位的。

第四,仓储后备思想。“仓储后备”就是要平时储粮以备荒时所需,以使百姓能平稳度过灾年。这种思想在中国历史上由来已久,《礼记·王制》载:“国无九年之蓄,曰不足;无六年之蓄,曰急;无三年之蓄,曰国非其国也。三年耕必有一年之食,九年耕必有三年之食,以三十年之通,虽有凶旱水溢,民无菜色。”《逸周书·文传篇》讲得更明白:“天有四殃,水旱饥荒,其至无时,非务积聚,何以备之?”仓储后备思想对后世影响十分深远。汉代名臣贾谊在上汉文帝疏中说:“管子曰:仓廪实而知礼节,民不足而可治者,自古至今,未之尝闻……夫积贮者,天下之大命也。苟粟多而财有余,何为而不成?”①宋代大臣余靖上疏亦指出:“天下无常丰之岁,倘有缓急,不可无备。”明代汪文义也说过:“能积于不涸之仓,藏于不竭之府者,可御水旱之来,当患而为之备,即灾而为之捍者,可免流利之苦。”②仓储后备思想基于对百姓生存保障的考虑,与中国古代的“农本主义”思想紧密相连,如汉代名臣晁错认为:“人性一日不再食则饥,岁终不制衣则寒。夫腹饥不得食,肤寒不得衣,虽慈母不能保其子,君安能以有其民哉?明主知其然也,故务民于农桑,薄赋敛,广蓄积,以富仓廪,备水旱,故民可得而有也。”③

第五,赈灾救济思想。中国是一个自然灾害多发的农业大国,古人在御灾过程中积累了丰富经验,逐渐形成了赈灾救济思想。宋代董煟在《救荒全法》中总结说:“救荒有赈济、赈粜、赈贷三者……赈济者,用义仓米施及老、幼、残疾、孤、贫等人,米不足,或散钱与之,即用库银籴豆、麦、菽、粟之类,亦可。”并明确提出了朝廷和地方官府在赈济活动中的职责:“人主当行六条中有:四、遣使发粟,六、散积藏以厚恤黎元;宰执当行八条中有:六、建散财发粟之策;监司当行十条中有:二、视部内灾伤大小而行赈济之方,十、因民情各施赈济之术;牧令当行二十条中有:六、申上司发义仓以赈济。”④也就是说皇帝的职责是派遣专人负责打开粮仓,把储存的粮食发放出来赈济百姓;宰相的职责是向皇帝提出开仓赈济的建议;监司的职责是根据本部门的灾害

---

① 《汉书·食货志》。

② 参见郑功成:《中国社会保障论》,第29页,湖北人民出版社,1994。

③ 《汉书·食货志》。

④ 参见苏振芳:《社会保障概论》,第88页,中国审计出版社,2001。

程度,确定具体赈济办法;牧令的职责是视察本地灾情,如实向上级报告,申请开仓赈济。明代林希元进一步阐发了董煟的思想,指出救荒有三便:“极贫民便赈米,次贫民便赈银,稍贫民便赈贷”;接着又提出赈贷的具体方法:“一、开仓赈贷;二、截留上供米赈贷;三、自出米及劝粜富民赈贷;四、借库银循环粜籴赈贷;五、兴修水利补葺桥道赈贷。”①清代则在总结前代思想和经验的基础上,提出了应对荒政的十二项办法:一曰救济,二曰拯饥,三曰平粜,四曰贷粟,五曰蠲赋,六曰缓征,七曰通商,八曰劝输,九曰严奏报之期,十曰办灾伤之等,十一曰兴土功使民就佣,十二曰及流亡使民生聚。②

二、中国传统社会保障实践

中国传统社会保障实践活动与社会保障思想一样源远流长,早在周代就有关于社会保障实践的记载,如《礼记》载:“季春之月,天下布德行惠,乃命有司癸仓廪,赐贫穷,赈乏绝。”《周礼·地官司徒》记载:“以保息六养万民:一曰慈幼,二曰养老,三曰振穷,四曰恤贫,五曰宽疾,六曰安富。”《周礼》还载有:“谴人掌邦之委积,以待施惠;乡里之委积,以恤民之艰厄……县都之委积,以待凶荒。”这些内容都反映了周代的社会保障活动。秦汉以后,在漫长的封建社会里,社会保障形式和内容更加丰富多样,出现了一些运转有效、影响深远的制度。诚如有的学者所说:“中国古代的社会保障事业虽然因为生产力所限,总体上处于低层次水平,但其保障范围却很全面,基本上囊括了近现代社

① 参见邓云特:《中国救荒史》,第207—209页,上海书店,1984。

② 参见林嘉:《社会保障法的理念、实践与创新》,第118页,中国人民大学出版社,2002。

会保障业务的主要内容。"①

(一)慈善救济

社会救济是社会保障的最低层次,也是中国传统社会保障的最基本形式。由于中国古代社会救济活动多带有施舍色彩,具有慈善性质,与今天我们所谓的社会救济事业尚不可同日而语,因此称之为慈善救济。慈善救济对象主要是那些鳏寡孤独、伤残病废等无依无靠的弱势人群。中国历朝历代差不多都有名为病坊、普救病坊、悲田坊、福田院、居养院、安济坊、慈幼局、育婴堂、栖流所、惠民药局、漏泽园、养济院、普济堂等具有常设性质的慈善机构,从事救济活动。具体说来,传统慈善救济活动主要包括如下几个方面:

一是弃婴养育。幼有所长是传统社会"德政"的一个鲜明标志,但在现实社会中,总有父母为生计所迫不能养育子女以至弃之道旁的惨象发生。自宋代设立慈幼局、婴儿局后,历代全婴堂、育婴堂之设立史不绝书。清雍正帝曾亲书《育婴堂碑文》,要求将广渠门内的育婴堂规制加以完善,号召士庶"捐资为善",并向全国推广,严饬地方官吏切实做好弃婴养育工作,毋使坠入沟壑。而其养育办法在创建之初即已成型,如宋代袁甫《湖州婴儿局增田记》中规定:首先由法曹"诘其所从来,真弃儿乃书于籍",然后"使乳母乳之,月给之粟",另外"择媪五人为众母,长众乳,各哺其儿又一人"。并且规定了养育80名弃婴及其相应的常平(财政)补贴数额。明清以后,地方官履新按临,都要仔细过问善堂设立位置,并核对在籍名单和拨补实数。

二是养老善终。老有所养是每一个人都企盼的人生结局,

① 龚汝富:《浅议中国古代社会保障体系》,《光明日报》,2001年12月4日。

但总有人因为各种不幸而变得鳏寡无靠。自北宋崇宁年间在常平仓下设立安济坊、漏泽园后,以赡养鳏寡老人为宗旨的养济院、居养院、安济院纷纷建立。如南宋刘宰《真州居养院记》指出:“居养院以处老疾无告者,其来远矣!”而此前朱熹《江西运司养院记》提到仅南昌延庆、崇和二门外便有多个养济院,安置老病者。吴潜在《广惠坊记》中曾惊叹“穷州陋邑犹有所谓居安、安济之所”。明清以后,养济院等养老设施仍然保留完整。明代敖英《东谷赘言》记:“我朝设养院以养民之鳏寡而无告者也;惠民药局以济疾病之穷者也;漏泽园以葬无主之死者也;课守令积谷而为殿最以赈凶岁之饥者也。”

三是理丧恤葬。死葬相恤是历代统治阶级施行“仁政”寻求社会安定的治道理念,北宋元丰年间政府倡建漏泽园,以示王道仁政的德泽“上昭在,下漏泉”,终将理念变成现实,其后历代奉为定制。而民间社会的恤葬善举则随着佛教的传入,早已悄然盛行。政府的主导更加引起了社会关注,其后民间捐建的义冢、义阡和漏泽园遍布全国各地,极大地推动了这项慈善事业的发展。如元代贡师泰在《义阡记》中感叹:“凡孤贫无依,羁旅无归者,皆得葬焉。”

四是助学济困。学而优则仕是传统中国学子们梦寐以求的人生幸事,因此救助那些贫而好学的优秀学子也是慈善事业的一部分。宋元以后,政府备有学田、膏火田等公产收入作为善廪支持。而地方与宗族内部所建立的义学、贡士庄、希贤庄、青云庄则为本地或族内贫寒子弟完成学业解除了后顾之忧。真德秀在《万桂社规约序》中便感慨自己成长深受乡人之助,因此为官后“每举辄助钱二十万”置为“义廪”,“示不忘本也”。后来姚勉《武宁田氏希贤庄记》便指出,武宁田德伦兄弟倡建希贤庄即是慕真德秀“义廪”而立。欧阳守道和文天祥为庐陵、吉水等县贡士院所写散记中都高度赞扬了它们在助学济困中的积极作用。

五是贫病救治。“医院”实际上是中国古代义诊所,最早从唐代佛教寺院的慈善职能中分离出来。自北宋政府大力兴办义诊慈善机构后,到南宋蔚然成风,并作为地方官员重要善政加以鼓励。如高斯得《江东提刑司新创药局义阡记》载:“捐司存羡钱百万,创业药局。制急于民用者凡五十品,民有疾咸得赴局就医,切脉给药以归。”吴渊《济民药局记》盛赞列圣“以民命为重”的“好生之德”,鉴于“近世天下郡国台府开设广惠局以便民服饵”,由浙西提刑在苏州买房三十五间,创济民药局,以资春疫的防治。元代汤弥昌《平江路新建惠民药局记》曾谈及中央政府要求地方各路府“设惠民药局,官给钞本,散诸药市,月取其息以资制剂”。

六是失业救济。伴随着商业社会的形成和失业风险的产生,失业救济也逐渐引起了官府的重视。特别是清朝末年,八国联军侵华致使“四民失业”,京师失业者更是如猬之集。1901年,黄中慧为“广筹生计”,上《倡议北京善后工艺局说帖》,提出创设工艺局的建议,为朝廷所采纳。随后,北京开始创办工艺局,推广工艺,救济失业。京师首倡,地方影从。自1904年开始,在“振兴实业”的口号下,全国范围内兴起一股推广工艺的高潮,工艺局(场)、习艺所如雨后春笋般崛起。据统计,清末最后10年中,直隶、东三省、山东、河南、安徽、江苏、四川等22省共创办工艺局所千余处。晚清政府救助失业,目的在于摆脱因失业所引发的社会危机,即所谓“多一制造,即开一利源,民间添一工师,即少一游手,于乐事劝公之中,即寓化暴为良之意”。但这毕竟是政府介入失业救济之始,并且突破了以往慈善救济单纯“收养”的传统模式,真正具有了社会救济意义。

(二)灾荒救助

古语曰:“天有四殃,水旱饥荒。”中国历朝历代都十分重视灾荒救助,并称之为“荒政”。南宋学者吕祖谦曾说:“大抵荒政,统而论之:先王有预备之政,上也;修李悝平粜之政,次也;所在蓄积,有可均处,使之流通,移民移粟,又其次也;咸无焉,设糜粥,最下也。”这里实际指出了中国传统社会盛行的三种灾荒救助制度,即:积谷备荒制度、调粟制度和施粥制度。

积谷备荒是中国一种古老的社会保障模式,通常被称为仓储制度。中国古代的仓储制度包括常平仓、义仓和社仓三种形式。常平仓起源于战国时代的李悝,成制于西汉。公元前54年,汉宣帝采纳大司农耿寿昌的建议,正式建立常平仓,常平仓是以官府财力在丰年平价购进米谷,遇荒年再以平价售出,目的在于平抑市场米谷价格。义仓创始于隋文帝,最早出现于隋开皇五年(585年),是由各地乡社基层的居民建立起来的。唐朝建立后,唐太宗在国内各州县广设义仓,每有饥馑便开仓赈济,成为固定的仓廪制度。据统计,自唐高祖武德元年至文宗开成五年(618—840年)的220余年间,朝廷共赈贷136次,而义仓共赈贷106次,占赈贷总数的78%①。可见,义仓是唐朝灾荒救助的重要手段。宋代以后仍沿用了唐朝的仓廪制度。社仓是民间为了备荒赈济而建立的粮仓。一般做法是,社仓建在乡社基层,这个乡社的居民全体参加,每户交储一定数量的粮食以备不时之需,在平常年景,参加者可从社仓中贷借供一时之用的粮食,在荒年,社仓粮食则多用于赈济本乡社受灾之民。这种民间互助共济设施在隋唐时期已经出现,但当时多与义仓相混同。

---

① 参见卫兴华主编:《中国社会保障制度研究》,第41页,中国人民大学出版社,1994。

直到宋代朱熹拟定《社仓法》之后,社仓与义仓才有了明确区分。

调粟制度是中国古代临灾赈济的一项重要举措,包括“移民就粟”和“移粟就民”两种形式,即在全国范围内,通过对灾区与非灾区不同地域间的粮食调拨或移民方法,达到“取有余,补不足”的目的,使灾区民众的生活得到保障。《孟子》尝云:“河内凶,则移其民于河东,移其粟于河内。河东凶亦然。”关于调粟的实施情况,可谓史不绝书。如《汉书·高帝纪》载:“二年,关中大饥,米斛万钱,人相食,令民就食蜀汉”;《魏书·宣武帝本纪》载:“延昌元年,诏河北民就谷燕、恒二州。辛未,诏饥民就谷六镇”;《旧唐书·高宗本纪》载:“咸亨元年,天下四十余州,旱及霜虫,百姓饥乏。……诏令往诸州逐食”;《筹济篇》载:“康熙二十一年,议准直隶、河南两处乏食穷黎,移家觅食。”又如《后汉书·安帝纪》载:“七年九月,调零陵、桂阳、丹阳、豫章、会稽租米,赈给南阳、广陵、下邳、彭城、山阳、庐江、九江饥民”;《元史·世祖本纪》载:“至元二十四年,闰二月,以女真水达达部连岁饥荒移粟赈之。”

施粥是最急切的“救荒活民”办法,一般是由官府拨粮,以专人在固定地点煮粥发放,救活灾民。战国时期,齐国公叔文子在卫国时正遇上空前饥荒,他就煮粥施给灾民,使很多灾民受惠。到了汉代,施粥赈饥的方法已成为救济灾民的普遍形式,赈粥的诏令也屡有颁布。东汉末年,各地饥荒特别严重,施粥尤为多见。宋朝以后,施粥方法更为盛行,金代章宗时,施粥已成为一种比较完备的制度,时间、地点都已固定,为后来的“粥厂”制度奠定了基础。金章宗明昌元年(1190 年),敕令京都和各府、县都设立“普济院”,每年 10 月到次年 4 月春荒之时,施粥赈济贫民。这比英国 17 世纪的

《救济贫法》早了400余年。①明代粥厂制度最为盛行，而且在管理上已很规范。万历年间，御史钟化民受命赈济河南饥民，莅任后即令所属各府、州、县官到辖区调查，选择可靠的人负责粥厂工作，而且为方便饥民就食，在多处设立粥厂。规定每座粥厂收养饥民200人，无论是当地居民还是逃荒的外地人都在救济之列，根据年龄和性别分类，每人发一张用油纸包好的小纸片，上面注明就食地点，领粥者须将纸片别在衣袖上，作为领粥凭证，粥厂负责人也有花名册，施粥时可以随时查点。明朝以后，粥厂制度历清代至民国而不衰。

（三）官员“致仕”

“致仕”制度即公职人员的退休制度。致仕和乞骸骨同义，是指官员在年老或多病时，把职务归还给帝王，以便把衰朽的身体从繁忙的政务中解脱出来的意思。中国古代官吏的“致仕”，有文字记载的始于商代。《尚书》中有商代伊尹辅佐商汤，年老告退致仕的记载。根据《古今事物考》的注解，这里记载的“告老致政事于君”，是臣下致仕之开始。延至西周，国家机构和官制渐趋完备，根据《礼记·曲礼》记载：“大夫七十而致事(仕)。”这样，官吏七十致仕而告老还乡，成为西周官制的一项内容。

从西汉开始，官吏致仕制度成为国家的一项重要人事制度。西汉文武官吏致仕的年龄沿袭周制，七十告退。但实际上并不十分严格，身体健康的官吏，虽年过七十仍在朝供职，甚至还可以按惯例升官。一般说来，西汉只限一至五品的高、中级官吏准予致仕。到了东汉，文武官吏致仕制度便有了明文规定。

为了确保致仕官员老有所养，安度晚年，历朝都有一整套赏

① 参见刘燕生：《社会保障的起源、发展和道路选择》，第28页，法律出版社，2001。

赐和供养退休官员的规定。汉朝批准官员致仕时,都要给予一次性重赏,此外还给原俸的1/3,直到谢世,以示尊贤。唐朝对致仕大臣不但赏赐优渥,而且明文规定:“五品以上致仕者,各给半禄”,有突出贡献者,经皇帝恩准,可得全禄。京官六品以下,外官五品以下,退休时各给一份承业田以养老。到了宋朝,政府除按时付给致仕官吏俸禄外,还要给退休官员加衔晋级,对其子女也有某些优待。明朝以后,致仕官员的俸禄又有提高,凡内外文武官员致仕,一律按原品级发给全俸。

(四)互助救济

中国传统社会,家庭是社会经济的细胞,承担着生产、生育和赡养等基本社会功能。除了遇到严重的灾荒时可能得到来自官府方面的救济外,家庭成员日常的经济保障主要来自自身的家庭和亲朋邻里,基本上还处于一种自我保障状态。因此,民间的互助互济活动承担着很大一部分社会保障功能。

族田是家族内部保障的经济来源。族田最早出现于北宋,也称义田、祠田、祭田,是中国传统社会制度下以宗族名义占有的土地,这部分土地的收入除用作祭祀的费用外,还用于救助、赡养本族中生活困难的住户。范仲淹于皇祐元年(1049年)在江苏苏州创建义庄。义庄是管理族田的机构。范仲淹设立义庄分置养老室、恤嫠室、育婴室和养疴室,收容本族中的鳏寡孤独贫病者居住其中,使族之人日有食、岁有衣,嫁娶凶葬皆有赡。自范氏义庄创建后,各地竞相仿效,义庄逐渐盛行。元朝百余年间,族田义庄没有多大变化,到明清时期才有了进一步发展。根据乾隆二十九年(1764年)调查,仅江苏一省各族共建祠8093处,其中置有祠田的有6739处。又如光绪年间,广东省粤东祖祠祭产纳粮额常占该县所收缴钱粮额的半数。民国以后,族田建置仍呈继续扩大之势。

乡约是同一乡社的居民和乡亲邻里之间的一种互助共济制度。乡约始于北宋的“吕氏乡约”,它由吕大钧兄弟及其邻里亲友所发起,乡约内容包括德业相励、过失相规、礼俗相交、患难相恤四项,实际上不外弘扬封建教化和经济上的互助互济两个方面。“吕氏乡约”经南宋哲学家朱熹修改后推向全国,明清以后在发展中又有所增益。此外,前面述及的社仓也是乡邻之间互助互济的一种重要形式。

同业互助、同乡互济是以业缘和地缘为纽带的民间社会保障。如明清苏州碑刻《布业经义公所善举碑》所议定的同业伙友之间的互助救济,已含有了失业救济的重要内容。又如道光年间《旅粤江西义庄条规》载:乾隆年间江西商人在佛山捐资建立的江西义庄,对于流寓南粤的江西商人,有病者给予医治,歇业者给予生活补助,无法经营生计者给旅费遣返故里,死亡无以归葬者葬诸义阡,归葬者给亲属六两丧葬银和运棺费。① 这种以业缘和地缘为纽带的保障逐步发展成为会馆制度,会馆制度大体上创建于明朝永乐年间,在清代随着商品经济的发展而有所发展,直到民国年间在各地仍然广泛存在。

三、传统社会保障思想和实践对近代社会保障立法的影响

近代中国尚处于从传统农业社会向现代工业社会的转型时期,农业时代的社会保障思想和实践依然在当时的社会保障活动中延续着,并且往往占据着主导性地位。因此,传统社会保障思想和实践活动直接影响着民国时期的社会保障立法,成为近代中国社会保障立法思想的“本土”资源,如 1943 年 2 月国民政

① 龚汝宣:《浅议中国古代社会保障体系》,《光明日报》,2001 年 12 月 4 日。

府社会部在一篇给行政院的呈文中曾说:“爰内本礼运大同关于救济原则之意义,外查各国关于救济行政之趋势,拟具社会救济法草案。”①显然,孔子的社会大同思想是国民政府起草《社会救济法》的基本依据。具体说来,传统社会保障思想及实践活动对近代中国社会保障立法的影响主要表现在如下两个方面:

一是对民国政府救灾立法的影响。民国北京政府颁布的《勘报灾歉条例》和南京国民政府颁布《勘报灾歉规程》及《勘报灾歉条例》都是参照传统社会蠲缓救灾活动和前清政府的有关规定制成的。而国民政府制定颁布的《各地方仓储管理规则》、《农仓业法》、《农仓业法施行条例》等农业仓储法规,正是传统社会积谷备荒思想和仓储制度法制化的产物。如《湖南棉业试验场农产仓库计划书》有云:“我国仓储,创设最早。战国时代,即有李悝之籴粜法。西汉中叶,常平制兴。他如社仓义仓,历代以来,皆有兴建。惟至今日,废弛不堪,大好农村,形成现状。救济之道,惟有参酌常平旧制,合作新规,联合金融机关,创设农产仓库。”又如《邹平县庄仓合作社实施办法》在提及制订缘由时,说:“本办法根据内政部颁布之各地方仓储管理规则,及山东省政府历次催办各县地方积谷备荒通令,并参酌地方需要订定之。”②

二是对民国政府救济立法的影响。国民政府内政部《救济院规则》规定,救济院分设养老所、孤儿院、残废所、育婴所、施医所、贷款所等,国民政府《社会救济法》第6条则规定,社会救济设施包括安老所、育婴所、育幼所、残废教养所、习艺所、妇女

① 周建卿编著:《中华社会福利法制史》,第562页,台湾黎明文化事业股份有限公司,1992。

② 参见《革命文献》第87辑,第187、438页,台湾裕台公司,1981。

教养所、助产所、施医所以及其他以救济为目的之设施。可见,社会救济的内容和机构都颇含“古义”。又如,国民政府《管理私立慈善机关规则》和《监督慈善团体法》则将传统社会的慈善救济活动纳入了法制化范畴。再有,清末创设工艺局、收养游民的活动,为民国北京政府制定《游民习艺所章程》提供了立法参照。

第二节 西方近代社会保障制度与理念的传入

西方近代社会保障制度萌芽于英国的《济贫法》,创始于德国俾斯麦政府的社会保险三法,获名于美国的《社会保障法》,完备于英国的“贝弗里奇计划”,并逐渐为欧洲各国所采纳。同时,“不容忽视的事实是,第一次世界大战后国际间社会保障的相互影响和传递,已绝非仅仅限于欧洲,其普及之势继续向其他各大洲推及,首先是拉美,再后是非洲和亚洲”①。民国时期,西方近代社会保障的基本理念已随着“欧风美雨”传入中国,为近代中国的社会保障立法提供了理论基础和国际参照。

一、西方近代社会保障制度的历史考察

西方社会保障的理论基础源于济贫思想,最早可以追溯到《圣经》中关于利他主义的道德说教。早期的济贫思想实际上是与慈善联系在一起的,如在旧约圣经中就要求人们对不幸者要怀着一颗慈善之心,要关心那些生病、年老、残疾和贫穷者。

① 郭士征:《社会保障——基本理论与国际比较》,第196页,上海财经大学出版社,1996。

保障的原始形态早在古希腊和古罗马时期就曾出现。随着各国宗教的兴起，教士们出于行善的动机，从事一些保护孤、寡、贫、病、弱者的活动，但这仍属于传统的慈善救济事业，不具备近代社会保障制度的基本特征。

(一)英国《济贫法》

欧洲中世纪时期，土地掌握在封建贵族手中，佃农的人身关系依附于土地之上，封建贵族为了再生产的需要也在生活上给予佃农一定的保障。但到了中世纪末期，随着工商业的兴起，封建的人身依附关系开始瓦解，连年的战争和瘟疫迫使成千上万的农民离开土地而涌入城镇，他们中的许多人沦入城镇流浪者或乞丐阶层。而15世纪末期起，英国资本主义的原始积累，通过野蛮的暴力方式，残酷地对农民的土地进行剥夺，强使他们背井离乡脱离生产资料，更是进一步摧毁了封建的人身依附关系。因此，英国的城镇流浪者或乞丐阶层尤为庞大，饥饿和贫困成为当时严重的社会问题。

为了安抚无业游民，缓解社会矛盾，英国在1531年通过了第一个由政府救济贫民的法律，规定地方官吏对其辖区内的老弱贫民要进行调查登记，颁发许可证，允许其在指定辖区内行乞；1536年又颁布法令，建立一项由政府主办的公共救济计划，责令各教区负责供养在该区住满三年又不能工作的贫民；1563年国会通过济贫法令，规定每户居民要依财产状况缴纳税款以救济贫民；1597年颁布法令规定教堂设立救济院，以收容不能工作的贫民，由教堂执事并推选户主4人充任贫民监督，并规定父母与子女之间有相互抚养的义务。在上述各种法令的基础上，1601年伊丽莎白女王颁布一项全面处理贫民问题的立法——《济贫法》(Poor Law)。

《济贫法》第一次以法律的形式确认国家负有救济贫民问

题的责任。根据该法规定,全国普遍设立收容贫民的济贫院,对贫民实施救济是每个济贫区的责任,每个济贫区都要委任若干贫民救济官,其任务是为所有贫民及其家属安排工作,并对有财产的人征收济贫税。实施《济贫法》的目的主要是通过强迫劳动,解决贫民流浪问题,该法的内容一方面是强迫劳动,另一方面是实行慈善救济,以强迫为主,兼顾救济,旨在通过阻止农民流浪以减小对社会秩序的冲击。这一点在1662年颁布的《安置法》中可以看得更清楚。根据该法令,一个教区的新住户可以被强行地迁徙到另一个教区,国家可以采取强制措施来安置农民,这实际上意味着原来属于封建领主的对农民的人身支配权正逐步为国家所取代。这也说明,"不断变动的社会结构和生产方式已使旧有的家庭式或区域内的保障形式已无法正常运转,对社会成员实行保障的责任历史性地落在了国家的'肩'上"①。

《济贫法》历经100多年后,随着社会经济和社会结构不断变动,18世纪下半叶英国部分地区开始实行一种名为"斯宾汉姆兰德制"的家庭津贴法,它规定对于工资低于最低限度的工人,由教区按面包价格和一个成年男子赡养的人口数予以补贴。"斯宾汉姆兰德制"的口号是公平收入,体现社会平等、互助互济的思想,与《济贫法》一样,目的是为了阻止劳动力流动,维护社会秩序,但其采取的手段已不是强迫劳动而是博施恩惠,这一点应该说更接近于近代社会保障制度。

进入19世纪后,英国资产阶级革命所带来的资本主义生产关系进一步发展,200多年前的《济贫法》已显陈旧。与此同时,

① 林嘉:《社会保障法的理念、实践与创新》,第59页,中国人民大学出版社,2002。

自由经济不断抬头,鼓励自由竞争成为社会发展的主流,而"斯宾汉姆兰德制"不鼓励竞争,不鼓励劳动力的流动,被资产阶级认为是遏制自由经济的一种倒退。在这种历史背景下,1834年英国对《济贫法》进行修订后重新颁布。新《济贫法》否定了"斯宾汉姆兰德制"的做法,严厉限制对贫民的救济津贴,强迫需要救济的贫民重新回到习艺所去,实行残酷的苦役制度,设立济贫法专员署,对贫民和救济基金实现总的管理,但内容仍主要局限在赈济贫民、收容无业游民等方面,总体上也没有脱离慈善性质。

英国《济贫法》产生于封建的农业社会末期,是农业经济时代社会保障发展的最高阶段,也是工业社会保障制度的初步萌芽。从《济贫法》的产生到"斯宾汉姆兰德制"的出现,再到新《济贫法》的颁布,我们可以看到,以"博爱"、"仁慈"为标榜的救济和保障政策自封建社会末期到自由资本主义初期已然产生,尽管与近代社会保障制度仍有很大差距,但"这只能说明从历史上看,社会保障制度有一个从萌芽到产生和形成的过程"①。

工业革命开始后,英国开始进入资本主义工业化时代。工业革命所带来的工业化不仅大大提高了英国的生产社会化程度,而且引起了一系列社会关系的深刻变化,从而也对社会保障不断提出新的要求。同时,英国的工业革命也极大地震撼了欧洲大陆,影响着法国、德国、丹麦、瑞典等国。社会化的大生产以强劲的动力,推动着欧洲大陆的社会保障朝着更高层次发展。

(二)德国社会保险立法

德国社会保险立法是近代西方社会保障制度创始的标志。

① 卫兴华主编:《中国社会保障制度研究》,第10页,中国人民大学出版社,1994。

德国的工业革命和资本主义化开始于19世纪40年代,与英国相比晚了近半个世纪。近代西方社会保障制度萌芽于工业革命的先驱英国,而创始于工业革命比英国落后的德国,这与当时德国的政治、经济和社会条件有密切的关系。

19世纪下半叶,德国爆发了三次国内战争,代表容克地主阶级利益的普鲁士军队获得胜利,建立了统一的德意志帝国。德国第一任首相俾斯麦(Bismarck)上台后的首要目标就是尽快实现政治统一,以削弱各诸侯国的离心力,为此,俾斯麦联合自由党发动了反对南方天主教政治势力的"文化革命",以打击南方诸侯的势力。经济上,德国从法国猎取了50亿法郎的普法战争赔款,为了取得欧洲经济霸主地位,决定加快工业发展,一方面加紧国内经济发展,一方面扩大殖民势力。俾斯麦政府很清楚,要取得对外对内政策的胜利,关键在国内,在于安抚工人群体,调和劳资关系,给工人以更多的生存和发展权利。否则,国家的工业发展便上不去,向国外的扩张也会成为泡影。为此,德政府开始设计并颁布一套新的社会政策,其中便包括社会保险政策。列宁曾指出:"无产者根本不可能从工资中拿出一些钱储蓄,以备在伤残、疾病、年老、残废丧失劳动能力时,以及与资本主义生活方式紧密联系的失业时的需要。因此,在上述情况下对工人实行保险,完全是资本主义发展的整个进程决定的改革。"①可见,社会保险立法是当时德国资本主义发展客观进程的产物。

德国社会保险立法的直接动因与当时的劳资矛盾激化有关。19世纪下半叶的德国,在采矿、冶金、化工等方面取得了突飞猛进的发展。与此同时,工人阶级的力量也不断壮大,劳资矛

① 《列宁全集》(第17卷),第448页,人民出版社,1959。

盾日益突出,工人运动如火如荼地发展起来。工人运动的大发展,一方面强烈要求政府实施保护劳工权益的社会政策,一方面自发地组织起种种互助互济的基金会。工人自发建立的互助储金会,1880 年底已经发展到 6 万名会员,1885 年底猛增至 73.1 万人。为了缓和劳资之间的矛盾,不让工人群众跟着社会主义政党走,也为了瓦解包括互助基金会在内的各种群众自发组织,俾斯麦采取了"胡萝卜加大棒"的政策:一方面,于 1878 年制定"社会党镇压法",压制社会民主党的革命运动;另一方面,通过制定社会政策和社会立法来保护劳动者。

社会政策学会的主张是德国社会保险立法的理论来源。德国社会政策学会创建于 1873 年,主张在不推翻资本主义制度的基础上,吸收社会主义的一部分思想,保护劳动者的正当权益,并通过国家立法和行政手段消除分配过程中的弊端。具体说,其主张主要有四个方面:第一,国家的职能不仅在于安定国内秩序和发展国家军事威力,还在于直接插手经济生活的管理,即国家还具有管理经济的职能。统一的德意志帝国也必须执行其经济管理功能,以担负起促进"文明和福利"的职责;第二,国家的法令、法规、法律至上,决定着经济发展的进程,但另一方面,经济问题也须同伦理道德联系起来才能获得解决;第三,德意志帝国面临的最危险的社会问题是劳工问题;第四,国家必须通过立法,实行包括社会保险、孤寡救济、劳资合作以至工厂监督等在内的一系列社会政策,自上而下地实行经济和社会改革。该学会的理论观点和主张得到俾斯麦政府的赏识而被采纳,并通过 1881—1900 年间的社会保险三法付诸实施。俾斯麦在国会为社会保险法草案辩护时曾宣称:"如果我们能使没有产业的人们满足于现在他们的地位,任何物质代价都不会太大,这不啻是一种消除革命的投资,而其应付革命的代价却会更大。"①

德国社会保险立法最早开始于19世纪80年代。1881年初,德皇威廉一世向国会宣布,要采取若干"保护"劳工利益的社会措施,推行"社会改革",同年11月发布了建立社会保险的敕告,其中提到:对社会问题的解决不只是镇压社会民主主义的不法行为,而是力求稳定地、积极地促进工人福利;我们将其视为做皇帝的职责,并真诚地将此任务交给国会;我们有义务重新并持久地保证国内和平,有义务给予需要帮助者更大的安全感和更多的支持。这份敕告被视为德国社会保险的大宪章。随后,德国于1883年颁布《疾病保险法》,对工资劳动者实行强制疾病保险,费用由雇主承担30%,雇工承担70%;1884年颁布《工伤事故保险法》,推行费用全部由雇主承担的工伤保险制度;1889年又颁布《伤残及养老保险法》,对75岁以上的工人及公务员提供养老金,费用由国家、雇主及雇工三方分担②。尽管这三个法律的适用范围仅涉及当时德国就业人口的1/5及总人口的1/10,但它确立了社会保险法的基本思想和原则,开创了社会保障立法之先河。此后,德国不断通过立法扩大社会保险的适用范围,如1911年颁布《孤儿寡妇保险法》,并将疾病保险、工伤保险和养老保险合并为单一的社会保险,1923年颁布了《矿工保险法》、1927年颁布了《职业介绍和失业保险法》,逐步建立起了适应工业时代的社会保障制度。

(三)欧洲各国社会保障制度的建立

德国社会保险立法为欧洲各国树立了榜样,欧洲各国纷纷

---

① 刘金章主编:《现代社会保障通论》,第41页,天津科学技术出版社,1996。

② Hennoch, *British Social Reform and German Precedent*. Oxford, 1987, pp. 114—204。

效仿德国相继颁布了包括医疗、养老、失业、工伤等内容的社会保障立法,开始建立国家统一的社会保障制度。

法国于1898年制定了《工伤保险法》,给产业工人提供由雇主承担费用的工伤保险,后来又扩大到商业雇员及林业工人;1910年又推行《养老保险法》,费用由国家、雇主和雇工三方承担,要求年收入少于3000法郎者必须参加。1901年和1913年荷兰分别颁布《工伤保险法》和《疾病保险法》,要求雇员必须参加,津贴标准依物价水平而定。意大利于1898年实施强制性工伤保险及老年和残废保险。英国于1911年借鉴德国经验颁布了《国民保险法》,由健康保险法和失业保险法两部分组成,规定16—70岁的体力工人及年薪少于160英镑的职员必须参加健康保险,费用由国家、雇主、雇员三方分担,雇工患病可领取5—10先令不等的津贴;失业保险适用于季节性和周期性失业的工人,费用也由国家、雇主和工人三方分担,失业保险津贴为每周7先令,一年之中工人最多只能领取15周失业津贴。①

北欧各国在近代晚期也纷纷制定社会保险法。瑞典1891年实行国家津贴、私人主办的自愿工伤保险;1901年推行雇主承担费用的自愿工伤保险法;1913年正式通过养老和残疾保险法,对18—66岁的工资劳动者提供保险。丹麦于1892年实行疾病保险法,1898年实行工伤保险法,1908年颁布失业保险法。挪威也在1890年实施疾病保险法,1892年颁布养老保险法,1894年颁布工伤保险法。②

据统计,在1890年至1911年间,实行老年疾病保险的国家

① Pat Thane, The Foundation of Welfare State. Longman, 1983, pp. 85—87。

② 参见丁建定:《试论近代晚期西欧的社会保障制度》,《史学月刊》1997年第4期。

有丹麦、奥地利、英国等16个国家;实行疾病生育保险的有比利时、瑞士、英国等9个国家;实行工伤保险的有波兰、法国、意大利等37个国家;实行失业保险的有英国、法国、挪威、丹麦等9个国家。①

与此同时,欧洲各国还颁行了其他一些社会保障立法。英国在1875年、1885年和1890年先后颁布健康法,为健康保险准备了条件;1905年颁布失业法,1908年推行劳工介绍所制度,成为失业保险制度的基础;1906年的养老金法规定给70岁以上的老人提供免费养老金;1880年的雇主责任法和1906年的工人赔偿法建立起了工伤赔偿制度;1912年开始推行最低工资法。1878年德国颁布童工法,1891年又实行女工法,对童工和女工的劳动时间、参加工作的年龄和生活状况等作了明确规定;德国还多次制定工厂法,使实行工资制、正常支付工资等有了法律依据;德国还建立了工厂视察员制度,监督各项工厂法的实施,并在欧洲国家中较早地推行免费的义务教育。1889—1903年,法国至少实施了32项社会保障方面的立法,其中主要的是工厂法、教育法和社会救助法,对工厂的劳动条件、工作日、免费教育、老弱贫病幼残以及多子女家庭的救济等方面都做了明确规定。意大利于1886年制定了童工法,1904年实行免费义务教育法。② 这些立法及措施与社会保险制度一起构成了欧洲近代社会保障制度的基本框架,使近代社会保障制度在欧洲逐步建立起来。

(四)美国《社会保障法》

在美国,20世纪20年代,曾出现过"福利资本主义"运动,

① 参见林丽等编著:《社会保险》,第20页,法律出版社,1996。

② 参见丁建定:《英国在西欧现代社会保障制度建立过程中的历史定位》,《欧洲》2000年第2期。

其内容包括:推动教育计划、鼓励工人拥有自己的住宅、设立低收费的自助食堂、免费医疗服务、分享利润、照发工资的休假和资助娱乐事业、实行强制性的工人抚恤金制度,有的地方还实行职工养老金制度。这些内容都是美国社会保障制度的开端。而公认的社会保障创建时期是在罗斯福总统推行新政期间,其标志为20世纪30年代颁行的社会保障法案。

1929—1933年的世界资本主义经济危机是美国社会保障立法的直接动因。在这次经济危机中,美国首当其冲,许多美国人流离失所、倒毙街头。1930年3月,美国各大城市有128万人举行示威游行,抗议失业。1931—1932年,发生过两次各有100万人参加的反饥饿大游行,要求失业救济和保险。至1933年失业人口高达1560多万人,占就业人口的25%。为了缓和国内矛盾,巩固政权,新任美国总统罗斯福开始实行新政,发展公共事业,扩大社会福利,解决失业造成的社会问题。1933年12月,罗斯福政府通过《联邦紧急救济法案》,设立紧急救济行政机关,改变了前任总统胡佛认为应由地方政府管理救济的观点。

罗斯福总统的社会保障思想是美国社会保障立法的理论基础。罗斯福为了推行新政,强调通过国家干预来解决经济危机,并把社会保障作为一项重要政策。罗斯福的社会保障思想可以归纳为两个方面:第一,社会保障是大机器生产的客观需要,也是一项取消往昔"家庭保障"的新的重大社会政策。罗斯福说,在早先的日子里,安全保障的取得,依赖家庭和邻里互助,但现在大规模的生产使这种简单的安全保障方法不再适用,"因此,我们被迫通过政府运用整个民族的积极关心来增进每个人的安全保障"。罗斯福郑重宣布:"在我们的目标当中,我把我国男女老少的安全保障放在第一位。"并强调,走上社会保障道路的第一站有三大任务,即:“家庭安全,生活保障,社会保险。”为使社会保障事业顺利实施,罗斯福认为,保障范围无论如何不宜过宽,“以防止这项健全而必须的政策无可挽回地丧失信誉,这样一项基本原则对我们未来的文明是太宝贵了,决不能让它现在受到过火行动的损失”。第二,社会保险是一种自我保障,其重点在于失业和老年的社会保险。罗斯福认为,社会保险不同于社会救助,也不同于社会福利,应当带有自我保障性质,保险资金取之于民,然后用之于民。他主张,社会保险立法应该遵循三项原则:“第一,除了开办费外,这项制度应该是自给的,就是说,保险救济金所需款项不应取之于一般税收所得;第二,除老年保险外,应由各州具体经管,但须符合联邦政府所定标准;第三,为了妥善经管费用和储备金额,保护国家的信贷结构,联邦政府应通过合众国国库的受托管理人保留对于一切款项的支配权。”罗斯福认为,建立失业社会保险,“不仅将有助于个人避免今后在被解雇时去依靠救济,而且通过维持购买力还将缓解一下经济困难的冲击”,此外还“将促使雇主们更仔细地进行计划安排,从而通过稳定就业本身达到防止失业的目的”;建立老年社会保险,可以“促使已属退休年龄的人放弃自己的工作”,“给年轻一代更多的工作机会”,并“使大家在瞻望老年的前景时都能有一种安全的感觉”。①

罗斯福总统的社会保障思想对美国政府的社会保障立法产生了明显影响。1934 年 6 月 8 日,罗斯福在给国会的信中提出了制定一项社会保障计划的设想,随后颁布总统令成立“美国经济保障委员会”。1935 年 1 月,委员会向总统递交了研究报告,提出了社会保障法案。1935 年 8 月 14 日罗斯福总统签发

① 参见《罗斯福选集》,第 58、77、78、81 页,商务印书馆,1982。

《社会保障法》。该法共分为 11 个部分,依次是:为各州的老年救助计划提供拨款;联邦养老金;为各州失业保险计划提供拨款;为各州的未成年人救助计划提供拨款;为各州的母亲和儿童福利提供拨款;公共卫生事业;社会保障委员会;雇员社会保障税;为各州的盲人救助计划提供拨款;说明。

《社会保障法》的主要内容可以概括为四个方面:(1)联邦政府设立社会保障署,负责全联邦社会保障计划的实施;(2)实行全联邦统一的养老保险制度,由雇主和雇员缴纳养老保险税;(3)由联邦政府和州政府共同实施失业保险计划,对雇佣 8 人以上的雇主征收失业保险税;(4)在联邦政府资助下,由州政府实施老人和儿童福利、社会救济和公共卫生措施。该法第一次使用了"社会保障"概念,第一次在一部法律中规定了社会保险、社会福利和社会救济等社会保障的内容,确立了社会保障普遍性和社会性原则。从此,社会保障作为一项基本法律制度被许多国家确立并实施。

(五)"贝弗里奇计划"与英国社会福利立法

20 世纪初,英国自由资本主义时代结束,劳资力量对比发生了根本变化。1906 年,英国自由党在工党支持下赢得大选,执政后颁行了一系列社会立法,包括前述 1908 年《儿童法》和《养老金法》、1909 年《劳工介绍法》及 1911 年《国民保险法》和《国民健康保险法》。但这些立法没有形成统一的原则和标准,管理机构各行其是,并未从根本上解决国民保障问题。

第一次世界大战后,英国遭遇长期的经济失调和严重失业,1929—1933 年世界资本主义大危机对英国社会更是雪上加霜,失业人数达 300 多万,政府面临着如何解决失业和贫困的重大课题。而此时,理论界正盛行着以庇古为代表的福利经济学和以凯恩斯为代表的国家干预理论,这为英国社会福利立法奠定了基础。庇古 1920 年发表《福利经济学》,认为一国的国民收入就是该国国民个人福利的总和,国民收入总量越大,国民福利就越大,应当增加国民产品数量,消除国民收入分配的不平等现象,并主张收入均等化,把富人收入的一部分转移给穷人。凯恩斯 1936 年发表《就业、利息和货币通论》,认为资本主义不存在自动达到充分就业的均衡机制,主张政府通过制定政策特别是财政政策来刺激消费和增加投资,以实现充分就业。

在庇古"福利经济学"和凯恩斯"就业、利息和货币通论"等经济理论的影响下,英国开始实施福利国家计划。1941 年 6 月,英国设立了社会保险及有关的事业部会联合委员会,聘请自由党人、伦敦经济学院院长贝弗里奇(William Beveridge)爵士为主席。1942 年 11 月,贝氏提出《社会保险及有关服务》报告(Beveridge Report:*Social Insurance & Allied Service*,1942),后被称为"贝弗里奇"报告,也被称为"贝弗里奇革命"。贝氏报告提出要以消灭贫困、疾病、肮脏、无知和懒散五大社会病害为目标,制定一个以社会保险为核心的社会保障计划。

贝氏计划的主要特点是:把社会保障作为一项国家责任确立下来;把救济贫困的概念由原来的救济贫民变为保障国民的最低生活标准。主要内容包括:(1)凡是有收入的英国公民都必须参加社会保险,参加者按全国统一的标准缴纳保险费,按统一标准享受有关福利,而不问其收入多少,即采取社会保障普遍性原则;(2)将分散的管理制度改为全国统一的管理制度;(3)按照这一制度所发放的救济和津贴应使领取人能够维持正常生活,享受社会保障的时间以本人需要为准,不受其他限制;(4)社会保险不但应包括全体有收入的公民,而且其内容应包括他们生活需要的各个方面;(5)因没有收入、不能缴纳国民保险费而无权享受国民待遇的人,由国家制定国民补助法,以保证其基本生活需要,使其生活水平达到国民最低生活标准。①

第二次世界大战后,工党在英国大选中提出承诺,要使国民普遍享受到福利,使国家担负起保障公民福利的职责,深得人心。工党上台执政后,英国开始了"从摇篮到坟墓"的福利国家立法,相继颁布了五项社会保障立法:1945 年的《家庭补助法》规定对于有两个或两个以上儿童的家庭给予补助;1946 年的《国民保险法》规定实行强制性全民保险制度,提供均一费率及均一给付的老年年金、疾病津贴及失业津贴;同年的《工业伤害保险法》和《国民医疗保健法》规定对工业劳动者实行工伤保险并对全体国民实行免费医疗;1948 年颁布《国民救济法》,作为上述法律的补充,即对不能享受上述法律保护者,或虽享受但仍不能满足基本生活需要者给予补充救济。② 五部法律同时于 1948 年 7 月 5 日生效,过去的有关立法一概废除,英国历史上著名的《济贫法》在经过了三百多年后也告终止。英国五部法律的颁布实施,最终使"贝弗里奇计划"从理论变为现实,形成了包括失业、伤残、疾病、养老、死亡、家庭津贴等内容的社会保障体系,并率先宣布为福利国家。

二、西方近代社会保障制度与理念的传入及其影响

正如本节开头所说,近代西方社会保障制度创立后,其影响和传播,"已绝非仅仅限于欧洲,其普及之势继续向其他各大洲推及,首先是拉美,再后是非洲和亚洲"。其实,早在民国之初,德国等西方国家的社会保障制度就已被介绍到了中国。如

① 参见李琮主编:《西欧社会保障制度》,第 190 页,中国社会科学出版社,1989。

② 参见王益英主编:《外国劳动法和社会保障法》,第 29 页,中国人民大学出版社,2001。

1912年7月《东方杂志》第9卷第1号载有杨锦森翻译的《德国待遇工人之种种》一文，对德国的社会保险已有述及，文章开头即写道："业制造者，苟为法律所迫，不得不为其所雇之佣，——保寿险及疾病之险，并代付保险之费。"整个民国时期，介绍和传播西方社会保障制度的文章和著述很多，从内容上说，可以分为三个方面：

第一，对西方社会保险制度的介绍。如1918年和1919年的《东方杂志》分别刊载了署名君实的《劳动者失业保险制度》和《劳动者疾病保险制度》两文，1920年10月的《东方杂志》发表了署名若愚的《德国劳工各种保险组织》一文，使近代中国人较早系统了解了西方的社会保险制度。

《劳动者失业保险制度》刊载于1918年3月《东方杂志》第15卷第3号上，共分10个部分，文章前两部分分析了劳动者失业对社会产生的消极影响和失业保险的缘起："失业之结果，增加贫民，甚至增加犯罪。故吾人当以设立职业介绍所等类手段，预防失业而谋减少。然在现在之社会状态，欲其无一发生究为不可能之事。故不可不别设方法，以为确保劳动者生活之手段。因此宜令劳动者割就业时收入之一部分，以充其失业时之支出，其最简单之方法，莫如储蓄。但欲使彼无教育之劳动者，出于自由之意志，继续储蓄相当之金额，殊为事实上所难行。故吾人深信强制储金之一法之保险制度，实为达此目的最有效之方法。"并指出："失业保险之问题，限于身心健全、有提供勤劳之意思而无需要之时，此其原则也。"文章中间7个部分分别介绍了失业保险的三种形态，即自治制度、公共自由制度和强制制度，这也是近代西方失业保险制度发展的三个阶段。自治制度"乃由从事于同一或近似之职业者结团体而营保险者"，实即职工之间的"互助互济"，是失业保险的初级形式，如英国早期的职工组合(Trade Union)、友谊会(Friendly Society)等;公立自由制度“则由城镇乡自治会任保险机关之设备,范围扩于一般之劳动者”,创始于瑞士,但因其加入采取自由放任主义,难以充分发挥效用。“以国家或城镇乡之法律对于一般或特种之劳动者强制保险义务,即为强制制度。此制度专为补救前记种种自由保险制度之缺点而设。”强制失业保险制度是近代西方失业保险制度的最完备形式,文章认为此制度创始于1894年的瑞士,而完善于1911年英国制定的强制失业保险法。文章最后介绍了学术界关于失业保险费负担的基本观点:保险费之全部,悉令劳动者负担,实未免强其所难;况失业之责任,社会方面负其一部,故其费用之一部归社会负担,亦为当然之事;至于雇主应否负担一部分费用则有截然相反两种观点,作者则倾向于雇主也应负一部分费用。

《劳动者疾病保险制度》全文共9个部分,分三次刊载于1919年3、5、6月份的《东方杂志》第16卷第3、5、6号上,文章前两部分说明了疾病给人类带来的弊害,认为:“为多数之劳动者筹画关于疾病之设备,以保全其健康,使之脱免经济的困难,不可谓非社会政策的国家最重大之任务”,并简述了由中古时代之“格尔特”至近世之“友爱组合”再到强制制度的疾病保险变迁过程。中间三部分分析了西方国家对“友爱组合”等劳动者自由保险制度由自由放任到保护干涉的政策演变过程和自由保险制度逐渐废灭的原因。第六部分为全文重点,介绍了创始于德国的强制疾病保险制度,文章写道:“劳动者疾病保险制度始于德国,故其后各国之立法,多以德国为蓝本”,“当德国采用是制时,因强制为侵犯自由,故反对者颇众。然至近时,则人人赞扬社会政策主义。现代之经济状态,从事实上证明国家社会主义之必要,加以德奥多年之经验,复就实际表现强制保险之优越。故至最近,各国皆争先采用此制。现在各国中,虽尚多以国立保险而不实行强制者。但若此者,不过由自由保险达于强制保险之过渡状态而已。”本部分最后则根据保险费的负担状况,将强制疾病保险制度分为三种:一是德意志主义,即劳动者负担三分之二,雇主负担三分之一,国家不予干涉;二是塞尔维亚主义,即劳动者与雇主各负担其半,而由国库之补助其不足;英国主义,即劳动者、雇主、国家各负担三分之一。文章最后三部分简略介绍了与疾病保险相关的强制妊娠、伤残、老年等保险制度。

《德国劳工各种保险组织》一文发表于 1920 年 10 月《东方杂志》第 17 卷第 19 号上,从文章内容来看,是作者通过对德国各种劳工保险组织的实地考察写成的,文章开头即申明了写作宗旨:“我们希望的社会主义既不能一期实现,而我们工人的病苦又有加无已。在此种状态之下,为临时救急的法子,只有实现社会政策,改良工人的待遇,保护工人的疾苦……德国在世界上为实行社会改革政策最早的国家,所以我将他待遇工人的变法摘要介绍,以便我们国内各大工厂模仿实行。”文章撮要介绍了德国疾病、伤害、老年及残废、失业等四种保险组织和保险费负担制度。文章最后批评当时的民国政府是“一个不负责任的政府”:“别国政府的钱拿来帮助失业的工人,中国政府的钱拿来养许多不能打仗的兵。”

另外,还有国民政府财政部驻沪货价调查处于 1928 年 5 月编印的《社会保险》一书,该书译自美国康门司(J. R. Commons)和安拙司(J. B. Andrews)合著的《劳工立法原则》一书的第 8 章,介绍并论述西方工业灾害、健康、养老、残疾、孤寡、失业等的保险问题;国民政府社会部编译委员会于 1939 年编辑出版的《日本厚生省保险行政要览》,介绍日本保险院机构之沿革,及其所属总务局、社会保险局、简易保险局之组织机构业务概况。

第二,对国外社会救济制度的介绍。民国时期,介绍国外社会救济制度的文章和著述也不少,其中最有代表性的著作当推陈凌云所著《现代各国社会救济》。该书是作者奉国民政府之令,派赴欧、美、日本各国考察社会救济事业后所写的报告,全书共分 11 章,1937 年 2 月由商务印书馆出版,分别介绍了意大利、德国、波兰等 10 个国家的社会救济制度。参见下表:

表 2—1 《现代各国社会救济》主要章次与节次

章次	节次
第一章 意大利社会救济事业	第一节 劳动方面之社会救济 第二节 妇孺方面之社会救济
第二章 德意志社会救济事业	第一节 义务劳动 第二节 冬季救济 第三节 公共协助 第四节 人才训练
第三章 波兰社会救济事业	第一节 卫生事业与社会援助中心站
第四章 苏联社会救济事业	第一节 劳动法典 第二节 工人部分 第三节 农人部分
第五章 比利时社会救济事业	第一节 行政组织 第二节 救济事业 第三节 附述
第六章 丹麦社会救济事业	第一节 农业合作 第二节 社会保险 第三节 社会救济法 第四节 结论
第七章 法国社会救济事业	第一节 行政系统 第二节 家庭救济 第三节 天灾救济

(续表)

章次	节次
第八章　英国社会救济事业	第一节　贫穷救济 第二节　失业救济 第三节　失业保险
第九章　美国社会救济事业	第一节　经费来源——联合募捐运动 第二节　行政机关 第三节　救济事业
第十章　日本社会救济事业	第一节　失业救济与失业介绍 第二节　儿童保护事业概要 第三节　东京养育院 第四节　聋哑盲学校 第五节　财团法人启成社概要 第六节　府中刑务所
第十一章　结论	

从上表可以看出,民国时期,社会救济是一个含义十分宽泛的概念,社会福利、社会保险都含括其中,与我们今天所谓的社会保障含义颇为近似。另外,1937 年 10 月上海商务印书馆出版的陈凌云所著《欧美军事善后救济政策》一书,详细介绍了意、德、法、英、美 5 国的军事善后救济事业,这是近代中国最早系统介绍欧美军事社会保障制度的著作,蒋介石曾为该书亲笔题写书名。

第三,对西方社会福利制度的介绍。英国是第一个工业革命国家,也是"福利国家"的发源地。英国军事委员会抚恤委员会编制的《英国公民人身伤害抚恤条例》是其福利制度的一部分,1939 年由国民政府军事委员会办公厅顾问处译为中文刊印出版,该《条例》共 5 章 35 条,包括总则、伤害津贴、关于公民防护志愿兵负伤之抚恤与津贴、关于其他各种人受伤之抚恤、关于伤害津贴抚恤金及津贴之一般规定。前文述及的"贝弗里奇计划”是英国福利国家的发展纲领,也被称为社会安全计划纲要。20 世纪 40 年代,蔡之华将《The Beveridge Report in Brief》一书译为中文,拟名为《英国社会安全计划纲要》,包括绪论、社会保险之三大特殊问题、社会安全计划之预算、社会安全计划之诠释、社会安全与社会政策等 5 章,对英国的社会福利制度作了比较系统的介绍。①

综括上述,民国时期已出现了许多介绍国外特别是西方国家社会保障制度的文章和著述,这些文章和著述成为向近代中国输入和传播西方社会保障理念的重要媒介和桥梁。西方社会保障理念与制度的引入和传播,促进了近代中国社会保障模式由传统向现代的嬗变,并进而直接影响着近代中国政府的社会保障立法。如 1929 年春,国民政府劳动法起草委员会在编纂《劳动保险草案》的过程中,即是在考察和参照当时世界主要工业发达国家的劳动保险立法经验的基础上,适当结合中国当时社会的实际情况,草拟完成了法案的有关条款。参见下表:

表 2—2 《劳动保险草案》与国外社会保险立法之对照表

项目		国外社会保险立法	劳动保险草案
伤害保险	保险范围	德国限于工、矿、建筑、运输 4 业之劳动者,始得受保险之利益,关于海员及农林业,则另有单行法之规定;英国则定凡属各种被雇人及海员渔夫,均得受保险之利益,但年收入在 2500 磅以上之被雇人,则在保险范围之外;意国凡属工业、矿业、农业之劳动者,瑞士凡属工业、土木工业之劳动者,乃在保险范围之内;法国限于年收入在 4500 法郎以下之工业、农业、商业之劳动者及海员;比国限于年收入在 7000 法郎以下之农工商业之劳动者,始得列于保险范围之内。	此案规定工业、矿业、建筑业、运输业之劳动者,在相当限制之下,均为强制保险人。

① 参见北京图书馆编:《民国时期总书目(1911—1949)·社会科学(总类部分)》,第 201 页,书目文献出版社,1995。

(续表)

项目		国外社会保险立法	劳动保险草案
伤害保险	保险性质	各国之立法略分3期,自1881年至1895年为第一期,德、奥、挪威、芬兰、意大利均采用强制主义;1897年至1903年为第二期,英、法、西班牙、瑞典、俄、比均采用任意主义;1901年至1912年为第三期,荷兰、卢森堡、匈牙利、瑞士、俄罗斯又采用强制主义。	此案参照近日各国立法之趋势,证以伤害保险之利益,亦采用强制主义。
	保费分担	德、法、英、意、比、美、澳、瑞士均由雇主负担,雇主对于保险费可算入生产费内,实则转嫁于消费者,雇主亦无所损。	此案亦依各国通例,及本国习惯,规定保险金由雇主负担之。
	保险组织	在强制保险之国,分为私营、相互、国营3种,有由国家指定保险机关者,或为独占国营保险社,如挪威;或为雇主相互保险社,而受国家之监督,如德、澳、匈、俄;有自由选择保险机关者,或则相互、国营、私营保险社之并立,如意大利、荷兰;或则仅有相互、私营之保险社,如芬兰。瑞士强使全国劳动者及雇主之代表各16人,国家之代表18人,政府劳资三方共同管理。	此案参酌采用瑞士之办法。
	保费征收	各国通例有分配法及积资法,积收赔偿费所应用之资本,若以当年赔偿费为基础,而计算所需资本之数,是为估费积资法;若预先计算固定之数,以决疑数为基础,依保险原则估计,除管理费及公积金,其资本价值足以赔偿每年之所需者,是为定额积资法。分配法即依当年需要之数,由雇主分摊,德国及卢森堡皆用此法。	此案采用担任分摊之法,按照每会员支取薪金或工资之数,及其经营事业所属之危险等级算定之,其征收之保险不超过于每年所必需之数,其费用可详确计算,且雇主不须预纳基金,得将此款为营业之用。

(续表)

项目		国外社会保险立法	劳动保险草案
疾病保险	保险范围	日本健康保险法之强制被保险人,仅限于适用工厂法及矿业法之职员、职工、矿工;德国 1883 年之法律,关于被保险人之范围,限定于一定之职业种类,其后于 1911 年之改正法,始扩大其范围,几包含一切之劳动者,惟对于高级官吏、教师、船长等,以其所得不超过 2500 马克为强制条件;1909 年之挪威法及 1911 年之英国法,及使一切劳动者,皆为强制被保险人。	此案参照各国最近立法之势,规定“凡为工资工作之劳动者,除有特别规定外,皆为强制被保险人”,同时鉴于国内产业现状,其中有未便于即时施行者,则又定为不为强制被保险人。又关于被保险人之规定,各国立法通常亦分为强制及任意两种,大抵普通劳动者概为强制被保险人,然其经济地位较高,收入较多者,不为强制被保险人,此案仿各国立法例,分别规定之。
	保险性质	疾病保险,其始皆取任意保险主义,德国于 1883 年首先采取强制保险主义,其后澳大利亚于 1888 年,匈牙利于 1891 年,卢森堡于 1901 年,挪威于 1909 年,塞尔维亚于 1910 年,英国于 1911 年,俄国、罗马尼亚于 1912 年,荷兰于 1913 年,相继采用强制保险主义。	此案亦仿照各国现行制度,采用强制保险主义。
	保险给付	日本法分为疾病给付、分娩给付、死亡给付 3 种;德国法则分为疾病给付、产妇给付、死亡给付、家族给付 4 种。又日本法保险给付之种类金额支付期间,皆依法令之规定,于法令规定以外,不得为保险给付增加金额,或延长支付期间;德国则分为正常给付与附加给付,正常给付为法令所规定最少限度之给付,附加给付则为保险社财政有余裕时,于法令所认许之范围内,依章程之规定所增加之保险给付。	自被保险人保护之点观之,德法较善于日法,此案采用德制。

(续表)

项目		国外社会保险立法	劳动保险草案
疾病保险	保险组织	德国保险社分为自治区组合、地方组合、工厂组合、手工业组合4种,保险关系极复杂;日本健康保险之保险者为政府及健康保险组合;卢森堡分为地方疾病保险社与事业疾病保险社两种。	此案参照卢森堡制度,规定"疾病保险之保险人,为地方疾病保险社及事业疾病保险社"。
	保费分担	各国立法例大致为二:(1)劳动者负担2/3,雇主负担1/3,国家不补助;(2)雇主与劳动者平均负担,国家予以补助。前者为德制,已属陈旧,近世各国立法多采后者。日本规定事业主及劳动者各负担保险金之一半,国家负担各健康保险组合之保险给付所需费用之1/10。英国则事业主及劳动者共负担经费7/9,国库负担2/9。	此案参照各国最近立法例,规定保险金由事业主及劳动者各负担一半,政府对于地方疾病保险社,负担其事务费,对于事业疾病保险社,每年津贴500元。

资料来源:谢振民编著《中华民国立法史》(下册),中国政法大学出版社,2000。

从上表可以看出,国外社会保险立法与《劳动保险草案》之间的法律渊源关系。"此草案虽未成为法典,而旁搜约采,寻源竟委,汇编别章,体情蕴理,实开吾国劳动立法之新纪元。"①诚哉斯言,此案关于劳动保险的规定实为近代中国社会保险立法之滥觞,也是国民政府20世纪30年代制定《强制劳工保险法草案》和40年代拟订《伤害保险法草案》和《健康保险法草案》之蓝本。

第三节 国际劳工组织及其国际立法的影响

国际劳工组织自1919年成立以后,致力于研制劳动及社会

① 谢振民编著:《中华民国立法史》(下册),第1064页,中国政法大学出版社,2000。

保障立法的国际标准,并以此推动世界各国的劳动保护及社会保障立法。民国时期,中国是国际联盟的创始会员国,也是国际劳工组织的创始会员国,除1920年第二次国际劳工大会外,历次大会开会时,民国政府都派有代表参加。因此,国际劳工组织通过或提出的关于国际劳动及社会保障的公约和建议书,也为中国近代社会保障立法提供了可资参照的国际标准。

一、国际劳工组织(ILO)概说

第一次世界大战结束后,参战国于1919年初在巴黎召开和平会议,签订和平条约。与会诸国,“鉴于劳动问题之严重,影响于世界经济至巨,于是有国际劳工组织之创设”①。因此,在和会第一次预备会议上就决定组织一个委员会,从国际方面考察工人状况,并研究必需的国际方法,以便对劳动问题采取一致的行动,还建议组织一个永久性的机构,继续进行调查研究。作出这个决定的理由,据称是为了维护社会正义,以建立世界永久和平。因为劳动状况的恶劣,不符合社会正义,会产生动荡不安,使世界和平遭受危害。

根据这个决定,由英、美、法、日、意等国推派15人组成委员会,经过多次讨论和争辩,拟订了一个《国际劳工组织章程草案》和一个包括9项原则的宣言,于1919年4月提交巴黎和会讨论通过,编入《凡尔赛和平条约》第13篇,即所谓“国际劳动宪章”。1919年6月,国际劳工组织(International Labour Organisation,简称ILO)正式宣告成立。当时《凡尔赛条约》还未签订,国际联盟还未产生,而作为国际联盟一个附设机构的国际

① 国民政府实业部年鉴编辑委员会编:《民国二十一年中国劳动年鉴》(第4编),第1页,台湾文海出版有限公司,1992。

劳工组织却先告成立了。国际劳工组织包括3个主要机构:

一是国际劳工大会(International Labour Conference)。这是国际劳工组织的最高权力机关,每年开会一次,由每个会员国派代表团出席。完全代表团包括政府代表2人,工人代表和雇主代表各1人,按三方性原则组成,并可由顾问若干人陪同。大会的任务,除听取国际劳工局局长报告外,主要是讨论和通过关于各项劳动问题的国际劳工公约和建议书,并审查已通过的公约和建议书在各会员国的执行情况。此外,还对某些重大问题作出决议。

二是理事会(Governing Body)。这是国际劳工组织的执行机关,在大会闭会期间决定该组织的各项重要问题。理事会成员按照三方性原则由政府理事、工人理事和雇主理事组成,主要任务是确定国际劳工大会议程,为大会通过公约和建议书进行准备,以及对其他重要事项作出决定。理事会设若干工作委员会,协助理事会进行工作。

三是国际劳工局(International Labour Office)。这是国际劳工组织的常设工作机构,也是大会、理事会及其他会议的秘书处。国际劳工局设局长、副局长和助理局长,内设十几个工作部门,分别负责各项劳动事务,其主要任务是:准备大会、理事会的议事日程;提出局长报告书;拟订公约和建议书草案,并促进其有效实施;应会员国邀请,协助制定该国劳动法规;实施技术合作计划;编辑出版有关劳动问题的书刊和资料等。

国际劳工组织除以上3个主要机构外,还设有许多产业性、专门性和区域性的委员会和工作机构。此外,还有国际劳工研究所、国际社会保障协会和国际先进技术及职业培训中心等3个附属机构。

国际劳工组织的主要职能和任务是制定国际劳工法规。

1919 年巴黎和会通过的《国际劳动宪章》中所列 9 条原则,为国际劳工组织制定国际劳工法规确定了基本准则。这 9 条原则是:(1)不能以劳力为一种商品或视为一种商业交易;(2)劳工的组织和雇主的组织在法律上应一律平等待遇;(3)付与劳工的工资须适合当地当时的生活标准;(4)各国一律实行每日 8 小时或每周 48 小时工作制,未实行的国家须立即实行;(5)每周至少应给予工人 24 小时之休息时间,星期日包括在内;(6)禁止未成年童工工作,保护青年工人给予教育机关及卫生上的改进;(7)男女工人做同等的工作,应给予同等的工资;(8)各国制定的保护劳工改良工人生活的法律,除该国工人享受外,对于侨居该国的其他各国工人亦应一律平等看待;(9)各国应建立工厂检查制度,以监督雇主方面,实行劳动法律,并须录用女子参加此项检查工作。① 以上各项原则,在第二次世界大战前制定的国际劳工公约和建议书中,大部分已经得到实现。

在第二次世界大战临近结束的 1944 年,国际劳工组织在美国费城召开了第 26 届大会,会议发表《费城宣言》,确定了新的立法宗旨和原则。宣言第一部分提出的 4 项基本原则重申了劳动不是商品和言论结社自由两条原则。第二部分确认:全人类不分种族、信仰或性别都有权在自由和尊严、经济保障和机会均等的条件下谋求其物质福利和精神发展。第三部分规定了 10 项具体的目标:(1)充分就业和提高生活标准;(2)使工人受雇于他们得以充分地发挥技能和成就,并得以为共同福利作出最大贡献的职业;(3)作为达到上述目的的手段,在一切有关者充分保证的情况下,提供训练和包括易地就业和易地居住在内的

① 参见骆传华:《今日中国劳工问题》,第 302 页,上海青年协会书局,1933。

迁移和调动劳动力的方便;(4)关于工资、收入、工时和其他工作条件的政策,其拟定应能保证将进步的成果公平地分配给一切人,将维持最低生活的工资给予一切就业的并需要此种保护的人;(5)切实承认集体谈判的权利和在不断提高生产率的情况下劳资合作,以及工人和雇主在制定和实施社会经济措施方面的合作;(6)扩大社会保障措施,以便使所有需要此种保护的人得到基本收入,并提供完备的医疗;(7)充分地保护各业工人的生命和健康;(8)提供儿童福利和产妇保护;(9)提供充分的营养、住宅和文化娱乐设施;(10)保证教育和职业机会均等。①《费城宣言》确定的这些宗旨和原则已明显高于《国际劳动宪章》所规定的9项原则,是国际劳工组织在二战后各项活动的主要依据,特别是制定国际劳工公约和建议书所应遵循的基本原则。

国际劳工大会通过的立法文件,一向采取国际劳工公约和建议书两种形式。在最初几届大会上通过的公约和建议书,是彼此独立的,即有些问题采用公约形式,有些问题采用建议书的形式。但在以后的历届大会上,两者基本上是互相配合的,即对同一问题同时通过一个公约和一个建议书。公约包括关于这一问题的基本的和主要的规定,建议书则包括关于这一问题的具体的和补充的规定。

公约和建议书虽然都属于国际劳工立法文件,但其效力是不同的。公约是提交会员国批准的,在会员国批准该公约后,即有必须遵守和执行的义务,而建议书则是提供会员国制定法律和采取其他措施时参考的,不需要会员国批准,因而没有必须遵

① 参见王益英主编:《外国劳动法和社会保障法》,第9页,中国人民大学出版社,2001。

守和执行的义务。“这种分类是含有用意的,因为公约草案效力虽然较大,但只能包括保工的根本原则,若是细则厘定,一定不获会员国批准的,所以要有那种建议来补他的不逮。因为建议的拘束力弱,所以内容能够丰富些、详细些。实际上他所规定的都是实行某种公约的细则。”①

二、民国政府参加国际劳工组织的主要活动

第一次世界大战期间,民国北京政府参加协约国一方作战。战后,中国作为战胜国派代表出席了1919年初在巴黎召开的和平会议,并签字于对奥和平条约,因而成为国际联盟的原始会员国。依照国际劳工组织的有关规定,凡是国际联盟的会员国,同时为国际劳工组织的会员国,由此中国也就成为国际劳工组织的原始会员国。

从1919年到1928年,国际劳工组织先后召开了11届国际劳工大会,除1920年第2次大会外,当时民国北京政府都指派驻外使领人员作为政府代表参加会议,但因没有劳资两方代表参加,无法取得完全代表的资格。

1919年10月第1次大会在华盛顿召开之际,民国北京政府以中国劳资团体尚未成立,原派顾维钧代表政府参加,但顾在巴黎另有重任在身,乃改派驻美使馆代办容揆就近代表参加,并电令其援照印度先例,向大会声明未派劳资代表的缘由。容揆复电称:本月29日的国际劳动大会,世界各国均已派定资本、劳动、工种代表,只缺中国及南美两小国。该大会动议,对于不派劳资代表之国,颇示自外之意,将来恐不能有平等之待遇。至于

① 陈宗城:《国际劳工组织与中国》,《东方杂志》(第25卷第19号),1928年10月。

照印度先例,尤属不合,印度系属地性质,万不能以之自比,宜从速派遣劳资双方代表来美。[①] 但遗憾的是,民国北京政府不仅这一次没有派劳资代表参加,而且在它执政期间从未派出过一次完全代表参加国际劳工大会。

1921 年 10 月,民国北京政府派政府代表参加第 3 届国际劳工大会,当时曾有报道:我国参会代表与各国代表共同签订《工业工人每人每周应有一日休息之公约》、《农会工人集会结社权之公约》、《关于海上雇佣儿童及青年强制体格检查公约》、《规定雇佣火夫或扒炭之最低年龄公约》等 4 种公约,并称"凡此均为我国参加国际社会,以及保障劳工福利之起步"[②]。1923 年 2 月,民国北京政府为便于与国际劳工局联系,设国际劳工事务局于瑞士日内瓦,萧继荣任局长。

在 1927 年召开的第 10 届国际劳工大会上,中国政府代表朱兆莘发表演说,申明中国如果要改良工人的生活状况,必定要先取消一切不平等的条约。同时他还请求国际劳工局在中国设立一个通讯机关,以谋劳工局与中国接洽通讯的便利。

1928 年 11 月,国际劳工局时任局长多玛(A. Thomas)来华,其目的不仅在于研究中国劳工的生活状况,并希望有机会同中国政府领袖讨论各种劳工问题,如劳动行政机关及劳动法规等问题。他向中国政府建议,对于童工及女工做夜工等情形,应当照公约草案的议决案,赶快去履行,以谋改良。在上海的民众大会上,他还表示:"如果中国生产的落后及工人所受的痛苦是不平等条约的压迫的当然结果。那么要提高工人的地位,就应

① 参见《20 世纪中国全记录(1900A. D. —1990A. D.)》(下),第 133 页,台湾锦绣出版事业股份有限公司,1990。

② 参见《20 世纪中国全记录(1900A. D. —1990A. D.)》(下),第 156 页,台湾锦绣出版事业股份有限公司,1990。

当要先设法取消一切不平等条约。”①此外,他还允诺尽力设法使第一次国际劳工大会承诺帮助中国政府得在外国租界施行中国劳动法律的事情获得成功。多玛此次来华进一步密切了中国与国际劳工组织之间的关系。

国民政府在南京成立后,继承了民国北京政府的国际劳工组织会员国资格。从1929年起,除1932年第16届大会没有派完全代表外,国民政府每年都派包括政府、雇主和工人三方代表的完全代表团出席国际劳工大会。

1929年5月,第12届国际劳工大会召开,中国政府第一次派出完全的代表团出席。在这次大会上,中国政府代表朱懋澄指出中国实行劳动法规最感困难的地方,就是在外人设立的工厂,不受中国政府的管辖。他们设立在租界或通商口岸等处,往往藉治外法权为护符藐视中国法令。故中国劳动法规,只能施行于本国行政管辖之下的各工厂,外人设立的工厂则逍遥法外。因此,中国工人在外人工厂做工的一切法益,完全被其剥夺了,而劳工待遇也就失其平衡。根据这一层理由,他提出了“外人在华工厂应服从中国政府执行劳动法”的提案,这个问题在大会上经过了长时间的争辩,尤其是英、日两国政府的代表反对得最激烈。虽然各国劳方的代表很同情这个提案,但是投票时因为不足法定人数没有通过。中国代表另有两个提案被这次大会通过:一是马超俊代表提的“侨外之有色工人应与所在国之工人受同等待遇”案,一是朱懋澄代表提的“外人在华招工应先得中国政府许可”案。

1929年10月举行第13届大会时,中国代表团提出了4个

① 骆传华:《今日中国劳工问题》,第309页,上海青年协会书局,1933。

提案:一是政府代表吴凯声提出的“外国船只上之本国海员在航行本国领海及内河时,应受与该国立法相符之平等待遇”案,此案各国代表都赞同,顺利通过;二是雇主代表陈幹青提出的“收回中国领海内河航行权,以改良中国海员待遇及发展中国航业”案,此案主席团觉得含有政治成分,不愿意接受和提出讨论,因而未付表决而撤回;三是中国代表梁德公与印度劳方代表杜德(Daud)共同提出的“亚洲海员应受平等待遇问题,请早日列入大会议事日程,并请国际劳工局注意该项事实的调查”案,也顺利通过;四是梁德公提出的“外国海员集会结社应与本国海员受同等之保障”案,则因为投票者不足法定人数,未能通过。

1930年6月举行第14届大会时,中国政府代表朱懋澄当选为大会副会长,并向大会演讲,其大意谓:中国政府与国际劳工局现在已有深切之关系,中国曾经派遣了三次完全的代表团出席劳工大会。至于公约草案的议决案,如禁止用白磷制造火柴及最低工资公约草案,中国均已批准,并希望将国际劳工局理事会人数由24人增至32人之议决案,从速设法批准以便实行,并为中国要求能在理事会中得一席位,使中国得与各会员国愈易合作努力,以谋改善世界及中国的劳工状况。但在大会进行选举的时候,中国仍然以3票之差而落选。同年7月,国际劳工局为便利与中国政府接洽及收集材料起见,特在南京设立中国劳工分局,并在上海设有办事处,工作分研究调查与联络及刊行月报等。

1931年举行第15届大会时,中国委派驻意大利代办蒋履夫及朱懋澄为政府代表,上海商务职工会会员杨有壬为劳方代表出席大会。这次大会通过的重要议案,就是缩短煤矿工人的工作时间案,由每日8小时改为7小时3刻制。在这次会议上,中国劳方代表乘机向大会提出了一个严重的抗议,反对在华外国工厂禁止工人组织工会,并声明工人自由结社是已经被各国所允许的。

1932 年第 16 届大会举行时,正值日本侵占东北和淞沪,中国仅派出 2 名政府代表,而未派完全代表团。1933 年第 17 届大会举行时,正值世界经济衰落之际,中国派有完全代表萧继荣、谢东法、严庆祥、李永祥 4 人。在这次大会上,中国政府代表提出了两个提案:一是"在华外国工厂应服从中国劳工法令"案,因投票不足法定人数,未获通过;二是"旅居外国工人应与侨居国本国工人平等待遇"案,议决通过。

1934 年第 18 届大会举行,中国派李平衡(政府)、安辅庭(劳方)、王志圣(资方)等组成完全代表团出席会议。在这次会上,中国以高票当选非常任理事国。此后直到第二次世界大战前,国民政府都派遣完全代表团出席国际劳工大会。第二次世界大战开始后,国际劳工组织曾一度停止召开大会。大战接近结束的 1944 年,国际劳工组织在费城举行第 26 届大会。在这次会上,中国成为国际劳工组织的常任理事国之一,从此更多地参加了该组织的活动。

三、国际劳工立法对近代中国社会保障立法的影响

国际劳工组织成立后,国际劳工立法有了迅速而持续的发展。早在 1919 年在华盛顿召开的第一次国际劳工大会时就通过了 6 个公约和 6 个建议书。此后每届大会几乎都要通过几个公约和建议书。截止 1939 年第二次世界大战爆发前召开的第 25 届大会,已经通过了 67 个公约和 66 个建议书。第二次世界大战开始后,国际联盟解体,而国际劳工组织作为一个独立的国际机构继续存在。在此期间,曾一度停止召开大会,因而没有制

定公约和建议书。1944 年第 26 届大会除发表《费城宣言》外,还通过了几个建议书。第二次世界大战结束后联合国成立,该组织成为联合国的专门机构之一,于 1946 年召开的第 28 届大会上,又恢复了公约的制定工作。由于公约和建议书是为会员国提供劳动立法的标准的,所以国际劳工组织把公约和建议书统称之为"国际劳工标准",把制定公约和建议书的活动,简称之为"标准制定工作",实际上就是国际劳动法的制定工作,也就是国际劳动立法活动。

国际劳工组织通过的大量公约和建议书中,涉及社会保障的内容占有相当大的比重,被称为"社会保障的国际立法基准"①。为各国的社会保障设立国际基准,始于 1919 年国际劳工组织建立之初。当时,在《国际劳动宪章》中虽然还没有出现"社会保障"或"社会保险"等用语,但在宪章的前言中已首次明确把"规定劳工之供给、招募,防止失业危险,保障足以维持相当生活之工资,工人染受普通或职业疾病及因工作而受伤害,应予保护,儿童青年妇女之保护,设置养老金及残废抚恤金,保障侨居外国者之利益"②等事项,列为改善劳动者条件的当务之急,并于当年在华盛顿召开的第 1 届国际劳工大会上,签订了有关防止失业的条约,建议签字国建立失业保险制度。

1927 年国际劳工组织发起并组建了"国家互助救济金会与疾病保险金国际会议"。与此同时,国际劳工组织又相继通过了《劳动工伤补偿公约》(1925 年)、《疾病保险公约》(1927 年)、《残疾、养老及遗属保险公约》(1933 年)、《失业给付公约》

① 郭士征:《社会保障——基本理论与国际比较》,第 199、202 页,上海财经大学出版社,1996。

② 国民政府实业部年鉴编辑委员会编:《民国二十一年中国劳动年鉴》(第 4 编),第 1 页,台湾文海出版有限公司,1992。

(1934年)、《移民年金权保有公约》(1935年)等国际社会保障立法性文件。可见,第二次世界大战前,国际立法已涉及社会保障的各个领域。

表2—3 1919—1944年国际劳工组织有关社会保障的主要公约和建议书

年份	大会届次	公约(编号)	建议书(编号)
1919	1	失业公约(2) 妇女生育保护公约(3)	
1920	2	遇险海员失业赔偿公约(8)	失业保险(船号)(10)
1921	3	农业工人伤害赔偿公约(12)	社会保险(农业)(17)
1925	7	工人伤害赔偿公约(17) 工人职业病赔偿公约(18) 外国工人与本国工人伤害赔偿应受同等待遇公约(19)	劳动者补偿(最低标准)(22) 劳动者补偿(仲裁)(23) 劳动者补偿(职业病)(24) 均等待遇(灾害补偿)(25)
1926	9	遇险海员遣送回国公约(23)	
1927	10	工商业工人及佣仆疾病保险公约(24) 农业工人疾病保险公约(25)	
1928	11	规定最低工资办法公约(26)	
1933	17	工商业工人及佣仆养老保险公约(35) 农业工人残疾保险公约(36) 工商业工人及佣仆死亡保险公约(39) 农业工人死亡保险公约(40)	残疾、养老及遗属保险(43)
1934	18	工人职业病赔偿修正公约(42) 失业工人津贴和补助公约(44)	失业给付(44)

（续表）

年份	大会届次	公约(编号)	建议书(编号)
1935	19	移民残疾、养老及死亡保险权利保障公约(48)	
1936	21	船东对船员疾病伤亡责任公约(55) 船员疾病保险公约(56)	
1938	24	船员社会保障公约(70) 船员退休金公约(71)	
1944	26		所得保障(67) 军队社会保障(68) 医疗(69)

资料来源:王益英主编《外国劳动法和社会保障法》,中国人民大学出版社,2001;林嘉著《社会保障法的理念、实践与创新》,中国人民大学出版社,2002。

第二次世界大战结束后,"社会保障"这一新的术语在世界范围内得到推广,它虽来自美国的罗斯福"新政",但核心内容却受到英国贝弗里奇报告的强烈影响。在这种思潮引导下,1944 年国际劳工组织召开第 26 届大会,以战争行将结束为前提,提出了 3 个具有启示性的"建议",即"所得保障"(67 号建议)、"军队社会保障"(68 号建议)和"医疗"(69 号建议)。这些建议虽然没有约束力,但为战后社会保障的国际立法高潮做了必要的准备。1947 年,"国家互助救济金会与疾病保险金国际会议"组织正式更名为"国际社会保障协会"(International Social Security Association),该协会建立的宗旨就在于促进世界各国之间社会保障事业的发展与合作。(参见表 2—3)

国际劳工组织制定通过的上述有关社会保障的公约及建议书尽管都不具有强制执行性,但国际劳工组织的成立及其进行的国际劳工立法活动仍具有重要的社会进步意义,正如民国时期学者所指出:"第一是可以造成一种国际间鼓励、切磋、立法保工的机会,立个准则和榜样;第二是造成国际上一种保工的舆论,来批评、监督各国政府;第三是每国批准了一种劳工公约,不能随时废改,并且实行上要受监督。只此数种,已足证明国际劳工组织存在的理由。"①国际劳工组织对近代中国劳动及社会保障立法的影响,亦可作如是观。

当1919年第1届国际劳工大会开会时,曾设立一个特别委员会,讨论中国及其他几个特殊国家的劳动问题。该委员会曾向民国北京政府建议采取以工厂法保护工人的政策,并要求提出有关问题的报告。民国北京政府当时正面临国内工人运动高潮的冲击,于是接受了这个建议,并于1923年颁布了《暂行工厂通则》。这个《暂行工厂通则》虽然内容极其简单,标准很低,而且没有实施的保证,但"总算是中国劳动立法的开端"②,也有学者认为这是"北洋军阀政府第一项关于社会保障的专门法规"③。1929年南京国民政府公布的工厂法和随后公布的其他一些劳动法规,有些内容也参考了国际劳工公约和建议书的有关规定。

民国北京政府曾采纳过国际劳工大会所议决的建议书,譬如工厂检查之建议和加入1906年之禁用白磷公约的建议等,但大会所议决的公约却一种也没有批准。从1930年起,南京国民政府先后批准了14个国际劳工公约,包括关于最低工资的公

① 陈宗城:《国际劳工组织与中国》,《东方杂志》(第25卷第19号),1928年10月。

② 王益英主编:《外国劳动法和社会保障法》,第22页,中国人民大学出版社,2001。

③ 苏振芳:《社会保障概论》,第323页,中国审计出版社,2001。

约、工业工人每周应有一日休息之公约、农业工人集会结社权之公约、外国工人与本国工人关于灾害赔偿应受同等待遇之公约、确定准许使用儿童于工业工作的最低年龄的公约、妇女受雇于各种矿场井下工作的公约,以及关于海员和船舶装卸工人的几个公约。这里特别需要指出的是,1930 年国民政府批准了关于最低工资的公约,并于 1934 年颁布了《国营企业最低工资暂行办法》,1936 年又正式颁布了《最低工资法》。

除了关于最低工资的公约外,前表所列国际劳工组织在 1919—1944 年间所议决的有关社会保障的公约和建议书,民国政府在统治大陆期间均未批准,但这些公约和建议书对近代中国社会保障立法的影响却是显而易见的。参见下表:

表 2—4 国民政府对未批准的部分国际社会保障公约的说明

公约名称	国民政府的说明
失业公约	实业部于民国 20 年 12 月颁行"职业介绍所暂行办法",亦为帮助劳工获得工作办法之一种。
妇女生育保护公约	关于女工生产前后之雇佣及津贴,民国 21 年 12 月 30 日公布之修正工厂法第 37 条,有"女工分娩前后应停止工作八星期,其入厂工作六个月以上者,假期内工资照给,不足六个月者,减半发给"之规定。
遇险海员失业赔偿公约	查我国领海及内河航业,大半操于外商轮船公司之手,外商恃领事裁判权为护符,从不受我国法律之管辖,故关于海员各公约,非俟取消领事裁判权后不克实行。
农业工人伤害赔偿公约	查我国现时尚无大规模之农场,田园工作,多由业主及其家人分任,即有少数雇用农工者,主雇之间处于一家室之内,感情颇融洽,虽农工间有因工受害,雇主于习惯上及道义上必给以医治或津贴,故农工灾害赔偿问题,在中国目前尚无严重性。

(续表)

公约名称	国民政府的说明
工人伤害赔偿公约	关于工业工人灾害赔偿问题,国民政府21年12月30日公布之修正工厂法第45条有“在劳动保险法施行前,工人因执行职务而致伤病或死亡者,工厂应给其医药补助费,及抚恤费”之规定。
工人职业病赔偿公约	关于工业工人因工致病之赔偿问题,国民政府21年12月30日公布之修正工厂法第45条第1项规定:“对于伤病暂时不能工作之工人,除担任其医药费外,每日给以平均工资三分之二之津贴,如经过六个月尚未痊愈,其津贴得减至平均工资二分之一,但以一年为限”。
工商业工人及佣仆疾病保险公约	查我国强制劳动保险法,现已拟成草案,从事审定,其内容含伤害保险,及疾病保险二种。其被保险人,为合于工厂法之工厂,及合于矿业法之矿场所雇用之工人。此外凡从事含有危险性及有碍卫生工作之受雇人,经主管官署指定者,亦得为被保险人。待该法实施有效后,再推行于店员及佣仆。
农业工人疾病保险公约	强制劳动保险法实施后,再推行于农业工人。

资料来源:国民政府实业部年鉴编辑委员会编《民国二十一年中国劳动年鉴》和《民国二十二年中国劳动年鉴》。

国民政府代表李平衡1934年在第18届国际劳工大会上演讲时,曾说:“目前中国,虽未达到工业发达之阶段,但工业工人已达二百万左右,而其人数且增加极速。因此,中国政府无论如何困难,必尽力设法保护此辈工人,除已实行工厂法、工会法、劳资争议处理法、团体协约法外,更于一九三四年公布工人储蓄暂行办法,……尤恐储蓄办法尚不足以资救济工人之生活,现已着手拟订劳工保险法。”①如果仅从法律的层面看,而不问其实际

① 国民政府实业部年鉴编辑委员会编:《民国二十二年中国劳动年鉴》(第4编),第22页,台湾文海出版有限公司,1992。

社会效果,应当说,这段话基本上反映了在国际劳工组织影响下国民政府劳动及社会保障立法的实际状况。

第四节 中国近代学界对社会保障问题的研究

中国近代学者们虽然没有使用"社会保障"这一概念,但他们关于各种现实社会保障问题的研究,关于社会福利、社会保险、社会救济等理论问题的研究,以及关于建立社会救济事业、社会保险事业的理论构想,实际上已经触及到近代中国社会保障问题的各个方面。这些学术理论研究,无疑为近代中国社会保障立法提供了一种理论资鉴。

一、关于各种现实社会保障问题的研究

中国近代在社会转型过程中,经常伴随着各种严重的自然灾害,工业化和城市化带来的各种社会问题往往与传统农业时代的社会问题并肩而至、丛集而生。其中,贫穷、老人生活、儿童救济、失业救济、劳工福利、农荒预防等社会问题涉及社会保障事业的各个不同侧面,也引起了近代中国学者们的重点关注。

(一)贫穷问题

贫穷是一种社会病态,柯象峰所著《中国贫穷问题》是中国第一部系统研究贫穷问题的著作,他在自序中指出:"作者就个人见解所及,认为在中国今日之状态中,国人所最感迫切的,恐怕还是贫穷的解除罢!"并认为:"个人(或一个家庭)在某社会中,在某一个时期内不能维持该团体所认为最低的生活程度时——包括他本人及其家庭物质上及精神上需要的事物——其

生活状态,谓之贫穷。”①

柯象峰首先研究了中国贫穷的实况,并从天灾、人祸、政治、经济、社会等方面分析了中国贫穷的致因,然后从多个侧面剖析了贫穷的社会影响:在物质方面,将因贫穷而无力开拓耕地,地少而国贫,因贫而无力防灾;在生物因素方面,将因贫穷而无力防治病虫,无力注意营养保健,从而使人民体弱多病,而体弱多病又使国家更加贫穷;在政治方面,因为贫穷而当兵为匪的人将会增多,而国家则会因兵多匪众而益贫,因贫而贪污者多,因吏治不清明而民愈贫;在经济方面,因贫无资本发展生产事业,劳力过剩失业而更贫,因贫易受外资侵略,民生益困;在社会方面,因贫而人民多失教育,因文盲多而益贫,因贫而卫生设备不足,人民身体多不健全而且多病,招致贫穷的降临。作者总结说:“贫穷固然是由于物质环境,生物环境,以及政治、经济、社会等文化环境中弱点所造成,但同时被造成的贫穷有再使以上各因子中的弱点日益加深,日益加甚的趋势,假使我们不设法击破这恶魔似的环境圈的话,因贫穷是因,同时也是果,其衔接之处应为着手解决之出发点。”②

关于贫穷的救治,柯象峰认为传统救济已不适应现代社会救济事业,他借鉴国内外学者的研究成果,把救济事业分为户外救济与户内救济两大类,并提出了户外救济与户内救济原则。户外救济原则包括:(1)在小乡镇,户外救济可让私人办理,公家监督;(2)在大城市,户外救济应交给受过训练的职员办理;(3)应与本地有技能的社会个案工作者竭诚合作,以期帮助贫民自立;(4)赈济人员应将被救济者及救济的详情报告监督机

① 柯象峰:《中国贫穷问题》,第2、14页,正中书局,1947。

② 柯象峰:《中国贫穷问题》,第289页,正中书局,1947。

关,以凭纠正,乡镇尤其须有此种报告;(5)救济事业应有严密组织;(6)应组织义务的视察员,借以帮助贫民自立并教育民众;(7)各项赈济事业应以服务而非以施赈为目的;(8)凡直接间接有助于贫穷问题解决的机关,应竭诚合作与联络,以收更好的效果;(9)在公私救济事业方面,均应极端重视优良的社会个案工作;(10)在缺少社会个案工作技术员的地方,至少应有上级救济委员会的严密指导与监视;(11)救济委员会应经常召集救济员会议,借以宣传济贫的要旨及理想;(12)各地学术机关应开设社会救济事业课题,训练救济人才。户内救济原则为:(1)收容的贫民应单纯化,少年犯应设专院管理;(2)院内贫民应按类别分居;(3)贫民院应家庭化,使其身心获益;(4)贫民院应设在近郊;(5)扩大贫民院范围,以有利于请专家管理,且要使设备合理化;(6)贫民院应受政府各级办理救济机关监督与指导;(7)贫民院应同地方救济事业有关的机关团体合作,以收合作之效;(8)应尽量使贫民有重新自立谋生的可能;(9)应注意使其能工作者参加院内生产工作;(10)对入出院的贫民都要进行详细调查,以期实现救济的效果。

作者理想的救济事业是预防与救治相结合,标本兼治。在治本方面,一应改善自然环境,二应采取适当的人口政策,三应改善社会环境。在治标方面,“救济的目的,是要使不能生产者能得着适当的生活,使无力生产者养成生产能力,已经失去生产能力以及暂时失去生产机会者,均各得适当的救济,能培植及恢复生产能力。亦即先贤所指应‘老有所终,壮有所用,幼有所长,鳏寡孤独废疾者,皆有所养’。再加上一番科学洗礼,使教养兼施,各得其宜,以期社会共进于光明之途。”①具体说来,这

① 柯象峰:《中国贫穷问题》,第338—339页,正中书局,1947。

种理想的救济事业应遵循以下原则:(1)救济事业应着重"知",对于被救济的贫民应有详明的调查,再进一步施以适宜的救治,所以个案工作是极端重要的;(2)救济事业应采取合作政策,有关各机关团体应分工合作;(3)救济工作需要有专门人才;(4)救济贫民应当恰到好处,太过则长其依赖性,不足则难以令其自立;(5)救济事业应当着重预防,因为预防式的治贫是事半功倍的;(6)救济贫民应当改造贫民的心理与人格,所以应当是"教"、"养"兼施;(7)救济事业应具有同情心,兼有科学化,应以仁心为出发点,其手段应是科学的、客观的。

(二)老人问题

中国传统农业社会,社会劳动者的基本构成是农业劳动者,在低级的自然经济条件下,老人的赡养和照料都是由家庭来承担和完成的,养老问题自然不会凸现出来。但由于近代社会的变迁,老人的地位发生了变化,老人保障成为学者们比较关注的社会问题。其中,潘光旦关于家庭中老人问题的研究颇具代表性,1936年发表的《祖先与老人的地位》一文可谓其代表作。[1]

潘光旦认为,在近代以前,老人并不受人漠视,老人的地位也不成问题,到了近代,这是一个求进步极看重未来的时代,老人多保守,经验虽多却往往无济于问题的解决与事业的推进。工业文明与一般生产生活的机械化,在农村减少了老年农民的工作价值,在都市中,也使老人无法与少壮的人竞争,只有依靠子女,却往往因都市生活水平高,而得不到终养余年的机会。在中国,老人的地位已变动了不少,家长的权威降低了。究其原因,在理论方面是个人主义与进步主义一类的思想很早在东方

① 潘光旦:《祖先与老人的地位》(1936年),参见《潘光旦文集》,国际文化出版公司,1997。

找到了新的信徒;而在实际生活方面,则是都市的发达与乡村人口的离心运动、机械工业的勃兴与手工业的解体、交通事业的进展与安土重迁习惯的打破等,使家庭的约束力减弱,家长的权威日益缩小。例如在子女择业与择偶问题上,以前由家长解决,而现今成了问题,证明家长的权威成了问题。

关于老人的生活问题,潘光旦认为有两个重要的方面,即经济方面与情绪方面。中国传统注重孝道,研究"甘旨之奉",这就是经济的孝道;又讲究"晨昏定省"、"承欢色笑"、"儿孙绕膝"之类,这就是情绪方面的孝道。但随着近代社会变迁的加剧,这两个方面的问题都不易解决。

经济的孝道实即老人赡养问题,潘光旦经过对中国和西方养老问题的研究,认为有三条出路:第一条不大有人走的路是与子女同住,由子女供养。这条路使老人的自尊心受损,又使小辈受排挤加重子女的负担。中国普遍走这条路,而西方非万不得已没人愿走此路。第二条路是与子女分住而独自设法过活。走这条路的有三种人,一是有积蓄可以自给的老人,二是能设法勉强糊口的老人,三是接受养老金的人。建立养老金的方式很多,主要有三类,一是自动的保险,二是国家强迫而辅助的保险,三是国家完全负责而直接付与的养老金。第三条路是进养济院或悲田院,接受流民乞丐的待遇,这是最惨痛的路。

关于老人情绪方面问题的解决,潘光旦认为也有三条出路:一是灵魂不灭的宗教信仰,二是对于子孙的精神寄托,三是统治权或管理权的把持。西方流行第一种出路,而在家族制度畸形发展的中国,第二、三条路特别有力量。第一条路不过是一个虔诚的愿望,为尊重科学精神的人所不取;第三条路往往成为社会进步与青年发展的一大障碍;第二条路把不朽的欲望寄寓在子孙身上,这是真正的精神不朽。中国老人的生活比西洋老人自在得多,对于死亡的态度也较泰然。

潘光旦认为,在近代中国,在过渡的家庭制度中,老人的地位今不如昔,但老人仍旧与已婚子女同住。这种同住的维持不过是一种社会惰性的表示,或壮年一辈的容忍性表示。潘光旦觉得恐怕有十之八九的人是赞成分居的。潘光旦还指出,虽然老人的地位今不如昔,但由于中国家庭以亲子之责任心为根本,而不以男女恋爱为本位,这显然有利于老人的生活。

(三)儿童救济

"幼有所长"是中国一种古老的社会理想,在近代中国落后的社会经济条件下,儿童救济问题更为突出。1925 年 9 月,宋介在《东方杂志》上发表《儿童救济问题》一文,提出"为千百万儿童请命,为中国人种之将来请命,望国人发起一'儿童幸福运动'"①。文章指出:"现代社会对于儿童之救济设施已渐脱离其慈善性质,而成为法律上的义务。"并提出了儿童权利之标准:(1)儿童须有正名定分的父与母,到世界上来后,才能得到妥适的社会地位;(2)儿童须有良健的母亲以保证其生命之初二三年的健康、快乐与生长之能力;(3)儿童须有良健的父亲以襄助其母亲而维持一种适当的家庭生活;(4)社会环境必须适宜于父母义务之完成;(5)户口调查上必须规定凡生命的与社会的统计中,须将每个儿童核入其国家及社会之人口中,又在一切社会关系中亦必将儿童列入;(6)国家须保护儿童不使受工业的蹂躏、邪恶的影响、闲暇时间之误用及一切不良状况之危害;(7)儿童的健康标准须由专家定立、政府主持;(8)儿童的教育标准须由专家定立、社会主持,务使一般儿童得到相当教育;

① 宋介:《儿童救济问题》,《东方杂志》(第 22 卷第 17 号),1925 年 9 月。

(9)在家庭、学校、政治及一切文化的机会上,须保证每个儿童都可得到其所应得的利益。

宋介认为:“吾人承认儿童之权利而与以救济,不只是个人之‘好行其德’,实基于社会责任观念之发达与社会意义之重大。”他着重介绍了欧美各国的贫病儿童、私生子和低能及不健全儿童的救济制度;德国和美国的母亲赡养金制度和法国的家庭特别津贴制度;欧美各国防止儿童劳动之救济办法等。并对中国儿童救济问题提出了三点希望:第一,将来宪法或其他的法律对于童权要有相当的保障规定,如虐待童婢、买卖童婢及一切虐待蹂躏儿童之事件都有赖于法律之保护;第二,人民自由团体对于儿童幸福应有一种协作,如中华教育改进社、全国教育会联合会、妇女协会等性质的团体,应为儿童幸福在可能的情形之下尽力一谋;第三,热心社会事业及研究社会问题的人,应对儿童问题举行种种之研究与调查,使儿童惨状显然呈现于民众之前,因而造成一种舆论,产出一种儿童幸福运动。

南京国民政府时期,特别是抗战爆发后,儿童救济及福利问题引起了社会各界的进一步关注。1938 年 10 月重庆独立出版社出版了宋美龄等人所著《难民儿童的救济与教养》一书,其中包括《各方人士对难童救济的呼吁》、《救济及教养难童的意义》、《实施救济及教养难童的原则与要点》、《救济与教养难民儿童的具体办法五题》等 17 篇文章;1940 年 5 月中国战时儿童救济协会出版了马北拱所著《战时儿童救济工作之理论与实践》,包括为什么要救济儿童、怎样救济战区难童、怎样教养难童和结论 4 章。1944 年 9 月,全国儿童福利工作人员会议在重庆召开,会后出刊的《儿童福利工作人员会议特刊(演讲集)》收录了《我国战时儿童营养问题》、《儿童福利之基本原则与观念》、《中外保障儿童之立法与设施》、《儿童福利工作之出发点》

等12篇文章。

(四)失业救济

中国近代工业化虽然还处于不发达状态,但失业问题已引起学者们的广泛关注。1924年6月,侯厚培在《东方杂志》发表了《失业救济问题》一文。另外,还有学者在著作中设专门章节研究失业问题,如骆传华著《今日中国劳工问题》、陈振鹭著《劳动问题大纲》等。学者们认为,失业已成为中国面临的一个严重社会问题,"从过去的历史看来,中国尚无失业者之骚扰及示威运动,表面上看似无何等重要。然而我们过细的一研究,当可以知道这种问题之重要,毫不让与欧美各国"①。

侯厚培认为,贫人过多、工商业不发达和储蓄事业不发达是中国产生失业问题的特有原因,并依失业者自身的职业,把失业分为筋肉劳动者之失业和精神劳动者之失业;依失业之情形,把失业区分为季工之失业者、短工之失业者、失去工作能力者之失业、以同业过多而失业者和以偶然事故而失业者。文章把失业的社会危害归纳为四个方面,即失业为贫穷之母、失业可以增加犯罪、失业之影响于伦理、失业增加疾病,并认为,就当时中国情形所能办到而无大困难之救济失业办法,一是增加研究失业机关之组织和工作,如设立失业救济委员会等;二是设立职业介绍所,认为"职业介绍所确是救济失业的唯一良法"。此外,"如奖励储蓄、失业保险等,亦均有设备的价值"。②

陈振鹭认为:"中国以外受国际帝国主义之侵略,内遭历年军阀之火拼,新兴之工业,未始抬头,虽欧美人士昔信之'工业

① 侯厚培:《失业救济问题》,《东方杂志》(第21卷第12号),1924年6月。

② 侯厚培:《失业救济问题》,《东方杂志》(第21卷第12号),1924年6月。

足以消弭失业之原则',亦不能行。故在失业者比例数最巨之中国,欲使饥饿而尚不知要求面包,失业而尚不知要求工作之国民,有所维持其生活,则开厂、筑路、开港、建屋、浚河、垦边、兴农,固皆良策,然不能面面设法,则偏而不全,终难收救济失业之效。试观欧美各实业先进之邦,仍不能免失业之恐慌,即知其究竟。目下之苏俄,为'面向生产'之国家,而社会保险之需用如故,且其效力,已达到失业消灭,进而招收劳动力之地步了。故今日救济中国之失业,除兴实业外,亦须采用失业保险制度,至如何运用,则视国情与政体而定。"①

骆传华指出,农村崩溃、工业停顿、手工业破产、苛捐杂税是造成中国失业和无业问题的主要因素,但不赞同"中国应当效法欧美采用失业保险来解决失业问题"的观点,认为:"中国现在的经济状况,还没有完全达到资本主义化的阶段,拿欧美有效的方法来应用,不一定就会灵验。况且造成中国人民无业的重要原因,是政治的病症占多数,并不像欧美各国是纯粹的经济关系。所以要解决中国的失业无业问题,必须要先要求政治上的改善。如果国内不能和平统一,则一切生产建设事业,无从进行,经济制度亦难于改良建立,失业无业问题终难解决。"②

(六)劳工福利

劳工福利问题是工业时代社会保障的起源,凡对近代中国劳工问题进行理论研究与实地调查的学者,无不关注中国劳工福利问题。如骆传华著《今日中国劳工问题》、孙本文著《现代中国社会问题》(第4册 劳资问题)、马超俊著《中国劳工问题》

① 陈振鹭:《劳动问题大纲》,第623页,上海大学书店,1936。

② 骆传华:《今日中国劳工问题》,第261页,上海青年协会书局,1933。

等,对此问题都有所涉及。其中,陈达在《中国劳工问题》[①]一书中关于劳工福利问题的研究颇具代表性。

福利问题是与工人待遇最有密切关系的劳工问题。福利的范围较广,陈达将其简约分为 4 类:(1)关于生活,如衣食住等项的卫生问题;(2)关于智育,如工人教育;(3)关于工作场所及工作情形,如安全的设施,工业灾害的防范;(4)关于救济,如储蓄、施舍及各种社会保险等。

陈达指出,当时中国工业化程度渐高,社会上出现了工业不安现象,劳资双方须有相应的调和方法,中国以往的福利设施已不适用,必须研究欧西各国的经验,使其为中国所用,并设法变更,以求与中国社会情形相合,这样工界可得实益。西方工业先进国的工人福利主要有两个方面的内容:(1)关于工人及工作场所的安全与卫生设备;(2)关于各种社会保险的制度与办法。要在这两个方面进行改良,一般要做 4 个方面的工作:一是报告,凡遇工业伤害、工业疾病等,雇主必须向相应机关报告雇主名、地点、受伤时间、受伤者、受伤原因、伤害的性质及程度;二是禁止,不得已时,政府应采取行政力量禁止,不准容易受伤的工人们在工业做活,不准使用容易受害的物质或工具;三是取缔或限制,为保护劳工,政府应取缔工作场所的不合要求的设备,如食堂、便所、安全机、平安门等,取缔违反规定的做法,如工作时间过长等;四是赔偿或保险。

针对中国福利的现状,借鉴国外福利设施的经验,陈达提出了今后的改进方针。首先要作宣传的工作,尤其要改变工业界对于福利问题的观念。福利设施对工人、雇主及社会都有益。其于工人有利是显而易见的,而对雇主及社会有利则往往被忽

① 陈达:《中国劳工问题》,商务印书馆,1929。

略,所以必须进行宣传,特别要向那些为举办福利出钱的雇主们宣传,要使他们明白福利的益处,要改变雇主们"见了机器损坏,总想设法修理,见了工人有损害,偏不设法修理"的观念,而担负起雇主应负的责任。在中国,雇主们的福利设施尚不多见,老式手工业尤其守旧,所以宣传要从较开通的工业作起,然后渐及于手工业。宣传要注意福利的益处,要使雇主们明白福利设施并非纯粹增加他们的经济责任,而实在是帮助增加生产,同时改良劳资关系。工业灾害赔偿,必定会减轻工人家庭的穷困,减少社会不安定因素,减少劳资争议,实现工业和平。只要雇主明白福利设施于工业本身有益,他们自然能够合作。

陈达认为,有两类福利与工人关系特别密切,必须先办:一是关于工人生活的,如饮食住房等,食品不必价值太贵,但必须富有营养,然后工人可以养生;住房不必讲究,但必须清洁,空气流通,然后工人可以卫生。二是工作的工人因公受伤者,必须有相应的赔偿,否则残废工人即失去了经济能力,难以维持本人及家庭的生活。陈达指出,这两类福利可使工人们得到最低限度的保障,也是救急的办法,但不可作为工界永久安乐的标准。最后的目的是要工界永久安乐,而这要从保险入手。中国亟待办理的是养老、保姆、失业三种保险,最好要由国家制定法律,实行强迫保险制度,既强迫工人出一部分钱来支付保险费,同时强迫雇主们也出一部分保险费;政府如果有经济能力,亦应支付一部分的保险费,以示公允。

1946 年 8 月,陈达在调查上海工人生活过程中,了解到工人对福利的实际需要:要求改善膳宿、厕所、浴室等生活方面的条件;希望增加医药设备,对生育休假者照发工资,工人有医疗费,工人病时工资照发,掩儿有津贴,并要求俱乐部有体育设施;希望办工人学校、工人子弟学校和图书室;希望有救助,添办合作社,有养老金或退职金,劳工有保险,但很少有人提出灾害保险、疾病保险、失业保险要求,一般都把注意力放在医药、膳宿、教育3方面,这也是他们一致的迫切需要。①

(六)农荒预防

1920年华北发生"40年未有之奇灾",这次旱灾引起了学者们对农荒问题的高度关注。1920年11月,董时进在《东方杂志》发表《论旱灾救济》一文,认为救济旱灾"一方宜急救燃眉,一方尤宜妥筹善后,且须因此次之教训,减少以后之灾殃",并提出"善后"应注意问题:一要注意解决牲畜、农具、种子之缺乏,灾民逃散,农田荒芜的问题;二是以工代赈应注意于造林、开渠、凿井等有关天旱之工作;三要注意推广抗旱农作物,以节约用水。② 经济学者于树德着眼于农荒预防,从1920年10月到1921年8月先后在《东方杂志》发表《农荒预防与产业协济会》、《产业协济会之经营》和《我国古代之农荒预防策——常平仓义仓和社仓》3篇长文③,提出了预防农荒的两种对策:

一是借鉴国外合作社经验,倡办产业协济会。产业协济会译自英文Co—operative (Industrial) Societies,日本译为产业组合,中国一般译为合作社。作者论述了产业协济会的基本特性:第一,产业协济会可以使小产业者结合起来,以团体的力量互相扶助、互相救济,以排除相互的不利,而增进相互的利益;第二,小产业者组织产业协济会,互相维持、互相拥护,使小产业者和

① 参见杨雅彬:《近代中国社会学》(下),第567页,中国社会科学出版社,2001。

② 参见董时进:《论旱灾救济》,《东方杂志》(第17卷第22号),1920年11月。

③ 1923年由东方杂志社编为《农荒预防策》,由上海商务印书馆出版。

豪农富户立于平等地位,可以救济贫富之悬隔;第三,产业协济会是小产业者自助互助的团结之组织,专赖集小为大、集少为多的力量,结合许多会员之力量谋相互产业之发达及排除相互之不利;第四,产业协济会既不是营利的又不是公益的团体,而是会员之间的自助互助,事业范围不及于会员之外。并认为,这种产业协济会是预防农荒的最重要的方法。① 这里所谓产业协济会,实际上就是面向农村和农民的一种社会保障组织,如作者论及金融协济会的业务时,认为:协济会可把储金种类分为活期储金,定期储金,公共储金(如公共医药费储金、相互灾难救济储金等),相互保险储金(如生命保险储金、火灾保险储金、家畜保险储金等)及年金储金等;而年金储金中又可设种种名目,例如养老储金、婚嫁储金、学资储金、纪念储金、旅行储金、年节储金等;亦可由协济会按期派人向各会员家搜求及劝告,并可配布许多奖励储金的格言及绘画,且设种种强制储金。

二是借鉴中国古代农荒预防办法,倡设社仓。《我国古代之农荒预防策——常平仓义仓和社仓》一文分析了常平仓、义仓和社仓的起源,比较了它们之间的异同优劣。文章最后认为,在当时的中国"只宜实行社仓","因为常平仓和义仓都有待于政府,而我国现在无论中央政府或地方政府,全使我们绝望",文章还提出了办社仓应坚持的基本精神:一社仓之精神完全要由人民自助自治互助互济,绝不容官吏的干涉;二社仓米谷元本应出自公摊,或由一二发起人暂垫,以后积蓄米谷多时,再行偿还,万不可轻易接受他人慈善的捐助,致失社仓自治自助互济互助之精神。

① 参见于树德:《农荒预防与产业协济会》,《东方杂志》(第17卷第20号),1920年10月。

两种预防农荒的对策,具有异曲同工之处,因为它们的精神是相通的,两者都提倡民间的自助互助。因此,中国近代有的学者认为二者是一致的,如戴季陶曾说:“在中国古代,还有一种精密的协作共济组织,和今天各国所推行的协作社,意义完全相同,就是常平仓、义仓、社仓的制度。”①

二、关于社会福利、社会保险和社会救济的理论研究

中国近代,社会福利、社会保险、社会救济等与我们当今所谓的社会保障密切相关的几个基本概念已为学界所广泛使用,并已出现于政府颁布的社会立法之中。因此,按照当前学术界关于社会保障的基本理论来看,当时虽无社会保障之名,已有社会保障之“实”。不过,中国近代所谓社会福利、社会保险、社会救济,与我们现在所使用的这三个概念的内涵并不完全相同。这里,根据当时学者的理论研究,并结合当时的政府法规略作辨析。

中国近代,社会福利一词有狭义和广义两种不同的内涵。狭义的社会福利主要是指慈善事业和一部分社会救济事业。“通常所谓社会福利事业,其范围包括残废院(或称救济院)、盲哑学校、孤儿院、育婴堂、托儿所(或称育儿院)、难民收容所(或称难民习艺所)等社会上所谓‘慈善’事业。如就事业的社会性说来,荣誉军人教养院一类的组织及义仓储蓄备荒等,也应列入社会福利事业的范围中。”②广义的社会福利,与西方国家的社会福利概念颇为相近,与今天我们所说的社会保障的含义几乎

---

① 《革命文献》第84辑,第266页,台湾裕台公司,1981。

② 山东省档案馆等编:《山东革命历史档案资料选编》(第16辑),第460—461页,山东人民出版社,1984。

相同,既包含社会保险,也包含社会救济。如1940年10月国民政府中央社会部出版的由牟乃纮编的《社会福利事业之理论与实际(初稿)》一书,内容就包括社会福利事业的意义;社会保险的意义、种类、制度、组织方式;社会救济的性质、种类、制度。在政府的立法中,社会福利的含义似乎比今天我们所说的社会保障的范围还要广,如1941年11月国民政府修正公布的《社会部组织法》规定,设社会福利司,而据1943年9月国民政府社会部第2次修正通过的《社会部各司分科规则》的规定,社会福利司下置6科1室,分别掌管社会保险、劳工福利、社会服务、职业介绍、社会救济、儿童福利和工矿检查事项。

中国近代,社会保险一词的含义与现在基本相同,但范围多局限于劳工阶层,有的学者将其定义为:"社会保险(Assurance sociale)亦称劳动保险,系基于社会政策上之理由,以保障工人生活的安全而发生。其目的在利用保险方法以去补偿劳动者因偶然事故而减少或丧失其劳动能力及劳动机会所生出之经济上的损失。"①陈达在《中国劳工问题》一书中认为,社会保险主要有工业灾害保险、健康保险、养老保险、寡妇及孤儿保险、失业保险等。工业灾害保险的法律基础是,普通社会成员都是消费者,他们购买货物的时候,对于该物品的制造者,要完全负责经济的责任。因为工人是生产者之一,他有了损失,雇主必须赔偿,但雇主不过是暂负赔偿之责,不久他就会提高物价,将经济的负担转嫁到消费者身上,这就是赔偿法的基础。雇员受伤之后,如果要求赔偿,雇主与雇员之间的关系不再是个人与情感的关系,而是法律的关系。西方在平民法里有所谓的雇主责任律,随着工业的发达,此律渐不适用而被废去,现采用工人赔偿律。此律承

① 陈振鹭:《劳动问题大纲》,第22—23页,上海大学书店,1936。

认灾害是不能避免的，受害是生产费的一部分，而必须予以赔偿。赔偿的责任由工业担负，或者把一部分的责任推给政府或社会。工人只须证明是在工作时间内（或受雇时候）受了伤害，便可得到补偿，不必等候责任调查清楚。这就是工业灾害保险制度。其他健康保险、养老保险、寡妇及孤儿保险、失业保险等，都经过从自由参加保险到强迫保险阶段。

中国近代，社会救济一词的使用极其广泛，其含义也比较宽泛，社会学者往往将其与社会福利一词等值使用，与今天我们所谓社会保障的含义最为切近。如当时社会学者陈凌云，致力于研究社会救济事业，1936 年 6 月他在《现代各国社会救济》一书的自序中曾写道："窃以社会救济事业，在欧西各国，历史已极悠久，英国在 1601 年时，即有《贫穷救济法案》[①]之公布施行，该法案不仅驰名世界，且因内容完备，有若干原则仍为当今施政之根据。惟就当年立法原意而言，不免有如我国普通所谓'慈善'，乃当局或上层阶级对于平民之一种施惠。近年以来，此种观念，业经根本改变，各国多认社会救济乃政府对于人民之一种重要责任，在人民方面，则为一种应享之权利。故有抛弃'社会救济'之名词，而改称'社会福利'（Social Welfare）或'社会事业'（Social Work）或'公共协助'（Public Assistance）者；本书虽沿我国惯例，仍名为'社会救济'，惟在凌云之意，实亦具有此项之见解，即国家为人民聚集而成，政府乃由人民组织，而为人民谋福利之机关，人民有所困苦，则应加以救济，人民有所需要，自当俾与协助，此乃贤明政府所应负之责任也。各国近年来对于社会救济，不独在观念与意义上根本有所变更，即其事业范围，亦较前扩充。曩时政制，仅对贫穷人士或残废老弱予以补助，其

① 今天一般通译为《济贫法》。

受惠者,仅为一部分之人民。近年以来,其协济范围遍及于全体民众,除矜寡孤独者有所救济外,普通人民亦被顾及,若产母之保护,劳动者之补助,幼儿之教养、生理上有缺憾者之救济,乃至房屋租赁、田园耕种、经济合作、家庭消费,与夫国民生活上之一切,莫不由政府关怀照顾,尽力为谋福利。以前之限于金钱救济者,今则扩充至医药救济、教育救济、职业救济。以前之限于消极方面,而为被动的施惠者,今则扩充至积极方面,使谋自立的生活。"①引文揭示了近代西方社会救济事业的发生、发展过程和最新趋向及特点,从中不难看出,作者所谓社会救济事业,实际上就是今天我们所谓的社会保障事业:首先,二者都起源于英国的《济贫法》;其次,二者都被视为政府的应尽责任和人民应享权利;第三,两种事业的范围基本相同。

值得注意的是,20 世纪三四十年代,中国社会学界出现了一股研究社会福利、社会救济和社会保险等社会保障基本理论问题的"热潮",学者们编著出版了许多关于社会福利、社会保险和社会救济基本理论的研究成果,成为近代中国社会保障立法的一种理论资源。参见下表:

表 2—5 民国时期出版的关于社会保障理论研究的书目举要

书名	编著者	出版部门及时间	内容简介
社会福利事业之理论与实际(初稿)	牟乃纮	"中央社会部",1940 年 10 月版	分 7 章,论述社会福利事业的意义,社会保险的意义,种类、制度、组织方式,社会救济的性质、种类、制度,并介绍德、英、法、意、美、苏、奥、丹麦等国的社会保险秩序制度和社会救济事业。

① 陈凌云:《现代各国社会救济》,自序,商务印书馆,1937。

(续表)

书名	编著者	出版部门及时间	内容简介
农村社会福利事业之研讨	章伯雨	重庆农产促进委员会,1942年5月出版	包括《何谓社会福利事业》、《我国社会福利述略》、《农村社会福利事业之现状》、《办农村社会福利事业之刍议》等5篇文章。
社会福利与社会政策	丁默邨	上海社会出版社,1943年11月出版	包括《社会福利与社会政策》、《社会问题与社会政策浅说》、《战时社会政策》、《社会建设的理论与实际》4篇文章。
失业人及贫民救济政策	马君武	上海商务印书馆,1925年初版,1933年3月国难后第1版	分失业人救济政策、工作介绍制度、工人保险制度(又名社会保险制度)、贫民救济政策4篇12章。
社会救济行政	陈续光	重庆正中书局,1943年4月初版,1947年沪4版	包括总论、救济行政之沿革、救济事业之种类、现代各国救济行政概况,我国救济行政、结论。附各县合作社组织大纲等。
社会救济	柯象峰	重庆正中书局,1944年10月初版,1946年4月沪1版	分2篇12章,内容包括我国过去社会救济事业之回顾,各国社会救济事业之发展,我国社会救济事业之现状及问题,老年赡养,儿童救济,乞丐之救济,失业救济,难民救济等。
救人主义	文中杰	1946年12月出版	包括中国历代人口的消长和治乱循环性,中国人口增减的原因,痛苦人类的救济法,实行救人主义的利益等6章。

(续表)

书名	编著者	出版部门及时间	内容简介
社会救济	行政院新闻局编	南京编者刊,1947年9月出版	包括社会救济制度之建立、经常救济设施之发展、临时灾难之救济、义军及难民之遣送、冬令救济之推行5个部分。
社会保险要义	张法尧	上海华通书局,1931年10月初版	说明社会保险的概念、种类、历史,各国社会保险制度的概况等。卷首有章士钊等人的序。
社会保险之理论与实际	吴耀麟	上海大东书局,1932年12月初版	概述社会保险的原理、起源、种类、制度,详述各国社会保险制度及中国的救济制度。
社会保险	祝世康	上海南京书店,1935年3月初版	授课讲义,内分概论、社会保险之范围、保险支付、经济来源、财政制度、保险机关及社会保险之统一问题等,共7章。
社会保险立法之趋势	任源远	上海群学社,1936年9月出版	阐述社会劳动保护与立法问题,包括概说、社会保险之制度,任意的社会保险制度与强制的社会保险制度之比较,强制的社会保险制度在各国现行社会保险立法中之地位等5章。
社会保险	林良桐	重庆正中书局,1944年初版,1946年3月沪1版	包括伤害保险、健康保险、老废保险、失业保险等5章。
社会保险概论	陈煜堃	南京经纬社,1946年12月初版,1947年3月再版	分8章概述保险事业之产生与利弊,种类与经营,探讨社会保险的基本效用,技术与财务等。

(续表)

书名	编著者	出版部门及时间	内容简介
社会保险概述	社会部社会福利司	编者刊	概述社会保险法之意义、方针、法规、设施等。
劳动保险法ABC	李葆森	上海ABC丛书社,1931年5月初版,1932年11月再版	内分伤害保险、疾病保险、寡妇和孤儿保险、健康保险、失业保险等7章
劳动保险纲要	黄昌言	上海华通书局1933年5月初版	总论劳动保险的定义、种类、实例等,分论各国的灾害保险、健康保险、老废保险、遗族保险、失业保险等。
劳动保险法原论	金禹范	上海乐华图书公司,1935年出版	内分总论、劳动保险之组织及经营、疾病保险、伤害保险、老废保险、失业保险,我国之劳动者救助及劳动保险7章;论述各国劳动保险立法原理、得失,我国当时各工厂之劳工救济方法等。卷首有马寅初序。

资料来源:根据国家图书馆馆藏民国时期有关图书整理而成。

三、关于社会救济事业和社会保险事业的理论构想

近代时期,社会学者除关注各种具体社会保障问题和研究社会福利、社会保险、社会救济等基本理论问题外,更有人瞩目于中国社会救济事业和社会保险事业之建设,并进而提出了系统的理论构想。

(一)关于社会救济事业的构想

社会救济是社会保障制度的基础。清末民初,社会救济仍主要限于传统的赈济事业,具有现代意义的社会救济事业尚未

具规模,但学者们已经提出了比较进步的社会救济观念。民国元年,钱智修在《中国振济问题》一文中指出:“振济问题者,中国现代之重要问题也”;“振济问题者,国家之职务也”,“今日之急务,在知振济问题之真际,彼义务性质之事业”。① 把赈济认定为国家及政府应尽的义务,而不是施舍恩惠的行为,应当说是社会救济观念从传统向现代嬗变的重要标志。作者在文章中还对中国振济事业有所筹划:首先政府应成立专门的管理机构,“其责任寄予北京,而直接担其责任者,尤在农林部”。“夫农林部之政务至多,自不能专注于振济问题,故当设立一局,在农林部管理之下,专办振济。其支给之金钱,尤当为特别之规定也。”其次民间应设立一个振济委员会,被灾之地尤当设立地方委员会,“使国民注意于振务,且以鞭策农林部之进行。”文章最后指出:“盖振济之事,可由政府处办之,亦可由国民处办之,而以政府与国民协力处办为尤要。此诚今日所当亟图者也。”②

国民政府成立后,社会救济事业已不仅限于赈济一项,具有现代意义的社会救济事业已初现端倪。随着当时各种社会问题的日益恶化,社会各界要求改进社会救济制度的呼声也日高,国民政府为自身统治计,也不得不重视社会救济问题,并于20世纪30年代派员出洋考察国外社会救济事业,以资借鉴。前文已提及的《现代各国社会救济》和《欧美军事善后救济政策》两书便是这次考察活动的重要成果。

陈凌云在《现代各国社会救济》自序中说:“此次奉令派赴欧、美、日本各国考察社会救济事业,所经各国计有意大利、德意

① 钱智修:《中国振济问题》,《东方杂志》(第9卷第1号),1912年7月。此处,“振”与“赈”通。

② 钱智修:《中国振济问题》,《东方杂志》(第9卷第1号),1912年7月。

志、波兰、苏联、丹麦、比利时、法兰西、英吉利、美利坚及日本诸国，于访问各国政府当局并实地考察之余，复与富于经验之专家相互研究探讨，虽不敢谓有如何超越收获，于各国社会救济事业，自信尚能就其精华优点所在，潜心考察。”在该书最后，作者“以国外考察所得及平日观感所及，就国内社会救济事业之改进方面，草拟结论”①，提出了改进中国社会救济事业的理论构想。

首先，改进中国社会救济事业必须遵循两个“基本点”：其一，要继承和发扬中国传统社会救济事业的美德。“我国社会救济事业，古代虽无甚具体组织，而因家族制度健全之故，伦理观念素为一般人所尊重。由亲及友，自邻至远，大多互相顾恤协助，盖已成为普遍之美德矣。故在形式上，社会救济事业虽不及西方各国之完整，而实际上具有欧美诸邦之长处。惟是海通以来，旧制日圮，固有家族方式既已逐渐改变，新社会之树立又尚待乎建设，凡百事业，遂多未臻完备尽善之境，社会救济事业盖亦其一端也。若就我国固有之美德而言，倘能善为运用，实足为今后社会救济事业之重要动力。”其二，学习借鉴外国社会救济事业之经验必须与中国国情相结合。“世界各国之间，有地理环境之不同，历史背景之互异，人民教育之差别，经济状况之高低，社会情形之悬殊，决不可以他国政制方策，擅为全部采用；过去我国人士从事新政建设者，每多不明此情，即于社会事业中亦不能例外，大都任兴所至，仿用欧美制度，于实施既未顾及国情，复少系统计划，结果朝令夕改，效力甚微，今后如欲有所改进，切当改去此弊，欧美诸国之长，尽可作我实施参考之助，决不能尽取

① 陈凌云：《现代各国社会救济》，第290页，商务印书馆，1937。

其法,而不问为糟粕与否也。"①

其次,改进中国社会救济事业亟须从以下四个方面着力:一是转变观念。作者指出:"良以人生于世,不能脱离社会,除家属亲友外,尚有广大之社会在,一切衣食住行,既系仰给于社会,则个人对于社会应尽相当责任,实为无可非议之理论,此乃指个人而言。至于国家为人民聚集而成,政府乃为人民服务之机关,人民有所疾苦,在政府有应予救济之责任,在人民有应受协助之权利。此非如过去之恩惠施与式之慈善救济所可及其万一者也。"这是社会救济的基本原理。另外,社会救济事业也是政府为民造福、取得人民拥戴的主要途径,"故为政府本身计,亦应当认清社会救济事业确为当前之急务,而不容或缓者也。"因此"过去消极的'慈善'、'布施'等方式急应改变,使成立积极的'互助'与'公共责任'之观念"。"在改进我国社会救济事业之时,上至政府大员,下至事业职工,当彻底认清此种事业实为崇高伟大之一种神圣服务,具有人类互助合作之一种光荣的意义。为政府者,当视为本身重大之一职责,既不应敷衍办理,含糊进行,尤不能借此自私,贪赃枉法;为人民者,亦当认清此种恩惠,固为应得权利,实亦为个人对社会尽责任之对等报酬,不可藉此自惰,忘却本身所当努力之义务也。"

二是统一组织。作者认为,组织机构不统一是当时中国社会救济事业最显著的缺憾,就现状而言,中央无社会救济行政之总枢,该项事业难以取得明显社会效果;再就各地社会救济机关团体而论,除各地救济院已由省政府订立规则,略具统一之性质外,其余慈善团体与救济机关大都公私分歧,各自为政。因此,

① 陈凌云:《现代各国社会救济》,第290—291页,商务印书馆,1937。以下引文凡未注出处者,均请参见该书第11章。

"事必先求正名,古哲已有名言,管理监督发展,尤赖组织整齐,欲求改进我国社会救济事业,不可不先从此点着手。"按照作者设想,中央方面应有统辖全国社会救济事业之总机关,"其名称尽可商酌,但事权不可不专"。假定有在行政院下专设一部之可能,则不妨称为"社会救济部"或"人民福利部",或简称为"救济部";如果这样较困难,则可设立署或处或委员会,均直属于行政院,称为全国社会救济署,或全国社会救济处,或全国社会救济委员会,或简称"救济署";如果这样还有困难,则至少应在内政部下专设"救济司"。地方方面可分为政府与人民两种组织,各省政府内应有全省社会救济事业处之组织,至少亦当在民政厅内置一科专司其事;各市政府则应设全市社会救济事业处,至少应当在社会局内专设一科以司其事;各市县政府应设社会救济委员会,聘请当地各界领袖人士为委员,以市长或县长为主席,将全部慈善团体及救济机关一概得其管辖统制。至于人民方面,除在办理社会救济事业之时,应绝对听从政府方面之指导外,既有各慈善团体与救济机关无论公办或私办,均应由各该管社会救济机关全部整理。

三是训练人才。作者认为,当时无论公办、私办或官办的社会救济事业之办事人员都有一个共通的缺憾,就是都缺乏专门训练。因此,"如欲改进我国社会救济事业,必须于统一组织以外,更注意于服务人才之训练"。按照作者设想,举办之始,可先设立"社会救济事业服务人员养成所",然后逐渐扩充为"社会救济学院"。

四是改定经费。所谓改定经费包含下列含义:(1)用途支配必须公正得当;(2)款项捐募必须绝对公开;(3)经费保管必须妥慎可靠;(4)会计收支必须丝毫不苟;(5)审计监督制度必须完备;(6)营私自利必须严厉惩处。另外,就地方社会救济而言,经费贫富不均,富者愈富、贫者益贫的不合理现象也亟须改定。作者认为,办理社会救济事业虽离不开经费,但经费并非首要因素,只有转变观念、统一组织、训练人才三管齐下之后,经费问题即可有自然解决之可能。

客观地说,上述理论构想比较契合当时中国社会的实际状况,曾对国民政府的社会救济立法产生了显著的影响。其中关于社会救济的基本理念,至今也不过时,对我们构建合乎中国国情的现代社会保障制度仍具有很强的借鉴意义。

(二)关于社会保险事业的构想

社会保险是工业时代社会保障制度的重要模式。近代以来,社会保险的理念与制度从西方传入中国,并引起了社会学者的广泛关注,出现了许多研讨社会保险问题的著述,这些著述一方面系统介绍并深入研究了国外的社会保险制度,另一方面,又多把筹划适合当时中国国情的社会保险制度作为研究的落脚点与归宿。这里分别以吴耀麟所著《社会保险之理论与实际》和陈煜堃所著《社会保险概论》的有关内容为例,做一下比较说明。

《社会保险之理论与实际》是国民政府时期出版较早的一部关于社会保险的论著。该书详述了社会保险的原理、起源、种类、制度,概述了各国社会保险制度及中国的救济制度,最后提出了“中国需要怎样的社会保险”问题,并从理论上解答了中国应采用“怎样的社会保险制度”①:

(1)采用强迫保险,必须“以法律的强制,规定劳动者有参加社会保险的义务,用法律的手段去执行,才可收到相当的功

① 参见吴耀麟:《社会保险之理论与实际》,第194—201页,上海大东书局,1932。

效”; 保险种类,依照各国先例和中国劳动阶级生活的需要,“伤害保险、疾病保险、老废保险、失业保险是不可少的,而首先应该设立起来”。

(2)保险机关,应该由国家与雇主共同出资设立,由私人去实行去发展,而国家监督与扶助;至于保险行政机关,采用集权的组织,由国家设立中央保险机关,指挥全国的保险会社,还是采用分权的组织,由各地方自行发展,而受国家或地方官署的监督,需要酌量规定;保险单位,应兼采以职业为单位和以地域为单位,在工业发达地区应以职业为单位,反之,则以地域为单位。

(3)保险费负担,“最普遍而且最公平的办法,就是被保险者、雇主、国家三者共同负担”。同时为避免中外雇主因资本实力而导致负担不均问题,应该依照资本的数额比例而定保费负担率,雇工的多少与工人危险的多少也是决定雇主负担保险费的重要原则;劳动者自身支付的保险费,必须规定在标准工资百分之几以下。

(4)赔偿问题是社会保险的最后一步工作。赔偿条件当然以被保险者在部分或全部丧失其劳动能力时为标准,赔偿金的给予,一般在患病3日后开始;赔偿物件,除金钱外,应给予医药等必需品,在中国劳动者方面,应以支给必需品占赔偿的大部分为原则,这样可以避免被保险者把金钱用到不正当的地方,而使得到实际救济;赔偿费数目,要依照保险的种类与被保险者的危险情形而定,但总额大都比较被保险者原有的工资为少,这是社会保险赔偿上一个重要问题;至于赔偿单位,依照中国当时家庭制度的实际情形,不应以个人为单位,而应以家庭为单位为宜。

《社会保险概论》是国民政府晚期出版的一部关于社会保险的论著。该书概述了保险事业的产生与利弊、种类与经营,探讨了社会保险的基本效用及技术与财务等问题,并在最后提出

了"我国实施社会保险原则":

一、要采用强迫保险。一般工资劳动者及其他收入低微的人,因为生活困苦,大多数是知识简单,教育落后,他们都不知道社会保险对于他们的益处,而且即使知道,也往往因受经济力量的限制,无力投保,所以办理时,似宜以强迫制度为原则。

二、要采用集权的组织系统。在业务组织方面,我们最好仍采取政府、雇主、被保险人三方面通力合作的共立组织。至于行政系统,应采用集权的形式,在中央设一最高的社会保险行政机关,以指导管理全国各地的保险组织。

三、关于保险组织的设立问题。关于保险组织的业务单位的组织,可分两种,其一是以地域为单位设立的保险单位,即某一区域内设立一个保险机构,另外一种是以事业为设立保险组织的单位,即在某一事业机构如工厂、矿场等设立一个保险机构。我国推行时,似应兼采两种制度,在工业发达的都市,可以采用以事业为设立保险组织单位的制度,在工业不发达的地方,则以采用以地域为设立保险组织单位的制度,以谋相辅以行,而收实效。

四、关于保险经费的负担问题。各国采用的最普遍的办法,即由雇主、政府、被保险人三方面共同分担为原则,而被保险人所负担者,通常都为最少数额。此办法甚为合理,我国似可采行,但如系国营事业机构,则国家并兼代雇主的地位,而负担双重责任。

五、关于保险给付。亦宜采用现金给付,与其他给付兼用办法,如医药、训练等。至现金给付的金额,亦应较被保险人平常收入为低,以避免道德上危险的发生。[1]

两书出版时间前后相距约15年左右,而其中关于在中国建立社会保险制度的理论构想竟如出一辙。应当说,这些构想,既借鉴了当时社会保险的一般理论,也考量了中国近代工业发展的实际状况。其中,关于强制保险、保险费分担、保险给付低于日常收入等基本原则,在中国近代社会保险立法活动中都有所体现,且至今仍是发展社会保险事业应当遵循的重要原则。

综上所述,中国近代学者们关于社会保障问题的研究,既有微观方面的解剖,也有基本理论的探讨,更有宏观事业的构想。这些研究可以概括为两个方面:一是传统社会保障思想与实践的近代化,即根据中国近代社会发展的现实状况,对中国传统社会保障思想与实践进行理论总结并推陈出新,使"古为近用";二是国外社会保障理念的本土化,即结合中国近代社会存在的实际问题,对国外社会保障理念进行吸收、阐释和改造,使"洋为中用"。学者们缜密的理论研究往往成为政府立法的重要依据。特别是当从事社会保障问题研讨者本身就是政府中从事社会立法或社会救济事业之官员的时候,譬如曾任社会部次长并参与社会救济法制定的洪兰友亲自著文研讨社会救济的立法精神,[2]抗战初期宋美龄曾亲自著文呼吁救济难童;再如前文提到的陈凌云既是社会救济事业的研究者,也是亲身参与社会救济的政府官员,当时长期掌管国民政府社会救济事宜的许世英曾亲笔为其《现代各国社会救济》一书作序,蒋介石则曾亲笔为其《欧美军事善后救济政策》一书题名,他们的"言论"直接影响政府社会保障立法行为,是不言而喻的。

① 参见陈煜堃:《社会保险概论》,第42页,经纬社,1946。

② 洪兰友:《社会救济的立法精神》,《革命文献》第97辑。

第三章　社会政策、社会立法与社会行政

社会政策(Social Policy)、社会立法(Social Legislation)与社会行政(Social Administration)等概念起源于西方工业化发达国家。三者密切相连,相互依存,社会政策是政党或国家为解决及预防社会问题所确立的基本原则或方针,主要功能是通过提升社会福利,缓解社会矛盾,保障社会稳定;社会立法是将社会政策经由国家立法的方式转化为法律,用以保障社会各种弱势人群的利益,或普遍促进社会大众的福利;凡是执行社会政策与社会立法,处理各种社会问题,通常都称社会行政。这三个概念在当今社会使用已比较广泛,其内涵也已逐步拓宽,但在20世纪上半叶以前,其基本涵义仍限于社会福利方面,即我们现在所谓的社会保障方面。近代时期,这些概念从西方经日本传入中国,其涵义主要指劳工保障、社会救济、社会保险或社会安全等方面的政策、立法与行政。了解近代中国社会政策、社会立法和社会行政的状况,有利于我们从宏观上认识和把握中国近代社会保障模式从传统向现代嬗变的基本历程。

第一节　近代中国社会政策概述

社会政策一词最早出现于德国,其后欧美各国相继采用。

日本将德文 Social Politik 首次翻译为"社会政策",国民政府社会部成立后,即采用日本译名,并一直沿用下来。关于社会政策的涵义,学者众说纷纭,但一般认为,社会政策有广义狭义之分,广义上,涉及国民福利及文化教育、人口健康、国家经济等,并与精神的、宗教的生活有关;狭义上,以救助劳动阶级及贫苦民众的生活为目的,这也是社会政策最初的基本含义。① 在中国近代,中国共产党早期的社会政策曾对民国政府的社会立法活动产生过间接影响,中国国民党的社会政策则直接指导着国民政府的社会立法活动。

一、中国共产党早期的社会政策

1921 年 7 月中国共产党成立后,即把组织工人阶级,领导工人运动确定为中心任务,并把争取改良劳动条件、改善工人生活和实现劳动者的社会保障作为一项重要的社会政策。1921 年 8 月,中国共产党领导工人运动的公开机关——中国劳动组合书记部在上海成立,并于次年 5 月在广州召开了全国第一次劳动大会。这次大会的使命之一便是进行"立法运动",号召:"各劳动团体应就下列各项,一致奋斗,要求:(1)承认罢工权,(2)制定工会法,(3)制定工厂法,(4)制定八小时劳动法,(5)保护童工妇工,(6)制定劳动保险法。"②

大会拟定了《劳动立法原则》和《劳动法案大纲》。《劳动立法原则》概述了中国劳工阶级缺乏社会保障的悲惨遭遇:"我等

---

① 最早给社会政策下定义的是华格纳(Adolf Wagner),他在 1891 年提出,社会政策是运用立法和行政的手段,调节财产所得和劳动所得之间分配不均的问题。

② 王清彬等编:《第一次中国劳动年鉴》(第 2 编),第 357 页,北平社会调查部,1928。

在今日无政府无法律的资本家制度之下,所受残酷之待遇,盖为世界所不经见。劳动时间由十小时至十八小时,休息期间无定。夜工超过八小时,童工女工,工作无限制。工资由资本家任意规定,毫无标准。失业救济,及疾病保险等为吾人梦想所不及。"①《劳动法案大纲》要求:(1)为保障劳动者之最低工资计,国家应制定保障法,制定此项法律时,应许可全国劳动总工会代表出席,公私企业或机关之工资均不得低于最低工资;(2)一切保险事业规章之订立,均应使劳动者参加之,俾可保障政府、公共及私人企业或机关中劳动者所受之损失,其保险费完全由雇主或国家分担之,不得使被保险者担负;(3)对于需要体力之女子劳动者,产前产后均与以8星期之休假,其他女工,应与以6星期之休息,休息期间,工资照给;(4)16岁以下之男女工不得雇佣,激烈有害卫生及法定工作时间外之劳动,不得使18岁以下之男女工为之;(5)国家以法律保障男女劳动者享受补习教育之机会;(6)以法律保障农民(不掠夺他人之劳动者)之生产品价格,由农民代表提出,以法律规定之;(7)国家对于全国公私各企业,应设立劳动检查局,国家对于劳动者,应与以完全参加劳动检查局之权利。② 这是中国共产党最早制定并公开提出的一部详尽的社会政策纲领。

1925年至1926年,中国劳动组合书记部又先后发起并召开了两次全国劳动大会,每次都作出了有关社会政策的决议。第二次全国劳动大会通过的《经济斗争决议案》要求:"按照各地各时生活情形,规定最低限度的工资","妇女在产前产后有

① 王清彬等编:《第一次中国劳动年鉴》(第2编),第437页,北平社会调查部,1928。

② 王清彬等编:《第一次中国劳动年鉴》(第2编),第437—438页,北平社会调查部,1928。

八星期的休息与领工资","绝对禁止使用十三岁以下之童工女工","为童工设立无费的平民学校"。其中第5条为"劳动保险与社会保险",提出"应实行社会保险制度,使工人于工作伤亡时,能得到赔偿;于病疾失业老年时能得到救济"。① 第三次全国劳动大会通过的《劳动法案大纲决议案》再次敦促政府建立社会保障制度:"女工从事重大工作者,产前产后休息8星期,轻的工作休息6星期,均应照给工资;工资之给予,以维持工人生活为最低工资,其不及维持工人生活之工资,政府得强制增加之;国家设立劳动保险,保险费由雇主或国库支出。"②要求"国家设立劳动局",并在《失业问题决议案》中指出"失业保险,是工人应有的权利"③。

1927年4月,中华全国总工会鉴于国民政府对上海总工会的摧残,认为有举行第四次全国劳动大会之必要,并发出召集第四次全国劳动大会告工友书及第四次全国劳动大会宣言,提倡"非资本主义之革命",要求"编订劳动保护法,工场法,及国立劳工保险制,参加国有产业之管理"。④ 1927年5月,泛太平洋劳动大会在汉口举行,会议确定了包括10项要求的经济计划,要求"施行工人保险,如疾病,遇险,残废,失业等各项保险。保

---

① 中华全国总工会中国职工运动史研究室编:《中国历次全国劳动大会文献》,第16—17页,工人出版社,1957。

② 王清彬等编:《第一次中国劳动年鉴》(第2编),第439页,北平社会调查部,1928。

③ 中华全国总工会中国职工运动史研究室编:《中国历次全国劳动大会文献》,第113页,工人出版社,1957。

④ 王清彬等编:《第一次中国劳动年鉴》(第2编),第373页,北平社会调查部,1928。

险之责任,由厂主与政府担负之”①。这次会议对随后召开的第四次全国劳动大会产生了直接影响。1927年6月,第四次全国劳动大会在汉口召开,大会确定的基本社会政策是:“为了保障工人的生活条件,对不可避免的疾病、死伤、失业、衰老等,实行社会劳动保险。”②

这次大会制定并通过了一系列决议案,提出了更明确、更具体的社会政策。如:《关于失业问题之议决案》由“保障失业工人决议案”、“救济失业工人决议案”和“安插失业工人决议案”三个方面的内容。“保障失业工人决议案”要求:(1)凡能容纳10人以上之作坊、工厂、商店,停歇及辞退工人须经政府之许可;(2)凡工厂、作坊、商店停歇及辞退工人,须于1月前公布停歇及辞退之理由;(3)凡无故停歇者,得呈请政府没收其生产机关,惟国有及社会日常必需品之生产机关,不得停歇辞退工人;(4)凡因亏本经政府允许缩小范围或停歇者,应发给被辞退工人之遣散费,手工业者与店员,按原工资发给3个月,大生产机关给4个月,未经政府允许者遣散费一律加倍;(5)政府指定医院,为失业工人疾病治疗所,并拨款建设失业工人寄宿学校及饭堂;(6)由政府设立失业工人俱乐部,职业讲习所及子弟学校。“救济失业工人决议案”要求:(1)呈请政府设立救济机关,拨款救济;(2)由政府命令各工厂、作坊、商店,按百分之几,作失业工人之救济金;(3)由政府按各种税捐内,增加百分之几,作为失业工人救济金;(4)由各团体募捐交救济机关,救济失业工人;(5)各工会应由每月月费项内,抽出百分之三,作救济失业

① 王清彬等编:《第一次中国劳动年鉴》(第2编),第396页,北平社会调查部,1928。

② 中华全国总工会中国职工运动史研究室编:《中国历次全国劳动大会文献》,第211页,工人出版社,1957。

工人之救济金。“安插失业工人决议案”要求:(1)由政府协同工会,设立失业工人职业介绍所;(2)凡工厂、作坊、商店,扩张营业增加工人者,应请职业介绍所介绍,不得自由雇请;(3)由政府筹款兴办实业安插失业工人。①

另外,《产业工人经济斗争决议案》提出“企业要为工人设立诊疗医院”、“工人因病在三个月内不能工作时,仍照发工资”、“政府设立劳动保险局,由资本家每月缴纳工资总额百分之三为基金,此外政府从预算中拨出若干,以充做工人失业救济及养老金”、“工人病死后,按照其工资的三倍发给家属作为抚恤金”、“年老残废者由劳动保险金中发给终身养老金”等要求;《女工童工问题决议案》明确要求:“女工、童工疾病、伤亡、失业的抚恤,及其他一切待遇应与成年工人一律平等。”②《手工业工人经济斗争决议案》提出“学徒疾病、死伤时,由店主负担医药费。养病期间的工资照发。因公或在学徒期间死亡时,发给治丧费,并按工作年限抚恤”,这种抚恤金额从一个月的工资到一年的工资不等。同时还明确要求“手工业工人得享受劳动保险的利益”③。

1929年11月,第五次全国劳动大会在上海召开,会议通过了《中华全国工人斗争纲领》,提出“工人或工人家属发生疾病伤害,应由资本家给以医药费,听其自由医愈为度;病假期间不得扣发工资”;“因工作致死伤之工人,应给以优厚抚恤金”,并

① 王清彬等编:《第一次中国劳动年鉴》(第2编),第376—377页,北平社会调查部,1928。

② 中华全国总工会中国职工运动史研究室编:《中国历次全国劳动大会文献》,第211—220页,工人出版社,1957。

③ 卫兴华主编:《中国社会保障制度研究》,第51页,中国人民大学出版社,1994。

强烈要求政府“举办工人社会保险(失业、养老、疾病等保险),所有费用应由资方与政府分担”①。

中国共产党早期提出的各项社会政策,虽然未被民国政府接纳,但代表了劳工阶级的根本利益,并成为当时全国劳工运动的斗争纲领。而民国北京政府订颁《暂行工厂通则》、《工会法草案》等社会立法,正是在当时激烈轩昂的全国劳工运动的背景下才出现的。在第一次国共合作期间,中国共产党提出的一系列社会政策对中国国民党的社会政策和国民政府早期的社会立法也有所影响。中华苏维埃临时中央政府成立后,中国共产党早期制定的许多社会政策则直接体现于革命根据地的各项劳动及社会保障立法之中。②

二、中国国民党的社会政策

1919 年 10 月 10 日,孙中山将中华革命党改组为中国国民党,上加“中国”二字,以区别于民国元年的“国民党”。中国国民党宣布“以三民主义为宗旨”,其社会政策的渊源往往被追溯至孙中山先生的某些思想。如:孙中山谈及民生主义曾说:“照欧美近几十年来社会上进化的事实看,最好的是分配之社会化。……社会之所以有进化,是由于社会上大多数利益相协调,就是为大多数谋利益。”再如,孙中山在《建国大纲》第 11 条曾提出:“土地之岁收,地价之增益,公地之生产,山林川泽之息,矿产水力之利,皆为地方政府之所有,而用以经营地方人民之事

---

① 中华全国总工会中国职工运动史研究室编:《中国历次全国劳动大会文献》,第 228 页,工人出版社,1957。

② 参见吕伟俊、岳宗福:《论中国共产党在新中国成立前领导的社会保险立法》,《山东大学学报(哲社版)》2005 年第 4 期。因不属于本文研讨范围,故此不详述。

业,及育幼、养老、济贫、救灾、医疗,与夫种种公共之需”;在《地方自治开始实行法》中曾提出:“地方之人,有能享权利而不必尽义务者:一为未成年之人,二为老年人,三为残疾人,四为孕妇;其余人人,则必当尽义务,乃得享权利。”①

从1922年9月起,孙中山在中国共产党的帮助下,开始改组中国国民党,并于1923年元旦发表《中国国民党宣言》,其中关于社会问题的解决有如下三项政策性主张:“制定工人保护法,以改良劳动者之生活状况,徐谋劳资间地位之平等;确定妇女与男子地位平等,并扶助其均等之发展;改良农村组织,增进农人生活,徐谋地主佃户间地位之平等。”②这可视为中国国民党初期最为明确而具体的社会政策,但与同期中国共产党的社会政策相比,显然还比较保守。

南京国民政府成立后,中国国民党中央常务委员会于1928年10月通过《训政纲领》,初步规定了训政时期的政策纲领。1929年3月间,中国国民党第三次全国代表大会通过《训政时期施政纲领》,规定“社会救助、农民福利、劳工组织、劳工福利、劳资关系”等项,同时通过的《确定训政时期党政府人民行使政权治权之分际及方略案》又作了进一步的规定。至1931年5月,国民会议通过《训政时期约法》,又将上述训政纲领纳入约法之中。抗日战争开始后,国民党为号召国人奋起抵抗侵略,并加强抗战力量,于1938年3月间召开临时全国代表大会,制定《抗战建国纲领》,其中关于社会政策的规定与《训政时期施政纲领》相类同,并无新意。

---

① 参见周建卿编著:《中华社会福利法制史》,第5页,台湾黎明文化事业股份有限公司,1992。

② 陈国钧:《社会政策与社会立法》,第68—69页,台湾三民书局,1984。

抗战期间,国民政府于1940年11月16日,在行政院下成立社会部,各省市也相继设置社会处或社会局,建立了比较完整的社会行政体系。社会部成立后不久,即集合社会学者研讨社会政策,以为积极推进社会福利工作的依据。经过多次集体研究,最后拟定了四大社会政策纲领,即《民族保育政策纲领》、《劳工政策纲领》、《农民政策纲领》、《战后社会安全初步实施纲领》。1945年5月5日,国民党第六次全国代表大会通过《中国国民党政纲》,规定有社会保险及社会福利等项,同时通过了社会部提出的四大政策纲领,成为中国国民党统治大陆期间留下的一部颇为完备系统的社会政策。兹分别介绍其主要内容如下:

《民族保育政策纲领》是中国国民党关于解决人口问题的社会政策纲领,内分总则、提倡及期婚姻、健全家庭组织、促进适当生育、增进国民健康、调剂两性比例、调整职业分配、辅导人口迁徙、扶植边区人口、防止人口残害等10节,共21条。其基本原则在于提高人口质量,调剂人口性别与地区分布,具体为三项:"一、提倡适当生育,增进国民健康,提高生活标准,减少灾病死亡,以期人口数量之合理增加;二、鼓励身心健全男女之繁殖,抑制遗传缺陷份子之生育,革新社会环境,改善生养教育,以期人口品质之普遍提高;三、调剂人地比率,力求两性平衡,改善职业分配,促进计划均等,以期人口分布之适当调整。"其中关于儿童福利,规定为:"普及儿童保育知识,增进儿童福利,以求生养教育之改善。"①

《劳工政策纲领》是中国国民党关于解决劳工问题的社会

① 周建卿编著:《中华社会福利法制史》,第847、848页,台湾黎明文化事业股份有限公司,1992。

政策纲领,其中首先明确规定了劳工政策的目标:“在依国家民族至上之原则与国际合作之精神,发展劳工组织,提高其地位,改善其生活,并促进劳资合作,调节劳力供求,增进劳动效能,加强国际劳工联系,以确保社会安全,适应国防民生之需要。”其中,涉及劳工社会保障的内容有:“各地应分别规定最低工资率;工时以每日 8 小时,每周 48 小时为原则,每周应有连续 24 小时之休息,每年应有定期休假,假期内照给工资(第 4 条)。女工及童工,不得从事深夜及笨重危险工作,女工在生产前后,应给予适当假期与医药补助(第 5 条)。厉行工矿检查,制定工厂、矿场及其他重要工作场所之安全及卫生设备最低标准(第 6 条)。厉行伤害赔偿及死亡抚恤,并尽先创办疾病及伤害保险,逐渐推行其他各种社会保险(第 7 条)。兴筑劳工住宅,改善劳工营养,提倡劳工正当娱乐,普及劳工消费合作及其他公益互助设施(第 8 条)。举办童工、女工保护设施及劳工托儿所(第 9 条)。推进劳工补习教育及其他文化设施,童工及学徒应有受国民教育机会(第 10 条)。”①

《农民政策纲领》是中国国民党关于解决农民和农村问题的社会政策纲领。中国自古以农立国,民国时期农业人口仍占绝大多数。纲领规定:“农民政策在发展农民组织,刷新农村政治,改革农村经济,推进农民福利,以保障农民权益,提高农民生活,实现三民主义之新农村社会。”其中,涉及农民社会保障的内容有:“普及农村国民教育与补习教育,实行扫除文盲,以增进农民职能(第 5 条)。提倡公营农场与合作农场,并建立农村合作网,以实现农村经济社会化(第 11 条)。发展农村合作金

① 陈国钧:《社会政策与社会立法》,第 84—85 页,台湾三民书局,1984。

融,改善农贷办法,使资金融通之实惠,普及于切需之农民(第12条)。稳定农产价格,发展农产贸易,保持农工产品价格之适当平衡(第13条)。推行义务劳动,提倡农村公共建设,并讲求水土保持,防止灾害(第14条)。改进并推广农村救灾、恤贫、安老、育幼等设施(第15条)。切实普及农村教育、医疗及卫生设备(第16条)。创办社会保险,促进农村固有互助制度,举办农村就业指导,改良雇佣农民之待遇及生活(第17条)。"①

《战后社会安全初步设施纲领》是中国国民党关于战后社会安全制度的初步设计,其中首次正式采用了社会安全的概念。内分4部分,即总则、辅导就业、社会保险、社会救济,实为一项综合性社会保障政策②,其原文如下:

甲、总则

一、战后社会安全设施之目的在本国父民生主义之精神,维护并改善国民之生计,以保障并提高人民之生活,而达成社会之安全与进步。

二、战后社会安全设施之主要工作:(1)辅导就业;(2)举办社会保险;(3)加强社会救济。

三、战后社会安全设施之对象,为生活急切需要救助及保障之人民,其对抗战有劳绩者得有优先接受救助保障之权利:(1)退役士兵及中下级官佐;(2)小自耕农与佃农;(3)军需交通及生产员工;(4)公教人员等。

① 陈国钧:《社会政策与社会立法》,第86—87页,台湾三民书局,1984。

② 国民政府时期,社会安全的含义与我们今天所谓社会保障完全相同,当时学者们把美国1935年颁布的《社会保障法案》即译称《社会安全法案》,并奉之为现代各国社会安全制度之滥觞。我国台湾地区至今沿用"社会安全"这一概念。

乙、辅导就业

四、战后社会安全设施,政府应举办各项公共工程或事业,直接为人民创造就业机会,间接刺激社会经济活动。

五、政府应举办职业训练,提高人民就业水准,以优惠其收益,便利其转业,并配合战后兴办之公共工程或事业。对于身心残疾失去部分工作能力之人民,尤应予以特殊训练,助其自力更生。

六、政府应普遍倡办职业介绍及职业指导,及达成人事配合,供求适应。

丙、举办社会保险

七、战后社会安全设施,政府应举办社会保险,暂分:(1)伤害;(2)老废死亡;(3)疾病生育;(4)失业四种,得分别或合并实施。

八、社会保险之保险费,除伤害保险应由雇主负担外,均由被保险人与雇主分担,政府得酌量津贴。

九、社会保险给付,应按被保险人据以纳费之梯级标准报酬为计算标准。

丁、社会救济

十、战后社会安全设施,政府为辅导职业介绍、社会保险之不及,应加强社会救济法之实施,尤应督导其配合政府政策。

十一、社会救济之对象,除老弱无依身心伤残者应予救济外,对于遭受非常灾变及因其他障碍临时失去生计者,尤应为紧急之救助措施。

十二、社会救济之方法:(1)医药卫生或其他服务;(2)以工代赈;(3)减免负担;(4)贷放实物或现款;(5)收容教养等。视对象之需要及实际情形,采一项或多项之救济。①

从纲领内容看,南京国民政府战后社会安全设施有如下特点:内容的有限性,仅包含就业、社会保险、社会救济三项;范围的局限性,纲领所定的实施对象,仅为符合条件的工人、农民、公教人员、退役官兵,而远非全体国民;时限的临时性,纲领题目及内容都反映出,这只是战后恢复与安定社会秩序的权宜之策。

为了使上述政策纲领能在战后切实实施,国民党第六次全国代表大会还通过两项决议:"一、交主管机关妥速筹划,以备战争结束后随时实施。二、举办社会安全设施之经费,应列入国家总预算,对于遗产税、所得税、利得税等应采累进税制,以其增收部分拨充之,以符社会协作之原则;一面与国际善后救济切实配合,并利用战后赔款。"②嗣后,社会部奉行政院令分别拟订四大政策纲领实施办法,报经行政院审查后,转呈国防最高委员会于 1945 年 10 月 30 日第 44 次会议备案。可见,南京国民政府对战后社会安全制度的推行一度曾非常积极。

南京国民政府曾统治大陆 22 年,期间曾制定过《工厂法》、《工会法》、《社会救济法》等一系列社会法规,其中无疑均体现着中国国民党的社会政策。国民党六全大会通过的四大社会政策纲领是中国国民党在大陆期间创设的一套比较完备的社会政策,并且社会部根据纲领分别订有实施办法,其中关于儿童福利、农民保障、劳工保障等条款以及《战后社会安全初步设施纲领》共同勾画了抗战后中国的社会保障体系,尽管还有许多不足之处,然从字面上看,仍颇有进步意义。但具有讽刺意味的

① 周建卿编著:《中华社会福利法制史》,第 852—854 页,台湾黎明文化事业股份有限公司,1992。

② 陈国钧:《社会政策与社会立法》,第 90 页,台湾三民书局,1984。

是,国民党当局在抗战结束后却将《战后社会安全初步设施纲领》抛在脑后,倾力发动内战,结果不过三年,国民政府的"社会安全"就土崩瓦解,而退缩至台湾一隅。

第二节 近代中国社会立法概述

社会立法一词最早出现于德国,其源头可以追溯到英国的济贫立法、劳工立法以及德国的社会保险立法。若从英国《济贫法》算起,社会立法在世界范围内大致经历了济贫立法、劳工立法、社会保障(或称社会福利、社会安全)立法三个发展阶段,其基本内容包括劳工保障、合作事业、社会福利、社会救助、社会保险、社会抚恤等多个方面。近代时期,中国社会正处于转型时期,社会立法活动从无到有、渐生渐长,诚如民国时期学者所说,中国"自昔以农立国,产业幼稚,经济落后,无所谓劳工运动,更无所谓劳工立法。自海禁大开,工业渐兴,外人、国人亦多设立工厂于通商巨埠,遂以发生劳工问题,更演进而发生劳工立法运动"①。劳工立法可视为近代中国社会立法的初始阶段,但完整意义上的社会立法实际上开始于国民政府社会部成立之后,社会保险法与社会救济法则是其主体内容。

一、民国初期社会各界对社会立法的关注

劳工立法是社会立法的基本内容,也是现代社会立法的必经阶段。但在中国传统社会,劳动者的社会地位十分低下,"劳心者治人,劳力者治于人"的观念根深蒂固、源远流长,根本不

① 谢振民编著:《中华民国立法史》(下),第1061页,中国政法大学出版社,2000。

可能出现保护劳动者的立法。随着俄国十月革命的胜利和中国工人阶级在五四运动中的崛起,中国数千年来鄙视劳动者的陈腐偏见才得以改变,"劳工神圣"的呼声在中国新知识分子中深入人心。第一次国际劳工大会的召开,则在更广泛的社会层面上引起了各界对劳动立法的关注。但劳动立法问题当时并没有引起中国法学界的重视,"劳动立法,为欧美法学界一新问题……中国向来习法学者多未之前闻,资深位尊之法律家更无暇研讨欧战后法律新学说,头脑中满贮传统的法律概念,于近来方兴未艾之劳动立法,思想上殆似格格不入"①。

从现有资料来看,最早在中国推进劳工立法运动的是基督教组织。1919 年 1 月,上海的基督教会即从人道主义出发,不满于工人的劳动状况,议决"改良工业情况"②。1921 年 4 月,基督教组织教会与工业委员会,研究工业与劳工问题;5 月,中华全国基督教协进会在上海开会,通过并承认"中国应有劳工标准,且当以国际劳工大会的劳工标准为最后目标"③。会议认为,"国际劳工大会所定之规则,或一时不易实行于中国",特定如下 3 条为"中国现时劳工必要之规则":"(子)幼童不满十二周年者,不准被雇作工;(丑)每星期休息一日;(寅)保全工人之健康设备,预筹避险方法。"④此后,各地基督教组织采取多种形式鼓吹劳工立法,或成立劳动经济委员会,调查和研究工人的劳动状况,讨论制定劳工法规草案;或印发传单,举行劳动演讲,广

① 政之:《工会法之难产》,《国闻周报》(第 2 卷第 37 期),1925 年 9 月。

② 《基督教徒会议》,《民国日报》,1919 年 1 月 4 日。

③ 许闻天:《中国工人运动史初稿》,第 201 页,国民党中央社会部 1940 年印发。

④ 《保护劳工之教会提议案》,《民国日报》,1922 年 6 月 25 日。

泛宣传基督教全国大会关于对待工人的三项标准;或上书租界当局,要求改良上海各工厂的童工状况。"基督教会对劳动立法问题的倡导,固然有宗教的背景,但在客观上确实唤起了社会各界对劳动立法问题的注意。"①

第一次世界大战后,中国探讨劳动问题的报刊如雨后春笋,劳动立法问题成为舆论和知识界的热门话题。有的分析中国产业落后的原因,"即现在从事劳力之人,国家毫不为之保护,一任疾疫、水火、兵灾之摧残,与夫各种恶制度及组织不全之障碍,劳力不加,生产何自,此经济不振之总因也"②。有的介绍近代法律变迁的趋势和欧美各国劳动法规的内容,"反观吾国工人之地位,则犹在欧洲上古中古之间","其生计与夫工作时间,一凭雇主之喜怒,国家既无保护之法,工人亦多不自知防卫之道"③。"故为适应世界潮流计,为人道计,我国宜早立劳动法律,保障劳动者之生命权利;一方面以压迫劳动者及种种反乎人道之法律,从速废止"④。有的具体拟定《劳动法规草案大纲》,就劳动契约之限制、工人之待遇、工人之权利、劳动争执之仲裁、幼工女工之限制、工人之抚恤等问题提出了详尽的意见,供"在握立法权者斟酌而审定之"⑤。还有的针对怀疑劳动立法的种种谬说,逐一论证了劳动立法并不妨碍实业发展、缩减工时可以

① 饶东辉:《民国北京政府的劳动立法初探》,《近代史研究》1998 年第 1 期。

② 《蒋义明提出之社会经济政策大意》,《大公报》,1919 年 6 月 26 日。

③ 程振基:《英国劳动联合会之组织》,《晨报》,1919 年 9 月 11 日。

④ 程婉珍:《中国女子劳动问题》,《申报》,1922 年 10 月 10 日。

⑤ 何世桢:《劳动法规草案大纲并说明》,《申报》,1922 年 10 月 10 日。

提高工作效率和“在宪法上确定劳动保护的义务及必要”①。

第一次世界大战期间及战后，中国资本主义得到进一步发展，劳工阶级队伍不断壮大，工人阶级争取劳工立法的意识日益增强。各种党派团体、新旧人物也在不同场合呼吁政府制定劳工法规，以适应世界潮流，解决日趋严重的劳动问题。1922 年 8 月，李大钊、李石曾、胡鄂公等发起组织民权运动大同盟，把争取劳动立法列为其“揭橥底四大标的”②之一。中国共产党 1921 年成立后，旗帜鲜明地把争取劳动立法作为工人运动的重要内容，揭开了中国劳动立法运动史上新的一页。1922 年 5 月，中国劳动组合书记部召开全国第一次劳动大会，号召：“各劳动团体应就下列各项，一致奋斗，要求：(1)承认罢工权，(2)制定工会法，(3)制定工厂法，(4)制定八小时劳动法，(5)保护童工妇工，(6)制定劳动保险法。”③在这次代表大会上，中国劳动组合书记部发布了《关于开展劳动立法运动的通知》，并拟定了《劳动立法原则》和《劳动法案大纲》，认为“劳动界历来所遭受痛苦，均由于法律上无丝毫有利于我们工人之规定”，号召工人为争取劳动立法而斗争。

1922 年 8 月，北京旧国会在京召开第一次宪法审议会，中国劳动组合书记部趁机向各地工会发出通告：“近年国会制定新宪法运动，进行颇速，但对于劳动立法之制定，尚未闻有提倡者……唯吾等之自由屡受他人侵害，正式劳动工会始终未为法律所承认，同盟罢工屡为军警所干涉。凡此种种，均缘法律尚未

① 范体仁：《为怀疑劳动立法者进一解》，《晨报》，1922 年 9 月 8、9、10 日。

② 《民权运动大同盟宣言》，《大公报》，1922 年 9 月 21 日。

③ 王清彬等编：《第一次中国劳动年鉴》(第 2 编)，第 357 页，北平社会调查部，1928。

承认劳动者有此种权利之故也。倘能乘此制宪运动之机会,将劳动者应有之利权以宪法规定之,则将来万事均易进行矣!"①发起了劳动立法运动。在劳动立法运动的影响下,唐山、郑州、长沙、武汉等地的工会,纷纷组织劳动立法大同盟,一致要求国会通过《劳动法案大纲》。中国劳动组合书记部还在北京召集各工会代表举行劳动立法运动大会,并举行记者招待会、国会议员招待会,再次公开重申自己的劳动立法主张,得到新闻界和部分国会议员的同情与支持,各大报纸都相继刊登了劳动立法运动的消息,还有 20 多位国会议员在中国劳动组合书记部致国会的请愿书上签名。"中国劳动立法缘此成为一种社会运动。"②

在社会各界影响下,特别是在中国共产党领导的劳动立法运动的影响下,1923 年 3 月上海总商会特致电北京政府,表示"沪上洋厂林立,万一因我国现无法规,先由租界当局别定章程,即时实施,恐损国体。且沪地西人方面,舆论方面在猛烈促成各项工厂法规之中,外人越俎代谋之势,已甚明显,应请速将劳动法规迅速制定公布,以杜后患"③。在这种情势下,民国北京政府开始关注劳工立法。

二、民国北京政府的社会立法

英国议会于 1802 年通过的《学徒健康与道德法》是世界上第一个工厂法,被视为现代社会立法的开端。此后,其他工业发达国家也颁布了一些劳动法规,并开始了国际劳工立法运动的

① 王清彬等编:《第一次中国劳动年鉴》(第 2 编),第 436 页,北平社会调查部,1928。

② 饶东辉:《民国北京政府的劳动立法初探》,《近代史研究》1998 年第 1 期。

③ 《新订工厂暂行规则之始末》,《晨报》,1923 年 3 月 25 日。

进程。尽管当时国际舆论沸沸扬扬,晚清政府却甚少回应。至20世纪初年,有识之士曾呼吁:“近代欧美各国政府知平民生活之不安,国家之安宁幸福终不可图,皆以法律保护劳动者,于工厂之制度,作工之时间,工人之年龄等,均有一定之限制,故资本家虽如何专横,终不能离国家政治势力之范围。”“就吾国今日之大势言之,提倡资本家为救亡图存之要求,再一念及社会生活之将来,则劳动者又不能不有保护维持之法焉。”①也并未引起晚清社会的关注。

民国成立后,在工商部召集的临时公所会议上,华侨代表白苹洲指出:“此次工商会议所提出之议案,均系为资本家之设施,而于劳动家不甚注意。兄弟特为劳动家请命,务求资本家设法免除其困苦。”②并提出《改良工商习惯》案,请工商部颁发命令,规定全国实行星期日休息;男子作工每日8小时,女子、小孩作工每日7小时;体恤伙友工人。③ 会上,四川代表王国辅也提出了《请颁矿业暂行条例案》,并拟订《中华民国暂行矿业条例草案》,规定“矿工如因开矿负伤致得残废或死亡者,矿商当酌量轻重从优给予恤金”④。上述提案对民国北京政府的劳工立法产生了显著影响。

1914年3月11日,北京政府以教令第34号公布《矿业条例》;31日,又以教令第41号公布《矿业条例施行细则》,对矿业主订立矿工服务规则和抚恤规则的标准以及违者的处罚作了明文规定。该《条例》及《细则》,都还称不上专门的劳动法规,所

① 《中国之资本问题与劳动问题》,《民立报》,1910年10月19日。

② 《工商会议报告录》第1编,“开会式及演说”,第40页,工商部1912年编印。

③ 《工商会议报告录》(第2编),“议案”,第36—40页。

④ 《工商会议报告录》(第2编,)“议案”,第116页。

订矿工保护条款也过于粗疏,“在条文中不特没有积极的‘必要怎样’的规定,而且还没有‘不得怎样’的消极限制,虽说恶法终胜于无法,可是那时的资本家谁还顾到有什么法,并且执法的机关原就不想依法办事,结果有法实等于无法”①。尽管这样,条例毕竟将劳动保护的条款第一次写入成文法规,故有论者视为“吾国保护劳动立法之始”②。

五四运动后,随着中国工人阶级队伍的壮大和国际劳工大会的召开,社会各界要求劳动立法的呼声日益高涨。迫于各方面的压力,北京政府开始筹划劳工立法。1920 年 3 月,农商部发出注重民生的通告,开宗明义即宣称“须订工厂法规”,表示“吾国工厂初兴,颇不免有妨碍工人生命之事,宜由所司调查现情,参酌先进国成法,订定法规,以重民生”。③ 同年底,农商部曾会同内务部拟订《工厂条例草案》,提交内阁讨论。各工厂闻讯后,纷纷要求派代表参与其事,加以政府中“有人取稳重态度,恐惹起劳工界之不安,主张从缓进行”④,此议遂胎死腹中。

1922 年 8 月,第一届旧国会在北京复会,酝酿制订宪法。中国共产党乘机领导发动了劳动立法运动,遂使劳工保障问题成为这次会议的热点。连当时权倾一时的吴佩孚也致电参众两院议员,称“劳动既为社会实力之中坚,其保护待遇,尤不能不具确定之保障”。“故保工规条亟应附之根本大法”。⑤ 8 月 9

① 陶熔成:《中国矿业劳动者的一研究》,《劳工月刊》(第 5 卷第 2、3 期),1936 年 3 月。

② 谢振民编著:《中华民国立法史》(下册),第 1097 页,中国政法大学出版社,2000。

③ 《农商部注重民生之通告》,《大公报》,1920 年 3 月 13 日。

④ 《政府决设管理劳工机关》,《晨报》,1922 年 12 月 15 日。

⑤ 《吴佩孚对国会提出三项希望》,《晨报》,1922 年 8 月 6 日。

日,议员李庆芳提出的《保护劳工法案》在国会初读,此案规定厂主解雇工人应提前1个月通知,但有特别事故不在此限;成年工每日工作10小时、少年工8小时、幼年工6小时,但轻便劳动得酌量延长;女工临产,给假4周,不给工资等。① 每项保护劳工的条款都为资本家留有伸缩余地,时人斥之为"资本家的权利保障书"②。但就是这样一个法案也未获国会通过。

在宪法起草过程中,许多议员提出应增加专章规定保护劳工的条款,其名称或曰民生,或曰国民经济制度,或曰劳工,或曰劳工互助。经宪法起草委员会讨论,决定增加"生计"一章,这是民国时期试图将社会立法的内容写入宪法的第一次尝试。1923年2月1日,"生计"章经宪法起草委员会三读通过,规定劳工受国家保护,凡关系劳工之立法,应尊重国际正式劳工会议决议之原则;为防护及发展生计之结社或集会,无论何人与何职业,除于公共安宁有直接危害之行为外,法律不得限制;并仿效德国经济议会制度,规定设立由各职业团体选举代表组成的全国生计会议,有权对政府关于生计之行政立法提出建议和咨询。③ 这些条文,多源于1919年德国颁布的《魏玛宪法》,被当时舆论誉为"完全采用社会主义精神,为我国立法界破天荒之举"④。但在最后的国会制宪会议上,贿选议员们"有意索财,无意制宪",抛弃"生计"章草案,匆匆将其余各章三读通过,遂使《中华民国宪法》中关于劳工保护的条款付诸阙如。

---

① 《议员李庆芳保护劳工法案理由书》,《大公报》,1922年8月11—13日。

② 刘云汉:《对国会议员李庆芳〈保护劳工法案〉之批评》,《晨报》,1922年9月6日。

③ 《一日宪法起草委员会》,《晨报》,1923年2月3日。

④ 《采用社会主义之民生章》,《晨报》,1923年2月23日。

1922年1月到1923年2月,在中国共产党领导下,全国罢工100多次,参加罢工的人数达30多万,出现了中国劳工运动的第一次高潮。北京政府面临着空前的压力,在此背景下,1923年3月15日,农商部召集成立修订农商法规委员会,提出《工厂法草案》52条,并在说明中道出了不得已而为之的苦衷:"我国工界,近年以来,每因待遇问题发生罢工风潮,萌患所伏,至为可虑。亟宜由政府厘订一种工业法规,克期实施,俾厂主与劳动者皆了然自己地位,恪尽自己义务,不至彼此误会,有违社会安宁。且以对外关系而言,自华盛顿第一次保工大会以后,国际劳工局屡次函请订定工厂法令,亦不宜长久稽延致失信用",因而拟订《工厂法草案》,"其一时不易实施者,或附以例外,或暂予缓行,期于保护劳工之中,仍寓维持实业之意"。①

3月19日,修订农商法规委员会召开第一次会议,认为《工厂法草案》条文较多,非一时所能修订完竣,决定于3月21日召开特别会议先订《工厂暂行规则》,以应时势需要。会议如期举行,制订《工厂暂行规则》30条,交农商部裁夺。农商部删除其中有关学徒的条款,保留28条,并更名为《暂行工厂通则》,于3月29日公布施行。这是北京政府关于劳工保护的第一个专门法规。其形式固然幼稚,内容也极粗陋,但就工厂法要点而言,并无大的遗漏,因此,"虽然未经国会通过,仅以农商部令敕发表,但在中国,实为工厂法的第一声"②。

5月12日,农商部又以部令公布施行《矿工待遇规则》;15、16、17日,又相继公布了《矿场钩虫病预防规则》、《矿业保安规则》、《煤矿爆发预防规则》等矿业法规,对矿工的劳动与休息时

---

① 《北农部提出工厂法草案》,《申报》,1923年3月21日。

② 李剑华:《劳工法论》,第42页,上海法学编译社,1934。

间、童工女工的保护、安全卫生的设置与防护、劳动保险等,都作出了比《矿业条例》更为详细的规定。

1926年4月,由于段祺瑞下野,北京一度处于无政府状态,劳工立法活动也无人问津。1927年6月安国军政府成立后,农工总长刘尚清拟订《农工要政计划书》,表示"我国劳工问题向鲜注意,工厂管理素乏良规,因其无法令之保障,故恒起激越之行为。欲谋救济,亟宜改善待遇,制定法规,纳入轨物之中,庶免逾闲之举"①。是年9月,农工部以《暂行工厂通则》"意取暂行,事多简漏"为由,将其加以增删,更名为《工厂条例》,由张作霖以大元帅名义于10月27日公布施行,其内容较之《暂行工厂通则》稍为完备。11月2日,北京政府又颁行《农工部监察工厂规则》,这是中国实施工厂检查的第一个专门法规,赋予了工厂检查官以较大的权利,被认为是"国内比较进步的法规"②。

综上所述,民国北京政府制订并颁布了中国历史上第一批劳工法规,这是中国法制近代化和社会化不可或缺的重要一环,标志着近代中国社会立法已经启动。与此同时,《工会条例草案》等劳工组织法规也在拟议之中。此外,《游民习艺所章程》、《勘报灾歉条例》、《警察储金试办办法》、《文官恤金令》、《警察官吏恤金给予条例》也是民国北京政府社会立法的重要组成部分,因后文还有专门章节论及,此不详述。

三、国民政府前期的社会立法(1927—1937年)

国民政府社会立法的源头可以追溯到广东大元帅府时期,1924年11月,孙中山以广东军政府大元帅名义公布《工会条

① 《政府公报》(第4145号),1927年11月7日。

② 刘局壑:《工厂检查概论》,第101页,商务印书馆,1934。

例》22 条,可视为南京国民政府劳工立法之滥觞。1925 年 3 月孙中山逝世后,在中国共产党的推动下,于 7 月 1 日将 1923 年在广州成立的大元帅府改组为国民政府。1927 年 1 月,随着北伐战争的节节胜利,国民政府迁至武汉;同年 4 月 18 日,当时任国民革命军总司令的蒋介石建立南京国民政府,7 月武汉国民政府与之合并。这一时期,正处于北伐期间,国民革命军平定各地时,又公布了一些因地制宜的临时性劳工立法,如 1926 年 11 月湖北政务委员会制订的《工厂条例》;1927 年蒋介石以国民革命军总司令名义公布的《上海劳资调节条例》;同年 3、4 月间,冯玉祥在西安公布的《陕甘区域内之临时劳动法》。1927 年 4 月,广东省农工厅拟订的《工厂法草案》则被称为"国民政府工厂法之蓝本"①。

1927 年 7 月 1 日,南京国民政府成立劳工局,任命马超俊为局长,并于 7 月 9 日设立劳动法起草委员会,特派戴季陶、王宠惠、伍朝枢、叶楚伧、王世杰、虞洽卿、马超俊 7 人为委员,经各委员互推马超俊为召集人,开始着手编纂劳动法典,并经分别缓急,决定编纂的先后,这标志着国民政府劳工立法的正式启动。同年 8 月 22 日,国民政府公布《劳工局组织法》,嗣将劳动法起草委员会并入劳工局,由局长马超俊兼任该会主席,劳工局主任秘书黄元彬兼任副主席,并编定劳动法典大纲,于 11 月中旬拟定《工会组织草案》。该草案上承 1924 年《工会条例》之精神,下开国民政府《工会法》之先声。

1928 年 1 月 7 日,国民政府又公布《劳动法起草委员会组织条例》,规定该会由委员 4 人、专门委员 3 人及劳工、法制两局

① 王清彬等编:《第一次中国劳动年鉴》(第 3 编),第 195 页,北平社会调查部,1928。

局长组成,应于6个月内,将劳动法典草案拟就,呈送国民政府裁夺。同年2月,国民政府设工商部,将劳工局并入工商部劳工司,劳动法起草委员会则并入法制局,由于法制局负责起草的一般法典繁多,对劳动法典无暇顾及。此时马超俊已调任广东省农工厅厅长,由于仍掌管劳工事宜,深感有制定劳动法典的必要,遂呈准国民政府,于1928年2月1日重组劳动法起草委员会,附设于广东农工厅,仍由马氏任主席,黄元彬任副主席兼委员,另聘史尚宽、王人麟、朱公准、高廷梓、陶因、戴时熙、詹功桂等分任委员,又加聘史太璞为专门委员。

该委员会博采德国、法国、英国、苏联、奥地利、挪威、比利时、荷兰、芬兰、匈牙利、西班牙、日本、瑞士、瑞典、新西兰、卢森堡等16国的成法草案,以及国际劳工大会的决议案,并"远绍学者之理论,参照我国特有之习惯,准诸党义,考诸统计,折衷于劳动中心主义与资本中心主义之间,于不妨碍产业之发展或存在之限度内,予劳动者以相当之保障,即以促进劳资之协调"①,积极从事于劳动法典的编纂。1928年7月,广东省农工厅撤销,业务归并于建设厅,仍附设劳动法起草委员会。至1929年1月,该委员会先后开会200多次,历时11个月,完成《劳动法典草案》的起草任务。

《劳动法典草案》分7编,共21章863条,长达数万言。起草过程中,劳动法典大纲及第3编劳动组织的第1章工会法草案最先编成;第2编劳动协约的第1章团体协约法草案其次编成;第5编劳动诉讼的第1章调节委员法草案及第2章劳动法院草案再次编成;第1编劳动契约的第1章一般劳动契约及第

① 谢振民编著:《中华民国立法史》(下册),第1063页,中国政法大学出版社,2000。

2章特种劳动契约、第4编劳动保护、第6编劳动救济的第1章职业介绍、第7编劳动保险的第1章伤害保险及第2章疾病保险,最后分别编竣。其中,劳动法典大纲经胡汉民审核,工会法草案经政治会议广州建设委员会审查,团体协约法草案经戴季陶、李济深等再三修订,全部草案均经劳动法起草委员会共同审议。惟特种劳动者契约、经营契约、劳资协约、劳动教育、老废保险、失业保险等,被认为非当时所急需,或须经长时间调查,不得不暂付阙如。劳动法起草委员会完成《劳动法典草案》后,即函由广东建设厅呈政治分会,转送中央立法院审议。

国民政府立法院成立于1928年12月5日,至此民国政府始有正式的最高立法机关。1929年1月29日,该院第10次会议议决制定劳工法,指定立法委员邵元冲、史尚宽、罗鼎等5人为起草委员,组成劳工法起草委员会,并决定今后采取单行法形式,因单行法较易制定,且富弹性,而能以后随时修改。于是,《劳动法典草案》无庸同时审议颁行,仅留备起草单行法之参考。此草案虽未正式颁行,实为中国有劳动法典的起源,并开"吾国劳动立法之新纪元"①。

这一时期,经立法院通过,由国民政府公布的单行劳工法规,为数颇多,主要包括:《劳资争议处理法》(1928年6月9日公布、1930年3月17日修正),《工会法》、《工会法施行法》(1929年10月21日公布),《工厂法》(1929年11月16日公布)及《工厂法施行条例》(1929年12月16日公布),《团体协约法》(1930年10月28日公布),《工厂检查法》(1931年2月10日公布),《职业介绍法》(1935年8月4日公布),《工人出国

① 谢振民编著:《中华民国立法史》(下册),第1064页,中国政法大学出版社,2000。

条例》(1935 年 10 月 21 日公布),《矿场法》(1936 年 6 月 25 日公布),《出国工人雇佣契约纲要》(1936 年 11 月 23 日公布),《最低工资法》(1936 年 12 月 23 日公布),《劳动契约法》(1936 年 12 月 25 日公布)。另外,国民政府实业部还于 1932 年草拟完成了《强制劳工保险法草案》。实际上,其中《工会法》、《工厂法》、《团体契约法》等单行法规均多取材于《劳动法典草案》。

由上可见,截止到抗日战争爆发前,国民政府社会立法的重点依然在于劳工法规,但较之民国北京政府时期却是进一步了,已初步形成了门类基本齐全的劳工立法体系。同时,南京国民政府建立后,社会立法的内容已不限于劳工立法,而且开始关注其他社会立法内容,特别是在社会救济立法方面,国民政府陆续颁行了《管理私立慈善机关规则》(1928 年 5 月公布)、《各地方救济院规则》(1928 年 5 月公布)、《监督慈善团体法》(1929 年 10 月公布)、《各地方仓储管理规则》(1930 年 1 月公布)、《救灾准备金法》(1930 年 10 月公布)、《佛教寺庙兴办慈善公益事业规则》(1935 年 1 月公布)、《勘报灾歉规程》(1936 年 8 月公布)等一系列法规。

四、国民政府后期的社会立法(1938—1949 年)

抗日战争爆发后,国家处于战乱状态,加以水灾旱魃连年肆虐,严重冲击着固有的社会秩序。国民政府适应形势的变化,认为有设置统辖全国社会行政的中央机构之必要,于是社会部应运而产生。社会部原隶属于中国国民党中央执行委员会,称中央社会部。1940 年 11 月,社会部改组后,隶属于行政院。

社会部的设置促进了国民政府各项社会立法的创制。社会部成立后,曾经由部聘请有关专家、学者研讨社会立法。1941 年 7 月 11 日,社会部"为拟订各种社会法草案起见,特设社会法临时起草委员会"①,并公布《社会部社会法临时起草委员会简章》,规定,该委员会设委员15人,由部长遴员聘充之,并就中指定正副主任委员各1人,其工作任务包括:"一、起草社会保险法草案;二、起草社会救济法草案;三、起草其他有关社会法之法律草案;四、各种有关社会法之资料;五、其他有关社会法起草事项。"②该委员会的工作程序是:"拟订法律草案时,由各委员分别担任起草工作,起草完毕经开会审议后,呈送部长核阅。"③应当说,民国时期完整意义上的社会立法至此才真正开始。

国民政府社会部成立后,社会立法活动出现了一个高潮,立法内容已基本涵盖了现代社会保障立法的各个领域,并且在法规名称中出现了社会救济、社会福利、社会保险等现代社会保障的基本概念,初步奠定了国民政府社会立法的基本体系。具体说来:在社会救济立法方面,主要有《社会救济法》(1943年9月29日国民政府公布)、《社会救济法施行细则》(1944年9月12日行政院核准施行)、《救济院规程》(1944年9月5日行政院发布)等。在社会福利立法方面,主要有《捐资兴办社会福利事业褒奖条例》(1942年8月29日国民政府公布)、《职工福利金条例》(1943年1月26日国民政府公布),《职工福利金条例施行细则》(1943年7月16日社会部发布)、《农民福利社设置办法》(1943年8月16日社会部公布)、《职工福利委员会组织规程》(1943年10月23日社会部发布)、《职工福利社设立办法》(1943年10月23日社会部发布)、《社会部奖助社会福利事业暂行办法》(1944年4月10日行政院发布、同年5月25日修

① 《社会部社会法临时起草委员会简章》第1条,蔡鸿源主编:《民国法规集成》(第43册),第96页,黄山书社,1999。

② 《社会部社会法临时起草委员会简章》第3条。

③ 《社会部社会法临时起草委员会简章》第4条。

正)等。在社会保险立法方面,1942 年底完成了《健康保险法草案》起草工作;1943 年间社会部颁行《川北区各盐场盐工保险暂行办法》;1944 年间完成了《伤害保险法草案》和《社会保险方案草案》起草工作。此外,国民政府在社会服务、义务劳动、职业介绍、社会合作、社会抚恤等其他社会立法方面也制定并颁布了许多法规,因后文还有详细论述,这里不再一一列举。

在抗日战争接近胜利的时候,国民党于 1945 年 5 月 5 日在重庆召开了第六次全国代表大会。这次大会通过了社会部提出的四大政策纲领——《民族保育政策纲领》、《劳工政策纲领》、《农民政策纲领》、《战后社会安全初步实施纲领》,为战后国民政府社会立法提供了一套系统的社会政策。但是,抗日战争结束后,国民政府忙于发动内战,社会立法活动逐渐趋向停滞状态,除了由国务会议于 1947 年 10 月 31 日通过《社会保险法原则》以外,在其他社会法领域几乎没有明显进展。

最后,需要指出的是,国民政府于 1947 年元旦公布并于同年 12 月 25 日施行的《中华民国宪法》,吸收了四大政策纲领的基本内容,并作为基本国策列为其第 13 章第 4 节"社会安全"部分,这一部分包括第 152 至 157 条共 6 个条款,其原文如下:

人民具有工作能力者,国家应予以适当之工作机会。(第 152 条)

国家为改良劳工及农民生活,增进其生产技能,应制定保障劳工及农民之法律,实施保护劳工及农民之政策,妇女儿童从事劳动者,应按其年龄及身体状态,予以特别之保护。(第 153 条)

劳资双方应本协调、合作原则,发展生产事业,劳资纠纷之调解仲裁,以法律定之。(第 154 条)

国家为谋社会福利,应实施社会保险制度,人民老弱残

废及受非常灾害者,国家应予以适当之救助与救济。(第155条)

国家为奠定民族生存发展之基础,应保护母性,并实施妇女儿童福利政策。(第156条)

国家为增进民族健康,应普遍推行卫生保健事业及公医制度。(第157条)①

上述诸条款包含有国民就业、社会保险、社会救济、社会福利及国民医疗服务等社会法的各个领域,凡此种种都是现代社会保障制度所必不可少的重要内容。这些规定为国民政府的社会立法活动确立了最高的法律依据,也是其在大陆期间在社会立法方面取得的最高成就。但当时国民党政权自身已处于风雨飘摇之中,也许是"政权将败其言也善",这些"看上去很美"的宪法条文,只是国民政府在大陆开出的永远也无法兑现的"空头支票"。

第三节 近代中国社会行政体制

社会行政是实施社会立法的基本路径,而社会行政的运行必须依法建立社会行政体制并划定其职权。因此,社会行政体制既是社会行政的有效载体,也是社会立法的重要内容。民国时期,传统的社会救济机制虽然仍是社会行政体制的重心,但具有现代意义的社会福利、社会保险机制已经基本形成。

一、社会救济机制

社会救济是中国传统社会行政的重心,民国以后这种状况

① 《中华民国宪法》,1947年1月1日公布。

也没有发生根本的变化。民国社会救济机构的设置最早可以追溯到辛亥革命时期。1911 年 10 月 11 日,即武昌起义的第二天,湖北军政府成立,军政府下设 4 部,社会救济由政事部下属内务局兼管,后内务局改为内务部,善举、公益等事项由该部负责。中华民国南京临时政府成立后,中央设内务部,省设民政厅。内务部民治局和卫生局兼管社会救济事务,其中民治局负责抚恤、移民及慈善团体的管理等事宜;卫生局负责预防和治疗传染病和地方病等事宜。各地方由于政局不稳,社会救济事务一般由各都督兼管。

民国北京政府成立后,基本上沿袭了南京临时政府的社会救济机构,于 1912 年 8 月 8 日颁布《内务部官制》,列举了内务部掌管的 14 项行政事务,其中社会行政事务包括赈恤、救济、慈善、感化、卫生等 5 项,占全部内务部政事的 1/3 以上。同时,还具体规定,由内务部的民政司掌管贫民赈恤、罹灾救济、贫民习艺所、盲哑收容所、疯癫收容所、育婴、恤嫠、慈善及移民等事项;卫生司掌管传染病、地方病的预防、种痘及车船检疫等事项。①

袁世凯政府曾两次修改内务部官制,加强了社会行政机关的统治职能。1912 年 12 月 22 日公布《修正各部官制通则》,将内务部原设的 6 个司减为 4 个,并将民政司改为民治司,将卫生司的职掌归并到警政司,兼管有关社会救济事宜。② 1914 年 7 月 10 日又颁布《内务部官制》,规定"内务部直隶于大总统",并将原属总长的职权改为部的职权。这样,加强了总统的权力,而削弱了内务总长的实际权力。

民治司和警政司下设各科,具体承办各项社会行政事务。

① 《东方杂志》(第 9 卷第 3 号),1912 年 9 月 1 日。
② 《东方杂志》(第 10 卷第 8 号),1914 年 2 月 1 日。

根据1914年7月29日公布的《内务部厅司分科章程》,民治司下置5科,由第4科专管救济及慈善事项;警政司下置6科,由第2、第5科分别掌管消防、卫生事项。后有关机构多次变更其职掌范围。1917年3月17日公布的《内政部民治司变更分科职掌办法》,规定第4科管理4项社会行政事宜,但具体事务却增至16项,即地方罹灾救济、地方蠲缓正赋钱粮、地方筹办赈捐之核准、地方捐赈人员奖励、地方年成分类考核、地方粮食出口考核、地方备荒积谷、筹备八旗生计、红十字会之设置救济及奖励、京师平粜、京师冬防、收养贫民、散发棉衣及开辟临时粥厂、育婴恤嫠及其他慈善事业,以及经管游民习艺所、济良所、教养局和贫民工厂、地方善堂。[1] 1922年9月28日公布的《内务部厅司分科规则》规定,民治司第5科负责人民移殖事项,预防传染病、地方病及舟车检疫等事务不再由警政司管理,而由卫生司兼管。上述变化表明,民治司第4、第5科及卫生司是当时主要的社会救济机构。

民国北京政府时期,地方社会行政机构随着中央管理体制的变化而相应调整。1913年1月,北京政府公布《划一现行各省地方行政长官组织令》,规定省行政机关称行政公署,由其内务司兼管社会救济事务。1914年5月,袁世凯为复辟帝制,恢复前清称谓,将行政公署改称巡按公署,下设政务厅和财政厅,由政务厅兼管社会救济事务。袁世凯复辟失败后,大总统黎元洪将巡按使制改为省长制,由省长公署下设的政务厅兼管社会救济。而在道一级行政机关则由下设的内务科掌管,直至1924年道被撤销。相应的,县级的社会救济工作也由内务科负责。

国民政府成立后,对前政府的社会救济机构作了适当调整。

① 《最新编订民国法令大全》,商务印书馆,1924。

1928 年 4 月,将内务部改为内政部,一直到抗战全面爆发前,内政部都是国民政府主要的常设社会救济机关,其下设总务司、民政司、警政司、礼俗司和统计处。民政司掌管赈灾济贫及其他慈善事项。根据 1928 年 6 月颁布的《内政部各司分科规则》,民政司下设 4 科,由第 4 科负责社会救济和其他社会福利事项,具体包括贫民救济、残废老弱救济、勘报灾歉及蠲缓田赋审核、地方罹灾调查赈济、防灾备荒、慈善团体考核、慈善事业奖励、地方筹募赈捐及游民教养事项。① 与民国初期相比,具体救济项目有所增加,但社会救济事业受重视程度似乎在下降,“关于赈灾救贫及其他慈善事项”仅占民政司所职掌事务八项中之一而已;以其组织系统而言,社会救济事业仅为民政司中一科所司事务之一部分,以全内政部各署司职掌事务而言,则社会救济事业仅为五十项中之一而已。②

抗日战争期间,国民政府成立社会部,统筹社会行政事务。社会部成立后,改善了战前社会救济工作不受重视的状况,由社会福利司第 5 科专门负责掌管社会救济事业,具体业务范围包括:残疾老弱救济、贫民救济、无正当职业者之收容教养、贫病医疗护产之倡导推行、救济经费之规划及审核稽查、救济设施之设置指导监督、慈善团体之指导监督、国际救济之联系推行、社会救济制度及社会救济业务之规划指导监督、社会救济工作人员之甄用考核奖惩,以及其他有关社会救济事项。③

抗日战争结束后,社会部的业务范围有所调整,1947 年行

---

① 徐百齐编:《中华民国法规大全》(一),第 506 页,商务印书馆,1937。

② 陈凌云:《现代各国社会救济》,第 292 页,商务印书馆,1937。

③ 《社会部各司分科规则》第 19 条,蔡鸿源主编《民国法规集成》(第 42 册),第 152—153 页,黄山书社,1999。

政院善后救济总署被裁撤时，其所职掌难民救济业务划归社会部，社会福利司的救济业务陡增，其内部分科也作了调整，由第3科专管社会救济事项。有学者认为，至此我国“传统的社会救济机构在政府组织系统中不复存在”①，似乎不确，因为根据1949年1月国民政府修正后公布的社会部组织法，又有设置社会救济司的规定。

二、灾荒救济机制

近代中国，由于灾荒和战乱连绵不绝，并且爆发具有突然性，灾荒救济机构往往临事而设，既是社会救济机制的有机组成部分，又自成体系，发挥着救灾和稳定社会的重要作用。民国元年，为了预防长江春汛，南京临时政府于1912年3月16日在《临时政府公报》上发布《救灾义勇军启》和《救灾义勇军总章》，决定集合万千军士，创办救灾义勇军，专修长江下游被冲圩堤，并请孙总统为义勇军正长，黄兴为副长，督率筑堤之役。《救灾义勇军总章》主要规定了如下内容：(1)宗旨是为赈救灾黎，抢筑江堤，捍御水患，组成“救灾义勇军”；(2)凡在陆军人员，无论官兵，皆可投报入军，职位等级，仍按军人原制，俸饷照原额给发；(3)修堤需用器械等件，请政府拨给特别款项，以供应用；(4)投效救灾之官兵，须服从命令，分段兴工，评定章程，并由军长编制军律，一律遵守；(5)堤工完竣后，由各军队官，分别陈明军长，转呈政府，照军营成例，分别给赏。② 这虽是当时一种应急临时处置办法，仍可视为民国政府设置救灾机构之始。

---

① 龚书铎总主编：《中国社会通史·民国卷》，第543页，山西教育出版社，1996。

② 参见邱远猷、张希坡：《中华民国开国法制史——辛亥革命法律制度研究》，第462页，首都师范大学出版社，1997。

1920年华北五省大旱,民国北京政府为统领赈灾活动,由国务院于9月14日公布《筹议赈灾临时委员会章程》,规定:筹议赈灾临时委员会由内务、财政、农商、交通各部合组之,专司筹议临时赈灾及善后各事宜;其会长由内务次长兼任,副会长由各部主管司长兼任;并规定各省区赈灾事项,得由地方长官随时遴派主办赈务委员莅会接洽,并陈述意见。① 1921年10月,民国北京政府为统一赈务行政,又以教令形式公布《赈务处暂行条例》,特设赈务处,综理各灾区赈济及善后事宜;其督办由大总统特派,会办(1—2人)由大总统简派。赈务处权力很大,除经管赈款外,所有灾区状况及赈济一切事宜,赈务各官署得随时向它报告。这些救灾机构都是应急而设,如《赈务处暂行条例》规定:"本条例俟各该省赈务结束即行废止。"②同时,1921年5月由内务部呈准公布《全国防灾委员会章程》,下令筹设全国防灾委员会。防灾委员会附设于内务部,以"讨论受灾原因,筹设防灾方法,消弭各省区灾歉发生为宗旨",下设6股,除总务股外,由农林股职掌农田水利、森林及农业改良事项;由工程股职掌河流工程、道路工程事项;由粮食股职掌积储、粮食调节事项;由移殖股职掌移民及开垦事项;由劳工股职掌工业、职业劳动者之推行、救助或保护事项。③

国民政府时期,灾荒形势依然严重,1928年赈务处重新成立,同年8月颁行的《国民政府赈务处组织条例》规定:赈务处

① 《政府公报》(第1648号),1920年9月15日。浙江大学图书馆馆藏。

② 《政府公报》(第2040号),1921年10月30日。浙江大学图书馆馆藏。

③ 参见龚书铎总主编:《中国社会通史·民国卷》,第504页,山西教育出版社,1996。

直隶于国民政府，下设总务、调查、赈济3科，掌理各灾区赈济及善后事宜；赈务处对于特种灾害或特别灾区得组织委员会办理赈济事宜。① 据此，当年成立的特别灾区委员会有直鲁赈灾委员会、豫陕甘赈灾委员会和两粤赈灾委员会。

1929年初，国民政府成立直隶于行政院的赈灾委员会，负责办理各灾区赈务事宜，取代赈务处的职能。1930年1月，该会改称赈务委员会，并制定了《赈务委员会组织条例》，于次年6月正式颁行。同年5月，振务委员会公布了《各省振②务会组织章程》，被灾省份也成立相应的组织——省振务会，由省政府聘任省政府委员、省党部委员和民众团体代表组成。若市、县办理振务，还设市、县振务分会。振务委员会以内政、外交、财政、交通、铁道、实业各部部长为当然委员，内设总务、筹赈、审核3科。另外，国民政府还设立了一些临时救灾机构，如为救济长江水灾，1931年11月国民政府公布《救济水灾委员会章程》，设立救济水灾委员会；为救济黄河水灾，1933年9月国民政府公布《黄河水灾救济委员会章程》，设立黄河水灾救济委员会。

抗日战争初期，难民云起，解决难民问题重于救灾。1937年9月7日，行政院通过《非常时期救济难民办法大纲》，决定成立"非常时期难民救济委员会"，总会设在南京，在省及院辖市设立分会，在县市设立支会。总会由"行政院、内政部、军政部、财政部、实业部、交通部、铁道部、卫生署、振务委员会各派高级职员一人为委员，以行政院所派之委员为主任委员"，从而建立起一套上下有序、分级负责的难民救助体制，专办难民收容、

① 《国民政府赈务处组织条例》，蔡鸿源主编：《民国法规集成》(第34册)，第20页，黄山书社，1999。

② 国民政府内政部在20世纪30年代规定，各级赈务(济)委员会之"赈"字一律用"振"。

运输、给养、救护、管理等事项。①

然而,随着战争的扩展,难民数量成倍增加,难民救助体制的缺陷也显露出来,一是协调各部、委、署力量有余而事权不专不大,无法确实负责,提高效率;二是在职权上与振务委员会有许多重复之处。为了统一难民救助体制,提高行政效率,国民政府于 1938 年 4 月 27 日将原设之振务委员会、行政院非常时期难民救济委员会合并改组为振济委员会,并将内政部民政司所掌管的救济行政也划归振济委员会管理。②

振济委员会掌理全国振济行政事务,权力较重,行政院副院长孔祥熙兼任委员长,下辖各省市(县)振济会,各救济区、各运送配置难民总(分)站及各地空袭紧急救济联合办事处等机构。根据 1940 年 12 月国民政府公布的《修正振济委员会组织法》规定,振济委员会内设 3 处,除第 1 处负责总务外,第 2 处掌急振事项,具体包括灾民难民之救护运送收容给养、紧急工振农振之举办及补助、灾民难民之组训配置及职业介绍、灾难之调查勘报及其他考察、救济机关及团体之指导监督等事项;第 3 处掌善后事项,具体包括灾民难民生产事业之举办及补助、灾民难民之小本贷款、灾难儿童之教养、灾民难民之施诊施药等事项。③ 可见,振济委员会已不单纯是救灾济难机构,而成为一个综合性的战时社会救助机构。

---

① 《非常时期救济难民办法大纲》,《革命文献》(第 96 辑)。

② 《国防最高会议常务委员会第五十二次会议通过"设立振济委员会"》,国民政府档,转引自陈清敏:《抗战时期社会救济的行政规划与措施》,《中华民国史专题论文集》(第二届讨论会),台湾"国史馆"印行。

③ 《修正振济委员会组织法》,蔡鸿源主编:《民国法规集成》(第 34 册),第 405 页,黄山书社,1999。

抗战末期，国民政府于1945年1月成立联总[①]中国分署，直隶行政院，称为“行政院善后救济总署”（简称“行总”），行总又根据各地区遭受战争损害情况在全国设立了15个分署；同年11月，振济委员会撤销，其业务划归行总。根据国民政府公布的《善后救济总署组织法》和《善后救济分署组织法》，行总振恤厅负责办理难民输送及复业、难民福利、难民工振及其他有关振恤事项，调查处负责办理流离人民之调查、战区社会情形之调查、工商业损害之调查、泛滥区域之灾情调查及其他有关善后救济之调查；分署振务组负责紧急救济、难民安置及复业、救济物资之贷售及散放、工振及其他振务，卫生组负责公共卫生及医疗设施、防疫、药品管理等有关卫生事项。[②] 行总存在两年时间，1947年被裁撤，其业务划归社会部。

三、社会福利机制

民国期间，在较长时期内，政府内部社会福利机构与社会救济机构似乎没有明确的区分，甚至只是把社会福利事业作为社会救济机构的一项附属业务。这种状况直至南京国民政府初期也未见改观，如1928年6月颁布的《内政部各司分科规则》规定，由第4科掌管社会救济和其他社会福利事项。这是内政部法规中第一次出现社会福利的概念，也是社会福利事项首次被列入内政部的业务范围。

抗日战争期间，国民政府的社会行政体制变化较大，也是由

① 第二次世界大战后期，包括中国在内的44个国家的代表在美国签订了《联合国救济善后公约》，并决定成立“联合国善后救济总署”作为执行机构，简称“联总”。

② 《善后救济总署组织法》和《善后救济分署组织法》，蔡鸿源主编：《民国法规集成》（第35册）第409页、（第36册）第1页，黄山书社，1999。

传统的社会救济体制向现代的社会福利体制嬗变的转折时期,其根本性的标志就是国民政府最高社会行政机关——社会部的设立。

社会部成立于1938年3月,起初并非政府社会行政机关,而是国民党党部所辖的机构,主管民众组训和社会运动,目的在于"指导党员在自治、慈善、开垦、保育等社会团体中之工作,协助社会团体之组织"①。至于一般社会行政仍由内政部、经济部和振济委员会分别负责。② 随着抗战的持续,社会行政机构重叠、推诿扯皮的弊端不断暴露。为统筹全局,提高行政效率,亟须统一社会行政。1939年11月,蒋介石在国民党五届六中全会上指出:"合作事业宜划归社会部主管,社会部可改隶行政院。"③

根据蒋介石的指示,国民政府开始改组社会部。1940年10月11日公布《社会部组织法》,规定:社会部管理全国社会行政事务,内设3司1局,即总务司、组织训练司、社会福利司和合作事业管理局;社会福利司掌管的业务包括社会保险之指导实施、劳动者生活之改良、社会服务事业之倡导管理、日常生活费用指数之调查统计、职业介绍之指导协助、贫苦老弱残废等之收容教养,以及其他有关社会福利事项。④ 同年11月16日,改组后的社会部正式成立,隶属行政院,谷正纲为首任部长。

① 荣孟源主编:《中国国民党历次代表大会及中央全会资料》(下),第450页,光明日报出版社,1985。

② 《革命文献》(第96辑),第18页。

③ 《中央决议社会部改隶行政院之经过》,行政院档案(02号全宗),中国第二历史档案馆藏。

④ 《社会部组织法》,蔡鸿源主编:《民国法规集成》(第42册),第50页,黄山书社,1999。

与此同时,地方社会行政机构也相应建制。根据国民政府公布的《社会处组织大纲》、《市政府掌管社会行政暂行办法》、《县各级组织纲要》的规定,各省在省政府之下设置社会处,或于民政厅内设社会科,主管人民组训、社会运动、社会救济、社会福利等事宜;直属行政院之市由社会局主管,县市政府设置社会科。

1941 年 5 月 3 日《社会部各司分科规则》公布,社会福利司设置 6 科 1 室①,其中:第 1 科掌管社会保险事项,下文将作详细介绍。第 2 科掌管劳动者福利事项,具体包括劳动者福利设施之计划推行、劳动者福利设施之指导监督、劳动者生活之改良及保障、劳动者教育卫生之促进、劳动者失业及伤害之救济抚恤、劳动者移殖、国际劳工会议之参加、劳动者生活状况及各国劳动者福利设施之调查研究、其他有关劳动者之福利事项。

第 3 科掌管社会服务事项,具体包括社会服务之计划推行研究调查、社会服务设施之倡导奖励监督考核、社会服务机构之设置、关于推行社会服务与其他有关机关团体或国际间之联系、宗教团体及外侨所办社会服务设施之指导监督、社会生活之指导改进、社会习尚之转移取缔及倡导改进、其他有关社会服务事项。

第 4 科掌管职业介绍事项,具体包括职业介绍之计划推行、职业介绍之指导监督、职业介绍机构之筹设及监督管理、社会人才之调剂、人才供需之调查、失业就业之研究、失业救济之协助、职业指导之推行、职业介绍工作人员之选用培养考核、职业短期训练之实施、其他有关职业介绍事项。

---

① 参见《社会部各司分科规则》第 14 至 21 条,蔡鸿源主编:《民国法规集成》(第 42 册),第 152—153 页,黄山书社,1999。

第5科掌管社会救济事项,前面已有介绍。第6科掌管儿童福利事项,具体包括儿童福利设施之计划推行、儿童福利设施之指导监督、儿童福利设施之倡导宣传及奖惩、儿童福利设施之调查登记、儿童保护、孤贫无依儿童之收容教养、低能残疾儿童之特殊教养、儿童营养健康之指导促进、贫苦儿童之医药疗养、妇婴保健、关于推行儿童福利事业与其他有关机关或团体合作联系、其他有关儿童福利事项。

工矿检查室掌管工厂矿场安全卫生及《工厂检查法》与《矿场法》所规定应行检查事项、厂矿检查员之养成选用及考核奖惩、厂矿检查工作之指导监督及推进、厂矿检查之设计研究及报告丛书之编译、其他有关厂矿检查事项。

由上可见,社会福利司的业务范围十分宽泛,举凡社会保险、社会救济、社会服务、劳工福利、儿童福利、职业介绍、工矿检查等几乎现代社会保障制度的所有项目都包容在内,这样虽然便于统一社会行政,但对于社会福利事业的管理及其自身发展并无裨益。因此,抗战结束后,随着"行总"被裁撤及社会保险局的筹备,社会福利司的职能趋向专门化,社会救济功能进一步增强,而社会保险业务被剥离出去。调整后的社会福利司内设机构由原来的6科1室缩减为4科,第1科负责农工福利及国际劳工事项,第2科掌管国民就业,第3科职掌社会救济,第4科主办儿童福利。至此,国民政府专一的社会福利机构正式建立起来。

至1949年1月,国民政府公布了修正后的《社会部组织法》,将社会部内设机构扩充为人民团体司、工人司、社会救济司、社会服务司、妇女儿童司及总务司等6司,以及合作事业管理局、劳动局、工矿检查处、社会保险局等4个直属局(处),社会福利司被取消,职能被分散到工人司、社会救济司、社会服务司、妇女儿童司、社会保险局等司局。社会福利机制的沿革正反映了近代中国社会行政体制从传统向现代嬗变过程的曲折性和不稳定性。

四、社会保险及其他社会行政机制

(一)社会保险机制

社会保险一般被认为是现代社会保障制度的核心内容。民国时期,最早的社会保险行政机构可以追溯到北京政府农商部的工商司。1913 年 10 月 23 日,北京政府公布《农商部官制》,规定该部工商司兼管保险事项。1916 年 10 月 20 日,公布《农商部工商司分科办事细则》也明确规定由第 4 科管理“关于保险交易以及其他特种营业之核准及监督事项”等。这里虽然没有明确区分是社会保险(或劳动保险),还是商业保险,但 1922 年该农商部曾调查全国劳工失业保险组织的资料,据此推断,其所掌管的保险事项应该包括社会保险的内容。

国民政府时期,曾先后由劳工局与实业部掌管劳动保险事项。1940 年社会部成立后,社会保险业务划归社会福利司第 1 科掌管,具体包括社会保险之规划、社会保险之倡导实施、社会保险之机关设置及监督管理、社会保险金库之监督稽核、社会保险工作人员之养成选用及考核、各国社会保险设施之调查研究、关于推行社会保险与其他有关机关或团体之合作联系、社会公益之指导监督考核、职工储蓄之倡导推行、小本贷款之实施指导及监督、日常生活费用指数之调查统计,以及其他有关社会保险事项。

1944 年,社会部曾拟成《社会保险方案草案》,根据该方案的规定,社会保险之主管机关,在全国为社会部,在省(市)为社会处(社会局),在县(市)为县(市)政府;社会部为求社会保险之有效发展起见,得设置"社会部社会保险局";省(市)社会处得因业务之推进情形,呈准设置社会保险之专司机关;县(市)政府得视社会保险之推进情形,呈准增设社会保险之专司人员。此为国民政府筹设社会保险专门行政机构之滥觞。

抗战末期,国民政府把实施社会保险确定为战后社会政策之一。1945 年,行政院在核定的《战后社会安全初步设施纲领实施办法》中,要求"社会部会同有关机关,积极筹办社会保险"。社会部便根据上述政策积极筹划,准备在战后逐步推行社会保险制度。

国民政府还都南京后,由行政院于 1946 年 11 月 18 日颁布《中央社会保险局筹备处组织章程》,并于 1947 年初成立中央社会保险局筹备处,负责施行社会保险的筹备工作,其任务规定为:"1. 社会保险业务方案实施章程拟定;2. 社会保险业务基金筹划准备;3. 社会保险会计制度预算编制及有关保险计算设计;4. 社会保险人事制度设计及工作人员甄选训练与登记;5. 社会保险机构组设,设筹备委员 7 至 11 人,其中 1 人为筹备主任,并得设顾问 2 人,由社会部聘国内外社会保险专家担任"。① 筹备处成立后,积极从事于社会保险法令的草拟、保险费的计算及保险机构的筹设。至 1949 年 1 月,国民政府重新修正公布《社会部组织法》,将社会保险局与合作事业管理局、劳动局、工矿检查处并列为社会部的四个直属机构。可见,南京国民政府在退守台湾之前,已开始设置专门的社会保险机构。

(二)社会合作机制

民国北京政府时期,社会合作运动是民间自动发起的,政府

① 刘见祥:《我国社会保险政策与实践之研究》,第 237 页,台湾私立中国文化大学三民主义研究所 1991 年 5 月博士论文。

部门除了对华洋义赈救灾会的合作活动配合支持外,其余单独的合作社并无向政府登记、受法律保障之地位,更谈不上有合作行政体系。国民政府执政后,中央合作行政体制经过多次变更。抗日战争爆发前,实业部合作司是全国最高合作行政机构;期间,还设有全国经济委员会合作事业委员会掌管全国合作事业的技术推广事项,1936 年 6 月该委员会奉命结束,同时各军事委员会所辖合作事业也全部移交实业部合作司,合作行政权实现统一。

抗日战争初期,实业部改为经济部,合作司撤销,由农林司兼办;后因农林司难以兼顾,另立合作事业管理局,仍隶经济部。1939 年 11 月,蒋介石在国民党五届六中全会上指示:"合作事业宜划归社会部主管。"1940 年 12 月,社会部合作事业管理局成立,掌理全国合作事业。合作事业管理局内设 4 科,第 1 科掌庶务,其他 3 科分别掌理全国合作事业之推进及指导、全国合作事业之考查及审核、全国合作事业金融之调整及监督等事项。①1949 年 4 月,国民政府南迁广州,社会部裁并内政部,合作事业管理局也随之变更为内政部合作司。

(三)社会抚恤机制

民国肇建之际,在临时大总统府下直辖有铨叙局,掌理职员任免、升迁、给予阶位、勋章、荣典、赏恤等事物,其中"赏恤"实已包含社会抚恤的内涵,可谓社会抚恤机制的最早萌芽。民国元年 7 月 20 日颁布了修正后的新官制,其关于铨叙局的职务规定中第三项即为"关于恩给及抚恤事项"②,再次明确铨叙局为

---

① 《社会部合作事业管理局组织条例》第 4—7 条,蔡鸿源主编:《民国法规集成》(第 35 册),第 394 页,黄山书社,1999。

② 台湾"考试院"考铨丛书指导委员会主编:《中华民国公务人员退休抚恤制度》,第 25 页,台北正中书局,1984。

抚恤机构。民国北京政府时期,社会抚恤的对象主要是文官、警察和军人,表现出浓厚的政治色彩。在1917年至1920年间,政府规定由内务部民治司第1科管理地方行政官吏之抚恤事项。而对于军人,作为一定时期执政的某派军阀来说,尤为重视。1912年颁布的《陆军平时恤赏暂行简章》和《战时陆军恤赏简章》规定,陆军官兵平时、战时恤赏,由该官兵所在部队长官按照陆军部所颁调查表填载,报陆军部军衡司核办,并呈请大总统批准。阵亡官兵遗族每年领取抚恤金的机关为当地民政部门。

国民政府时期,社会抚恤的对象不断增加,除公务员、警察和军人外,对中国国民党党员、学校教职员、铁路员工、邮政人员以及在抵抗日军侵略中伤亡的民众等,都建立了抚恤制度。对军人来说,陆军部和海军部分设军衡司,兼管抚恤及残废兵处置等事务。抗战时期,为抚恤伤亡官兵和激励广大官兵英勇抗战,国民政府在原有机构设置的基础上,于军事委员会之下增设抚恤委员会,掌理伤亡官兵抚恤、铨衡、考绩等事务。抚恤委员会下设3处,第1处执掌海、陆、空军死亡官兵抚恤、褒扬、特恤、国葬、公葬、子女入学、负伤官兵抚恤及各国抚恤章程调查研究等事项;第2处执掌决定及审核伤等、复验伤残事项;第3处执掌恤金颁发、帐籍及报销事项。[①] 至于公务员与警察的抚恤一般仍由内政部及铨叙部负责,而中国国民党党员、学校教职员、铁路员工、邮政员工等人员的抚恤均由所属职能部门掌管。

总起来看,民国时期,中国的社会行政体制还处于从传统向现代的转型期,传统的社会救济和灾荒救济机制仍然普遍存在,并承载着主要的社会行政职能。现代的社会福利机制已成雏

① 《国民政府军事委员会抚恤委员会组织条例》第2条,《武汉抗战法制文献选遍》,第142—143页,农村读物出版社,1987。

形,并一度成为集社会救济、社会保险、社会福利等多种职能于一体的重要的社会行政体制;与此同时,现代的社会保险机制也已初现端倪。但是,没有整个社会的现代化,也就没有社会行政体制的现代化。国民政府兵败大陆之际,社会部社会福利司被取消,社会救济司被增设,这一消一长绝非偶然,似乎说明了传统的社会形态与现代的社会行政体制之间的不兼容性。

下 篇

第四章 近代中国社会救济立法

——论及其他相关性立法

社会救济在现代社会一般通称社会救助,用以指国家与社会面向由贫困人口与不幸者组成的社会脆弱群体提供款物接济和扶助的一种生活保障政策。① 但是,在中国近代广泛使用的却是社会救济概念,并且社会救济是一个包容甚广的大概念,不但包含现代社会救助的全部内容,而且包括社会福利的大部分内容,有时候甚至将社会保险也含括其中。由于后面还有专章讨论社会保险、社会福利等方面的立法问题,本章所谓社会救济立法只是一个狭义的概念,仅包括民国政府在救困济贫、灾荒救济等方面的立法内容。

第一节 社会救济立法

社会救济是中国传统社会的一种保障形式,在近代时期仍然发挥着主要的社会保障功能。民国时期,传统的社会救济事业不

① 参见郑功成:《社会保障学》,第13—14页,商务印书馆,2000。

但增添了新的内容,而且正逐步被纳入法制化轨道。1912—1949年的38年间,民国政府制定并颁行了许多以“社会救济”或“救济”字样命名的社会立法,来调整和规范社会救济活动,内容涉及“关于残疾老弱之救济事项、关于贫民之救济事项、关于无正当职业者之收容教养事项、关于贫病医疗救护之倡导推行事项、关于慈善团体之指导监督事项”①等方面。其中,《社会救济法》的颁行在中国近代社会救济法制化进程中具有划时代的意义。厘清这些社会立法的经过和内容,有助于认清近代时期中国传统社会保障模式走向法制化和现代化的坎坷历程。

一、民国北京政府社会救济立法

民国北京政府时期,社会救济除救灾外,主要为游民教养与慈善济贫等工作。慈善济贫活动当时主要由民间慈善团体来主持和举办,政府并未出台相关法规;游民教养则主要是政府行为,也是当时社会救济立法的主要方向。

近代以来,由于战乱连绵、灾荒连年和传统自然经济的解体,大批失去土地的农民、失业的手工业者及工人、破产的小商小贩、被遗弃的孤儿、娼妓行业的妇女和军队的散兵游勇,在城市和乡村之间游荡,在一些大中城市的街头流浪,出现了严重威胁统治秩序和社会安全的流民(或游民)问题。为了“消纳流民”,晚清政府采纳了1901年黄中慧在《倡议北京善后工艺局说帖》中提出的创设工艺局的建议,在北京开办了工艺局。工艺局以“收养游民,开通民智,挽回利权,转移风气四端为宗旨”,其收养对象为:(1)身家清白,穷无所归者为上;(2)本有行

① 《社会部各司分科规则》第19条,蔡鸿源主编:《民国法规集成》(第42册),第152—153页,黄山书社,1999。

业,造难流离者次之;(3)平日懒惰成性,兼有嗜好者又次之;(4)甘心下流,近于邪僻者为下。对这些无业失业者,工艺局须"一一问明来历籍贯,取有切实保人,登记册簿,方可收留"。此外,"有孤贫幼童,愿来习艺者,亦准取保挂号,挨次传补。衣履不周者,由局制给"①。工艺局分雇各种教习数十人,因材施教,所教内容不拘一格,如书画、数算、织布、铜铁、瓦木诸作。"学徒俗例三年为满师",工艺局则不拘常例,"或一年或两年,学业有成,即可出局自谋职业"。②

晚清工艺局的创办,为解决中国传统的游民问题提供了新的模式,也是政府积极介入社会救济事业的开端。但随着晚清政府的瓦解,工艺局也名存实亡。民国初期,游民队伍有增无减,为应对这种局势,北京政府在参照和借鉴前清经验的基础上,于1915年12月制定并公布了《游民习艺所章程》,分为总则、游民数额、入所年龄、出所年限、教育事项、工艺事项、设备事项、设员分职和附则9章。

根据该《章程》规定,游民习艺所"直隶于内务部,专司幼年游民之教养及不良少年之感化等事项,以使获得有普通知识、谋生技能为主旨"③。由于仅办理院内救济,其救济范围十分狭窄,入所条件为:年龄在8至16周岁而贫苦无依或性行不良者,但疯癫者不得收入。游民习艺所须备有下列物品:服装(凡冬季单棉衣裤以及被褥鞋袜等项一律设备);食料(杂粮米石不

① 池子华:《流民问题与社会控制》,第173页,广西人民出版社,2001。

② 彭泽益:《中国近代手工业史资料》(第2卷),第518—519页,中华书局,1962。

③ 《游民习艺所章程》第1条,《旧中国治安法规选编》,第103页,群众出版社,1985。

等,每日两餐,每遇月初月中及令节庆祝等日并给面食肉菜);教育品(凡书籍纸张笔墨以及其他关于教育用品一律设备);作业品(各科工艺应用大小机械等项)。

凡收所游民之教养分两种情况:一是年龄较小者就学,年龄在10岁以内者,学习初等小学课目(包括国文、修身、读经、识字、算术、图画、风琴唱歌、体操),学制4年;凡入所时具有相当程度知识或在所初等小学毕业者酌量拨令就学高等小学科目(在初等小学基础上增有历史、地理、英文、商业或工科、理科),学制3年。二是年龄较大及不堪就学者则习艺,学制3年,教以织染、印刷、刻字、铁器、木工、石工、缝纫、制鞋、制帽等13种日用工艺品技术,使其具有自谋生计的能力。其中,就学者不习艺,习艺者不就学,但于晚间设一补习班,教年长习艺者以修身、习字、珠算,使出所后便于经商。

尽管这种游民习艺所因经费、人员等困难,在当时未能陆续推广,收效甚微,但由晚清创办工艺局到民国北京政府颁布《游民习艺所章程》这一发展过程,在中国传统社会救济向现代嬗变的进程中,仍具有不容忽视历史意义:首先,政府开始以更积极的姿态介入社会救济事业,且突破传统社会救济单纯"收养"的模式,使救济兼具义务教育、职业训练等多种社会功能;其次,《游民习艺所章程》是迄今所见民国北京政府颁行的唯一一部专门的救济法规,其中明确规定了非供款制和无偿救助的方式,不但规范了社会救济活动,而且使之由原来官府的施舍行为渐变为政府的当然责任或义务,这在中国近代历史上也是一个显著进步。

二、国民政府前期(《社会救济法》公布前)社会救济立法

南京国民政府建立后,社会救济的内容进一步扩展,除原来

的游民教养和慈善济贫外,老幼病残等各种社会脆弱群体的救助,都被纳入了社会救济的范围。与此同时,政府也加强了对各种民间慈善团体的监督和管理。因此,这一时期国民政府的社会救济立法主要集中在两个方面:一是各种救济机构管理规则和救济办法的制定及颁行;一是慈善团体监管办法的制定和公布。

国民政府时期,随着社会救济事业的扩展,救济机构也日渐多样化,如救济院、散兵游勇收容习艺所、游民训练所等。救济院是"为教养无自救力之老幼残废人,并保护贫民康健、救济贫民生计"①而设的救济机构;散兵游勇收容习艺所专为收容教养那些浪游成性积习难返的不安分之落伍军人而设②;游民训练所为"收容无正当职业之游民,授以必要之工作技能并灌输公民应具之常识以养成合理之生活习惯"③而设。其中,救济院是主要的也是各地普设的救济机构,根据1928年5月国民政府内政部颁行的《各地方救济院规则》,各省区省会、特别市政府及县市政府所在地,依本规则设立救济院;各县市乡区村镇人口较繁处所,亦得酌量情形设立之。

《各地方救济院规则》是南京政府成立后颁行的第一部专门救济法规,也是国民政府前期颁布的规范社会救济行为的主要法规。该规则着重调节院内救济,救济范围仍然较窄,1933年4月曾对它进行修正。该规则第一次将长期以来纷乱复杂的

① 《各地方救济院规则》第1条,《旧中国治安法规选编》,第103页,群众出版社,1985。

② 蔡鸿源主编:《民国法规集成》(第40册),第8页,黄山书社,1999。

③ 蔡鸿源主编:《民国法规集成》(第43册),第372页,黄山书社,1999。

救济设施名称作了统一规范,规定各地救济设施统一称"救济院",救济院内部以收容对象和职能不同分设下列各所:(1)养老所,用以收养无力自救之男女年在60岁以上无人抚养者,并应教以有益身心之课程;(2)孤儿所,用以收养6岁以上15岁以下贫苦无依之幼年男女,并应按照年龄送就近相当学校免费肄业,成年出所时应介绍以相当职业;(3)残废所,用以收养凡无人抚养的残废人,并应分肢体残废及盲、哑3种情况,根据个人能力分别选授相应的实用课程;(4)育婴所,用以收养贫苦及被遗弃之6岁以下男女婴孩,并雇用乳母或用代乳品喂养之,满6岁以上时应送入孤儿所;(5)施医所,用以疗治贫民疾病并辅助卫生防疫各行政;(6)贷款所,用以救济贫苦无资营业或经营农事之男女,凡贫苦无资营业或经营农事之男女年在15岁以上确无不良嗜好,志愿作小本营业或经营农事而确无资力,且具有殷实铺保或妥当保人者,可向贷款所申请小额贷款(5至20元)。[①] 但对于上述各所,各地在设立救济院时,可以分别缓急次第筹办,亦得斟酌各地方经济情形合并办理。因此,救济院内部设施,往往因地因时而有所变异,如1942年5月社会部为实验社会救济事业设立重庆实验救济院,根据《社会部重庆实验救济院组织规程》,该院下设:安老所,掌理鳏独衰老养恤事项;育幼所,掌理孤贫儿童教育事项;习艺所,掌理流浪无业人习艺事项;残疾所,掌理残疾人教养事项;医疗所,掌理贫病医疗及卫生事项。

救济经费是社会救济活动开展的根本基础,《各地方救济院规则》规定救济院经费的筹集和使用实行基金化管理:"经费以基金利息及临时捐款充之,但办理成绩优良之救济院应由省

① 《各地方救济院规则》第2条及第二至七章部分条文。

款补助之";"基金由各地方收入内酌量补助或设法筹募,救济院基金无论何项情形不得移作别用";"救济院各所之基金应组织基金管理委员会分别管理之";"前项经费应分别列入省预算及县地方预算作为固定之款,不得挪减"。① 这是民国政府首次在法律上将救济经费明确列入政府预算。1943 年 5 月 10 日,社会部又专门颁行《各省市县地方救济事业基金管理办法》,对"各省市县地方救济院所及其他慈善事业之款产、捐款及其孳息"的管理办法作出了明确规定:救济事业基金内现金、票据、证券的出纳、保管、转移及其财产契据之保管等事务均应由代理国库之银行或县市公库办理,无代理国库之银行或县市公库地方,由邮政机关办理;救济事业基金应依其性质个别立户管理,除充原指定用途外不得变更用途,一机关经管两种以上救济事业基金时,亦应分别立户存管,不得相互流用。从而,使救济基金的管理制度更加严密,有利于杜绝经费筹措和使用中的随意性,有利于预防并减少侵吞和挪用救济基金现象的发生。

慈善事业是在民间开展的以善爱之心为道德基础、以社会捐助为经济基础的社会化救济事业,其最直接的目的是帮助现实社会中的脆弱群体。老弱病残等脆弱群体既是慈善事业的救助对象,也是慈善事业赖以存在并得以发展的社会条件。民国时期,民间的慈善救济活动一直广泛存在。国民政府时期,由于救济任务繁重,单靠政府的力量难以应对,于是对民间的慈善团体采取扶助与监管相结合的政策,《各地方救济院规则》规定:"各地方慈善事业由私人或私人团体集资办理者,一律维持现状,但须受主管机关监督。"②

① 《各地方救济院规则》第 7 至 11 条。

② 《各地方救济院规则》第 12 条。

与此同时,国民政府内政部于1928年5月公布了《管理私立慈善机关规则》,咨令各省市政府、民政厅转饬所属县市遵照办理,继因《规则》缺乏对慈善团体全面监管的规定,遂于翌年颁行《监督慈善团体法》及其《施行规则》,规定:"济贫、救灾、养老、恤孤及其他以社会救助事业为目的之团体"为慈善团体;慈善团体除属于财团性质者外,应有5个以上发起人,发起人须为名望素著操守可信者、曾办慈善事业著有成效者、热心公益慷慨捐输者、对于发起之慈善事业有特殊之学识或经验者;慈善团体不得兼营为私人谋利的事业,亦不得进行宗教宣传。① 同时,对慈善团体发起人资格、会员、财务及主管官署的有关职责等作了详细的规定。

佛教是中国传统慈善救济活动的一支重要力量。国民政府为管理其救济活动,内政部于1935年1月依照《监督寺庙条例》拟订了《佛教寺庙兴办慈善公益事业规则》,规定各寺庙应斟酌地方之需要,酌量各自经济情形,由一寺独立兴办或由数寺院合力举办或当地佛教会督促该地全体寺庙共同举办慈善公益事业,其范围包括民众教育、济贫救灾、育幼养老、卫生医药等事项。②

另外,国民政府还在冬季举办季节性救济活动。1942年10月,社会部公布有《冬令救济实施办法》,规定各省、县(市)应按时成立冬令救济委员会,由社会行政机关(或主管社会行政人员)发动联合有关机关、团体及当地公正人士组织之,分为查放组、事务组、筹募委员会及监核委员会,分掌有关事项。其救济

---

① 《监督慈善团体法》第1至4条,蔡鸿源主编:《民国法规集成》(第42册),第216页,黄山书社,1999。

② 《佛教寺庙兴办慈善公益事业规则》第2、3条,蔡鸿源主编:《民国法规集成》(第40册),第12页,黄山书社,1999。

措施分为工赈、小本贷款、举办平粜或发放米谷,办理粥厂或平价食堂,施送衣被或平价发售,设置庇寒所或冬令临时收容所,发放贷金等项。其对象除灾民、难民中不能生活者,得配合临时急赈予以救济外,暂定为鳏寡孤独残废而无力生活者、家境赤贫之抗战军人家属、生有子女至5人以上家境赤贫者。所需款物,以地方自筹为原则,必要时中央予以拨助。工作期限一律限于每年11月16日或12月1日起成立至次年3月底结束。①

三、国民政府《社会救济法》立法过程和主要内容

抗日战争中后期,国家长期处于战乱状态,加以不时发生的自然灾害,使得农民破产、劳工失业,难民、灾民、伤残军人、乞丐等流民如潮,各种社会问题和社会矛盾丛集而生,完全紊乱了原有的社会秩序。想方设法化解或缓解这些社会问题和社会矛盾,已经成为关涉国民党政权生死存亡的一个严峻问题。因此,从20世纪40年代起,国民政府对社会救济问题空前地重视起来。社会部于1941年1月设立"社会行政计划委员会",先后聘请专家学者及部内各单位主管人员为委员,并于同年5月间,在委员会内设置"研究室",开展研究工作。关于社会救济的研究是其中一个重点,至1942年8月止,共计拟定"社会救济问题政策纲领草案、修正社会救济法草案意见、老年人救济、不幸妇女救济、伤残军人救济、难民救济、难童救济、伤民救济及复员、乞丐流民救济、劳工失业救济、农村救济、残废救济、精神病救济、出狱罪犯救济、紧急救济、战后社会复员"等实施方案14种,以

① 蔡鸿源主编:《民国法规集成》(第43册),第369—370页,黄山书社,1999。

及与前项方案有关问题的研究报告14种。①

在此之际,国民党中央执行委员会也迭次开会研讨社会救济问题。1941年12月22日,第五届中央执行委员会第9次全体会议通过了居正等11位委员提出的"确定社会救济制度,以济民生而利建国"一案,其要点包括:(1)从速订颁社会救济法,规定救济对象,划一救济设施;(2)调整并统一社会救济之行政机构,不分消极、积极、临时、经常,统一规划与实施,以宏救济之效用;(3)政府应宽筹救济经费,在各级预算中提高其百分比;(4)积极整顿并扩充各种救济事业,刷新内容,力求完备;(5)切实整理并监督各地方慈善团体,责由主管官署另定整理办法及监督办法,以期改进;(6)奖励个人及团体办理社会救济事业,使其普遍发展。

1943年9月8日,第五届中央执行委员会第11次全体会议又通过了谷正纲等14位委员提出的"确定战后社会救济原则"一案,其主要内容如下:(1)战后社会救济,应与国家复员计划配合进行,以减少受救济人之数量,并培养其自力更生之能力,以发挥救济之最高效能;(2)对于遭受战事破坏之城市乡镇,致无适当住所之居民,应予合理之住宅救济,由政府出资或贷款,普遍倡办各种救济卫生住宅,使人民得以复居;(3)对于遭受战事或天灾及其他非常灾变之灾民难民,流亡在外者,应由政府资助其回籍;(4)对于穷苦无依之老弱残疾难童孤儿,或资送回籍,或留养当地经常救济设施,应为有计划之措置,并采用积极救济方法,俾化无用为有用,变消费为生产;(5)对于受灾农民

① 《抗战建国史料——社会建设(三)》,第336页;转引自周建卿编著:《中华社会福利法制史》,第558页,台湾黎明文化事业股份有限公司,1992。

及失业劳工,应大量举办农贷、工贷、合作贷款等,必要时,予以生活必须之救济,并举办耕牛种子农具之贷与,及普设职业介绍机构,举办失业人员调查登记训练及调剂事项;(6)对于因战事归国之侨胞,一俟原居留地回复自由,应予以种种便利,协助其返还并施以救济;(7)战后社会救济,应与国际救济机构密切联系,必要时得合作举办;(8)战后社会救济,应由政府特拨专款,并接受国际救济款物,同时发动社会力量,积极推行;(9)战后社会救济,应由主管机关,遵照上列各项原则,分别对象或区域,详订办法,统筹实施。①

期间,国民政府还于1942年10月在重庆召开了为期8天的第一次全国社会行政会议,有中央各机关代表、各省市社会行政人员及研究社会学的专家共214人参加,提出议案210件,其总决议案中的要件之一为"确定社会救济制度",略谓:"欲求民生问题之解决,端在群众生活之安定,与福利之增进,我国过去虽亦有各种社会事业,惟其性质为消极的事后救济,且其举措不属国家,私人之乐善好施,能力有限,故亦未能收普遍增进福利之效,今后于社会事业,允宜由民间消极之慈善观念,变为国家积极之行政责任,更发动社会力量共策进行,以纾地方之财力,解决地方之疾苦;以地方之正士,主持地方之善政,大会于此,因有'从速颁行社会救济法'及'积极整理并改进地方慈善团体及救济设施'等之决议。"②

以上两次国民党中央执行委员会全体会议的决议案及第一次全国社会行政会议的建议案,检讨了前期政府在社会救济方

---

① 此两提案参见周建卿编著:《中华社会福利法制史》,第560—561页,台湾黎明文化事业股份有限公司,1992。

② 周建卿编著:《中华社会福利法制史》,第562页,台湾黎明文化事业股份有限公司,1992。

面存在的分散性、消极性等弊端与不足,明确提出了统一社会救济行政、统一社会救济法制的要求和目标,促进了社会救济统一立法的迅速实现。

其实,早在上述两次国民党中央执行委员会全体会议及第一次全国社会行政会议之前,社会部就邀集专家,开始了起草社会救济法的活动,并于1941年底拟具初稿,包括5章77条。1943年2月12日,社会部将拟订的《社会救济法草案》呈请行政院审核,并拟具了一篇文情并茂的呈文,详述了起草社会救济法的旨趣及立法意义。原文如下:

窃查我国救济行政,素为政府所重视,顾历代相承,因革损益,有各别制宜之办法,无包举共循之制度,自本部成立后,社会救济行政,独成纲目,划归主管,自应树立法规,共资循守。爰内本礼运大同关于救济原则之意义,外查各国关于救济行政之趋势,拟具社会救济法草案,谨将本草案立法意义,胪陈于后:伏维我国关于救济之观念,在儒家渊源于仁爱,佛家发源于慈悲,故综合而为慈善观念;然细绎礼运大同篇"老有所终,壮有所用,幼有所长,鳏寡孤独废疾者皆有所养"之含义,其崇高理想,殆为合理之社会,对数者,为其天然应负之责任,盖因集体之生存而当为,不专为人类之悲悯而宜为。西欧各国之救济事业,导源于宗教之慈善观念,自产业革命后,社会问题,日趋严重,各国政府,为安定全民之生活,保障其社会之秩序,故社会救济事业,蔚然而兴,观其政府由放任而进为管制,由倡导而进为国营,每年递增大量之津贴与经常费,固早已引为国家之责任。本法草拟之际,遵从国父遗教,体察现代趋势,亦即摈弃慈善观念,而进为责任观念,此其一。

基于上述之责任观念,故救济方法,亦随之变更,不仅注重解除受救济人之疾苦,尤注重扶助受救济人之自立;不仅为事后之补救,尤注重事先之预防,盖已由消极救济,而进为积极救济,化无用为有用,化消费为生产,此其二。

因救济观念与救济方法之改进,故受救济人应以全民为对象,其事业范围,亦随现代趋势而扩大,除贫穷老弱残疾之救济外,他如孕妇婴儿之保护,幼童之教养,生理缺陷者之救济,劳动者之救助,乃至房屋租赁、经济合作、家庭消费,与夫国民生活上之需要,苟有待于救济,无不并顾兼筹,以前限于实物及金钱之救济者,今则扩大至医药救济、教育救济、职业救济等,盖并世各国,对其人民之救济,以时间言,自出生前以至死亡后;以范围言,包括其生活需要之全面。是其对象,已由少数而推至全民;其范围,亦由局部而扩至全般,此其三。

救济对象与救济范围扩大,所有救济设施,自应适应需要,分别设置,并厘订其系统,划一其名称,规定其程序,树立准则,端其趋向,正其鹄的,以期国家救济之功,而不长惰民依赖之习。又以救济事业范围之扩大,在在需费,政府固应负担,社会尤宜效力,故对国家岁出预算,列为专款,定其比差;对于私办救济事业,广为提倡,特予保护,以利推行,而期宏效,此其四。

基于以上见解,曾由本部延揽专家,旁征博引,共同起草。正拟呈核间,又奉钧院转下五届九中全会决议,确定社会救济制度案第二项:调整并统一社会救济之行政机构,不分消极与救济,临时与经常,统一划归实施等因;当即遵照指示,一并包容规定。顷社会救济法草案,业经完成,理合赍同原草案暨立法原则,呈请鉴核,祈赐完成立法程序,公布施行。①

《社会救济法草案》经国民政府行政院审核后修正通过，并于同年4月13日送请立法院审议。接着，行政院又于5月18日将卫生署所提原草案的意见转交立法院参考，卫生署认为："社会救济法原则草案丁项救济方法第四目：院外救济之免费诊疗护产，与现行卫生业务，不无重赖，行政权责，亦难免错综混淆。社会救济机关，既本救济贫民之旨，尽可充分予以医疗及生活费之补助，并可联络地方原设之卫生机关，办理医疗护产工作，似无单独设置机构之必要。因此原草案之救济方法第四目，拟请修改为医疗及助产费用之补助。社会救济法草案内所有第七条、第十五条、第二十七条至第三十一条等条文，亦拟请均予修正。"②

立法院随即组织法制委员会会同经济委员会对《社会救济法草案》进行初步审查。初步审查过程中，删除了法案部分条文，并斟酌吸纳了卫生署等部门的部分意见。保留下来的条文经过重新修正后，被提交立法院院会审议通过。立法院的修正要点如下：

> 一、救济事业费用，以目前地方财力著想，不宜专令地方负担，为求分别负担，便于举办计，故将第四十一条之句，修正为由县市举办者，其费用由县市负担；由中央或省举办者，其费用由中央或省负担。二、各有关官署之职权，应为划清，俾免争议，故于第四十九条③中增入但书，第二十六

① 周建卿编著:《中华社会福利法制史》,第562—564页,台湾黎明文化事业股份有限公司,1992。

② 周建卿编著:《中华社会福利法制史》,第564页,台湾黎明文化事业股份有限公司,1992。

③ 应为第五十条——引者注。

条至二十八条所定关于卫生事项,由卫生署主管;关于临时及紧急之救济,由振济委员会主管。三、本法旨在救济,其救济设施及方法规定,不宜过于简单,然如不分时期、地域及事项性质,同时举办,想亦为财力所不许。故于第七条增加视实际需要及地方经济状况,次第举办等字句,同时举办,俾留伸缩,而便适应。①

1943年9月29日,国民政府正式公布施行《社会救济法》,这也是中国历史上第一部完整系统的《社会救济法》②。该法从社会部拟送,行政院核转,立法院通过,到国民政府公布,共为7个月零17天,国民政府表现出罕见的施政高效率,这也从一个侧面反映出社会救济问题的急迫性,及其对国民党政权的严重威胁。正式公布的《社会救济法》分为5章53条:第一章为救济范围,第二章为救济设施,第三章为救济方法,第四章为救济经费,第五章为附则。

就救济范围说,《社会救济法》虽未将全民列为救济对象,但较之《游民习艺所章程》和《各地方救济院规则》已有显著拓展,规定为:"合于下列各条款之一,因贫穷而无力生活者,得依本法予以救济:一、年在60以上精力衰耗者;二、未满12岁者;三、妊妇;四、因疾病伤害残废或其他精神上身体上之障碍不能从事劳作者;五、因水旱或其他天灾事变致受重大损害或因而失业者;六、其他依法令应予救济者。""对于遭受非常灾变之灾民难民所为之紧急救济,其受救济人,不以前条所列者为限;对于性格操行不良,具有犯罪倾向,有矫正之必要者,

① 国民政府《立法院公报》(第128期),1943年11月编印。

② 国民党退踞台湾后,《社会救济法》在台湾省仍被施行,直至1980年6月14日台湾当局公布《社会救助法》时才被废止。

予以矫正救济”①。此外,该法还将从事不正当业务或受虐待的妇女;无正当职业或懒惰成习的游民;生育子女满5人以上,生活难以为继者等纳入救济范围。《社会救济法》的这些规定,“已摆脱了传统社会的伦理道德标准,而更赋予现代的人文关怀,体现了现代政府的公平标准和一种管理责任”②。

就救济设施说,前述《各地方救济院规则》已有规定,但抗战爆发后,由于难民众多,成分复杂,各种设施名称已变得混乱不堪,《社会救济法》重新进行了规范和统一,分为:一、安老所,用以留养年在60岁以上之男女应受救济者;二、育婴所,用以留养未满2岁之男女婴孩应受救济者;三、育幼所,用以留养满2岁以上未满12岁之幼年男女应受救济者;四、残疾教养所,用以留养残疾人应受救济者;五、习艺所,用以收容教养懒惰成习或无正当职业之游民;六、妇女教养所,用以教养曾从事不正当业务或受虐待之妇女;七、助产所,用以帮助应受救济之妊妇;八、施医所,用以治疗受救济人疾病;九、其他以救济为目的之设施,如为应受矫正救济之幼年男女设矫正处所,为埋葬受救济人或流浪人死亡无人埋葬者设代葬所等。③ 并规定由各县市视实际需要及经济状况,来分别举办,中央及省亦得酌量办理,其由团体或私人举办者,应先经主管机关许可。

就救济方法说,《社会救济法》按受救济人的需要,分别用下列各种方法来处理:“一、救济设施处所内之留养;二、现款或食物衣服等必需品之给予;三、免费医疗;四、免费助产;五、住宅

---

① 《社会救济法》第1、2、3条,蔡鸿源主编:《民国法规集成》(第42册),第364页,黄山书社,1999。

② 蔡勤禹著:《国家、社会与弱势群体——民国时期的社会救济(1927—1949)》,第97页,天津人民出版社,2003。

③ 《社会救济法》第6条及第三章部分条文。

之廉价或免费供给；六、资金之无息或低息贷与；七、粮食之无息或低息贷与；八、减免土地赋税；九、实施感化教育及公民训练；十、实施技能训练及公民训练；十一、职业介绍；十二、其他依法令所定之救济方法。”①这些方法体现了因人施救的社会救济基本要求，包含着丰富的救济内容：对于确无劳动能力，而又无以为生，无人扶养的人给予留养救济，享受基本的生活保障；对于留养的老年人、残废人、婴幼儿附加基本医疗和丧葬保障；对于2岁以上未满12岁的幼儿，附加义务教育；对于遭受灾变的灾民、难民，给予现款或食物、衣服等实物，予以必需的生活救助；对于无业游民和不良妇女，予以收容，并附加知识和技能，矫正其不良习惯；对于无钱看病的贫民，由公立医院或私立医院中附设的施医所向其施放医药；对于行产的孕妇，由助产所医师、助产士助产，未设立助产所的县市乡镇，应当指定助产医师、助产士或处所，免费为孕妇接生；对于精神病患者，送入精神病院接受治疗。②

上述救济方法，按照方式可划分为院内救济和院外救济。院内救济是指受救济人在救济设施内接受的救济，这是一种比较古老的方法，其中第一种方法即属之；院外救济是指受救济人在救济设施外接受的救济，在贫穷落后的近代中国，国家和社会无力投入大量资金建造救济院所、扩大救济设施，院外救济无疑是一种比较通行且有效的方法，如免费医疗、免费助产、低息贷款、减免赋税、感化教育、技能训练、食物发放等即属之。

就救济经费说，《社会救济法》第四章专门规定了经费的负

① 《社会救济法》第14条。
② 《社会救济法》第三章部分条文。

担、使用原则、使用方法等,如实行救济经费分级负担、分级管理、分级使用的原则:救济设施由乡镇、县市、省府或中央举办者,分别自行负担费用,但由团体或私人举办而著有成绩者,主管机关得酌予补助;救济事业经费列入中央或地方预算,县市得由中央政府予以补助。关于救济经费的筹募,规定各种救济设施得于设置时募集资金,但团体或私人的设施非经核准不得向外募捐;经费的募集,不得用摊派或其他强制征募方法,并不得移作别用。《社会救济法施行细则》还明确界定了救济经费的来源:"一、列入年度预算之救济经费;二、地方救济事业基金款产及其孳息;三、救济设施生产劳动所得之收益;四、经政府临时指拨之救济经费;五、捐赠救济设施之款产及其孳息。"①可见,财政拨款已成为救济经费的最主要来源,并被列入政府预算,这是保证救济事业稳步发展的基本条件,也是国家救济行为和社会救济制度化的显明标志。

在附则中,明定主管机关在中央为社会部,在省、市、县为各级政府;但为救济人而设施医所、卫生所、助产所、精神病院等事项,则为卫生署;临时及紧急救济,为振济委员会。另外,社会部还根据附则第52条的规定于1944年9月12日公布了《社会救济法施行细则》,共18条,其重点内容除前述救济经费来源外,还包括:

关于救济程序、期限及停止:凡请求救济者应先填具申请书,送请主管机关或有救济设施的处所查核办理,由司法或治安机关移请救济者仍应照此办理,但对情势急迫亟待救济者,救济设施处所可以暂予收容;救济设施内的留养,除老人及残疾人经

① 《社会救济法施行细则》第16条,蔡鸿源主编:《民国法规集成》(第43册),第186—187页,黄山书社,1999。

教养后,仍难自谋生活者,予以终身留养外,其他应分别按其性质,规定留养期限及教养标准,使出所后自立谋生;受救济人受救济原因消灭者、不遵守主管机关或救济设施负责人的合法处置且情节重大者、以诈欺或其他不正当方法获取救济者,则停止其救济。

关于救济设施的名称和备案:社会救济法实行后,各救济设施原有名称不合规定者,应依法改正;举办救济设施应于1个月内将名称、有关组织管理及各项设施之规章、经费来源及概算、业务性质及收容人数、职员名册报经当地主管机关核转社会部备案。

其他规定:以义仓粮食贷与平民者,仍应收回实物;办理平粜者,仍应粜补,不得改存现款。冬令救济以每年11月至翌年3月为起止期,但各地得视实际情形酌予伸缩。救济设施还可自行筹设公墓,以备受救济人或流浪人死亡时有地方埋葬。

四、《社会救济法》的后续立法

《社会救济法》是在国民政府前期制定的《各地方救济院规则》、《管理私立慈善机关规则》、《监督慈善团体法》、《各省市县地方救济事业基金管理办法》、《冬令救济实施办法》等一系列救济法规的基础上制定而成的,在立法内容上,既有前后因袭的成分,也有推陈出新的举措。但《社会救济法》作为一部"母法",毕竟只有53个条文(其草案也不过77个条文),只能对社会救济事业作出原则性的规定,而不可能面面俱到。同时,《社会救济法》公布后,原有的一些救济法规已陈旧过时,甚至与"母法"矛盾,有待修正和规范。因此,秉承《社会救济法》的原则和精神,制定和颁行相应的子法,势在必行。

《救济院规程》是最重要的一部子法,1944年9月5日由行政院公布施行,在立法形式和内容上对《各地方救济院规则》多有继承,共分为总纲、安老所、育婴所育幼所、残疾教养所、习艺所、妇女教养所、助产所施医所、附则8章,对各种救济设施的救济内容作了明确的界定和细化,使之更具可操作性。同时,规定各省(市)、县(市)、乡镇应于其所在地设置公立救济院,院长副院长各1人,内分总务、业务及保健3组办事,各设组长1人;内部设施应参照社会救济法的规定,并结合各地实际需要及经济状况次第设立,各所分设所长1人。团体或私人也可依法设立私立救济院,但至少要有两种以上救济设施。①

《私立救济设施管理规则》是专门针对私立救济设施的一部子法,与《救济院规程》同日公布施行,1945年4月30日行政院核准修正,在立法内容上对《管理私立慈善机关规则》、《监督慈善团体法》、《佛教寺庙兴办慈善公益事业规则》等前期法规有所借鉴。根据规定,所谓私立救济设施是指团体或私人创办的救济设施,包括教会、寺庙、家族、各种人民团体以及外国人或国际团体在中国境内所设立的各种救济设施。其创办、变更及停办,都要报请主管机关的核准,还要设置董事会,延聘7至15人为董事,以负责人或创办人为董事长。②

《各地方推行义诊办法》由社会部会同卫生署于1946年3月9日公布,规定应组织义诊委员会(3至5人),来办理施济医药事宜,旨在促进民族健康,救济贫病人民。《各省市县社会救济事业协会组织规则》由社会部于1946年7月27日修正公布,规定协会由各省市县为发展社会救济事业,增进社会福利而组

① 蔡鸿源主编:《民国法规集成》(第43册),第188—192页,黄山书社,1999。

② 《私立救济设施管理规则》,蔡鸿源主编:《民国法规集成》(第43册),第194—195页,黄山书社,1999。

织，在县市的会员为：从事社会行政工作人员；私立救济机关、团体或当地慈善、公益设施之负责人；民意机构代表及当地热心社会救济事业之公正人士。在省则增加省内各县市社会救济事业协会之代表。①

此外，社会部还对《冬令救济实施办法》进行了修正，并公布有《社会部重庆实验救济院规程》、《救济院基金管理委员会组织规程》、《私立救济设施减免赋税考核办法》、《公立救济院所刊发印信办法》等法令，作为《社会救济法》的第二级子法，对《救济院规程》、《私立救济设施管理规则》等法规进一步细化。

综上所述，从民国北京政府的《游民习艺所章程》到国民政府前期的《各地方救济院规则》再到国民政府后期的《社会救济法》，勾画了近代中国社会救济法制化的曲折历程。《社会救济法》在一定程度上反映了国民党所宣扬的"以实现三民主义社会政策，建立完善之社会救济制度为目的"②的理想和"五五宪草"所规定的"老弱残废无力生活者，国家应予适当之救济"③的精神。从立法内容来看，几乎涵盖了现代社会保障制度中除社会保险和社会优抚以外的方方面面，堪称国民政府制定的一部社会保障"母法"，被台湾地区的学者称之为"社会救助立法的嚆失"和"社会福利法制的先河"④。社会救济的法制化客观上有利于社会救济事业的发展，并产生了积极的社会效果。民国

① 周建卿编著：《中华社会福利法制史》，第 571 页，台湾黎明文化事业股份有限公司，1992。

② 洪兰友（曾任社会部次长，参与社会救济法制定）：《社会救济的立法精神》，《革命文献》第 97 辑。

③ 《中华民国宪法草案》，第 128 条，1936 年 5 月 5 日公布。

④ 周建卿编著：《中华社会福利法制史》，第 568 页，台湾黎明文化事业股份有限公司，1992。

时期,各项社会救济设施就是随着社会救济立法的不断完备而逐渐发展和完善起来的。《社会救济法》颁行以前,据国民政府内政部 1934 年对全国救济设施发展状况的调查统计,全国仅有公私救济设施 834 所①;《社会救济法》颁行后,据国民政府社会部统计处调查,截至 1947 年 6 月底,国内公私救济设施已达 3379 处②,而到该年底,全国公私救济机关团体数进一步增至 4172 个③。当然,我们还要看到民国政府"有法不依"的大量事实,不宜过高地估量其社会救济立法的社会效用。如 1945 年 10 月,重庆 17 万产业工人中有 55000 人以上失业,而工人代表到国民政府社会部请求救济时竟遭逮捕;国民政府虽成立民营工厂被裁工人处理会,举办失业工人登记,但仅仅登记 3000 人就宣告结束,把大部分失业工人抛在救济之外。④ 特别是抗日战争结束后,国民政府以"国家统一"为借口,蓄意挑起内战,许多亟待救济者还未来得及喘息,又再次陷入了战争的深渊,致使各项救济设施形同虚设,各种社会救济法规也变成了一纸空文。

第二节 灾荒救济立法

灾荒救济是国家和社会对因自然灾害造成生存危机的社会

---

① 江亮演:《社会救助的理论与实务》,第 157 页,台湾桂冠图书文化有限公司,1990。

② 国民政府主计处统计局主编:《中华民国统计年鉴》(社会),第 365 页,南京中国文化事业公司,1948。

③ 《中华年鉴》(社会),第 1749 页,1948 年。

④ 参见陈达:《我国抗日战争时期市镇工人生活》,第 188 页,中国劳动出版社,1993。

成员进行救援和赈济,使之脱离灾难和危险并维持最低生活水平的一种特殊社会救济制度,也是人类社会最原始、最久远的一种社会保障形式。灾荒救济在中国历史上多称之为“荒政”、“救荒”,也称“救灾”,既是社会救济事业的有机组成部分,但又与一般的救贫济困活动不完全相同。因此,前述社会救济立法虽然从总体上说已包含灾荒救济的部分内容,但还有一些法规专为灾荒救济而立,故有设专节考察之必要。

一、救灾程序立法

民国时期,灾荒救济由中央或省政府按规定的程序进行。1915 年 1 月,民国北京政府借鉴清朝灾荒查报和蠲缓的有关制度,制定和公布了《勘报灾歉条例》。1928 年 10 月 9 日,南京国民政府内政部在该条例的基础上颁行了同名法令;1934 年 2 月 24 日,行政院修正后重新公布了《勘报灾歉条例》。1936 年 8 月 10 日,国民政府行政院又公布了《勘报灾歉规程》。这些条例和规程都规定了灾荒救济的基本程序:

(1)勘灾。勘灾即地方官吏查勘核实受灾程度,确定成灾分数,为救灾提供实际数据。按照国民政府颁行的《勘报灾歉条例》和《勘报灾歉规程》的规定,地方遇有“由渐而成”的旱灾、虫灾,由县政府随时履勘,至迟不得超过 10 日;遇有风、雹、水灾及其他急灾,须立即履勘,最迟不得超过 3 日。履勘后,先将被灾大概情形分报该管省政府及民政厅、财政厅备案。勘灾的机构和程序规定为:“各县市灾案,民、财两厅据报后,立即会派委员会同县市复勘,将被灾地亩分数电厅,转呈省府核定,令饬遵办,并由县、市、局遵照核定被灾地亩分数,造具县、区、村地亩应行蠲缓数目清册,连同印委勘结及简明表,报由财政厅核明,咨同民政厅会报省政府,分咨内政、财政两部,核转行政院呈请国民政府备案。”①

(2)报灾。报灾即下一级政府向上一级政府报告灾情,它是上级政府了解灾情、实施救灾的基本依据。报灾期限因季节差别及灾情缓急而有所不同,国民政府《勘报灾歉规程》规定:“夏灾限立秋前一日、秋灾限立冬前一日为止,但临时急变因而成灾者不在此限,气候较迟之区域亦得酌量展限。”②如果一地方连续遭灾,报灾可以延期,具体办法是:“除旱、虫各灾由渐而成亦仍依限勘报外,其他各项续灾距原报灾情之日未过十五日者,位于正限内勘报,不准展限,若已过初灾勘限正限之后续被重灾,准另起勘报。”③法令对报灾期限作出严格规定,便于地方官员遵照执行。

(3)蠲缓。蠲缓包括蠲免和停缓,是根据被灾程度适当减免灾区土地赋税的一种传统救灾方式。蠲缓的前提是确定灾区的被灾程度,根据《勘报灾歉条例》规定:地方勘报夏灾,察看情形较轻尚可播种秋禾者,一律等到秋收时再行勘定分数,其向不播种秋禾者即在夏灾时勘定分数;各省市核定被灾分数应自被灾地亩全年收获不及中稔半数时起算,其收获在中稔半数以上者,以不成灾论。

关于蠲缓比例,民国北京政府公布的《勘报灾歉条例》规定,地方勘报灾伤,将灾户原纳正赋作10分计算,按灾请蠲:被灾10分者,蠲正赋7/10;被灾9分者,蠲正赋6/10;被灾8分者,蠲正赋4/10;被灾7分者,蠲正赋2/10;被灾6分、5分者,蠲正赋1/10。蠲余钱粮分年带征,被灾10分、9分、8分者,分作3

---

① 《勘报灾歉条例》第5条,蔡鸿源主编:《民国法规集成》(第39册),第506—507页,黄山书社,1999。

② 《勘报灾歉规程》第4条。

③ 《勘报灾歉条例》第9条。

年带征;被灾7分、6分、5分者,分作2年带征①。国民政府的规定略有不同,请蠲比例定为:被灾9分以上者,蠲正赋8/10;被灾7分以上者,蠲正赋5/10;被灾5分以上者,蠲正赋2/10。蠲余田赋分年带征,被灾7分以上者作3年带征;被灾5分以上者作2年带征。② 如果单从字面上看,国民政府时期灾民的负担较之北京政府时期有所减轻。

蠲缓须遵循严格的程序:遇灾申请蠲缓,由各省市查明应蠲缓分数,报上级机关查核;蠲缓带征年限,由各省市就地方原有惯例,另定举行办法,报部查核。蠲缓申请得到批准后,3日内准予施行。施行之前,应大张告示,遍行晓谕。由于官方文书审批期长,往往文书到达,赋税已征,为此法令规定:"其有输官在前者,应蠲部分,准其流抵次年。应完各款应缓部分,既已完纳,免再分年带征。"③

抗日战争期间,国民政府还将蠲缓制度写入了《社会救济法》,规定:"各地遇有水、旱、风、雹、地震、蝗、螟等灾,各县市政府得视被灾情形,呈请减免赋税。"④使之成为一项法定救济制度。蠲缓制度在近代中国确实发挥了一定的救灾效能。如1935年河北全省遭受不同程度灾害,国民政府下令对该省蠲缓赋税;1936年6月,山东新泰、博兴、高青等县禾苗遭灾,国民政府下令减免3县田赋。⑤ 但由于这一制度难于操作,加以地方

① 民国北京政府《勘报灾歉条例》第6、9条,蔡鸿源主编:《民国法规集成》(第14册),第200页,黄山书社,1999。

② 《勘报灾歉条例》第11、15条,蔡鸿源主编:《民国法规集成》(第39册),第507页,黄山书社,1999。

③ 《勘报灾歉条例》第14条。

④ 《社会救济法》第38条。

⑤ 《中华民国政府公报》第123辑第2064号,国民政府文官处印铸局出版。

官吏玩忽职守、无视民瘼,使得在多数情况下或流于形式,或成为贪墨之渊薮。

为了严格查灾与放振程序,杜绝灾振过程中的流弊和漏洞,国民政府行政院于1947年5月8日又公布了《灾振查放办法》。该办法分总则、勘灾、放振、报销及报告、附则5章,规定:报灾应列举灾害种类、被灾程度、面积、人数及财产损失;灾情重大,非地方财力、物力所能救济时,应由被灾地方报请省市政府,由中央主管机关转呈行政院指拨振款或以其他方法救济之,如灾情特别严重时,得径报行政院酌拨振品、振款。放振概用振票,每人一张,分大口小口;查户发票,应依照户籍册,须亲往领振,如因疾病、生育、残废,得委托亲友代领,振务会计报告,复写4份,以备分转查核。

二、救灾资金立法

资金是灾荒救济的经济基础,没有救灾资金的保障,救灾活动一般无法开展。因此,民国政府十分注重救灾资金的筹集,从当时出台的一些法规内容来看,筹资渠道主要包括三个:一是奖励社会捐助;二是发行赈灾公债;三是建立救灾准备金制度。

(1)社会捐助。社会捐助是民国时期救灾资金的一个重要来源。民国北京政府在1914年8月颁行《义赈奖劝章程》,鼓励社会各界捐款赈灾,规定凡捐助义赈款银1000元以上者由大总统依据《褒扬条例》褒扬之;不满1000元者由地方行政长官依据款银数额分别给予奖章。国民政府成立后,相继公布《振款给奖章程》、《振务委员会助振奖给章程》,规定依据捐款数额,由政府或振务会分别给予匾额、褒状、褒章等奖励。1934年11月,国民政府出台《公务员捐俸助振办法》,规定:"凡公务员月俸在50元以上者每月捐2%,共捐6个月,自民国23年11月起至民国24年4月止"[1];税务、盐务、铁路、邮政等机关及一切国营公营事业机关人员,教育行政机关、国立公立中等以上学校及学术文化机关人员,警察机关人员都要照捐。同时,国民政府还于1931年底公布了《振务委员会收存振款暂行办法》和《振务委员会提付振款暂行办法》,对振款的管理作出明确规定。

(2)赈灾公债。发行赈灾公债是民国政府开辟的一条新的救灾资金筹集渠道。1920年华北大旱,民国北京政府于同年11月颁布《赈灾公债条例》,决定发行公债400万元,年利率7厘,每年上半年5月31日和下半年11月30日各付息一次,这是民国政府最早发行的赈灾公债。国民政府承袭了这一办法,1929年4月立法院通过《公债法原则》,规定政府募集内外债的主要用途之一为:"充非常紧急需要,如对外战争及重大天灾等类皆属之"[2],明确了赈灾公债的合法性。国民政府时期,几乎每次大灾都要发行赈灾公债。如1931年公布的《国民政府民国二十年振灾公债条例》规定:国民政府为拯救各省灾民起见特发行公债8000万元[3],定名为:国民政府民国二十年振灾公债;本公债专充急振、工振及购买振粮之用;本公债利率定为周年8厘,自发行之日起,于第6个月,用抽签法分10年还本,每年抽签两次,每次抽还1/20,至第10年为止,连同息金全数偿清。又如1935年11月公布的《民国二十四年水灾工振公债条例》规定:国民政府为救济水灾、办理工振,发行公债,定名为:民国二十四

① 《公务员捐俸助振办法》第1条,蔡鸿源主编:《民国法规集成》(第39册),第516页,黄山书社,1999。

② 千家驹编:《旧中国公债史资料(1894—1949)》,第181页,中华书局,1984。

③ 本公债分两期发行,第一期3000万元发行后适值"九·一八"事变发生,推销困难,第二期5000万元没再发行。

年水灾工振公债;本公债定额为国币 2000 万元,利率定为年息 6 厘,每年 4 月及 10 月末各付息一次。

(3)救灾准备金。救灾准备金是国民政府时期开始设立的专用救灾资金。1930 年 4 月,振务委员会呈请国民政府拟自本年度起,每年预算内列备荒专款 500 万元,专为救灾备荒之用,永不删除,亦不移作他用;并拟具《备荒基金法》草案,请核议公布。国民政府立法院讨论审查后,认为该草案规定稍欠详密,遂责成有关人员另行起草。不久,《救灾准备金法》起草完成,并经立法院通过。1930 年 10 月 18 日,国民政府公布了中国历史上首部《救灾准备金法》;1935 年 6 月,又颁行《实施救灾准备金暂行办法》,规定了《救灾准备金法》的"施行细则"。

《救灾准备金法》规定,救灾准备金由中央和省区两级机构筹建,具体办法为:"国民政府每年应由经常预算收入总额内支出百分之一为中央救灾准备金,但积存满五千万元后得停止之"。"省政府每年应由经常预算收入总额内支出百分之二为省救灾准备金;省救灾准备金以人口为比例,于每百万积存达二十万后得停止前项预算支出"①。关于救灾准备金的使用,规定了地方为主、中央为辅的原则:"遇有非常灾害,为市县所不能救恤时,以省救灾准备金补助之,不足再以中央救灾准备金补助之",但"依被灾情况,本年度救灾准备金所生之孳息,不敷支付时,动用救灾准备金不得超过现存额的二分之一"②。

《救灾准备金法》还规定,救灾准备金应设保管委员会,在中央由国民政府派定委员 7 人组成,以内政部长、财政部长为当

---

① 《救灾准备金法》第 1、2 条,徐百齐编:《中华民国法规大全》(一),商务印书馆,1937。

② 《救灾准备金法》第 6、9 条。

然委员;在省由省政府呈请行政院派定委员5人组成,以民政厅长、财政厅长为当然委员;救灾准备金之收支,保管委员会应按年度造具预算决算,分别呈报监督机关。据此,国民政府于1935年6月又制定公布《救灾准备金保管委员会组织条例》,规定"保管委员会在中央应称为中央救灾准备金保管委员会,在各省应称为某省救灾准备金保管委员会"①;并对保管委员会的人员组成、内设机构、主要职能等作了细致的规定。

救灾准备金制度是一项极为重要的灾荒救济制度,它表明民国时期灾荒救济已开始摆脱传统的临时性的救济措施,而逐渐向建立经常化的救济制度嬗变,也是近代中国社会救济法制化的有力体现。

三、仓储制度立法

积谷备荒是中国传统的灾荒救济办法,最早兴起于汉朝,以后历代不断完善,形成包括常平仓、义仓和社仓等多种形式,一般合称为仓储制度。民国以后,仓储制度一度衰败,虽有于树德等学者著文倡导恢复中国传统的仓储制度②,但并未引起民国北京政府的真正重视,各地仓储破坏严重。南京国民政府成立后,开始注重仓储的建设和管理,一方面颁布《义仓管理规则》及《各地方仓储管理规则》,着手恢复曾一度废弛的传统仓储制度;另一方面,在发展农业合作事业的背景下,相继制定和公布了《农仓法》和《农仓业法》,办理农仓合作社,使之成为调节农村金融和粮食流通的一种工具。

---

① 《救灾准备金保管委员会组织条例》第2条,蔡鸿源主编:《民国法规集成》(第39册),第510页,黄山书社,1999。

② 参见于树德:《中国古代之农荒预防策——常平仓义仓和社仓》,《东方杂志》(第18卷第14、15号),1921年7、8月。

(1)《义仓管理规则》及《各地方仓储管理规则》。南京国民政府建立之初,即于1928年7月颁布《义仓管理规则》,加强了对传统仓储的立法和管理。1930年1月,国民政府内政部在《义仓管理规则》的基础上,修订公布了《各地方仓储管理规则》,明确:“各地方为备荒恤贫设立之积谷仓分为县仓、市仓、区仓、乡仓、镇仓、义仓6种”,其中义仓由个人捐办,其他5种由国家兴办,县乡镇各仓为必设仓,市仓、区仓之设立由民政厅就地方情形定之。①

《各地方仓储管理规则》分为总纲、县市仓、区乡镇仓、义仓和附则5章,规定:县、市、区、乡、镇各仓各设立于县市政府和区乡镇公所所在地,由县长、市长、区长、乡长、镇长各自负责管理;其筹备积谷应以地方公款办理,如无地方公款可采取派收和捐募的办法筹集,派收应于丰年粮贱时以公平方法起集(贫乏之户不得派收),捐募应向殷实民户或热心公益之人劝办;各仓积谷数目,县市各仓由民政厅定之,区仓由县政府定之,乡镇各仓以1户积谷1石为准按数递加。义仓是指由私人捐办的仓储,各地方义仓依《监督慈善团体法》及《监督慈善团体法施行规则》办理,并分报当地区公所、乡公所、镇公所查考。各地方仓储积谷的使用有3种方式,即贷与、平粜和散放,贷与用以调节农村金融,平粜用以平抑粮价,散放用以急赈。按照《各地方仓储管理规则》,除县市仓积谷不用于贷与外,其他各仓均可用于3种方式,其中以平粜的运用较为经常。1934年12月,国民政府行政院发布《各省市举办平粜暂行办法大纲》,规定:“凡被灾区域遇粮价过高或于青黄不接时

① 《各地方仓储管理规则》第1条,蔡鸿源主编:《民国法规集成》(第39册),第523页,黄山书社,1999。

应就原有仓储积谷开办平粜,其未设仓储地方亦应筹集资金举办","仓储平粜总数最高不得逾仓存7/10";①并对平粜的具体办法作了详细规定。

为了督促各地积极兴办仓储,国民政府还于1934年实施仓储总检查办法,根据对江苏、湖北、湖南、安徽、甘肃、陕西、山西、河南、福建等省仓储建设情况的调查,当时仓储积谷为5036255石又465482斤,积款为330172元又2990吊。② 上述统计结果包括了《各地方仓储管理规则》规定的6种仓储形式。需要指出的是,民国时期的仓储制度形式上虽源于传统,但内容上已折射出现代的色彩,如仓储管理不再由地方官员直接插手而是由仓储委员会集体经管。

(2)《农仓法》和《农仓业法》。20世纪30年代以后,国民政府着力推行农业合作事业;在这种历史背景下,1933年召开了九省粮食会议,会议提出了复兴仓储的建议。同年7月,国民政府行政院"为保管农产物品,调节民食流通、农村金融"③,特制定《农仓法》。在此基础上,国民政府于1935年5月制定公布了《农仓业法》,1937年3月又公布了《农仓业法施行条例》。

《农仓业法》与《农仓法》的内容基本相同,依照规定,农仓分农仓和联合农仓两种,不得以营利为目的;农仓以堆藏及保管当地农民生产主要粮食为限,但得依照业务规则堆藏及保管其他农产品,保管期限由寄托之日起以6个月为限。经营农仓事

① 《各省市举办平粜暂行办法大纲》第2、4条,蔡鸿源主编:《民国法规集成》(第40册),第1页,黄山书社,1999。

② 王龙章:《中国历代灾况与振济政策》,第38—39页,独立出版社,1942。

③ 国民政府实业部年鉴编辑委员会编:《民国二十二年中国劳动年鉴》(第5编),第117页,台湾文海出版有限公司,1992。

业须具有下列资格之一:合作社或合作社联合社;县乡镇区农会;乡镇区公所;以发展农业经济为目的之法人;经营农业生产事业或经营与农业生产有直接关系之事业者 12 人以上。农仓可兼营下列业务:(1)受寄物之调制改装及包装;(2)受寄物之运送并为介绍售卖或代为售卖;(3)以本农仓或其他农仓或联合农仓所发给之仓单为担保而放款或介绍借款。

可见,农仓已不同于地方仓储,地方仓储的根本功能在于积谷备荒,而农仓的主要功能在于融通农村粮食与金融,正如《农仓业法》所规定:"凡为调解人民粮食流通、农村金融而经营农产品之堆藏及保管者得依本法设立农仓"①,当然这同样具有救济农荒的效用。同时,农仓的兴办并非以废除地方仓储为条件,相反,农仓还可以为办理地方仓储提供便利。如不论是《农仓法》还是《农仓业法》,都规定:农仓经主管官署之委托可以保管地方仓储积谷,依照内政部公布的《各地方仓储管理规则》办理。

由于依照《农仓法》和《农仓业法》的规定,合作社或合作社联合社是经营农仓的首要主体。因此,从中央到地方,农仓实际上成为农业合作事业的一个组成部分,甚至本身就是合作社。如 1932 年丰收成灾,国民政府实业部令中央农业推广委员会与宁属农业救济协会合办中央模范农业仓库,举办储稻押款,以调剂农村金融,平准粮产价值,使农民免于粜贱籴贵,取得了一定的效果。次年 9 月,实业部公布《中央模范农业仓库暂行章程》规定:"本仓库开始营业后,应为合作社之筹备并指导业务区域内之农民依本章程第 10 条认股加入,俟社股集有成数及农民能

① 《农仓业法》第 1 条,蔡鸿源主编:《民国法规集成》(第 55 册),第 185 页,黄山书社,1999。

自行管理时,依农仓及合作社各关系法令实行改组。”①中央模范农业仓库的办理模式对地方农仓的举办产生了显著影响。如山东省《邹平县庄仓合作社实施办法》规定:“庄仓之性质为有限合作社,其加入之社员所负之责任,限于所出之粮石。”②

四、奖惩制度立法

国民政府为加强对办赈团体和人员的管理,在20世纪30年代出台了一系列章程及条例,主要有1930颁行的《办理振务人员奖恤章程》;1931年颁行的《办振人员惩罚条例》与《办振公务员奖励条例》;1932年颁行的《办振团体及在事人员奖励条例》与《办振团体在事人员恤金章程》,从而建立了一套包括奖励、惩罚和抚恤等内容的救灾团体及人员奖惩制度。

(1)奖励。《办振公务员奖励条例》规定,对办振公务员的奖励有8项,即升叙、进级、加俸、记功、给予振务委员会金质褒章、给予振务委员会银质褒章、嘉奖。受奖条件为:遇非常巨灾,统筹综划、转危为安者;负有地方治安、水利、河防、卫生、交通、救济各责任人员,恪尽厥职、先事筹防、消灭巨灾者;查核严明、散放周密、异常出力者;奔走呼吁、募集巨款者;立身刻苦、办事敏捷、特著勤劳者;办理振务在3年以上著有成绩者。

《办振团体及在事人员奖励条例》规定,对办振团体及在事人员的奖励分7种,即明令褒奖、国民政府颁给褒状或匾额、国

---

① 该章程第10条规定:“凡在业务区域之忠实农民经本区域临时监事会审查合格者均得加入本仓库为社员”,参见国民政府实业部年鉴编辑委员会编:《民国二十二年中国劳动年鉴》(第5编),第119页,台湾文海出版有限公司,1992。

② 《革命文献》(第87辑),第439页,台北裕台公司,1981。

民政府颁给褒章、国民政府准予建立纪念碑碣、振务委员会颁予褒状或匾额、振务委员会颁予褒章、刊名纪念碑碣。受奖条件为:振灾团体其所办救济范围遍及全国各灾区、活人在10万以上或成立在5年以上成绩卓著者,由国民政府颁给褒状或匾额;救济范围在数省或一省市者由振务委员会颁予褒状或匾额;热心振济、声誉素著,所办灾振范围普遍全国各灾区或捐助振款在10万元以上、募筹振款在50万元以上者,由国民政府明令褒奖,并得于所振济各地方建立纪念碑碣;创办灾振团体成绩卓著者,由国民政府颁予褒章,并得刊名于所振地方之纪念碑碣;热心公益,所办灾振范围及于数省或1省市或捐款在1万元以上、募款在5万元以上者,由国民政府颁予褒章,并得刊名于所振地方之纪念碑碣;海外华侨以私资创办国内振灾团体或募集巨款助振者,由国民政府颁予匾额并给予褒章;在事人员,不避艰险躬往灾区勘查散放全活多数人命者、办理义振多次不辞劳苦者、奔走呼吁募集振款者,由振务委员会颁予褒章,并得刊名于所振地方纪念碑碣。

(2)惩罚。《办振人员惩罚条例》规定,办理振务人员有下列情形之一者,按情节轻重分别依照刑法本刑加重1/3处断:卷逃振款者;购买振粮振物浮报价目者;与商民通同作弊于采购振粮振物等费扣取者;意图侵吞振款振物假造或涂改单据账目者;经放振物人员以劣品抵换振物者;负有办振任务人员假借职务上之权力机会购买贩运物品漏税渔利者。

办理振务之公务员有下列情形之一者,按情节轻重分别依法惩戒:未呈经中央核准擅自挪用振款变更其性质者;负有地方治安振济水利河防卫生责任人员,荒废职务,未能先事筹防致酿成巨灾者;负有地方责任之人员于所属发生灾歉事前之拯救、事后之振济,未尽其权能之所能至者;负有地方责任之官吏犯勘灾条例第13条各款者①;负有办振责任人员于其职务荒怠疏忽稽延以致贻误振济者;调查灾况不实者;呈报稽迟者;负有救济灾民之卫生人员办理草率迟延者;交通机关人员非因特要事故而于振物之运输漠视稽延以致贻误振济者;管理振款不依照振务委员会所定各省振务会管理规则办理者;出纳振款不依照振务委员会所定各省振务会及县市振务会会计规程办理者;所属人员犯上列各条失于觉察者。

(3)抚恤。依照《办理振务人员奖恤章程》和《办振团体在事人员恤金章程》的规定,恤金分为本身一次恤金和遗族一次恤金两种,数额在国币50到200元之间。给予本身一次恤金的条件为:因办振受伤致身体残废不能任事者或因办振致病致精神丧失不能任事者;给予遗族一次恤金的条件是:因办振遇有不能抗御之事故或积劳致病以致死亡者,连续办振10年以上勤劳卓著而亡故者。

综上所述,近代中国灾荒救济立法活动可以概括为两个方面:一方面是将传统灾荒救济活动中行之有效的方法和措施纳入立法的范畴,使之逐步法律化、制度化;另一方面是通过立法建立起适应近代社会需要的新型灾荒救济制度。这两个方面的努力共同推动了中国传统社会分散、无序、临时性的灾荒救济活动向集中、有序、制度化的方向发展。龚书铎先生总主编的《中国社会通史》在论及民国时期的灾荒救济时,曾指出:"总的来说,民国政府的救灾政策和措施,虽然还带有传统荒政的某些特点,但在许多方面已向近代荒政迈出了一大步。"灾荒救济的法

① 应为《勘报灾歉条例》第20条,该条规定:地方遇有灾伤不即履勘或履勘后并不呈报或呈报不实者、地方报灾后若将所报灾地留待勘报分数,不令赶种致误农事者,依照公务员惩戒法办理之。

制化无疑应该是这“许多方面”当中十分重要的一个方面。

从近代中国灾荒救济立法的内容来看,既有对传统的继承也有适应社会发展需要的创新。仓储备荒制度在我国源远流长,是一种古老的灾荒救济制度。民国政府通过制定《义仓管理规则》及《各地方仓储管理规则》把这种传统的灾荒救济形式纳入了法制化轨道,同时又与当时的农业合作事业相结合,推出《农仓法》和《农仓业法》,使传统的仓储制度和近代的农仓制度相互结合、相得益彰。遇灾勘报并根据灾情减免税赋,在我国由来已久,清朝时已经形成了比较严密的制度。民国北京政府首先公布《勘报灾歉条例》,南京国民政府相继颁布了同名的条例和规程。这些法规规定的查报灾情的步骤及根据灾情减免税赋的办法与清朝时期相比并没有实质性的变化。但颁行一部专门的法规,对查报灾害的方法和步骤以及如何根据灾情减免灾区负担等问题作出细密的规定,却是我国历史上的封建王朝不曾做到的。

在灾荒救济资金的筹措方面,民国时期的灾荒救济立法规定了多种渠道。传统灾荒救济的资金主要由官府拨付,另外就是通过社会捐助来筹集,都是临灾而设的随意性措施。民国政府在出台法规继续鼓励社会各界捐款赈灾的同时,还开辟了通过发行赈灾公债筹资的新渠道。特别是南京国民政府通过《救灾准备金法》而建立起来的救灾准备金制度更是一项前所未有的重要举措,是一项极为重要的灾荒救济制度,它表明民国时期灾荒救济已开始摆脱传统的临时性的救济措施,而逐渐向建立常规化的救济制度嬗变,也是近代中国灾荒救济法制化的有力体现。

第三节 社会合作立法

合作主义是源自西欧的一种社会改革思想,“自19世纪末尤其是20世纪初开始正式登上历史舞台以来,与几乎所有发达国家的社会保障制度相生相伴,相互依存,成为一枚硬币的两个侧面;这个历史现象是现代文明国家发展进程中一个不可逾越的历史阶段,是现代社会保障制度与现代社会福利制度的结构中一种不可或缺的要素”。① 清末民初,合作主义思想翻洋越海,从西欧经日本传入中国。此后,在政府行政和国家立法力量的推动下,逐渐发展为一种独具特色的社会合作事业,并在灾荒救济和难民救济方面发挥了重要的社会保障功能。

一、中国近代合作思想、合作事业与社会救济

互助合作是人类社会的传统美德,也是社会保障理念最古老的源头。中国历史上的经济互助组织最早可以从战国时代兴起的仓储制度算起,以后历代各地都有很多不同形态的组织出现。这些经济互助组织,依据现代经济学的分类,可分为公共部门与民间部门两类。公共部门包括常平仓、义仓、社仓等,多由国家、地方政府或地方乡绅来主持,是赈灾济贫而非营利性质的经济互助组织;民间性经济互助组织多是为了特殊地区、特殊行业、特殊时期而组设,如从事民间借贷活动的合会、从事民间劳务互助活动的标会以及各地广泛存在的商业帮派等,这些组织基本上是以追求经济个体(家计单位、商家)之间的互利与团结

① 郑秉文:《合作主义:中国福利制度框架的重构》,《经济研究》2002年第2期。

为目标,与大多数百姓的日常生活有密切关系。从民国以后在各地区的农业经济调查结果显示,大多数农民生活在“贫困线”以下,而济急的方式,仍多求助于传统私人高利贷,遭受民间不公正经济活动的盘剥。所以,民国初年西欧、日本的社会合作事业引入中国,并非历史的偶然。

(一)合作思想

西欧合作主义是19世纪中叶兴起的一种反对资本主义制度流弊,积极谋求改善平民经济状况的社会改革思想,合作社则是这一社会改革思想制度化的产物。日本在明治维新时期,从西欧引进了合作主义思想和合作社制度。日本的合作事业对中国产生了直接的影响,使近代中国最早了解了合作主义制度。史料表明,民国初年,社会合作思想主要从日本和英、德、法等欧洲国家传入中国,当时在中国传播合作思想、倡导合作社的主要代表人物有孙中山、薛仙舟、戴季陶、覃寿公、楼桐孙、陈果夫等。参见下表:

表4—1 民初合作思潮的影响来源(举例)

传入国	英国	日本	德国	法国
代表人物	孙中山	戴季陶	薛仙舟	楼桐孙
主要论点	在三民主义学说中提及西欧各种合作制度的优点,倡导消费合作制度。	介绍日本的民间结社实施方式,倡导合作制度法制化,并草拟《产业合作社法草案》。	主张从基层的合作社到全国经济社会的合作化,并草拟了《中国合作化方案》。	译介查理·季特的合作学说与各国的合作运动,是国民政府时期《合作社法原则草案》的主要制定者之一。

资料来源:赖建诚著《近代中国的合作经济运动——社会经济史的分析》,台湾正中书局,1990。

台湾学者赖建诚在《近代中国的合作经济运动——社会经济史的分析》一书中,根据上述主要代表人物合作思想的不同价值取向,将他们分别归类为革命派、经济派、理想派和政党派。

革命派以孙中山影响最大。他在辛亥革命之前,已多次提及西欧(英国)的消费合作社等概念,在1924年的民生主义讲演中,也再次提及此制度的优点。他在《地方自治开始实行法》中,主张地方自治团体应办理农业合作、工业合作、交易合作、银行合作、保险合作,其对于合作社分类之主张显然受到英国"费边社"尤其是Webb夫妇的所主张的合作经济制度①的影响,而又增加一种保险合作。更重要的是,孙中山在民生主义中所倡导的合作制度,为北伐之后国民政府的合作立法奠定了思想基础。

经济派以覃寿公为代表,他早岁留学日本专攻经济,在民国前5年已出版两本经济著作,是中国出版最早的介绍合作制度的书。覃寿公认为中国当时的社会状况与19世纪中期的德国近似,所以对日本引入德国的农村(信用)合作制度尤感兴趣,认为:"唯有推行合作,才可解决我国的产业问题,唯有推行合作,才可以救中国于危亡中,以独立世界。"②对合作事业给予了很高的期许。

理想派尤以被尊称为"中国合作之父"的薛仙舟为代表。他是激烈的社会改革主义者,曾留学美、德、英诸国研究银行学与合作制度。1919年曾在复旦大学创办中国第一个信用合作社——"上海国民合作储蓄银行",鼓励复旦学生于1919年发

① 参见Webb夫人著:《英国合作运动史》,商务印书馆,1931。
② 陈岩松:《中华合作事业发展史》,第94页,台湾商务印书馆,1983。

行《平民周刊》,宣传合作主义,并与曾跟他学德文的陈果夫在同年发起"中国合作同志社",研究推进合作思想与运动。1927年,曾拟就"全国合作化方案",请陈果夫呈蒋介石、胡汉民,因时值北伐,且其本人病逝,遂成为历史文献。他是一个理想"合作共和"、全国合作化的人物,受当时西欧思潮的影响很大。

政党派以陈果夫和戴季陶最有影响。陈果夫直承薛仙舟的热诚参与合作运动,北伐后历任党政要职,终身未脱离合作运动的主要领导角色。国民政府由北伐到抗战结束之间,他的角色相当重要,从《合作社法》的起草,到中央政校及合作学院培育合作人才,到中华民国1947年宪法第145条中规定:"合作事业应受国家之奖励与扶助",他都积极参与。戴季陶在留学日本期间已相当注意日本的产业组合法制及组织,"五四"期间曾演讲鼓吹此制度,编著《产业合作之组织》一书,并曾参考俄国、日本、德国的法律,拟制了中国的《产业协作社法草案》,开近代中国社会合作立法之先声。

虽然上述各派合作思想的价值取向各异,但在一点上他们是没有分歧的,即都认为:合作制度是一种能够增进民生福利、保证社会安全的福利保障制度。在孙中山的三民主义思想体系中,合作制度始终是民生主义的有机组成部分。薛仙舟在《中国合作化方案》中把合作化的终极目标确定为:"教导民众,辅助民众,使民众与之俱化,造成合作共和的基础,实行合作共和的制度,享受合作共和的福利。"①戴季陶在论及协作(即合作)制度时指出,"由这一制度,可以使弱者阶级得多少救济,使他们在社会的当中,一面减轻若干苦痛,一面增加若干势力,一面

① 赖建诚:《近代中国的合作经济运动——社会经济史的分析》,第54页,台湾正中书局,1990。

得着许多协作共享的经验和趣味,使阶级的斗争,较为缓和而有秩序”①。而最能直接影响国民政府合作立法的当属蒋介石的思想,他在关于合作事业的历次训示中也多次指陈合作事业的慈善和福利效用:“合作制度在求人类之‘自助互助’,即所谓‘我为人人,人人为我’,前者不偏于营私牟利,后者有利于慈善事业”;“我们人群的进化与福利的基础,在于互助合作,必须和平处世,然后可以发挥互助合作的德性,收到互助合作的效果”。② 因此,近代中国的合作立法带有明显的社会救济及福利色彩。

(二)合作事业与社会救济

近代中国,合作事业的推展与天灾(旱灾、水灾)人祸(各种战争)密不可分。1920 年华北五省大旱,灾民达 2000 万人,一般人士纷起救济,国内 14 个救灾团体联合组织华北救灾协会,各国驻京公使也组织国际对华救灾会。此两大团体又联合组成北京国际统一救灾总会,募款赈济。救灾总会于赈务结束时,集合天津、太原、上海、济南、开封各地华洋赈团,讨论善后事宜,皆主张设立永久机关,遂在北京设立中国华洋义赈救灾总会(China International Famine Relief Commission),简称华洋义赈会。华洋义赈会成立后,认为发放赈款仅属临时性质,乃由救灾转向防灾。其防灾计划在农业方面引进德国式农村信用合作社制度在华北推行,取得了不错的效果,“导我国合作事业之先河”③。

1931 年长江流域发生特大洪水,国民政府指拨美麦 23800 吨,委托华洋义赈会办理皖赣农赈及江西工赈,合作事业也随之

① 《革命文献》第 84 辑,第 262 页。
② 《革命文献》第 84 辑,第 212—213 页。
③ 《革命文献》第 84 辑,第 473 页。

推展到华中地区。同时,国共双方在该地区进行的"围剿"和反"围剿"军事斗争也是合作事业拓展的一个重要促动因素。1931 年国民政府在江西南昌设立"行营",全权负责策划督导"剿匪区内"党政军民一切事宜。合作事业在系统上属于"行营党政委员会"下的"地方赈济处",负责"收复地区之紧急救济与善后复建"工作。赈济工作分为三类:一为急赈,以维持战区灾民的短期生活;二为工赈,安排工作,以工代赈;三为农赈,在《农村金融紧急救济条例》下,透过合作社贷放资金,以求战后农村复兴。

二、近代中国合作事业立法

中国近代合作事业与传统民间自发性互助组织的根本区别在于其法律化和制度化。因此,近代中国合作事业立法活动与合作事业的发展几乎同时起步,并且正如合作事业的发展与天灾人祸密切相关一样,合作事业的立法进程也与之息息相关。

民国北京政府时期,合作事业只是民间社会改革运动者自发性的倡导,没有政府的支持,也不会出现政府的立法活动,社会合作立法尚处于倡导与萌芽阶段。这一时期,戴季陶于 1920 年拟订了《产业协作社法草案及其理由书》,主张仿效日、俄合作法制在中国施行,属个人提议与倡导层次。虽无法律效力,但为合作事业立法提供了可资借鉴的法律文本,开近代中国合作立法风气之先。另外,还出现了运作性的合作社章程,目前留存比较完整的是华洋义赈会 1923 年拟订的《农村信用合作社章程》,此外还有《北京大学消费公社章程》。这类章程的共同特征就是它们都没有法律的地位,只是合作社内部的营运规则。

国民政府成立后,鉴于中国长期战乱,民生艰难,加上生产技术落后,自然灾害频繁,开始以政府的力量来推动源自民间的合作事业,以改善经济及社会条件。在1928年到1949年之间,南京国民政府和各地区依政治或军事或救济上的目的所公布的合作法律、命令、规则、章程可谓多如牛毛,繁杂无序。下面,从地方政府颁布的合作行政法令、中央政府通过颁布的合作法规两个方面分别进行考察:

(一)地方政府颁布的合作行政法令

在国民政府颁布全国性的合作社法之前,合作事业的发展基本上是以地方政府行政命令的形式来规范。这些行政法令主要包括两个部分:一是1928至1934年间由各省市政府制定的合作社条例、通则、章程,共有10省5市(行政院辖)颁布了13种法令,目前有全部条文可查者,计有江苏、浙江、江西、河北4省合作社条例。① 这一时期基本上尚处于国民政府合作政策的发轫阶段,合作事业的基本经费和人力资源都缺乏最基本的准备,致使这些行政法令多"决而未行",加以它们又不具有法律效力,故此处不予详述。

二是1932年至1935年间由豫鄂皖三省"剿匪"总司令部等军政单位颁行的以"剿匪区内各省"为开头的战区合作行政法令,包括各种条例、章程、通则、规程共计12种(参见表4—2)。这一时期,区域性合作法令的制定和颁行出现了一个高潮,并且这些法令带有明显的救济色彩。这种现象的形成缘于两种因素,一是1931年长江中游发生严重水灾,前述华洋义赈会成功的先例使政府和民间都认为农业合作组织是复兴灾区的好办法之一:贷款给灾民复员,之后再还贷款,而非依赖性的纯粹救济。二是20世纪30年代初期中共在江西建立革命根据地,国民政府的豫鄂皖三省"剿匪"司令部在加紧"围剿"革命根据地的同

① 参见《革命文献》第84至87辑的有关内容。

时,提出“三分军事,七分政治”的口号,在收复区推行农业合作、颁布各种合作社法令试图借助合作社来控制农村的社会经济活动。

从下表可看出,“剿共区”内的合作立法活动大致可分为三个阶段:1932 年颁布的 5 种法规,是军政单位颁行的,且只限于豫鄂皖三省;第二阶段是因为战区的扩大,而且业务种类的内容也要有统一的规范,所以才有 1933 年《农村合作社条例》来当作“母法”,然后规定 4 种业务形态,并依此母法制定执行机关的组织章程、办事通则与施行细则。第三阶段是 1936 年实业部把战区 6 省的合作组织,以“各省农村合作委员会”的名义吸纳,而且结束了前述 11 种法令的适用性:“本通则自呈奉行政院核准之日施行,军事委员会委员会长南昌行营原颁之剿匪区内各省农村合作委员会组织规程,自本通则施行之日起,于豫鄂皖赣闽甘诸省不适用之。”①

表4—2　“剿共区”内合作法令简表(1932—1935)

颁行年序	法令名称	内容说明
1932 年 10 月(1935 年 8 月修正)	“剿匪区”内各省农村金融紧急救济条例(1)	“为促进恢复生产起见,集合九人以上经核准,设立农村合作预备社”,当作合作社的运作原则。
同上	豫鄂皖三省“剿匪”总司令部农村金融救济处组织规程(2)	规定负责主管机构之性质、职责、组织结构。
同上	豫鄂皖三省“剿匪”总司令部农村金融救济处放款规则(3)	放款给农村(合作)预备社的利率、期限、额度、手续等技术性规定。

① 赖建诚:《近代中国的合作经济运动——社会经济史的分析》,第 131—133 页,台湾正中书局,1990。

(续表)

颁行年序	法令名称	内容说明
同上	豫鄂皖三省"剿匪"总司令部各县农村金融救济分处组织通则(4)	规定在各地设分处的各项原则与做法。
同上	"剿匪区"内农村合作预备社章程(5)	当作组设合作社的模范章程,各社依此形式设立。
1933年10月	"剿匪区"内各省农村合作社条例(6)	相当于该地区内的"合作社法",把从前的各项条例重新规范。
同上	农村信用、利用、供给、运销四种合作社模范章程(7)	说明四种业务性质合作社的业务、结构、评分等方式。
1934年1月	"剿匪区"内各省农村合作委员会组织规程(8)	依前(6)"合作社条例"第8条制定
1934年7月	"剿匪区"内各省农村合作委员会办事通则(9)	为上述(7)规程之通则。
1934年8月	"剿匪区"内各省农村合作条例施行细则(10)	依前(6)"合作社条例"第88条制定。
1935年10月	"剿匪区"内各省合作金库组织通则(11)	未找到条文仅知有此通则存在。
1936年11月	豫鄂皖赣闽甘各省农村合作委员会组织通则(12)	替代以上的各项规则

资料来源:赖建诚著《近代中国的合作经济运动——社会经济史的分析》,台湾正中书局,1990。

(二)中央政府的合作事业立法

南京国民政府合作法规的制定可以20世纪30年代为界划分为两个阶段。从民初至北伐定都南京为止,国民党的最高合作理论,基本上没有超过三民主义之内孙中山所提及的消费合作社组织。因此,南京国民政府成立初期,社会合作的立法重点在于消费合作社。1929年1月,国民政府工商部参酌国内社会经济状况，借鉴国外立法经验，拟定了《消费合作社条例草案》，这是南京国民政府拟定的第一部合作社法案。

《消费合作社条例草案》借鉴了西欧合作组织的经验，规定了合作社的一般原则：(1)一人一票，而不以股金多少决定其权利。“合作社原则系权利义务一律，不论入股多少，故限定社员与团体社员之选举及表决权为一员一权”。这体现了合作社的民主管理原则。(2)按交易额分配盈余，而非以股金多少为标准。“合作社与普通商店不同，系救济平民生计之组织，非资本家逐利之渊薮，故社员分配盈余，不以入股多少为比例，而以消费多少为比例，此乃合作社之唯一基本原则”①。这体现了合作社的社会救济及福利色彩。但该草案又规定了合作社不能退股的原则，这有悖于当时西欧合作社的普遍原则。该法案经立法院审核时，由于各委员均主张缓议，遂被搁置。

20 世纪 30 年代后，随着国民政府在华中华南四省对中国共产党领导的革命根据地战争的展开，在这些省区组织农村合作社，成为配合其军事行动一项重要政策。因此，在地方性合作行政法令颁行的同时，南京国民政府合作立法的重点也由单纯的消费合作转向普遍的社会合作。1931 年国民党中央合作行政主管机关——实业部鉴于各省的合作法令不一，管理困难，遂颁布《农村合作社暂行规程》，也适用于非农村合作社。从此之后，有较统一可共同遵循之规则。但该《规程》仅属于行政命令，并无法律地位。

与此同时，南京国民政府也加紧了合作立法的进程。1930 年 1 月，立法院以合作社法亟待完成，特交委员楼桐孙起草，并

① 谢振民编著：《中华民国立法史》(下册)，第 868—869 页，中国政法大学出版社，2000。

检发工商部所拟《消费合作社条例草案》,以备参考。楼桐孙考察国内社会经济情形,参照各国现行合作法规,于1931年9月拟具《合作社法原则草案》,经立法院提请中央政治会议修正通过。《合作社法原则》(下简称《原则》)共分10款,主要内容可概括如下:

(1)合作社的定义和性质。《原则》第1款规定:"本法所称合作社,谓依平等原则,在互助组织之基础上,以共同经营方法,谋社员经济之利益,与生活之改善,而社员人数与资本额均可随时变动之团体。"第7、8款规定:"合作社盈余,除弥补损失外,应提存总额20%以上为公积金,10%以上为公益金";"盈余之分配,不得以社员之出资为标准,而以社员交易之多寡为标准"。①

上述条款规定了合作社的社会救济及福利性质,具体体现为:首先,合作主义的宗旨在于谋求最大多数人的利益,以利于经济上的解放与自主。因此,合作社应该是一种"门户开放"性的组织,其"社员人数与资本额均可随时变动"。在这一点上,较之《消费合作社条例草案》显然已有改进。其次,合作社是人的结合而非资本的结合,合作社的业务经营应该完全平等,社员出资额虽有不同,而其为人则一,社中一切权利,悉以人为单位,而不以资本为单位,故第9款规定"每一社员,仅有一票表决"。再次,合作社的目的不在谋个人私利,而在谋全体社员经济上的一切利益,与生活上的改善。故合作社如有盈余,必须提出多数作为公积金与公益金,以促进合作社业务及社会公益事业的发展。

① 谢振民编著:《中华民国立法史》(下册),第869、873页,中国政法大学出版社,2000。

(2)合作社的业务分类。《原则》第2款根据孙中山关于合作社分类的主张,将合作社业务分为5个方面:一是农业合作,如农村生产合作社、运销合作社、利用合作社等;二是工业合作,如工业生产合作社、运销合作社、利用合作社等;三是交易合作,如消费合作社、供给合作社等;四是银行合作,如信用合作社、合作银行等;五是保险合作,如牲畜保险合作社、人寿保险合作社、农作保险合作社等。

(3)合作社的其他原则。合作社的责任分为有限、保证、无限3种;合作社免征所得税及营业税,并得呈由各主管机关核免其他税捐;合作社非有7人以上,不得设立;社员认购社股,每人至少1股,但至多不得超过社股总额20%,社股金额,每股至少国币2元,至多不得过20元;两个以上的合作社或合作社联合会,因区域上或业务上之关系,得设立合作社联合会。

1934年3月1日,国民政府立法院在《原则》的基础上,正式制定公布了《合作社法》。该法共分通则、设立、社员社股及盈余、监事理事及事务员、会议、解散及清算、合作社联合社、罚则和附则9章,其内容重点即为中央政治会议所决定的合作社法10款原则,此不重述。从此,国民政府管辖区内的合作事业立法,有了正式统一的母法及其他细则。其后也随着各地各项业务的需要,制订了许多较低层次以及专业合作社适用的合作法规。从而,合作事业立法有了完整的体系:母法、施行细则、专业合作社法、管理办法。这里,在专业合作立法中简要介绍一下与社会救济及福利关系比较密切的消费合作立法和合作金库立法。

消费合作是国民政府时期劳工福利的重要内容。1929年国民政府工商部拟定的《消费合作社条例草案》尽管未获立法院通过,且30年代后中央政府的立法重点由单纯的消费合作转向普遍的社会合作,实业部仍于 1931 年颁行了《消费合作实施方案》和《消费合作社章程》,秉承了《消费合作社条例草案》的基本精神,将消费合作社的组织和管理纳入规范化轨道。

合作金库由农村信用贷款机构发展而来,是国民政府实行农贷的重要金融工具。1935 年 10 月,国民党南昌行营颁行《剿匪区内各省合作金库组织通则》,这是国统区第一次出现“合作金库”法规,但并不具有法律地位,且仅适用于局部地区。1936 年 12 月实业部颁行《合作金库规程》,合作金库逐渐推向整个国统区。依《规程》的规定,合作金库采取由下而上的三级制,各库自负盈亏之责,但因县市、省市二级金库推行困难,中央级合作金库一直未能成立。抗战期间,国民政府改革合作金库体制,1942 年由社会部、财政部等组成中央合作金库筹备委员会,1943 年和 1944 年立法院相继通过《合作金库条例》和《合作金库施行细则》,将原来的三级制改为二级制,省市级的合作金库是中央金库的“支库”,实际上是“虚级”单位,而县合作金库才有法人的实质地位。至此,国统区的合作金融立法体系进入统一阶段。

综上所述,合作事业本为西欧的一种民间自助性社会福利制度,但“橘逾淮而为枳”,在中国近代特殊的社会历史环境下,在民国政府以国家立法和行政力量的推动下,近代中国的合作事业从初期的民间自发事业逐渐演化为一种政府主持下的社会救济事业。不可否认,合作事业在华北、华中发生水旱灾害与饥馑时都发挥了显著的社会救济功能。但是,在 20 世纪 30 年代国共军事对抗的过程中,国民政府更主要的目的是试图把合作事业作为控制农村社会经济、保障农村社会安全的工具,从而在经济上“围剿”中国共产党领导的革命根据地。所以这一时期,国民政府空前重视发展合作事业,其突出表现就是颁布了繁杂无序、多如牛毛的合作法令,出现了一个合作事业立法的高潮。抗日战争爆发后,国民政府推行新县制,为使合作事业与新县制配合,行政院于1939年颁布《县各级合作社组织大纲》,要求各乡镇保都有一个合作组织,以达"每保一社"、"每户一社员"的目标。这样,农村合作组织的社会救济色彩已大大淡化,而"异化"为国民政府管制经济、控制农村、对抗日本、限制中共的战时统制工具。但同时兴起的工业合作运动,则成为战时社会救济事业的一部分,发挥了安顿难民、维持小型民用和军事工业生产延续的功能。

第五章 近代中国社会保险立法

——论及其他相关性立法

社会保险是工业社会出现的一种新的社会保障模式,它一出现便呈现出立法强制实施的面孔,成为解决工业劳动者养老、工伤、疾病等问题的有效措施。由于它主要面向工业劳动者,因此通常亦称作劳动保险,在近代中国又有劳工保险、工人保险、社会劳动保险、劳动社会保险等多个不同名称,但所指称的内容基本相同。民国时期,西方社会保险的基本制度和理念已经传入中国,在当时工业化水平比较落后的背景下,社会保险立法一直处于酝酿和草拟过程之中,呈现出明显的滞后性特征。比较之下,民国政府关于人寿保险和职工储蓄的立法尚称完备,在一定程度上发挥着社会保险立法的替补性功能。

第一节 社会保险立法

中国近代社会保险立法受工业发达国家社会保险制度和国际劳工组织国际立法的影响,经历了从萌芽、草创到实践再到确立基本原则的曲折发展过程。20 世纪 20 年代,社会保险的内容已出现于民国政府的劳工立法之中;20 年代末和 30 年代,国民政府曾制定了两部劳动保险法草案;40 年代国民政府确定了社会保险法原则,并开始拟订健康保险、伤害保险等各项社会保险专门法草案。其影响所及,在某些行业和个别地方,社会保险事业已经发轫,使“我国的社会保险制度进入草创阶段”①。但由于一直没有社会保险法规正式出台,社会保险立法的滞后性制约着社会保险事业的正常发展,因而社会保险事业从总体上看还十分微弱,不可能成为社会保障制度的主要模式,难以发挥其应有的社会保障功能。

一、民国北京政府时期社会保险立法的萌芽

民国北京政府于1912年3月成立后,曾颁行过不少鼓励发展工矿业的法规,1914年3月公布的《矿业条例》被视为“吾国保护劳动立法之始”②。近代中国社会保险立法与劳动保护立法几乎同时起步,如《矿业条例》第76条规定:“矿工如因工作负伤,致罹疾病,或死亡时,矿业权者应给予医药抚恤等费。”《矿业条例施行细则》进一步明确规定:依矿业条例第76条之规定,矿业权者应订立抚恤规则,自矿业开办之日始,限两个月内,呈请矿务监督署长核准。其规则以下列各款为标准:“一诊察费及疗养费;二疗养时不能工作,须按其日数给以工价1/3以上之恤金;三葬费须在10元以上;四遗族抚恤费,按照死者100日以上之工价给予之;五废疾抚恤,按照废疾者100日以上之工价给予之。但对于包工之工人,第二款之工人,及第四、五款之抚恤费,须按照30日前日间所得之工价,平均计算每日应得之

---

① 龚书铎总主编:《中国社会通史·民国卷》,第538页,山西教育出版社,1996。

② 谢振民编著:《中华民国立法史》(下册),第1097页,中国政法大学出版社,2000。

工价。”①其中已含有劳动保险因素的初步萌芽。

1919年,民国北京政府参加巴黎和会,成为设有社会保险部的国际劳工组织的会员国之一。在国际劳工组织的影响下,1923年3月农商部公布了被视为“我国第一部工厂法”②的《暂行工厂通则》,其中第17、19和20条分别规定:厂主应按照所办工厂情形,拟订抚恤规则,奖励金及养老金办法,呈请行政官署核准;(厂主)对因工作致伤病者,应负担其医药费,并不得扣除其伤病期内应得之工资;厂主对于女工之产前产后,应各停止其工作5星期,并酌给以相当之扶助金。这些规定实际上涉及养老、伤病和生育等劳动保险内容。

1923年5月,农商部公布的《矿工待遇规则》,可视为针对矿工的一项劳动保护立法。其中规定:矿工因工作受伤时,矿业权者应代为医治,负担费用,并不得扣除伤病期内应得之工资。因工作受伤,致成废疾者,应依下列之规定,给以抚恤费:一终身失去其全体之工作能力者,须给予2年以上之工资;二终身失去其部分之工作能力者,须给予1年以上之工资。因工作死亡者,须给予50元以上之葬费,并给予其遗族2年以上之工资。这些规定也已含有健康、伤害和老废等劳动保险的因素。

上述法规的各条款尽管是一些传统性的抚恤规则,但由于其抚恤对象是近代工矿业劳动者,因此其功能已基本近似或类似于劳动保险或社会保险。只是当时还没有出现“社会保险”或“劳动保险”的字样。“劳动保险”的字样最早出现于民国北

① 王清彬等编:《第一次中国劳动年鉴》(第3编),第206—207页,北平社会调查部,1928。

② 谢振民编著:《中华民国立法史》(下册),第1097页,中国政法大学出版社,2000。

京政府的工会立法之中。①

政府工会立法开始于1923年，当时正值京汉大罢工之后，大总统黎元洪明令订立劳工条例，遂有15条《工人协会法草案》之拟订，但其中并没有关于劳动保险的条款。且由于黎元洪不久被驱逐，国会也被解散，该草案也随之搁置。1925年，上海发生震惊全国的"五卅"惨案，各方认为惨案的发生是由于日本工厂虐待工人，因此要求政府制定劳动法的呼声更加急迫。民国北京政府农商部鉴于这种情势，遂又拟定25条《工会条例草案》，该草案第3条规定了工会的职务，其中第3项即为"关于会员之储蓄、劳动保险事项"；该草案第11条又规定："凡属工会之基金、劳动保险金及会员储蓄金等，均应存储于代理国库之银行。前项基金、保险金、储蓄金，于其所存储之银行破产时，得有要求优先偿还之权利。"②据现在所掌握的资料，这可能是民国时期在中央政府的立法文献中最早出现有关劳动保险的条款。同年，民国北京政府交通部又对该草案进行修正，修正案中几乎原样保留了上述关于劳动保险的条款。交通部于1925年发表的《国有铁路职工通则草案》也有类似条款："为职工谋储蓄或保险，及其他一切利益，得于工资内酌量提取，代为保存，详细办法另定之。"

与此同时，前已公布的《暂行工厂通则》"既以条文不完备，

① 早在1913年10月23日，民国北京政府以教令公布的《农商部官制》便规定该部工商司兼管保险事项；1916年10月20日，该农商部公布的《农商部工商司分科办事细则》也明确规定由第4科管理"关于保险交易以及其他特种营业之核准及监督事项"等。但这里只是笼统地称保险，其中或许包含劳动保险的内容，从字面上还难以明确区分是劳动保险还是商业保险。

② 王清彬等编：《第一次中国劳动年鉴》(第3编)，第245—246页，北平社会调查部，1928。

受中外人士指摘,又以罚则全然未订,大感实施监察之困难"①,遂由农工部对其进行修订。修订后的《暂行工厂通则》更名为《工厂条例》,1927年10月27日由张作霖以大元帅名义在北京公布,是为《北京农工部工厂条例》,其中对社会保险问题已有较为明确的规定:厂主对于工人应为灾害保险,在工人保险条例未规定以前,厂主得查照抚恤条例办理,前项抚恤条例,另定之(第20条);厂主应拟订奖励金及养老金办法,呈请行政官署核准(第21条);工人遇有疾病,厂主应酌量情形,减少或停止工作,其因公致伤,或罹职业病者,应照第20条之规定办理(第24条);女工之产后产后,厂主应酌量情形,各给假4星期,并照给1月之工资,作为扶助金(第25条)。② 同时拟定的《北京农工部监察工厂通则》也将"劳工保险"列为工厂监察的重要事项。③

民国北京政府时期,由于社会保险立法尚处于萌芽时期,中国社会保险事业几乎是一片空白。1922年农商部曾试图核查汇编全国劳工失业保险组织的资料,并饬令江苏等省调查本区劳工失业保险组织的情形。但令人失望的是,就连工业比较发达的苏沪地区也没有发现任何失业保险组织,江苏省长韩国钧在复农商部的函中说:"现在沪埠各项工业虽称发达,而关于此项组合,专为失业保险而设者,殊少闻见。虽其从前或现在工业界中或依事业之种类,各就其部分组成一种同业团体,如某业公所,某业公会,或某会社之类,察其旨趣,间有几许含有失业保险

① 王清彬等编:《第一次中国劳动年鉴》(第3编),第198页,北平社会调查部,1928。

② 王清彬等编:《第一次中国劳动年鉴》(第3编),第200页,北平社会调查部,1928。

③ 参见颜鹏飞等主编:《中国保险史志》,第217—218页,上海社会科学院出版社,1989。

意味,然亦未尝明白规定,不能确认其为失业保险之一种组合。"①函中并附有苏州各行业劳工失业统计表1份(参见表5—1)。在这种情况下,劳动者因工作而致伤、致病、死亡,或因老解职而引起的保障问题,仍只有通过传统的抚恤形式来解决,如上海商务印书馆订有《酬恤章程》、奉天抚顺煤矿公司订有《佣人抚恤办法》等,其他不少工矿企业也订有类似的规章。

表5—1 苏州商埠警察厅调查失业保险统计表(1922年秋)

工 业	手工的及非手工的工人总数	保险人数	承受利益之失业人数	付给利益之日数	付给利益总数	完全失业	部分失业
渔业	170					57	113
林业及农业	245					146	99
矿业及采石业	11					6	5
制造食品业	217					97	120
化学制造业	73					22	51
印度橡皮业							
纸及纸版业	29					5	24
复写业	24					4	20
纺织业	519②					57	79
衣服业	106					27	79
编筐织席业	83					25	58
毛发业	19					7	12

① 《韩国钧关于调查江苏省劳工失业保险组织情形并附苏州各行业劳工失业统计表复农商部咨》,参见中国第二历史档案馆编:《中华民国史档案资料汇编》(第3辑工矿业),第182—185页,江苏古籍出版社,1991。

② 此栏部分失业数应为462之误,另外制贵金属业应为18之误,建筑业应为266之误。

(续表)

工业	手工的及非手工的工人总数	保险人数	承受利益之失业人数	付给利益之日数	付给利益总数	完全失业	部分失业
皮革业	102					34	68
木工	253					78	175
冶金业	30					24	6
五金业	109					29	80
制贵金属业	1					4	14
凿石业	53					30	23
建筑业	166					99	167
石灰瓷器玻璃业	50					24	26
转运业	43					14	29
商务职业	651					278	373
家庭职业	74					46	28
劳工	261					124	137
非手工的工人	277					112	165
总　计	3683					1349	2334

备考:一　此表所列总计,系按现在秋季调查失业者而言。

二　所有星期失业保险以及公共事业分配,星期补额、职工组合供给之失业等表,现均尚未推行,无从填写,理合声明。

资料来源:中国第二历史档案馆编《中华民国史档案资料汇编》(第3辑工矿业),江苏古籍出版社,1991。

二、国民政府时期社会保险立法的草创

1925年7月,孙中山先生1923年在广州创立的大元帅府被改组为国民政府;1927年1月,随着北伐战争的节节胜利,国民政府迁至武汉;同年4月18日,时任国民革命军总司令的蒋介石建立南京国民政府,7月武汉国民政府与之合并。这

一时期,1926年中国国民党第二次全国代表大会的宣言内曾有"由政府举办劳工保险,以安定劳工生活"的倡议;1928年中国国民党曾发布"工人运动纲领",规定要"制定劳工保险法、疾病保险法、灾害救济法、死亡抚恤法、年老恤金法等"①。但直至北伐完成之前,社会保险立法仍然处于萌芽阶段,只是在个别劳工法规中含有劳动保险的条款。如:1927年蒋介石以国民革命军总司令名义公布的《上海劳资调节条例》规定:"实行劳动保险及工人保障法,其条例由政府制定之";同年3、4月间,冯玉祥在西安公布的《陕甘区域内之临时劳动法》规定:"工人患病时,其工资由劳动保险所支付。"同时,国民政府饬令广东省农工厅拟订的《工厂法草案》也规定:"工厂必须为职工储蓄,或保险,或各种利益之设储;但须得工人之同意,方可提存工资之一部分。"②

南京国民政府建立后,为编制《劳动法典》于1927年7月9日成立了劳动法起草委员会;同年9月11日,该委员会并入国民政府劳工局,后又并入法制局。嗣因劳动法起草委员会主席马超俊已调任广东省农工厅厅长,遂于1928年2月1日,再次组织劳动法起草委员会,附设于农工厅,仍由马超俊任主席。1929年春,该委员会编纂完成《劳动法典草案》,共分7编21章863条,其最后一编为"劳动保险",其中伤害保险和疾病保险已分别编竣,而老废保险、失业保险等"则非当时所急需,或须经长期间之调查,遂不得不暂付阙如"③。"此为我国社会保险立

① 参见陈国钧:《社会政策与社会立法》,第324页,台湾三民书局,1984。

② 《银行周报》第496期,1927年4月26日。

③ 谢振民编著:《中华民国立法史》(下册),第1064页,中国政法大学出版社,2000。

法的先驱"①,标志着近代中国社会保险立法进入了草创阶段。

根据《劳动法典草案》之劳动保险草案的规定,伤害保险以"减免劳动者因执行业务而致死伤疾病时所受经济上之损害为目的"②,疾病保险以"减免劳动者因疾病、分娩或死亡时所受经济上之损害为目的"③。其中,伤害保险是社会保险各项目中发展最为悠久的一项,编为第1章,分总则、被保险人、保险给付、保险人、责任、危险率及危险预防、保险费、罚则、诉讼和附则9节148条;疾病保险包括疾病、生育两项保险,编为第2章,分总则、被保险人、保险给付、保险人、经费之负担、罚则、诉讼、附则8节116条。因此,两章条文实际上包含了伤害、疾病、生育三项社会保险,主要内容如下:

(一)保险范围。此草案仿照当时各国通行立法,采取强制保险主义:"凡工业、矿业、建筑业、陆上及内河之运输业,有下列各号条件之一时,均为伤害保险范围之事业:一、发动力非用人力兽力者;二、当时使用劳动者在二十人以上者;三、事业之性质有危险者;四、事业之性质有害于卫生者。""凡从事前条所规定范围内事业之劳动者,均须为伤害保险之被保险人"。④在疾病保险方面,"凡为工资工作之劳动者,除有特别规定外,皆为强制被保险人"⑤。

同时,草案还从当时国内产业的实际状况出发,在强制保险

① 刘见祥:《我国社会保险政策与实践之研究》,第233页,台湾私立中国文化大学三民主义研究所1991年5月博士论文。

② 《劳动保险草案》第1章第1条,吴耀麟:《社会保险之理论与实际》,附录,上海大东书局,1932。

③ 《劳动保险草案》第2章第1条。

④ 《劳动保险草案》第1章第9、10条。

⑤ 《劳动保险草案》第2章第3条。

之外规定有任意被保险人。如:强制范围外的事业主可以申请为其全部劳动者加入伤害保险,年劳动所得不满1500元之小事业主也可以申请加入。疾病保险方面则包括:"一、1年劳动所得不满1500元之小事业主;二、事业主之家族在其事业场工作而无契约并工资者;三、不为强制被保险人之员工及自由职业者①其1年劳动所得不满1500元者;四、家庭之仆役及农林业之劳动者。"②

(二)保险给付。伤害保险给付范围为"医疗伤病津贴、残废年金、遗族年金和丧葬费"③。疾病保险给付范围为"疾病给付、分娩给付、丧葬费及家族扶助",同时借鉴德国立法成例,分为正常给付与附加给付,正常给付为法令所规定最少限度之给付,附加给付则为保险社财政有余裕时,于法令所许可之范围内,依章程之规定所增加给付。④ 两种劳动保险给付的具体项目及标准为:

(1)医疗伤病津贴(包含医药费、伤病津贴及疗养费三部分)。根据规定,被保险人于伤害后13个星期内之医药费由疾病保险负担,但伤害者未加入疾病保险时,其医药费由伤害保险负担。期间,被保险人可以领取伤病津贴,自不能工作之日起至第4星期止,每日为标准工资日额1/2;自第5星期其至第13星期止,每日为标准工资日额2/3;伤害者如经过13个星期后尚未痊愈时,停止其伤病津贴,另给疗养费。

(2)残废年金。伤害者领取疗养费期间,可根据伤害情况

---

① 依据《劳动保险草案》第2章第5条规定,指国家及公共团体之职员和律师、医生、教师等自由职业者。

② 《劳动保险草案》第2章第7条。

③ 《劳动保险草案》第1章第17条。

④ 《劳动保险草案》第2章第8、9条。

得到残废年金,其标准为:对于非有他人看护不能生活者给予原有工资2/3以上至其全部;对于全部不能工作者,给予原有1年工资之2/3;对于一部不能工作者给予其较原有工资所差额数之1/2。伤害者因伤害之结果,非因自己怠惰而无工作时,得领原有工资1/2之年金;对于不能工作之伤害者,除有滥费习惯者之外,经本人同意,保险社得给予一次损害赔偿金以代替年金。

(3)遗族年金。被保险人因伤害死亡时,自其死亡次月起,其遗族得领取遗族年金;遗族年金总额不得超过死亡者1年工资3/5,其领取顺序为:(一)配偶者及子女;长亲;弟妹及孙。

(4)疾病给付。疾病给付包括疗养给付与疾病津贴两部分。疗养给付自生病之日起即可享受,给付形式有两种(所需的金额标准相同):一是给予疗养费;二是现实疗养,范围包括诊察、药剂或治疗材料、手术、看护、病人之移送等项费用。疾病津贴是对被保险人因疾病不能工作时给予的一种补贴,金额为其标准工资的1/2,最多可达2/3。但须经过一定的等待期,即"被保险人自其生病后之第四日起,如在第四日后始不能工作时,自其不能工作之日起开始给付"①。被保险人由于同一疾病或有因果关系继续发生之疾病,其所领受疗养给付和疾病津贴之日数不得超过180日,并在1年内所领受疗养给付之合计亦不得超过180日。

(5)分娩给付。被保险人分娩时,除得领分娩费20元外,并于产前4星期产后6星期不能工作期间内,领其标准工资之1/2,最多可增至2/3;被保险人加入保险未及6个月时,不得领取分娩津贴,但加入保险已满3个月时,得领取分娩费及接生看护之给付;被保险人领取分娩津贴期间不得领取疾病津贴。保

① 《劳动保险草案》第2章第19条。

险社对加入保险在6个月以上之被保险人可以规定下列优待条件:"一、于分娩时无偿供给医生或接生妇;二、因妊娠不能工作时得领取妊娠津贴,妊娠津贴与产前津贴合计不得超过6星期。"①

(6)家族扶助。保险社得以章程对于被保险人之家族规定下列扶助:"一、家族发生疾病时给予治疗;二、妻分娩时供给医生或接生妇;三、配偶者或子女死亡时给予丧葬费,但配偶者之丧葬费不得超过被保险人丧葬费2/3,子女每1人之丧葬费不得超过1/2。"但对于有家族之被保险人,得规定另征收附加保险金。②

(7)丧葬费。被保险人因伤害或疾病死亡时,保险社对于与该被保险人死亡当时共同生活,并为办理丧葬事务之遗族给予该被保险人1年工资的10%为丧葬费,但不得少于20元。

(三)保险组织。保险社是劳动保险的基本组织,保险社因其区域过广不便管辖时得设分社。保险社设立前须制定章程,规定保险社之名称及社址、保险给付之种类及范围、保险金率及其缴纳时期等事项。保险社内设机构包括代表大会和理事会,代表大会由保险社社员之事业主或其代理人及被保险人双方各选出同数之代表组成;理事会由政府任命及由代表大会选出之人员组成,理事长由政府任命。

伤害保险社与疾病保险社一般分别组成,"伤害保险之保险人为政府、事业主及劳动者三方面合组之保险社";"疾病保险之保险人为地方疾病保险社及事业疾病保险社"。③ 但主管

① 《劳动保险草案》第2章第33条。

② 《劳动保险草案》第2章第36、102条。

③ 《劳动保险草案》第1章第53条、第2章第55条。

官厅认为地方疾病保险社与伤害保险社有合并之便利时,得命其合设一社,内分两部:一为伤害保险部,一为疾病保险部。

事业疾病保险社由事业主单独或联合设立,但其通常使用劳动者中的强制被保险人必须在500人以上;地方疾病保险社掌管该地方事业疾病保险社以外被保险人之保险事务。强制被保险人自就业之日起,如疾病保险社新设立时,自该保险社成立之日起即为该社社员;凡为强制被保险人除已加入事业疾病保险社外均得加入其所属区域内之地方疾病保险社。因解散而消灭之事业疾病保险社之权利义务由政府继承之,其强制保险社员为地方疾病保险社之强制保险社员,任意保险社员为地方保险社之任意保险社社员。

(四)保险经费。保险经费包括事务费和保险金两部分。事务费用于保险社日常行政开支,此案规定:伤害保险社设立时,"其经费得向参加该社之各事业主征收之";"地方疾病保险社之事务费由政府负担之,事业疾病保险社之事务费由政府对于各社每年津贴500元"。①

保险金主要用于各项保险给付。伤害保险金全部由加入伤害保险之事业主负担,其数额由保险社根据各事业主雇佣之被保险人数、被保险人工资数额及事业之危险等级②确定。保险金使用范围为:"一、行政费及保险给付;二、准备金之设置;三、预付或偿还邮政局代支之保险给付;四、伤害预防;五、治疗所之设立;六、其他重要事项得主管官厅之许可者。"③此外,事业主

① 《劳动保险草案》第1章第116条、第2章第90条。

② 根据此案第105条规定,代表大会应将伤害保险范围内之事业,依其发生伤害危险之程度作成危险率而定其危险等级,以决定其应出之保险金额。

③ 《劳动保险草案》第1章第118条。

还须负担保险预备费和保险准备金。预备费为充预算不足时支出之用,金额不得超过前会计年度保险金之1/4;准备金为充保险给付不敷之时使用,每年按照其保险金年额1/20征收,至金额与保险社最近3个年间之平均岁出额相等时为止。

疾病保险金由事业主及劳动者各负担一半,其计算方法以各被保险人之标准工资率乘保险金率。保险社之收入不能供其必要之支出及准备金时,须提高保险金率,有附加给付时先行减少或废除之;保险社之收入超过其必要之支出并其准备金已达法定额之二倍,须减低保险金率或增加保险给付。但保险金率除为充足正常给付之必要外,不得超过标准工资百分之四五,增至标准工资百分之六尚不能充足正常给付时,其不足额在地方疾病保险社由政府负担,在事业疾病保险社由事业主负担之。

(五)实施与监督。保险社得以支付通知书委托邮政局代付保险给付;各省邮政局得向各该省之保险社要求预付保险给付之资金,其金额及预付时期由双方协定;保险社于每会计年度后,自接到邮政局请求偿还债务通知书之日起3个月内,须将邮政局垫款全部偿还。保险给付之领取权利人移住时须通知保险社及其原驻地之邮政局。

地方主管官厅为各该区域保险社之监督人,有权任免保险社内政府所应任命之理事长及理事,认可保险社章程及其他法定事项,检查保险社内会计文件,惩戒或罢免有不正当行为之理事长及理事,议决保险社内之纠纷,检视保险社所设之治疗所并监督其他社务。

(六)保险诉讼。保险社、事业主与被保险人因劳动保险事宜发生纠纷或违反此案规定时,可以进行诉讼,由劳动法院裁决。此案规定:事业主故意将保险金全部或一部算入于被保险人之工资时,劳动法院得处以200元以下之罚金;保险社如无正当理由不发给或不照数发给或屡不依期发给保险给付时，保险给付之领取权利人得请求劳动法院强制执行。事业主或其代理人故意或有重大过失惹起伤害事故时，伤害者或其遗族得起诉于劳动法院请求损害赔偿；被保险人或其家族故意或有犯罪行为惹起伤害事故时，事业主或其代理人得起诉于劳动法院请求损害赔偿。

《劳动法典草案》拟成后，曾呈报国民政府立法院审议，但当时立法院已成立劳工法起草委员会，决定采取单行法形式，着手起草劳工法，于是《劳动法典草案》毋庸再予审议，仅被留做起草其他劳工法之参考。尽管这样，其中的《劳动保险草案》首次将伤害保险、疾病保险等社会保险内容系统地纳入了中央政府劳动立法之中，并成为中国近代最早的社会保险法律文本，在中国社会保险立法史上具有重要意义：

首先，借鉴和吸纳了国外社会保险立法的基本理论和经验。劳动法典编纂过程中，博采德、法、英、日本等16国的成法草案，以及国际联盟劳动会议的决议，并"远绍学者之理论，参照我国特有之习惯，准诸党义，考诸统计，折衷于劳动中心主义与资本中心主义之间，于不妨碍产业之发展或存在之限度内，予劳动者以相当之保障，即以促进劳资之协调"①，这当然也是《劳动保险草案》所遵循的"立法之方针"。在此方针指导下，首次引入了强制保险主义的立法宗旨，并确立了伤害保险费由雇主承担、疾病保险费由雇主和雇员共同负担的立法原则。在伤害保险方面，则借鉴多数国家经验，采用"无责任补偿"原则，即不论伤害事故发生的责任是雇主、雇员还是第三人，受伤害的雇员都可以

① 谢振民编著:《中华民国立法史》(下册)，第1063页，中国政法大学出版社，2000。

获得法定的补偿,但同时规定:“伤害事故如因第三者之行为发生时,保险社于保险给付后,在其所给付之限度内取得伤害者对于该第三者所有损害赔偿请求权。”①

其次,考量并结合了近代中国产业落后的实际状况。在被保险人方面,既划定了强制保险范围,又规定了任意被保险人;在筹资比率方面,不用统一社会保险费率制,而采取分项目费率制,即伤害保险和疾病保险分别制定费率标准;在财务管理模式方面,不用基金管理模式,而采用现收现付式,其特点是以支定收,不考虑资金储备;在监控和实施方面,规定了主管机关行政监督、保险社管理业务、邮政局支付保险给付的运行机制。同时,采取劳动保险与社会救济相结合的原则,被保险人在享有保险权益的同时仍然可以得到社会救济。此案规定:“各种公共救济或慈善机关不因本编规定对于被保险人免除其救济之义务,但保险社于其免责之范围内对于该机关所支出之费用有偿还之责。”②

三、国民政府时期社会保险单行法规的拟制

1929 年 12 月 30 日,国民政府公布《工厂法》,分总则、童工女工、休息及休假、工资、工作契约之终止、工人福利、工厂安全与卫生设备、工人津贴及抚恤、工厂会议、学徒、罚则及附则等 13 章共 77 条,这是国民政府正式颁布的第一部劳动保护法规。该法多取材于《劳动法典草案》,但没有专门规定劳动保险的条款,而仅在第 45 条规定:“在劳动保险法施行前,工人因执行职务而致伤病或死亡者,工厂应给其医药补助费及抚恤费。其补

---

① 《劳动保险草案》第 1 章第 102 条。

② 《劳动保险草案》第 1 章第 103 条。

助及抚恤之标准如下,但工厂资本在5万元以下者,得呈请主管官署核减其给予数目:(1)对于因伤病暂不能工作之工人,除承担其医药费外,每日给以平均工资2/3之津贴,如经过6个月尚未痊愈,其每日津贴得减至平均工资1/3,但以1年为限。(2)对于因伤病为残废之工人,永久失其全部或一部之工作能力者,给以残废津贴。其津贴以残废部分之轻重为标准,但至多不得超过3年之平均工资,至少不得低于1年之平均工资。(3)对于死亡之工人,除给予50元之丧葬费外,应给予其遗族抚恤费300元及2年之平均工资。"①该条内容只是提及"劳动保险法",且"所规定工人津贴抚恤,与劳工保险的理想距离还远,根本不能认为其效用足以代替劳工保险"②。因此,从社会保险立法的角度看,该法的出台实质上是一次历史的倒退。

但就是这些最起码的劳动保障条款,也遭致资方的挑剔和不满,如上海市社会局认为此项规定所谓"执行职务"四字含义甚广,如工作时因药品或机器爆裂而致伤病死亡,故由于执行职务,而某种工厂之工作,可以促成肺痨,则肺痨病亦因执行职务而起,故此四字似应有较为切实之规定。又如工人因工厂有意外灾变而致伤亡,而此项灾变,并不发生于执行职务之时,则此项伤亡工人,是否即无须给以医药抚恤等费。又工人因执行职务而致伤病死亡,其原因或由工厂设备不全,或因工人自身忽略错误,或因其他工人失职而遭波及,是否无分轻重,概由工厂依照本条负给费之责任,亦应有规定。因此,1932年12月31日国民政府公布的《修正工厂法》明定"《工厂法》第45条所称工人因执行职务而致伤病之致病部分,系指工人因执行职务而发

① 《国民政府公报》,1930年1月16日。

② 陈国钧:《社会政策与社会立法》,第324页,台湾三民书局,1984。

生之职业病而言”①,进一步缩小了该条款的适用范围,与工伤保险的“无责任补偿”原则相去愈远。

20 世纪 30 年代以来,劳工保险逐渐成为国民政府面临的一个严峻问题。据国民政府实业部中央检查处 1935 年发表的当年全国工业灾害统计结果显示,工人死伤人数 5629 人。但同期出版的《工业安全月刊》指责政府公布的这一数字失实,认为实际数应为 22568 人,即全国工人中每 20 人有 1 人死伤。在此情况下,为缓和阶级矛盾,巩固统治基础,国民政府再次启动社会保险立法,由实业部着手制定劳动保险单行法规,并于 1932 年起草完成《强制劳工保险法草案》。这是近代中国出现的第一部社会保险单行法规。该法案分为总则、被保险人、保险人、保险给付、费用担负、审查之请求及诉愿、罚则和附则 8 章 50 条,主要包括如下内容:

第一,保险种类及项目。法案规定,强制劳工保险包括伤害保险和疾病保险两种,其具体项目为“被保险人因伤致疾或疾病或分娩及因而死亡时依本法之规定给以医疗费、残废津贴、残废年金、养病津贴、分娩费、生产津贴、丧葬费、遗族恤金”②。

第二,保险范围。法案规定:“凡适用工厂法之工厂或适用矿场法之矿场其受雇人均为强制伤害及疾病保险之被保险人”;“凡从事含危险性或有碍卫生工作之受雇人经主管官署之指定后亦得为被保险人”。③ 但不满 1 月之临时雇用人及年薪

① 谢振民编著:《中华民国立法史》(下册),第 1124 页,中国政法大学出版社,2000。

② 《强制劳工保险法草案》第 1、2 条,国民政府实业部年鉴编辑委员会编:《民国二十一年中国劳动年鉴》(第 5 编),第 133 页,台湾文海出版有限公司,1992。

③ 《强制劳工保险法草案》第 10、11 条。

超过 1200 元之职员不在保险范围之内。

第三,保险费用。法案规定,保险费主要由被保险人和业主负担:"(一)伤害保险费由被保险人每月缴纳工资 1%,业主担负 4%;(二)疾病保险费由被保险人每月缴纳工资 2%,业主担负 3%。"同时,"国库及地方金库对于各保险社得酌与补助"①。

第四,保险组织。法案借鉴西方社会保险的组织形式,规定:强制伤害及疾病保险之保险人为业主与受雇于各该事业之被保险人合组之保险社;保险社为法人,但不得为营利事业,其组织由业主拟订章程呈主管官署核转实业部备案;保险社设理事 4 至 10 人处理对内对外一切事务,其中半数由各业主互选,半数由被保险人之社员互选,另由主管官署指派 1 人为常任理事;实业部、省市主管官署及县市政府得检查其事业及财产状况,或命令其修改章程并执行其他监督上之必要处分。

第五,保险给付。法案规定,保险给付包括三种:(1)伤病津贴或残废年金之给付:暂时丧失工作能力者自受伤日起至复工日止每日给以工资 3/4;永久丧失工作能力一部者给以 1 年以上 2 年以下之工资;永久丧失原任工作能力全部者给以 2 年以上 3 年以下之工资;永久丧失各种工作能力全部者按每年所得工资给以终身残废年金。(2)遗族恤金之给付,其中又分两种情况,如被保险人因伤死亡,给付标准为有依赖被保险人维持生计之亲属 3 人以上者给以两年工资,2 人者给以 1 年工资,1 人者给以 8 个月工资;如被保险人因病或分娩致死亡,给付标准为有依赖被保险人维持生计之亲属 3 人以上者给以 1 年之工资,2 人以上者给以 6 个月之工资,1 人者给以 4 个月之工资。(3)养病津贴或生产津贴之给付:疾病自生病之第 4 日起至病

① 《强制劳工保险法草案》第 37 条。

愈日止每月给以工资60%,如经过6个月尚未痊愈,其每月津贴得减至40%,但以1年为限;在分娩期间内工资照给。

最后,法案还明确规定了处罚性条款,如:业主无正当理由拒绝实业部或省市主管官署或县市政府之命令或至指定之限期尚不为保险社设立之声请者,处以500元以下罚金;国营、公营事业各机关如拒绝设立保险社时,实业部得呈请国民政府行政院处理之,体现了该法案的强制性。

《强制劳工保险法草案》实际上是以1929年的《劳动保险草案》为蓝本编纂而成的,在保险种类及保险项目的设定等方面都承袭《劳动保险草案》的有关规定。但《强制劳工保险法草案》也有自己明显的特征:首先,不论是法案的名称,还是保险范围的划定,以及处罚性条款的设置,都进一步凸现了强制保险主义的立法精神;其次,调整了保险费分担比率,伤害保险费由业主完全承担改为分担80%,增加了被保险人的负担,但疾病保险费也相应地由被保险人与业主平均分担改为业主负担60%,仍不失为一种比较合理的保险费分担办法;第三,政府退出了保险组织的具体业务,只负监督及指导之责。

《强制劳工保险法草案》经修订后曾由行政院通过,并送立法院审议,但议而未决,终未见颁布施行之命令。与此同时,公务人员生活保险立法问题也在拟议之中,1934年11月,国民政府考试院在南京召开第一次全国考铨会议,考试院提案中有举办公务人员生活保险一案,经会议议决原则通过,并连同其他议案一起报中央政治会议,经议决交由考试院核办。此后,公务人员保险法案的研议即由铨叙部负责办理。① 1937年国民政府公

① 郭寅生:《公务人员保险法概论》,第1页,台湾学生书局,1980。

布《训政时期约法》,其中亦规定"国家应实行劳工保险制度"①。但由于抗日战争的爆发,国民政府迁移不定,不论是强制劳工保险法草案,还是公务人员保险法案,都未能完成立法程序。

四、国民政府时期社会保险的试办及立法

抗日战争爆发之前,国民政府社会保险立法活动虽然一直在持续,但没有一部成熟的社会保险法规被颁布施行,社会保险自然无从举办。当时,上海、汉口、北平等地工厂也有为工人办理保险的,但都是投保于商业人寿保险公司,甚至有的投保于外国寿险公司,其付保险费的办法,厂方经济状况较好者,则由资方全部负担,较差者则由劳资双方各自负担一部分。由于政府未尝介入,并且保险范围狭小,保险给付低微,还称不上社会保险。

上海市人力车夫互助会所办的保险被称为"在我国中先具有社会保险形式的保险组织"②。1935 年初,该会计划举办会员死亡与残废保险,曾先后与上海各保险公司接洽,保额定为每人 40 元,但按各保险公司估保费中的最低额合算,每年将为会员支付的保险给付最少亦需 3 万余元;该会遂成立保险委员会,并划拨 3 万元作为第一年度保险给付准备金,于 1936 年 5 月 1 日开始自办,以全体会员③为保险对象;保险范围包括死亡及残废,每人每月交保费 1 元 5 角,保险给付标准为死亡或全部残废者 40 元,局部残废者 20 元;办理 11 个月后的保险给付仅 1 万 9

① 秦孝仪:《中华民国社会发展史》(第 3 册),第 1843 页,台湾近代中国出版社,1985。

② 陈煜堃:《社会保险概论》,第 23 页,经纬社,1946。

③ 凡上海市公共租界领有执照的公用人力车夫均为该互助会会员,人数约 3 万。

千余元,照此推算,则1年内保险给付亦不过2万2千元。这种保险虽然在组织形式上颇接近于社会保险,但由于没有政府方面的介入、津贴或协助,实际上只是员工的自我保险或互助保险,也算不上严格意义的社会保险。

国民政府试办社会保险最早开始于抗日战争期间。1938年4月,国民政府成立社会部,隶属国民党中央执行委员会,1940年7月社会部改隶行政院,设社会福利司,加强了社会福利行政工作。各方面倡议多年的社会保险也被列为社会福利行政的一环,并在社会部社会福利司内特设社会保险科,负责设计和规划社会保险的有关事宜。经过两年的研究和筹划,社会部决定选定一个地区先行试办,待试办成效良好再扩大实施。

1943年间,社会部为安定盐工生活,增进工作效率,订颁《川北区各盐场盐工保险暂行办法》,选定四川省北部著名的产盐地区——自流井一带的各盐场,分别创设盐工保险社,以贫苦的盐工为保险对象,试办盐工保险。同年10月,先在三台县的三台井盐场设立第一个盐工保险社,系依照《暂行办法》由各场灶户(即资方)与盐工共同组织,参加保险的盐工5千人。次年在绵阳、简阳、西充、射洪、河边、南阆、乐至、盐亭、蓬溪等9个县的盐场分别设立盐工保险社。这样,连同三台县,总共设立10个盐工保险社,参加保险的盐工增至5万余人。①

川北盐业的盐工保险是在国民政府社会部指导下,由盐务署具体主办的,保险项目有健康、灾害、婚姻、老年、人寿、子孙寿命等,保险费由工人及盐场共同负担,盐务署另拨福利金作基

① 陈国钧:《社会政策与社会立法》,第324页,台湾三民书局,1984。而据国际劳工局中国分局《一九四七年度十至十二月之月报》统计,到抗战后期仅为3.5万人。

金,设保管委员会负责管理。在开办之初,以上各保险社的给付项目与收费标准互不一致。社会部有鉴于此,于 1945 年 11 月将原定暂行办法再予修正补充,统一给付项目与收费标准,于 1946 年 1 月 1 日起开始施行。兹将修正后的《川北区各盐场盐工保险暂行办法》的主要内容列述如下:

(一)标准工资:被保险盐工的标准工资月额为国币 3 千元。

(二)保险费率:为被保险盐工标准工资月额 2%,由事业主与盐工各半负担。

(三)给付种类:

1. 负伤给付——除由盐务机关补助医药外,并支领负伤津贴,其金额为标准工资日额平均数额,同一负伤津贴 1 年内以 90 日为限。

2. 婚娶津贴——为被保险人 1 年标准工资平均数 1/10。

3. 养老金——年满 60 岁退休,参加保险满 5 年者,给付金额为 1 年标准工资平均数 2/10,满 7 年者 16/10,满 10 年者 30/10。

4. 死亡给付——被保险人或其家属死亡丧葬费为 1 年标准工资平均数 20%;被保险人死亡遗族津贴按 1 年标准工资平均数计算,参加保险未满 1 年者 40%,满 1 年者 80%,满 2 年者 120%,满 3 年者 160%,满 5 年者 200%。

(四)行政事务费——社会部补助每一保险社每月国币 2 万元,其余部分由川北盐务局补助之。①

《川北区各盐场盐工保险暂行办法》可谓国民政府最早试

① 刘修如:《社会政策与社会立法》,第 314 页,台湾开明书店,1977。

行的一项社会保险立法,而川北盐业举办的盐工保险实为民国政府第一次正式办理的劳工保险,已粗具社会保险的雏形,为近代中国举办社会保险做了有益的探索和尝试,而其中所订办法中的若干规定,也为当时及以后的社会保险立法提供了参考与借鉴。这不仅对于安定当时四川盐工生活有所补益,而且对于近代中国社会保险事业的发展与推动也有所贡献。但抗战胜利后,由于国民政府的内战政策及严重的通货膨胀,该项社会保险事业也难以为继。

五、国民政府时期社会保险法原则的确定

社会部改隶行政院后,国民政府相继公布《社会部组织法》和《社会部各司分科规则》,"此后社会保险法始渐为政府所注重"①。1941 年 4 月,国民政府社会部召集社会行政计划委员会,议决《社会保险法原则草案》,包括保险宗旨、保险种类、被保险人之范围、保险给付、保险机构、保险法规等内容,以作起草社会保险法之根据。7 月,社会部组织社会法临时起草委员会,并公布了《社会法临时起草委员会简章》,将"起草社会保险法草案"列为该委员会的首项任务②。

社会法临时起草委员会从健康保险和伤害保险两个方面开始着手"起草社会保险法草案"的工作。健康保险又称疾病保险,伤害保险又称工伤保险,是社会保险中两个基本险种,当时都有较好的立法基础:其一,早在 1929 年国民政府卫生部就已开始拟订实行健康保险制度的计划,并出版有《健康保险计划

① 应成一:《民元来我国之劳工问题》,朱斯煌编:《民国经济史》(上),第 384 页,台湾文海出版有限公司,1985。

② 《社会法临时起草委员会简章》第 3 条,蔡鸿源主编:《民国法规集成》(第 35 册),第 96 页,黄山书社,1999。

书》;其二,《劳动保险草案》及《强制劳工保险法草案》对疾病保险及伤害保险都作了详细规定。在此基础上,社会法临时起草委员会按照社会保险法原则的基本要求,于1942年底完成了《健康保险法草案》起草工作,并呈行政院转立法院审查,但因行政院认为有待修正处,被发还修改;于1944年初完成了《伤害保险法草案》起草工作,并呈行政院转最高国防会议审核。

与此同时,社会部还于1944年拟订了《社会保险方案草案》,并于开篇阐明了举办社会保险的目的,"本国社会保险之推行,一本近代社会立法之精神,由行政机关、业务机构、人民团体三方面通力合作,造成事理,分明脉络,贯通有计划有组织有系统的联立体制,使公平画一的条理,调剂社会经济的盈虚,以促成民生主义之实现,而达到'均无贫,和无寡,安无倾'之目的"①。该方案对社会保险的业务原则、财务管理、管理机构等都作了详细的筹划:

(一)业务原则。社会保险分为伤害、疾病、生育、残废、养老、死亡、孤孀、失业八种,"各种保险得就其功用上命以积极方面之名称,以适合国人之精神需要(如疾病保险可称为健康保险)"②。社会保险各种类补偿金分别规划,以不重复和能维持国民适当生活为原则。社会保险费以被保险人梯级标准报酬,乘保险费率计算。被保险人应为"凡因职业而受雇佣之人",包括体力与非体力职工,或劳力与劳心者,或为自己工作者,其收入不足以使其留有伤、老、病、死、失业等费用者。被保险人投保方式,分为强制与任意两种,制度以强制为本体,以任意为辅佐,

① 《社会保险方案草案》第1条,陈煜堃:《社会保险概论》,附录二,经纬社,1946。

② 《社会保险方案草案》第3条。

可以分别或合并施行。保险费除依法律章则或契约，别有更优惠受雇人规定外，以由被保险人与雇主平均负担为原则。

(二)财务管理。社会保险财务应包括基金(政府拨助或经筹募或捐助者)、特别捐款、保险费准备金、经费及其他有关财务事项，国家拨助基金、筹募基金、特别捐款、保险费准备金及补助费或经费，均以分别保管为原则。保险金库基金由国库支拨或由政府筹措，但实行地方自筹为主、上级金库补助为辅的原则：中央保险金库基金暂定为国币10000万元，创办之初先拨5000万元，其余列入国家预算分2年拨足；各省(市)保险金库基金至少国币1000万元，各省(市)政府自筹款不得少于额定基金75%；各县(市)保险金库基金至少国币100万元，各县(市)自筹款不得少于额定基金75%。保险社基金至少50万元，以各社自行醵认为原则，各地方社自筹款不得少于额定基金80%，可从各业务区域内各种救济金、福利金或公益金，及神会、祠堂、庙宇等底金中筹集，并可向各有关事业主劝募；各事业社全部由各该社有关事业组织筹措，或就各该事业组织原有救济福利金或公益金等中提充，并得向该社有关事业主或雇主劝募，不足时由各该事业组织保证3年内醵认足额。

(三)管理机构。分业务与行政两个方面，业务方面由三部分组成：中央、省(市)、县(市)三级社会保险金库为各级政府经办社会保险的业务机构，主要办理各管辖范围内社会保险的再保险或转保险业务；按地域或行业设置的社会保险社(或社会保险合作社)，经政府批准具体经办相应区域或行业内社会保险业务，并向有关保险金库转保险或再保险；中央、省(市)、县(市)三级社会保险监理会，由被保险人代表、雇主或事业主代表及政府代表于各同级保险金库所在地组成，负责监察保险财务、审查会计报表等事项。行政方面也包括三部分:中央社会部,省(市)社会处(或社会局)、县(市)政府为主管机关;社会部社会保险局及省(市)社会处的相应机关为专司机关;全国社会保险委员会为顾问机关,负责研讨社会保险法案等事项。

《社会保险方案草案》是抗战期间国民政府社会部对社会保险事业的一次比较全面的筹划,它既吸取了以前历次社会保险立法的重要成果,也贯通了《社会保险法原则草案》的基本精神,并明确将被保险人界定为"因职业受雇佣之人",把公务人员、教职人员等纳入被保险人范围,使社会保险的内涵不再局限于劳工保险,而成为真正意义的国民保险。① 其中,关于社会保险目的、业务原则、财务管理和管理机构的规划,对战后国民政府筹办社会保险并最终确定《社会保险法原则》都具有重要意义。

1945年5月,中国国民党第六次全国代表大会通过四大社会政策纲领②,在《劳工政策纲领》及《战后社会安全初步设施纲领》中,都提到要办理社会保险。同年在行政院核定的《战后社会安全初步设施纲领实施办法》中,具体规定了筹办社会保险的实施方针,其要点如下:

(一)社会部会同有关机关,积极筹办社会保险,应分期分区分业实施,第一期应办社会保险为职业伤害、老年、残废、死亡、疾病、生育及失业,应先以产业职工为主,公教人员次之,俟成效显著后,再图次第推广普及于国民全体。

(二)初期创办社会保险,应谋奠定保障社会安全的始

① 参见《社会保险方案草案》第11、39、40条。

② 四大政策纲领,即民族保育政策纲领、劳工政策纲领、农民政策纲领及战后社会安全初步设施纲领。

基,采用强制政策。凡合被保险人规定者,应强制其加入。凡规定缴纳保险费者,应一律强制其缴纳。但关于制订保险费率以及保险给付,务求合理公允。关于预防保险事故的发生,所有安全及福利设施,尤应同时举办。

(三)经常社会保险的实施,应力求下列原则的贯彻:

1. 政府认定社会保险为全体国民福利,保障社会永久安全的措施,应由中央主持办理,并力谋其业务的扩展与充实。

2. 社会保险的一切经费,应有切实保障,并依法管理使用。

3. 执行社会保险业务的人员,应受专业训练,具专业精神与服务道德。①

国民政府既然已把实施社会保险确定为战后社会政策之一,主办机关社会部便根据上述政策积极擘画,准备在战后逐步推行社会保险制度。国民政府在抗战胜利、还都南京后,由行政院于1946年11月18日颁布《中央社会保险局筹备处组织章程》,并于1947年初成立中央社会保险局筹备处,负责施行社会保险的筹备工作,其任务规定为:"1. 社会保险业务方案实施章程拟定;2. 社会保险业务基金筹划准备;3. 社会保险会计制度预算编制及有关保险计算设计;4. 社会保险人事制度设计及工作人员甄选训练与登记;5. 社会保险机构组设,设筹备委员7至11人,其中1人为筹备主任,并得设顾问2人,由社会部聘国内外社会保险专家担任。"②

该筹备处成立后,积极从事于社会保险法令的草拟、保险费的计算及保险机构的筹设。至1947年10月31日,国民政府国

① 秦孝仪:《中华民国社会发展史》(第3册),第1845—1846页,台湾近代中国出版社,1985。

② 刘见祥:《我国社会保险政策与实践之研究》,第237页,台湾私立中国文化大学三民主义研究所1991年5月博士论文。

务会议通过《社会保险法原则》,其中规定的要点如下:

(一)保险宗旨:社会保险以保障国民之经济生活,增进社会福利,实行民生主义为宗旨。

(二)保险种类:1. 健康保险,包括一般疾病、负伤、死亡及生育保险;2. 伤害保险,包括业务上疾病、负伤及死亡保险;3. 老年遗族保险;4. 失业保险。

(三)保险对象:1. 伤害保险,以工矿、交通、运输、建筑等业及易生职业伤害事业职工为主;2. 健康保险,以有正当职业而每年收入在一定金额以下的国民为主;3. 老年遗族及失业保险,以健康保险投保对象为主。

(四)保险方式:以强制加入保险为原则,但有特殊情形或每年收入超过一定金额以上者,应就各种保险性质,分别规定何者得任意加入保险,何者不负保险义务。

(五)保险费率:依照被保险人薪资厘定。伤害保险费由事业主负担,其他各业保险费由事业主及被保险人按适当比例分别规定;其无事业主强制被保险人及任意被保险人保险费,由本人负担;并均得由政府酌予补助。

(六)保险给付:分为伤害、健康、老年及遗族、失业四种给付。伤害保险包括伤病、残废、死亡等三项及家庭补助,健康保险包括伤病、残废、死亡、生育等四项给付及家庭补助,老年遗族保险及失业保险包括老年遗族给付及失业给付。

(七)保险机构:社会部设中央社会保险局,在各省市地方得设保险分局,或委托其他非营利机关办理;社会保险经营,得视实际情形,酌采事业单位或区域单位或两者兼用。

(八)保险基金:举办社会保险基金,应列入每年预算,由国库支付。

(九)保险法规:先制定社会保险法原则,根据原则,按社会保险种类,分别制定单行法。①

《社会保险法原则》是国民政府在大陆期间制定并正式通过的唯一一部社会保险法规,该原则确定了母子法的社会保险立法模式,即《社会保险法原则》作为统摄社会保险立法的"母法",在此基础之上,再制定各种社会保险单行法规作为其"子法"。1947 年 12 月 25 日,国民政府宣布实施《中华民国宪法》,其中第 155 条规定:"国家为谋社会福利,应实施社会保险制度。"这是国民政府在大陆期间社会保险立法的最高成果,也是其各项社会保险立法的最高依据。

抗战结束后,国民政府铨叙部重拾战前公务人员保险立法之遗续,依据全国第一次考铨会议决议,开始研拟《公务人员保险法草案》,提报考试院于 1946 年 11 月院会讨论通过,该草案有关主管监督事项,系以考试院铨叙部为主体,而业务的办理,则由行政院所属的保险机构负责。考试院并于 1947 年 3 月邀集社会部、经济部及财政部等有关机关会商,其会商结论中载有"经商定有关公务员保险制度之建立事项由铨叙部主管;业务方面,由社会部所属中央社会保险局办理"②等语。随后,上述《公务员保险法草案》于 1947 年 5 月由考试院与行政院会呈国

① 参见《社会保险法原则》,社会部编者刊,1948 年 10 月出版,国家图书馆特藏库保存。

② 刘见祥:《我国社会保险政策与实践之研究》,第 238 页,台湾私立中国文化大学三民主义研究所 1991 年 5 月博士论文。另注:1944 年 8 月 10 日国民政府修正公布的《铨叙部组织法》第 6 条第 4 款规定:"奖恤司掌理左列事项(中略):(四)关于公务员保险及其他福利事项",此为公务人员保险法草案由铨叙部拟订,及会商结论"公务员保险之主管监督以考试院铨叙部为主管"的法律依据。

民政府送交立法院审议,该院审查后提出修正案,将保险范围增列生育一项。国民政府"行宪国大"①召开后,该草案(含修正案)转交新一届立法院,经院会讨论决议交由该院社会委员会审查,但迄至国民政府败退台湾也未结案。

综上所述,民国时期社会保险立法活动历北京和南京两届政府,经历了萌芽、草创、实践及确立基本立法原则等曲折过程,并拟制有多部关于社会保险的法规草案,但除《社会保险法原则》由国民政府国务会议通过外,并无一部社会保险法规被公布实施。随着国民政府兵败大陆、溃退台湾,其关于社会保险的种种立法与规划在大陆似乎已化为历史陈迹,但国民政府退入台湾后仍奉为各种社会保险立法之圭臬,并对中国台湾地区社会保险立法体系的形成多有影响。

第二节 人寿保险立法

人寿保险是以人的生命为"标的"的一种商业保险制度,虽然与社会保险是两种完全不同的运作机制,但这种保险以长期合同居多,储蓄性较强,是为个人和家庭提供生活保障的一种重要手段,也是社会保险的有益补充。特别是在民国时期,由于社会保险立法滞后,人寿保险立法尤其是简易人寿保险立法相对完备,使得人寿保险不仅是社会保险的重要补充,甚至在很大程度上成为社会保险的替代形式,发挥着社会保障的功能。诚如民国时期学者所指出:"早在民国廿四年十二月,邮政汇业储金局开始办理简易人寿保险,虽非正式社会保险,然以保额不高,

① 1948年3月29日,国民政府在南京召开国民大会,名为"实施中华民国宪法",故称"行宪国大"。

颇适宜于劳工阶级之需要,故亦可视为政府举办社会保险之发端。"①

一、民国北京政府人寿保险立法

近代中国的人寿保险立法最早可以追溯到清朝末年,当时被称为"生命保险"。1907 年徐锐草拟的《保险业章程草案》是中国近代第一部以"保险"命名的专门法规,其中第 5 章规定:"凡为本人或他人之生命起见,向保险者订立契约,交纳保费,声明于保险期内由保险者担负保险银数之责任,是谓生命保险。"②1909 年清朝修订法律馆仿照日本商律起草了《大清商律草案》,其第 2 编《商行为》项下第 8 章规定:"生命保险业者谓担任关于人之生死支付一定之金额为业者也",并规定在下列情况下,生命保险业者不负支付生命保险金额之责:(1)生命人因自杀决斗、其他犯罪或死刑之执行而死亡时;(2)受领生命保险金额者故意致死生命人者;(3)要保险者故意致死生命人者。③ 这是近代中国第一次在官方立法中规定人寿保险的内容,为后来民国政府的寿险立法奠定了基础。

中华民国成立后,各项法律相继重修,保险立法也趋向完善。1913 年 10 月,北京政府农商部设工商司,其职责之一就是关于保险、运送、外贸易事项。1917 年农商部拟订了《保险业法案》,翌年经法制局修改后,刊载于 12 月 10 日的《银行周报》

① 应成一:《民元以来我国之劳工问题》,朱斯煌编《民国经济史》(上),第 384 页,台湾文海出版有限公司,1985。

② 吴申元、郑韫瑜编著:《中国保险史话》,第 58 页,经济管理出版社,1993。

③ 参见魏原杰、吴申元主编:《中国保险百科全书》,第 680 页,中国发展出版社,1992。

上,这是近代继清末《保险业章程草案》后又一部以"保险"命名的专门法规。法制局对《保险业法案》的拟订和修改作了说明,其中有关人寿保险的内容为:保险公司之信用,关系于被保险人或偿金领受人之利益者甚大,故公司之资本是否确实,责任准备金是否充足,不可不加以严重之监督,惟上年农商部所办保险业法案,设有保险公司须缴纳资本金额之1/3,及每年所收人寿保险费之1/5 于农商部,作为保证金等规定,则又失之太严,本案拟定为保险公司成立或增加资本时,应将实收资本额,呈部查验,又人寿保险须以每年收额1/5,作为特别保证金,由部监督存储。

1927 年 4 月,民国北京政府修订法律馆聘请法国顾问爱斯嘉拉(音译)订立了《保险契约法草案》,该草案主要参考了 1904 年及 1925 年的法国草案、1908 年德国与瑞士法律、1925 年意大利商法法典草案和 1899 年日本商法典,同时也斟酌采纳了如比利时、西班牙、荷兰、俄罗斯、英国、美国及加拿大等国保险立法的经验,其第 3 章为"人身保险",包括人寿保险和灾害保险两部分内容。这是继《大清商律草案》后第二部由外国人协助起草的保险法律,但由于民国北京政府迅速瓦解,此草案未及公布实施。

这一时期,人寿保险在一些大中城市已较为盛行,并有一些经济效益较好的行业为职工办理了人寿保险。如 1926 年,上海商务印书馆决定在上年总盈余内提取规银 10 万元,作为全公司同仁保寿基金,并规定:凡本馆同仁(无论职员工友学徒店司男女老幼)在职期间,一律由该馆代向人寿保险公司投保寿险,每人保额银洋 2 元,保险费由公司代付①。

---

① 龚书铎总主编:《中国社会史·民国卷》,第 539—540 页,山西教育出版社,1996。

二、国民政府人寿保险立法

南京国民政府于1927年成立后,有关部门即开始着手进行保险立法。1929年11月,国民政府立法院商法委员会拟具《保险契约法草案》,为求审慎起见,函约民法起草委员共同讨论,逐条进行审查。12月24日,立法院第68次会议表决通过该法案,并将原草案标题中契约二字删除,改为《保险法》,同年由政府明令公布,其第3章为"人身保险",分通则、人寿保险和伤害保险3节,体例和内容都基本上与北京政府的《保险契约法草案》如出一辙。该法"在人身保险契约中,除人寿保险外,其最重要者为伤害保险,此法仿德、瑞保险契约法之立法例,特设专节以规定之"①。这里,"伤害保险"实际上已具有社会保险的功用。20世纪30年代,国民政府又在1929年《保险法》的基础上起草并公布了新的《保险法》,该法分为总则、损失保险、人身保险和附则4章,其中人身保险包括人寿保险和伤害保险,并规定要保人对于本人或其家属生活费或教育费所仰给之人,债务人及为本身管理财产或利益之人之生命或身体,始有保险利益②。

1935年5月10日,国民政府公布了《简易人寿保险法》,这是民国时期最早的一部关于人寿保险的专门法规,标志着中国近代人寿保险立法进入了一个新的阶段。同年10月19日,国民政府对《简易人寿保险法》进行修正,于12月1日起正式施行。修正后的《简易人寿保险法》共38条,规定:简易人寿保险为国营事业,属交通部主管,其他保险业不得经营;邮政储金汇

---

① 谢振民编著:《中华民国立法史》(下),第838页,中国政法大学出版社,2000。

② 参见中国保险学会编:《中国保险史》,第101页,中国金融出版社,1998。

业局对被保险人负给付保险金额之责;简易人寿保险分终身保险和定期保险两种。终身保险其被保险人死亡时给付保险金额;定期保险于契约满期时或未满期而被保险人死亡时给付之。保险金额以国币50元至500元为限。被保险人必须在契约生效经过2年后死亡时方可领受全部保险金额,未满2年发生死亡时,则视时间之长短,而规定其权利。如未满1年死亡时领受所纳之全部保险费;逾期1年而未满2年死亡时,领受保险金额之半数。

为便于实施《简易人寿保险法》,邮政储金汇业局保险处还拟定了《简易人寿保险章程》,由交通部呈经行政院修正后于1935年8月公布。《简易人寿保险章程》共71条,内分总则,契约之成立,保险费之缴纳,保险金额之给付,契约之变更,保险契约效力之终止、停止、回复及其解除,借款,团体契约和附则9章。其要点是:(1)保费之缴纳以月付为原则;(2)保费之征收,由保险局征收员至要保人家收费为原则;(3)凡投保简易人寿保险者,须先决定保险费额然后推算保额;(4)采用国民死亡表,作为推算保费的基础;(5)团体契约须集合15人以上之被保险人,始得按九五折征收保险费。①

简易人寿保险最早开办于1935年,当时国民政府交通部拨款50万元设立邮政储金汇业局保险处,专门负责办理简易人寿保险。起初仅在京、沪、汉三个邮区试办,其后逐渐推行其他9个邮区。不到1年的时间,承保简易寿险的邮政局已达279处,成立的简易寿险契约16674件。1937年7月,交通部又令另外5个邮区从9月份开始办理简易寿险,至此全国已共有15个省区开办

① 蔡鸿源主编:《民国法规集成》,第60册,第125—129页,黄山书社,1999。

了简易寿险。同时,交通部还曾于1937年6月通令所属机关之员工从这年6月起一律投保简易寿险,国营招商局自是年8月份已开始进行筹备。但随着抗日战争的全面爆发,各地各部门的简易寿险,已办者皆陷于停顿状态,未办者亦皆中止。①

抗日战争爆发后,国民政府迁都重庆,又制订了一些保险单行法规和办法。其中,与人寿保险有关的主要有《国民寿险章程》、《公务人员团体寿险简章》、《战时兵险法》等。1942年国民政府又公布了再次修正后的《简易人寿保险法》。1943年,国民政府颁布了《战时保险业管理办法》,财政部根据该办法的规定,拟订了《人寿保险单基本条款》,对寿险保单应载明事项、责任范围和保险契约的有效条件均做出了明确规定,使人寿保险契约的主要内容更趋于标准化。

国民政府时期,人寿保险已成为某些行业甚至政府部门职员保险的重要形式,这从另一个方面体现了寿险的社会保障功能。如抗战前浙赣铁路之员工团体保险及民生实业公司与中国银行之职工互助保险就颇有成效,据1939年民生实业公司报告,是年投保人员有7159人,收入保费达31378元,全年死亡职工78人,付出赔款33300元;②上海邮务工会则实行公恤金或辅助金办法,会员在职死亡,其家属得请求支给公恤金,若离职则本人得请求辅助金,公恤金或辅助金由全体会员分担,“此种办法虽无保险之名,实亦一种保险制度”③。最具代表性的是1942年7月国民政

① 参见程海峰:《一九三七年之中国劳工界》,《国际劳工通讯》(第5卷第7期),1938年7月。

② 参见程海峰:《一九四〇年之中国劳工界》,《国际劳工通讯》(第8卷第9期),1941年9月。

③ 应成一:《民元来我国之劳工问题》,朱斯煌编《民国经济史》(上),第384页,台湾文海出版有限公司,1985。

府公布的《财政部员工团体寿险办法》，根据规定，全体员工均为被保险人；其保额为，简任以上职员为法币6000至10000元，荐任职员4000至6000元，委任以下职员2000至4000元，工役600至1500元；保险费由政府财政部负担一半，其余从员工薪资中扣除。[1] 这种办法与社会保险已十分近似。

综括上述，中国近代人寿保险立法历经晚清、民国北京政府和国民政府三个时期而渐趋完备，其中以1935年国民政府颁行《简易人寿保险法》为界标，又可以划分为前后两个大的历史阶段。此前，人寿保险立法一直与其他商业保险立法混合在一起，缺乏独立性。1935年5月，国民政府《简易人寿保险法》的制定和公布，开中国近代人寿保险单行法之先河。抗日战争期间，中国人寿保险单行法规更加完备，国民政府一方面对《简易人寿保险法》进一步修正完善，一方面又公布施行了《国民寿险章程》、《公务人员团体寿险简章》等一系列寿险规章。

第三节　强制储蓄立法

强制储蓄即国家通过立法强制职工定期向储蓄管理机构交纳储金，管理机构将储金连同其定期的利息收入记入个人账户，当职工遭遇年老、病残或死亡、失业等特定事故时，管理机构则将个人账户中的存款支付给职工或其遗属。近代中国，从政府社会行政职能的划分来看，职工储蓄是社会保险事业的一个组成部分，按照国民政府《社会部各司分科规则》的规定，社会福利司第1科掌管社会保险事项，其中第9项内容即为“关于职工储蓄之倡

---

① 龚书铎总主编:《中国社会史·民国卷》，第542页，山西教育出版社，1996。

导推行事项"①。强制储蓄制度多存在于社会保险相对滞后的国家,正如联合国国际劳工组织所指出:"一些跨进综合性社会保险领域较晚的发展中国家,在它们看来,为了简化社会保险的管理,决定建立国家储蓄保险基金(State Provident Funds)。"②

一、民国北京政府强制储蓄立法

民国北京政府时期,储蓄已是一种比较盛行的生活保障制度,在工厂、矿场、交通、海关、警察等行业都订有储蓄规章。但有些只是一般性的储蓄规定,如1926年3月,上海商务印书馆的《储蓄章程》将储蓄分为定期与活期两种,并没有强制性的规定储蓄数额,因此不属于强制储蓄的范畴。当时,专门性的强制储蓄规章首先出现于警察、铁路和海关等行业。

由北京政府内务部拟订的《警察储金试办办法》是民国时期最早颁行的一项针对警察的强制性储蓄规章。根据该办法规定,"凡在职警察官吏依本办法试办储蓄,但月给在十元以下者得自由储蓄;储金以月给二十分之一为率,但不满一角者依四舍五入法算定之"。储金的支取必须符合规定的条件:"凡实行储蓄已满三年者,经该管长官之许可,得取用储金三分之一,但有婚丧事故,经该管长官查明,不在此限";储金人死亡、告退、被开除时,储金得随时交还之。③ 这些规定既体现了储蓄的强制性,也体现了其生活保障功能。当时内务总长钱能训曾明确表

① 《社会部各司分科规则》第14条,蔡鸿源主编:《民国法规集成》(第42册),第152页,黄山书社,1999。

② 联合国国际劳工组织主编:《社会保障基础》,第7页,吉林大学出版社,1989。

③ 蔡鸿源主编:《民国法规集成》(第14册),第327页,黄山书社,1999。

示:"警察储金办法,既可谋生计上之活动,并可坚服务上之决心,裨益警界,至为切要。"①足见这是一项针对警察的保障制度。该办法1917年10月23日刊登于《政府公报》,并确定自1918年1月起在全国一律试办。这次试办也取得了一定成效,如1918年底黑龙江省报称,该省业已实行,省会警察厅暨讷河、肇州等14处警察所皆先后据报定期依法试办。

1918年3月6日,北京政府交通部指令道清铁路局遵照执行《道清铁路员司储金章程》,这也是民国时期较早出现的一项职工储蓄规章。根据该章程规定,储蓄是强制性的,"路局应于发薪之日预将储款扣存汇送银行列帐";储金标准根据职员的工资确定:"本路员司应遵左列规定按月储金:月薪二十元以上五十元以下者每百元储金七元五角;月薪五十元以上一百元以下每百元储金十元;月薪一百元以上者每百元储金十二元五角;月薪不满二十元者如自愿存储时每百元储金五元。于以上各项所列数目外愿增储者听。"同时,储金的支取必须符合规定的条件,"路员储金满五年后准其提取三分之一以内;路员辞职或免职时储金本利全数退还"。② 此外,无故不得提取。1925年交通部还拟订有《国有铁路职工储蓄规则草案》规定,凡国有铁路服务之职工,应按法定比例缴纳储金:工资在30元以下者,月储1%;工资在40元以下者,月储2%;工资在50元以下者,月储3%;工资在60元以下者,月储4%;工资在60元以上者,月储5%。③ 但该草案未能公布施行。

① 《政府公报》(1073号),1919年1月28日。

② 蔡鸿源主编:《民国法规集成》(第29册),第303—304页,黄山书社,1999。

③ 王清彬等编:《第一次中国劳动年鉴》(第3编),第72页,北平社会调查部,1928。

1920年海关所订《海关人员强制退职暨养老金以及强制储金办法》首次明确使用了"强制储金"的概念,规定:储金之适用人员为1920年以后入关之华洋各员(职员录未列名人员除外)一律适用,1920年以前进关人员自由参加;储金方式由月薪内按月提存6%,自1920年4月1日实行至1948年8月1日起停止;储金之目的为关员退职时将本利全数一并付还,原以年满退职时本利合算约可购得同额之终身年金,加以由海关发给养老金,以备退职后赡养之用。该办法第11条规定,关员身故时,强制储金本息实数发给该员遗族;第17条规定,凡旧有人员已入强制储金办法,身故时,准该员遗族享受其加储金所提扣款之本利,连同又海关所发之贴补金。① 这已是一种比较完备的养老保障制度。

前述办法及章程的立法位阶较低,且适用范围仅限于个别行业。1923年3月,北京政府公布《暂行工厂通则》,其中第15条规定:"为职工贮蓄,或为职工各种利益起见,提存工资之一部分时,应得工人同意,并详拟办法,呈由行政官署核准。"这是民国时期在中央政府劳工立法中首次出现关于职工储蓄的条款,适用范围也扩及"平时使用工人在100人以上"的工厂。稍后公布的《矿工待遇规则》规定了矿工储蓄的一般规则:"矿业权者如经矿工同意,得设置储金处,以矿工所得每月工资百分之三以下为矿工储金,但其利息须较普通储金为优。"②

这一时期,在中央和地方政府劳工立法中,关于职工储蓄

---

① 台湾"考试院"考铨丛书指导委员会主编:《中华民国公务人员退休抚恤制度》,第142、480页,台北正中书局,1984。

② 王清彬等编:《第一次中国劳动年鉴》(第3编),第209页,北平社会调查部,1928。

的规定往往是与劳动保险并列在一起的,如:1925 年北京农商部拟订的《工会条例草案》规定工会之职务之一就是“关于会员之储蓄、劳动保险事项”;同年,北京政府交通部公布的《国有铁路职工通则草案》规定:“为职工谋储蓄或保险,及其他一切利益,得于工资内酌量提取,代为保存”;1927 年 3 月,孙传芳在上海批准公布的《淞沪商埠惠工条例》规定,淞沪商埠惠工局要实行的增进工人幸福事项之一为“关于工人储蓄、保险、消费合作各事项”;同年 11 月,张作霖以大元帅名义指令备案的《北京农工部监察工厂规则》规定监察事项之一即是“关于劳工保险及储蓄事项”。前述条款表明,在当时立法者看来,职工储蓄和劳动保险都同样具有社会保障的功能,彼此之间有较强的互补性。

二、国民政府强制储蓄立法

国民政府关于强制储蓄立法最早可以追溯至广东农工厅于 1927 年 4 月拟订的《工厂法草案》,其中规定:“工厂必须为职工储蓄,或保险,或各种利益之设储”;“职工辞雇或死亡时,雇主应将该职工所存工资,即时全数付给本人,或其遗属。若有储蓄或保险,并将所存储金,并将所存储金及保险所得费,一并发还。”[①]1929 年 12 月 30 日,国民政府正式公布《工厂法》,该法没有规定劳动保险的具体内容,只是在第 45 条规定:“在劳动保险法施行前,工人因执行职务而致伤疾或死亡者,工厂应给其医药补助费及抚恤费。”而对于工人储蓄事项则在第 38 条作出了明确规定“工厂应在可能范围内协助工人举办储蓄及合作事

① 王清彬等编:《第一次中国劳动年鉴》(第 3 编),第 196 页,北平社会调查部,1928。

业"。同期公布的《工会法》第15条也作出了相应规定。

根据《工厂法》和《工会法》的有关规定,1932年4月1日国民政府行政院公布了《工人储蓄暂行办法》,1932年6月9日对该办法进行了修正、1934年12月29日再次进行修正;其第1条即开宗明义地规定"在工厂工人储蓄法规未公布以前,工厂法第38条及工会法第15条之储蓄事项依本办法之规定。"该办法主要规定了如下内容:

第一,储蓄组织。工人储蓄事项由工厂或工会附设工人储蓄会办理,凡工厂之工人均应加入工人储蓄会;工人储蓄会之设立,应由发起之工厂或工会连同发起之工人10人以上拟具章程呈请主管官署核准并转呈实业部备案,主管官署在市为市政府、在县为县政府,但在军用工厂以军政部所管辖各署为主管官署并应转呈军政部备案;工人储蓄会设管理委员及监察委员,所需经费应由工厂负担。

第二,储蓄分两种。(一)强制储蓄:分工资为若干等级,依其等级在不妨害最低生活之范围内酌定储金数额,凡入会之工人均应如数储蓄;(二)自由储蓄:由工人自动储蓄,凡满1元者,均得存储并得自行指定用途。

第三,储金的交纳与保存。强制储蓄之储金由工厂于每月发给工资时会同管理委员核扣之;工厂依工厂法应给予工人之津贴及抚恤,不得从工人储金内扣除,工人亦不得借口储蓄要求工厂增加工资。储金存储工厂者应由该工厂取具确实之担保品,工厂破产时应将工人储金本利先行发还,不受破产之拘束;储金不存工厂者,由管理委员选择殷实银行存储。

第四,强制储金的支取。非遇下列情形之一不得支取:(一)本人婚嫁或子女婚嫁;(二)直系亲属之丧葬费;(三)家遭重大之灾变;(四)本人之妻室生产;(五)本人伤病甚重;(六)本人失业或身故;(七)本人年老不能工作。①

《工人储蓄暂行办法》颁布以后,当时各重要城市大抵皆依照办理,青岛市还曾设立劳工生活改进委员会,负责督导办理劳工储蓄事业,有相当成绩。此外如上海市、河北井陉县并曾依法颁布施行细则。在抗日战争爆发前,民营工厂如上海昌明电气公司、商务印书馆、英美烟公司,湖北光明实业公司,河南中原煤矿公司,唐山开滦煤矿公司,以及国营津浦铁路均曾有工人储蓄组织。

与此同时,还有的行业根据自身需要制定了本行业的储蓄规则,如1931年12月铁道部公布《国有铁路员工储蓄通则》,规定:"路局为策励员工工作,安定员工生活,举办储蓄,应依本通则之规定。"该通则承继了《道清铁路员司储金章程》之立法精神,但又有新的发展,规定储蓄金由两部分组成,一部分是按月依照法定比例扣留的各员工薪资,一部分是路局依据薪资数目按照法定比例按月为各员工存储的补助金。② 这种储蓄办法,比较接近于国际劳工组织所说的"国家储蓄保险基金(State Provident Funds)",具有更强的社会保障功能。这种储蓄办法也为少数民营企业所采用,"民营工厂办理工人储蓄,并有采用互助性质者,即于工人本人储蓄者外,工厂支以同数之慰劳金代为存储。工人于领取储金时,并得领取厂方为之代储之金,此种工人储蓄,当然皆属强迫事业,且为零存趸取"③。

---

① 蔡鸿源主编:《民国法规集成》(第55册),第463—464页,黄山书社,1999。

② 蔡鸿源主编:《民国法规集成》(第62册),第390页,黄山书社,1999。

③ 应成一:《民元来我国之劳工问题》,朱斯煌编:《民国经济史》(上),第385页,台湾文海出版有限公司,1985。

抗日战争后期,国民政府行政院在对《工人储蓄暂行办法》进行重新修正的基础上,于 1944 年 4 月 26 日正式颁布了《工厂工人储蓄办法》。该办法共 28 条,保留了《工人储蓄暂行办法》的基本内容,只是对个别条款作了较大修正,如关于强制储金的支取条件规定为:(一)本人婚嫁或子女婚嫁;(二)直系亲属之丧葬费;(三)家遭重大之灾变;(四)本人或妻生产;(五)本人伤病甚重;(六)本人年老不能工作;(七)本人工作契约终止或死亡。[①] 可见,强制储金实际上成为一种集婚丧嫁娶、生老伤病、灾变、失业等各种保险功能于一体的社会保障形式。但当时由于抗日战争的影响,物价不断上涨,币值跌落无止境,通货膨胀严重,工人对于储蓄事业早已不感兴趣。因此,《工厂工人储蓄办法》正式颁布实施后,储蓄事业不但未见兴旺发达之景象,反而呈现日渐式微颓败之趋势。

① 《工厂工人储蓄办法》第 25 条,蔡鸿源主编:《民国法规集成》(第 42 册),第 216 页,黄山书社,1999。

第六章 近代中国社会福利立法

——论及其他相关性立法

当前，中国学界一般把社会福利与社会保险、社会救济并列为社会保障体系的子系统，而在中国近代，社会福利是一个内涵甚广的大概念，如国民政府社会部社会福利司掌管社会保险、劳工福利、社会服务、职业介绍、社会救济、儿童福利和工矿检查等事项。显然，其含义比较宽泛，既包含社会保险，也包含社会救济，与西方福利国家的社会福利概念颇为相近。由于前文已有专章论述社会救济立法、社会保险立法问题，因而本章仅涉及民国政府在劳工福利、儿童福利、最低工资、社会服务等方面的立法内容。

第一节 社会福利立法

中国近代由于工业化程度不高，生产力水平低下，经济比较落后，社会福利立法与社会救济立法一直没有明确的区分。直至抗日战争期间，国民政府设立社会福利专门机构——社会部社会福利司以后，才开始在社会立法活动中明确使用“社会福利”这一概念。当时颁行的以“社会福利”或“福利”字样命名的法规主要涉及劳工福利、儿童福利、农民福利及奖助社会福利事业等几个方面,这也是本节所要阐述的基本内容。

一、劳工福利立法

劳工福利,又称职工福利,是指工人在劳动报酬以外,由工人组织、资方或政府举办的旨在改善劳工生活、增进劳工智能的设施。具体到民国时期的劳工福利内容,从当时政府的立法状况来看,主要涉及劳工教育、工人住宅、工人卫生、医药救济、托儿所、女工保护、工厂分红制、文体娱乐场所、最低工资、职业介绍、消费合作等多个方面。

民国北京政府时期,中国劳工立法处于起步阶段,在当时中央政府拟订的劳工法规中尚未出现"福利"字样,更不可能出现专门的劳工福利法规,但包含劳工福利内容的立法条款已经出现。如1923年3月29日,在国际劳工组织影响下,北京政府公布了《暂行工厂通则》,其中规定:厂主对于幼年工及失学职工,应于本厂内予以补习相当教育,并担负其费用;补习教育时间,幼年工每星期至少应在10小时以上,失学职工每星期至少应在6小时以上;厂主对于女工之产前产后,应各停止其工作5星期,并酌给以相当之扶助金。① 1927年9月,北京政府农工部将该通则修订为《工厂条例》重新公布,基本上保留了上述条款;同时拟定的《监察工厂规则》也将劳工教育、预防失业、女工保障、最低工资等列为工厂监察的内容。可见,在民国北京政府的劳工法规中,尽管劳工福利的内容还比较狭窄,但有关立法的因子已经萌芽。同时,简单的劳工福利项目在个别公司、厂矿、工会也已开始兴办,如以劳工教育而论,当时商务印书馆设有励志

① 王清彬等编:《第一次中国劳动年鉴》(第3编),第184页,北平社会调查部,1928。

补习学校、开滦煤矿公司设有职工学校、中华海员工会和英美烟工会均设有补习学校。①

南京国民政府的劳工福利立法最早可以追溯到广东革命政府时期，1927 年 4 月广东农工厅拟成的《工厂法草案》可视为其“蓝本”，其中规定：女工在产前后，应各停止其工作 4 星期，除工资照给外，并应给以 1 月工资之扶助金；厂主对于幼年工及失学职工，必须予以补习相当教育，并担负其费用，补习教育时间，幼年工每日至少 2 时以上，失学职工每日至少在 1 时以上，对于因工作致伤死亡之工人子弟，应教育至成年。② 从基本内容看，并未超出前届政府的立法水准。

南京国民政府建立后，“工人福利”的字样已明确出现于政府的劳工法规之中，并成为《工厂法》的重要组成部分。如 1929 年 12 月 30 日国民政府公布的《工厂法》将“劳工福利”列为第 7 章，主要规定了三个方面的内容：第一，关于劳工教育，规定补习教育的费用全部由工厂负担，补习教育的时间每星期至少 10 小时；第二，关于女工保护，规定女工分娩前后，应停止工作，共 8 星期，工资照给；第三，关于分红制，规定工厂每营业年度终结算，如有盈余，除提股息公积金外，应对全年工作无过失的工人，给以奖金或分配盈余。后来，国民政府对该《工厂法》进行修正，鉴于当时各国均把工人住宅作为劳工行政的重要问题，特增加“工厂应于可能范围内建筑工人住宅”的规定。③ 同期公布的

---

① 参见王清彬等编：《第一次中国劳动年鉴》(第 3 编)，第 80—86 页，北平社会调查部，1928。

② 王清彬等编：《第一次中国劳动年鉴》(第 3 编)，第 197 页，北平社会调查部，1928。

③ 谢振民编著：《中华民国立法史》(下)，第 1106—1107、1123 页，中国政法大学出版社，2000。

《工会法》也列举了工会应当举办的劳工福利项目:会员职业介绍及职业介绍所的设置;储蓄机关、劳动保险、医院、诊治所及托儿所;生产、消费、购买、信用、住宅等各种合作组织;职业教育及其他劳工教育;图书馆、书报社、俱乐部及其他各项娱乐设施等。① 由此可见,劳工福利的范围较之民国北京政府时期已大有拓宽,而从立法的技术层面上看,虽已成为《工厂法》及《工会法》的有机组成部分,但仍属于一般概括性的规定,缺乏实际可操作性。

1930 年 12 月 16 日,国民政府公布《工厂法施行条例》,对《工厂法》各部分进一步细化,使之更具可实施性。与此同时,国民政府为了提高工人劳动生产率,推进工业化进程,在抗日战争爆发前,先后颁布了《劳工教育设计委员会章程》、《劳工教育实施办法大纲》、《劳工教育奖励规则》、《劳工新村实施办法大纲》、《工厂检查法》、《工厂设置哺乳室及托儿所办法大纲》等包含有劳工福利内容的法规,对有关劳工教育、劳工住宅、劳工卫生及托幼事业等各种具体福利设施作了详细规定。以劳工教育为例,由国民政府实业部与教育部于 1931 年 1 月会同公布的《劳工教育实施办法大纲》规定,劳工教育按工人教育程度由低到高依次分为识字训练、公民训练及职业训练 3 种,目的在于增进工人知识技能及工作效率并谋工人生活之改进;劳工教育组织形式为劳工学校或劳工班,要求各工厂、矿场、公司、商店等雇佣工人在 50 人以上 200 人以下者应设劳工学校或劳工班,工人每增 200 人即递增 1 班,其不满 50 人者可与附近工厂、矿场、公司、商店联合办理;劳工教育全部免费,劳工学校或劳工班不收

---

① 谢振民编著:《中华民国立法史》(下),第 1091 页,中国政法大学出版社,2000。

学费及其他费用,所有书籍、文具均由学校供给。①

为实施《工厂检查法》,国民政府于1933年8月设立了中央工厂检查处,办理全国工厂检查事宜,"此为政府注意于劳工福利事业之初步"②。1937年春季,国民政府资源委员会曾派员调查各工厂、矿场及交通事业的劳工福利状况,据报告当时各工厂所兴办的劳工福利已有多种项目,包括医药救济、居住、分红制、娱乐事业、运动场、工人子弟学校、消费合作社等。③ 总之,截止到抗战爆发前,经过近十年的发展,南京国民政府在劳工福利立法和劳工福利兴办方面都取得了一些成绩,但其总体水平仍然处于起步阶段,远远不能满足当时劳工阶级的需要。

抗日战争爆发后,全国工业用品需要量陡增,动员广大劳工的生产积极性成为坚持长期抗战的当务之急。"我国在此抗战建国的时期,急需一般职工尽其最大之努力,而此实大有赖于福利事业之增进"④,因此"人力动员以法令为经,以劳工福利为纬,则相辅相行,使其安定生活,乐于从业"⑤。正因为劳工福利事业具有如此重要性,拓展劳工福利就成为战时社会福利建设的重中之重。因此,国民政府的劳工福利立法活动在战时进入了一个活跃时期,其立法数量和水准都超过了战前,这主要体现

① 参见国民政府实业部年鉴编辑委员会编:《民国二十一年中国劳动年鉴》(第4编),第82—83页,台湾文海出版有限公司,1992。

② 应成一:《民元来我国之劳工问题》,朱斯煌编:《民国经济史》(上),第383页,台湾文海出版有限公司,1985。

③ 参见程海峰:《一九三七年之中国劳工界》,《国际劳工通讯》(第5卷第7期),1938年7月。

④ 张永懋:《职工福利之意义内容及推进途径》,《革命文献》第100辑,第255页。

⑤ 水祥云:《劳力动员与劳工问题》,《中国劳动》(第2卷第2期),1942年6月。

在如下几个方面:

第一,颁布法规,建立劳工福利主管机构。1940 年国民政府在行政院下设立社会部,根据国民政府 1941 年公布的《社会部组织法》和 1943 年通过的《社会部各司分科规则》规定,社会部下设社会福利司,社会福利司下置 6 科 1 室,分别掌管社会保险、劳工福利、社会服务、职业介绍、社会救济、儿童福利和工矿检查事项。从此,劳工福利成为整个社会福利事业的重要组成部分,改变了以前由实业、教育、内政等几个机构分散管理的状况,而由劳工福利科和工厂检查处统一管理。劳工福利管理机构的建立是国民政府有步骤地进行劳工福利立法、逐步建立劳工福利制度的前提条件。

第二,制定劳工福利法规,总体规划劳工福利事业。社会部成立后不久,即着手进行劳工福利立法,到抗战结束时,国民政府制定了《劳工医院实施办法大纲》、《劳工新村实施暂行办法》、《劳工食堂实施办法大纲》和《劳工教育实施办法大纲》等一系列有关劳工福利的法规,涉及劳工生活、劳工教育、劳工住宅、卫生娱乐等各个方面,对建立有关劳工卫生、住宅、教育和日常生活等各个方面的福利设施作了总体规划,使劳工福利逐步走上了制度化的轨道。

政府在加强立法的同时,还对大型厂矿企业举办劳工福利事业进行督导。为此,社会部选定各行业规模较大的若干企业作为劳工福利试办单位,其中矿场选定甘肃油矿和个旧锡矿,公路部门选定西南、川滇和西北三大公路运输局,纺织行业选定裕华、裕丰、申新、沙市四厂,此外尚有川北盐区。以纺织行业为例,1942 年初,社会部、重庆市社会局、经济部工矿调整处和上述四纱厂会商决定,各厂由 1941 年度股东红利中提取一部分作为职工特别福利金,计裕华、裕丰各提 10 万元,申新 5 万元,沙市3万元。以上特别福利金多用来置办工人生活必需品和俱乐部设备。① 在政府督导下,上述厂矿企业的劳工福利明显改进。以汉口裕华纺织股份有限公司设在重庆的纱厂为例,1941年该厂在社会部督导下成立了裕华纺织公司渝厂工人福利社,拟定了劳工福利的具体计划,开办了职工食堂、工人住房、中西医诊疗所、职工子弟学校、职工消费合作社等多种福利设施,各项经费一律由厂方提供。但1942年后,经费来源改成以资方为主、由劳资双方共同承担社会福利金的办法,也收到了良好的效果。②

第三,颁布《职工福利金条例》和《职工福利金条例施行细则》,使劳工福利资金来源制度化。抗战以前,由于劳工福利资金大多规定由资方负担,资本家往往以负担过重为由对劳工福利事业持消极抵制态度。为改变这种局面,国民政府社会部开始在裕华重庆纱厂等厂矿试行以资方为主、由劳资双方共同承担社会福利金的办法。在总结试点经验的基础上,国民政府于1943年1月26日公布施行《职工福利金条例》。

《职工福利金条例》是近代中国由中央政府颁行的第一部以"职工福利"命名的劳工福利法规。同年7月16日社会部又公布施行了《职工福利金条例施行细则》。《职工福利金条例》及其《施行细则》主要规定了如下内容:(1)适用范围:凡公营私营工厂、矿场或其他企业组织均应提拨职工福利金,办理职工福利事业;此处"其他企业组织"系指平时雇佣职工在50人以上的银行、公司、行号、农渔牧场等。(2)福利金来源:《条例》规定

---

① 参见陈竹君:《试论抗战时期国民政府的劳工福利政策及其缺陷》,《民国档案》2003年第1期。

② 参见武汉市档案馆档案(108—0—135)。

工厂、矿场或其他企业组织职工福利金来源为:创立时就其资本总额提拨1%至5%;每月比照职员工人薪津总额提拨2%至5%(后由于资方反对修正为0.05%至0.15%);每月于每个职员薪津内各扣0.5%;营业年度结算有盈余时就盈余项下提拨5%至10%;下脚料变价时提拨20%至40%。对于无一定雇主的工人福利金问题,《条例》规定“应由所属工会就其会费收入总额提拨30%为福利金,必要时得呈请主管官署酌予补助”。(3)福利金管理和使用:根据《条例》规定,“职工福利金之保管动用应由各工厂矿场或其他企业组织设置职工福利金委员会负责办理”;职工福利金专用于职工福利事业,不得移作他用,不得没收,不得用于职工年终分红奖金及办理福利事业之职工薪津,并享有优先受清偿的权力。①

《职工福利金条例》及其《施行细则》的颁行,使福利资金由劳资双方共同承担的办法法制化,这样既减少了政府开支,又在一定程度上减轻了资方单独负担福利金的压力,使劳工福利事业的推行有了比较可靠的法律和资金保障。同时,厂矿企业举办劳工福利的积极性明显提高,抗战初期厂矿企业举办劳工福利者屈指可数,到1945年10月社会部有案可稽的后方厂矿企业已办有职工福利设施者达994家。②

第四,公布《职工福利委员会组织规程》和《职工福利社设立办法》,使劳工福利组织规范化。1943年10月23日,社会部根据《职工福利金条例》的规定,公布了《职工福利委员会组织规程》和《职工福利社设立办法》,1944年3月7日社会部又分

① 蔡鸿源主编:《民国法规集成》(第42册),第374—375页,黄山书社,1999。

② 《革命文献》第99辑,第165页;转引自陈竹君:《试论抗战时期国民政府的劳工福利政策及其缺陷》,《民国档案》2003年第1期。

别颁发了《职工福利委员会组织简章准则》和《职工福利社章程准则》。按照规定,职工福利委员会的职责包括职工福利事业之审议、推进及督导事项,职工福利金之筹划、保管及动用事项,职工福利事业经费之分配稽核及收支报告事项和其他有关职工福利事项;其组织形式分为工厂矿场公司职工福利委员会或联合职工福利委员会、工会福利委员会或联合福利委员会。①《职工福利社设立办法》要求"工厂、矿场或其他企业组织雇佣职工在200人以上暨无一定雇主工人之工会有会员200人以上者应分别附设职工福利社或工人福利社,其不足200人者得联合设立之",其费用由职工福利金中开支;福利社的业务包括食堂、宿舍与家庭住宅、医院或诊疗所、补习学校或补习班及子弟学校、浴室、理发室、托儿所、职业介绍所、洗衣补衣室、图书室、俱乐部、体育场、询问代笔室和其他有关职工福利之事项。②

兴办职工福利社是抗战期间国民政府推行劳工福利的一项重要举措。重庆市工人福利社是国民政府社会部在战时举办的示范福利社,该社开办于1941年上半年,分第一社和第二社,其内部业务"以改善工人生活,提高劳工教育,增进劳工健康为主旨"③。《职工福利社设立办法》颁发后,社会部于1943年11月据以拟订了《社会部重庆市工人福利社组织规程》,筹设正式的重庆市工人福利社。1944年重庆市工人福利社正式成立,内设总务组、业务组、职业介绍组、医疗室4个部门。在建立示范工人福利社的同时,社会部颁发了《各省市推进劳工福利事业计

① 参见蔡鸿源主编:《民国法规集成》(第42册),第376页,黄山书社1999。

② 参见蔡鸿源主编:《民国法规集成》(第42册),第378页,黄山书社1999。

③ 《革命文献》第98辑,第282页。

划要点》,要求各省市政府督导厂矿企业和工会设立职工福利社,对办理职工福利成绩显著者给予奖励。在政府推动下,到1945年底除社会部自设工人福利会举办各项福利事业外,各省市厂矿、工会及社会机关设立职工福利委员会或职工福利社者共有476处之多。①

第五,颁行《普设工厂托儿所办法》,发展劳工托幼事业。1944年,社会部公布《普设工厂托儿所办法》,要求各省市政府在工商业发达区域普设工厂托儿所,以利职工妇女参加工业生产,其所需经费由职工福利金项内动用或在管理事项下列支。《办法》规定"工厂托儿所之管理设备以及保育等事项悉依前实业部公布之《工厂设置哺乳室及托儿所办法大纲》之规定办理"②。《工厂设置哺乳室及托儿所办法大纲》由国民政府实业部于1936年4月22日公布施行,这是民国政府最早颁行的一部关于劳工托幼事业的法规。根据《大纲》规定,工厂平时雇佣已婚妇女达100人以上者应设置哺乳室,未满100人者可联合附近工厂设置;300人以上者除设置哺乳室外并应设置托儿所,未满300人者可联合附近工厂设置。《大纲》还规定,女工亲生子女年龄在6星期以上18个月以下者寄托于哺乳室,18个月以上6岁以下者寄托于托儿所。《普设工厂托儿所办法》还要求各级社会行政机关对工厂托儿所应随时派员督导。在政府的督导下,当时的劳工托幼事业取得了一定成绩。如以上海为例,据1946年5月上海市社会局对本市31家工厂的调查,设有托

① 应成一:《民元来我国之劳工问题》,朱斯煌编:《民国经济史》(上),第383页,台湾文海出版有限公司,1985。

② 《普设工厂托儿所办法》,蔡鸿源主编:《民国法规集成》(第42册),第213页,黄山书社,1999。

儿所者2家,设有哺乳室者11家。[1]

综上所述,截至抗战期间国民政府已经制定了比较完备的劳工福利法规,其劳工福利制度已基本形成。抗战胜利前夕,国民党六全大会通过了《劳工政策纲领》16条,其中涉及劳工福利的内容有兴建劳工住宅、改善劳工营养、提倡劳工正当娱乐、举办童工女工设施及劳工托儿所、推进劳工补习教育及其他文化设施、实施劳工技术训练等。随后制定的《劳工政策纲领实施办法》进一步对劳工福利各项内容作了详细的规定。但是,抗日战争结束后,国民政府社会部除通令各省市按照所颁法令在当地推进福利事业,并督促工厂及工会从速成立职工福利委员会或福利社之外,在劳工福利立法方面几乎没有新的进展。当然,战后个别地方的劳工福利事业仍然有所进步,如上海市社会局在劳工科设立劳工福利组,负责办理劳工福利事项;汉口市政府与其他机关共同成立汉口劳工福利推进会,办理儿童健康社、劳工食堂、劳工子弟学校、劳工医院、劳工托儿所等事项。

二、儿童福利立法

儿童福利立法属于特殊社会福利立法范畴。特殊社会福利是指国家和社会为残疾人和无劳动能力的人举办的福利事业,包括残疾人福利、儿童福利、老人福利等。就民国时期政府的福利立法状况来看,特殊社会福利立法是一个薄弱环节,主要对儿童福利问题出台了一些规程或办法,且立法的位阶较低,而对残疾人和老人福利问题连这样低位阶的立法也鲜见。这里概要介绍民国政府的儿童福利立法状况。

① 应成一:《民元来我国之劳工问题》,朱斯煌编:《民国经济史》(上),第383页,台湾文海出版有限公司,1985。

民国北京政府时期,儿童福利立法问题已引起人们的重视。1925 年 9 月,宋介在《东方杂志》上著文,提出"为千百万儿童请命,为中国人种之将来请命,望国人发起一'儿童幸福运动'"。文章指出:"现代社会对于儿童之救济设施已渐脱离其慈善性质,而成为法律上的义务。"并对中国的儿童福利立法问题提出了期望:"将来宪法或其他的法律对于童权要有相当的保障规定,如虐待童婢、买卖童婢及一切虐待蹂躏儿童之事件都有赖于法律之保护"。①

南京国民政府建立初期,孔祥熙等于 1928 年 4 月 4 日筹建了中华慈幼协会,旨在用维护、教养、保障及其他方法,为全国儿童谋幸福,以培国本,这是民国时期最早推行儿童福利的社会团体。该协会为唤起国人对慈幼事业的重视,1931 年呈请国民政府规定每年 4 月 4 日为"儿童节",通令全国遵行;1935 年呈请政府核定当年 8 月 1 日至次年 7 月 31 日举行"儿童年"活动,由内政、教育两部会同该会组成儿童年实施委员会主持推广;1934 年、1936 年间两次召开全国慈幼会议,这是民国时期最早举行的有关儿童福利的全国性专题会议。抗战爆发后,先后有战时儿童保育会、中华儿童福利社等社团成立,前者 1938 年组建于汉口,宋美龄为全国总会理事长,以保育自战区抢救运送至后方之儿童、战时失去保护人之儿童、及因父母从事战时工作而无暇照顾之儿童为宗旨;后者 1939 年 4 月 4 日由孔祥熙在陪都重庆发起成立,以配合国际儿童福利工作、发展中国儿童福利事业、培养国家幼苗、救济灾难贫苦儿童、促进儿童教育、启发其智育天才及谋求各阶层儿童福利为宗旨。这些社会团体的成立及活

① 宋介:《儿童救济问题》,《东方杂志》(第 22 卷第 17 号),1925 年 9 月。

动,在客观上引起了政府对儿童福利及相关立法问题的关注。

国民政府社会部成立后,根据《社会部各司分科规则》的规定,由社会福利司第六科专门掌管儿童福利事项,并成立了儿童福利研究委员会。1941 年,社会部在重庆召开全国儿童福利会议,研讨儿童福利的工作范围与推行方法,并完成儿童福利政策及实施的研究报告,订立"善种(即奖励身心健全男女的繁殖,抑制遗传缺陷分子的生育)、善生(即指导适当的孕育,并护理孕妇、产妇,以期生育的健全)、善养(即提高生活水准,减少灾病死亡,施行妇婴保健,普及儿童养育常识,使儿童身心得到合理的健全发育)、善教(即陶冶高尚品性,养成优良习惯,并学习一般儿童所需要的知识与技能)、善保(即防止虐待儿童,并对不幸儿童、问题儿童,予以适当之保护,以免遭受损害)"的五大目标,以培育健全儿童,造就优秀国民,增进民族活力,奠定建国基础。① 从而,为儿童福利立法提供了政策支持。

1942 年 9 月,社会部编辑出版《儿童福利研究报告》(初稿),包括儿童福利政策纲领(草案)、儿童福利立法原则(草案)和儿童福利实施方案(草案)等内容,对儿童福利立法问题进行了理论研讨。同年 11 月 27 日,国民党中央第五届十中全会通过谷正纲、孙科、陈果夫、吴铁成、叶楚伧 5 人所提出的《请确立儿童福利立法原则及推行办法纲要》一案,随后社会部又根据全国行政会议的有关决议,研拟《儿童福利法草案》,举凡孕产妇的保健,胎儿、婴儿、幼儿、学童、不幸儿童的保育,以及虐待儿童的防止,流浪儿童的教护等均有订列,共分 11 章 131 条。②

---

① 周建卿编著:《中华社会福利法制史》,第 69 页,台湾黎明文化事业股份有限公司,1992。

② 国民政府社会部编印:《社会工作通讯》(第 6 卷第 7 期),1946 年 7 月。

但此草案一直束之高阁,未发生任何实际效用。抗战期间,国民政府面对汹涌难童浪潮,只得制定一些有关儿童福利的应急措施,此可谓国民政府儿童福利立法的基本内容,主要包括如下方面:

第一,关于私立托儿所的监管。1940 年 8 月 1 日,国民政府行政院公布《私立托儿所监督及奖励办法》,规定应组织董事会,名额不得超过 15 人,并互推 1 人为董事长;呈准立案后,4 个月内将托儿所筹备开办,开具“托儿所名称、所址、组织编制及设备、经费来源及经常开办各费预算表,主持人姓名、年龄、籍贯、资历及住址”,报请当地主管官署查核后,专案递报内政部备案,并分报教育部、振济委员会及卫生署备查;各级政府应随时督察,必要时派员视察指导;凡私人或私人团体捐助托儿所资金,得按照捐助数目,由内政部依规定分别审核颁给各等奖状;捐资逾额者,并得呈请国民政府明令嘉奖。

第二,关于育幼院的设置。1942 年 9 月 12 日社会部公布《重庆育幼院组织规程》,规定:社会部为收容孤苦无依儿童特设育幼院两所,育幼院下设总务、教导、保育和卫生四个组,分别负责庶务、儿童教导、保育、疾病防治及其他卫生事项。此后,社会部又相继公布了《陪都育幼院组织规程》和《泸县育幼院组织规程》(1943 年 6 月 12 日)、《重庆育婴院组织规程》(1945 年 1 月 13 日)、《城固育幼院组织规程》(1945 年 4 月 18 日),其内部机构设置与重庆育幼院基本相同,泸县和城固育幼院收容一等伤残官兵之幼年子女;陪都育幼院收容一等伤残官兵之幼年子女并施以适当之教养,必要时对贫苦无依之抗战军人家属子弟亦得酌量收容;重庆育婴院仅收容 2 足岁以下孤苦无依的婴儿。

第三,关于儿童福利实验区的设置。社会部为倡导并改进儿童福利事业,特设北碚儿童福利实验区,并于 1943 年 6 月 29

日核准公布《北碚儿童福利实验区组织规程》,1945 年 6 月 21 日修正后重新公布。根据该《规程》,实验区在北碚管理局辖境内办理一般及特殊儿童之福利事业,将一切设施加以实验及研究并推广其成效,实验区下设总务、业务、推广和研究四个组,分别掌理庶务、儿童福利事业规划实施、儿童福利展览竞赛访问宣传和儿童福利事业研究试验调查统计编辑等事项;实验区儿童福利设施包括托儿所(办理托儿事业),儿童福利所(办理儿童医疗卫生、图书阅览、娱乐劳作及其他有关一般儿童福利事业),儿童辅导院(办理问题儿童之指导感化事业),儿童教养院(办理残疾低能儿童之教养事业),1945 年修正为托儿所、儿童福利所、儿童辅导所、儿童教养所。同时,社会部还根据该《规程》,核准公布了《北碚儿童福利实验区托儿所组织规程》等条文。

第四,关于儿童的收容、免费医疗和领养。1942 年 12 月 8 日,社会部公布《社会部直辖儿童保育机关收容儿童暂行办法》,规定凡自出生至满 12 足岁为止的儿童,符合下列情形之一者由亲属或监护人向社会部申请收容:(1)负扶养义务之人因公殉职或被难死亡而其家境确系贫苦者;(2)出征抗敌军人因作战阵亡或受重伤致成残废不能扶养其子女者;(3)生父残废失去工作能力或生母死亡而家庭经济不能扶养其子女者;(4)生母孀居无依且无谋生能力者;(5)家庭所生子女超出 5 人以上而其家庭收入确系无法维持生活者得自第 6 个儿童起申请收容;(6)其他因家境赤贫确无扶养能力经证明属实者。1944 年 10 月 6 日社会部又公布《陪都、泸县育幼院收容儿童办法》,规定凡一等伤残官兵之子女年在 5 足岁以上 15 足岁以下者,由其亲属或监护人向军政部荣誉军人总管理处申请转送收容,依照前项规定年岁之贫苦无依抗战军人子女必要时亦得由社会部核准收容。

1943年社会部为实施贫病儿童医药救济,开始在陪都办理贫病儿童免费医疗事宜,为此于同年7月16日公布了《免费医疗陪都贫病儿童暂行办法》,指定陪都8所医院承担该项业务,并指明此所谓免费医疗,不包括各该院所通常之免费种痘、注射业务。1944年社会部公布《社会部直辖育婴育幼机关领养童婴办法》,对直辖的育婴育幼机关童婴领养事宜作出规定:允许领养的童婴包括弃婴、父母双亡无人扶养之童婴经其监护人同意者、流离失所无人收容之儿童和其他留养之童婴经其生父母同意者;领养人须有正当职业且无亲生子女,可领养男婴或女婴1人或各1人,并定期向领养机关书面报告扶养情形,不得违反法定义务及虐待用作婢仆。

第五,关于儿童福利机关收领捐款及人员任用、儿童福利事业奖惩的规定。1943年2月25日,社会部公布《各直属儿童福利事业机关收领捐款暂行办法》,规定社会部各直属儿童福利事业机关收领捐款以私人或团体自动捐助者为限,不得对外劝募;捐款用途由捐款人或团体指定,未指定者由收领机关报社会部酌定。同年8月25日,社会部公布《直辖儿童福利机关人员任用配置规则》,要求凡从事儿童福利工作人员都要有从业经验或经受过儿童福利专业训练。

1943年3月20日社会部为发展并改进公私主办之育婴育幼事业,拟订并公布《奖惩育婴育幼事业暂行办法》,规定应予奖励的情形为:教养童婴身心健全达到儿童发育标准者,保育设备完全办理著有成绩者,尽力收容当地孤苦童婴有劳绩者,其他办理育婴育幼事业声誉卓著者。应予惩戒的情形为:收养童婴保育未善致死亡率甚高者,保育设备简陋内容窳败者,对当地孤苦无依之童婴未履行其所应尽义务或无故拒绝收容者,其他有违背育婴育幼宗旨或废除业务者。

综上所述,国民政府在抗战期间先后颁行了一系列有关儿童福利的规则或办法,内容涉及儿童福利机构的设置及其运作的多个环节,但多系"头痛医头,脚痛医脚"的应急之举,缺乏系统性,且立法位阶普遍较低,权威及效力较小,仅适用于国统区甚至陪都等个别地区。抗战结束前后,国民政府又次第召开两次儿童福利会议:一是1944年在重庆举行的儿童福利工作人员会议,会后提出《推进儿童福利建议书》,对于战时及战后复员的儿童福利工作订有具体的标准;同时,还组成"儿童福利协会",以促进儿童福利的认识,其于儿童的收养、寄养及家庭补助等方式力加倡导。二是1946年在上海举行的儿童福利计划会议,研讨如何配合战后的复员,推行儿童福利;会议结论认为,儿童福利工作应从社会、教育、卫生、心理方面配合推进,学校、家庭、卫生机关及社会服务机构均应负责;并即成立"儿童福利研究社",以调查、咨询、设计及实验等方式,致力于经常性的研究。但两次会议对儿童福利立法问题都未予研讨,因此直至败退台湾,国民政府在儿童福利立法方面的落后状况也未见改观。

国民政府的儿童福利立法尽管有如上不足,但对抗战期间儿童福利事业的发展还是发挥了一定的积极作用。当时,国统区成立了战时儿童保育会,并先后设立61所儿童保育院。自1938年至1946年9月,战时儿童保育会共培养升学儿童6389名,习艺儿童2382名。1946年7月,社会部接收战时儿童保育会各教养院,另设重庆等6所育幼院。至1946年底,社会部所辖及直属育幼院、托儿所等共28家,收容儿童13640名。[①] 当然,国统区所办儿童福利机构多数条件不良、管理不善,儿童发

① 参见龚书铎总主编:《中国社会史·民国卷》,第544页,山西教育出版社,1996。

病及死亡率较高,也是不争的事实。

三、农民福利立法

1930 年 12 月 30 日,国民政府公布施行《农会法》,规定农会应办的农业福利事业主要包括:水旱、虫灾之救济及预防事项;农业教育及农村教育之推进及普及事项;农产陈列所、农具陈列所及农民公共图书室、阅报室等设置事项;农民公共娱乐之举办事项;生产消费信用仓库等合作事业之提倡及指导事项;治疗所、托儿所及其他养老济贫之举办事项等。① 抗战期间,国民政府社会部为倡导农会服务促进农民福利,据以制定并公布了《农民福利社设置办法》。

《农民福利社设置办法》规定,县市农会应设置农民福利社,行政院辖市之各区农会可分别或联合设立,乡镇农会可根据实际需要分别或联合设置;农民福利社的业务活动主要包括:办理农民往来之食宿事项,办理农民书报阅览及公共娱乐事项,办理农民关于一切人事经济及法律上所有咨询之解答事项,办理农民医药助产及清洁卫生事项,协导农民办理农业贷款及产销合作事项,协导农民办理灾祸救济及民生疾苦之呼吁事项,协导农民出征军人家属办理请求抚恤、具领恤金优待金及其子女入学事项等,上列事项除物品消耗得依成本收费外,概以免费为原则。

四、社会福利奖助立法

抗日战争期间,国民政府为鼓励私人或团体捐助社会福

---

① 参见谢振民编著:《中华民国立法史》(上册),第 613 页,中国政法大学出版社,2000。

利事业,于1942年8月29日颁行《捐资兴办社会福利事业褒奖条例》,1947年6月26日国民政府对该《条例》进行修正后重新公布。依照规定,凡私人或团体捐资兴办或辅助:一、社会救济事业,二、农工福利事业,三、儿童福利事业,四、盲哑福利事业,五、其他社会福利事业者,连外国人捐助其中之一者,均给予褒奖。其褒奖方法为:一、奖状分四等,由省政府或直辖市市政府给予之;二、奖章分金质、银质两种,由社会部给予之;三、匾额由国民政府给予之。具体捐资给奖标准为:捐资30万元以上,不满50万元者,给予四等奖状;捐资50万元以上,不满100万元者,给予三等奖状;捐资100万元以上,不满200万元者,给予二等奖状;捐资200万元以上,不满500万元者,给予一等奖状;捐资500万元以上,不满1000万元者,给予银制奖章;捐资1000万元以上,不满5000万元者,给予金制奖章;捐资5000万元以上者,给予匾额。

抗战后期,国民政府为鼓励地方发展福利事业,社会部又于1944年4月10日公布了《社会部奖助社会福利事业暂行办法》,规定:凡公私立主办之社会福利事业,经本部认为确合地方或战时需要者,依本办法奖助之;所称社会福利事业包括:1. 社会救济事业,2. 社会服务事业,3. 劳工福利事业,4. 儿童福利事业,5. 职业介绍事业,6. 其他有关社会福利事业。前条各项事业已著成效,确须继续维持或发展,而有下列情形之一者,得申请本部核给一次补助金或经常补助金:1. 限于经费无力扩充者,2. 经费中断无法维持者,3. 遭遇灾变无力补助者。申请补助在中央直属事业径呈本部核定,地方事业应呈主管官署核转,凡经补助之社会福利事业主办机关或团体,应将每年经费、预算、决算、收支对照表、业务报告书,呈报本部考核,补助金指定用途者,不得移做别用。①

上述两个法令的颁行对发展当时国民政府所谓的社会福利事业是有一定的积极意义的:前者有利于鼓励和吸纳社会力量参与社会福利事业,能够在一定程度上填补政府力量的不足;后者有利于鼓励和扶持地方脆弱的社会福利设施,使之在恶劣的抗战环境里发挥积极的社会福利效用。同时,两个法令再次证明,社会福利在国民政府的立法中是一个包容甚广的概念,社会救济只是其中一个比较重要的组成部分。

第二节 最低工资立法

最低工资是劳工个人及其家庭成员基本生活的最低保障,也是一般劳工福利的基本起点。最低工资制度起源于西方工业发达国家,20 世纪 20 年代后期,关于最低工资的条款已出现于中国的劳工法规之中;30 年代以后,在国际劳工组织大会通过的《规定最低工资办法公约》影响下,国民政府制定并公布了《最低工资法》。

一、最低工资的法理分析

最低工资系指国家中央或地方政府通过立法形式确定的劳动者劳动报酬的强制性最低标准。确定最低工资标准一般应考虑的主要因素有:(1)劳工的生活费用;(2)劳工的供求状况;(3)企业的支付能力;(4)与其他因素的比较,主要是与同一劳务市场上其他企业的工资、生活费动向、平均工资水平、就业动

① 周建卿编著:《中华社会福利法制史》,第 572 页,台湾黎明文化事业股份有限公司,1992。

向及盈利率等因素的比较。①

在劳资关系中,工资是关系劳工生存与发展、关系到工业和平和社会进步的重要问题。在中国近代,随着现代化工业的发展,政府及学界已经意识到这一问题的重要性。北京、天津、上海、武汉等地对一些旧式工业和现代工业的劳工工资进行了调查,发现绝大多数工人的家庭入不敷出。以经济最为发达、工人最集中的上海为例,工人的生活费,据1920年5月1日《星期评论》的一个材料,夫妻两人每月需要17.5元;又据上海租界工部局1923年的调查,夫妻两人每月至少需要16元。而1920年上海纱厂的工资(以粗细纱车工为准)约为每天0.27—0.30元,合每月7.3—8.1元,远远低于最低生活水平。即使是工资较高的机器业,每天的工资0.30—0.40元,该业供伙食,加饭费6元,合每月14.1—16.8元,也还不足以维持夫妻工人的家庭生活。② 1931年国民党工商部曾调查30个城市,一对夫妻及子女3人的五口工人之家,每月平均生活费27.20元,这仅仅是维持工人生命的最低标准。③ 而同期各行业工人工资大抵以5元以上14元以下最为普遍④。

中国近代劳工工资低廉的现象引起了学者们的关注,著名社会学者陈达在《中国劳工问题》⑤一书中,借鉴西方最低工资

① 参见张海鹰主编:《社会保障辞典》,第544页,经济管理出版社,1993。

② 参见《旧中国的资本主义生产关系》,第126—127页,人民出版社,1977。

③ 参见《旧中国的资本主义生产关系》,第128页,人民出版社,1977。

④ 国民政府实业部年鉴编辑委员会编:《民国二十二年中国劳动年鉴》(第1编),第102—104页。

⑤ 该书由商务印书馆于1929年出版。

理论,并结合当时中国的实际情况,就实行最低工资问题进行了理论研究。陈达首先引入了西方的"谋生工资"概念,谋生工资就是要使劳工得到能够过活的工资,一般分作四个层面:(1)贫穷层面,在这个层面的劳工家庭不能自食其力,对于衣食住各项必须省而又省,甚至到了妨害健康和卫生的程度;(2)最低限度生存层面,在这个层面上的劳工家庭,其收入勉强能满足家庭物质需要,但毫无储蓄、养老或社交等的准备;(3)最低限度卫生层面,在这个层面上的劳工家庭,除了衣食住足够之外,尚有积蓄,作为简单卫生或娱乐之用;(4)最低限度快乐层面,在这个层面上的劳工家庭,不但衣食住足够,并可以有余钱作防灾、保险、社交、娱乐之用,享受一点小舒服。陈达对谋生工资的学理是赞成的,但认为实行起来很困难。因为这种制度的实施标准不完善。该标准通常分男女两种,男工的工资能够以 5 个人的生活费为限,这就是所谓的标准家庭(夫妻及 3 个小孩);女工的工资以够 1 个成年女子的生活为限,但她必须离家独住。这样的标准既不符合实际又难以实行。

第一次世界大战以后,西方国家开始实行一种新方法,即"养家费"(Family Allow Fee)制度,这种制度在学理方面很合"谋生工资"标准,在实践中也比较容易实行。陈达认为,这种制度可供中国工资改良参考。养家费制度尽管在各国有所不同,就是在同一职业里,已婚工人的工资和未婚工人的工资也不同,但大致还是有相似原则的。这就是以一个未婚工人为单位,他的工资刚够他的生活费,已婚工人的工资,在工资之外另给养家费,养家费的多少与他的家庭人数成比例,养家费由雇主们支付。第一次世界大战后,谋生工资不能普遍实行,但养家费制度却逐步得到实行,少数雇主从人道主义出发采取纳此种制度,而大部分雇主也出于经济动机而采纳这种制度。

陈达认为养家费制度颇合中国社会心理,因为过去常平、积谷、平粜及其他慈善事业都有按人定量的意思,对养家费这种"因各人的需要定量的多少"的原则,中国人是能够理解的。而要真正实行这种制度,尚须付出巨大的努力。因为国内劳工阶级平常是在贫穷层面和最低限度生存层面,这两个层面的工人只能说是生存,而不能说是生活。因此,他们的劳动能率必低,忧患必多,势必减寿,这并不是社会之福,开明的资本家应当能看到此点,所以社会改良派应该提倡最低限度卫生层面的工资制度,即使是一时办不到也要努力进行。

陈达指出,在中国实行养家费制度时应采用以下步骤:首先把几个重要都市里的几种劳工的生活费调查清楚,以便知道劳工阶级生活的概况。在查清生活费水平后,可以定谋生工资的标准。其原则有二:(1)以单身工人为标准,并须查明一家里面每人的生活费用是多少,有家室的工人可以补给养家费;(2)暂以最低限度卫生平面为基准,因为达到这个平面的工资水准后,可以使劳工家庭对于衣食住无不足之忧,并稍有积蓄,可以进而讲求粗简的卫生和不费多少钱的娱乐。应当说,通过计算养家费来确定最低工资标准,更具有人道主义精神,也更符合现代社会保障制度的基本精神。因此,陈达关于在中国实行养家费制度的观点比较切合当时中国社会的实际状况。

如果说陈达关于"谋生工资"和养家费制度的研究,为中国近代的最低工资立法提供了理论基础,那么陈振鹭在《劳动问题大纲》一书中关于国外最低工资立法的介绍和研究则为中国近代的最低工资立法提供了技术的支持和借鉴。《劳动问题大纲》一书设专章研究了最低工资立法问题,该书第6章首先介绍了澳大利亚、英国、德国、奥地利、法国、挪威、瑞士、比利时、美国、加拿大、阿根廷等世界各主要国家的最低工资立法概况,并对最低工资立法的标准、种类、保障和效果分别作了研究和分析;最后还设专节讨论了“最低工资立法与中国”的问题,指出:“我们如果回想路易柏郎(Louis Blanc)对工人竞卖劳动力的惨痛语①,我们便不能不感觉中国工人今日应有最低工资立法的要求;我们如果多看世界各国的工资立法,我们亦不能不感觉中国工人需要此种立法之不后于他人。”②

二、最低工资立法

中国近代的最低工资立法活动,当以1930年国民政府批准关于最低工资的国际公约为界标,划分为前后两个阶段。在前一个阶段,最低工资立法的条款已出现于若干劳工法规之中;在后一个阶段,最低工资立法已不再是某个劳工法规中的个别条款,而是出现了单行的最低工资法。

(一)20世纪30年代以前最低工资立法

中国近代关于最低工资的条款最早出现于20世纪20年代后期公布的劳工法规之中。1926年冬,国民政府势力到达武汉,当地工潮风起云涌,为缓和局势,由湖北政务委员会制定《湖北临时工厂条例》,规定:“工厂主付给工人工资,每月不得少于13元。”此处虽无最低工资之名,已有最低工资之实,可视为关于最

---

① 路易柏郎,现代通译作“路易·勃朗”,法国小资产阶级社会主义者、新闻记者和历史学家。他曾在报上讥讽说:“有某工厂主人招工,同时有3个工人欲就工作,厂主问第1人说,你要工资多少,他答说,我有1妻2儿,日要3法郎始足;继问第2人,他答说,我有1妻1儿,每日需要2法郎;再问第3人。他答说,我是独身生活,每日1法郎即足。厂主说,那么。我就雇你了。嗣后,厂主和这个工人相处未久,且也甚相得,但有第4人至,厂主看见他的身体比前一个强壮,又舍第3人而雇第4人,且常思减少他的工资。”

② 陈振鹭:《劳动问题大纲》,第316—317页,上海大学书店,1936。

低工资的最早法条。1927 年春,国民革命军抵上海,为平息工潮,蒋介石以国民革命军总司令的名义公布《上海劳资调节条例》,其中明确规定:"按照生活品物价指数,规定一般最低工资",首次明确使用了"最低工资"的概念。与此同时,冯玉祥在西安公布的《陕甘域内之临时劳动法》对最低工资问题作了比较细致的规定:"工资分两种:一是按照工作时间,二是按照生产品的多寡,两种工资之计算法,应以实合于四口人最低生活费之限制;确实工资,最低限制应以四口人(以一家四口概计)之最低生活标准,由各县知事规定。"①这些劳工法规虽然效力较低,适用范围也较小,但表明中国近代最低工资立法已经初见端倪。

1927 年 4 月,广东农工厅拟订的《工厂法草案》,被认为是"国民政府工厂法之蓝本",其中规定:"工资最低额,应照该工所在地最低之生活费以上支给",可视为国民政府最低工资立法之滥觞。同年 10 月 27 日,张作霖公布的《北京农工部工厂条例》对最低工资也作了规定:"最低工资由工厂监察官查明各该地情形,商同厂主酌定,以能维持工人最低之生活为限。"②这是民国北京政府以中央政府名义公布的一部包含最低工资条款的劳工法规,同期拟订的《北京农工部监察工厂规则》也将"关于酌定各地最低工资"事项列入工厂监察的范围。

南京国民政府成立未久,开始筹备制定工厂法。国民政府是当时国际劳工组织的会员国之一,1928 年国际劳工组织大会第 11 次会议所通过的《规定最低工资办法公约》,对其工厂立法产生了直接影响。该公约第 3 项原则规定:为最低工资率之

① 本段引文见王清彬等编:《第一次中国劳动年鉴》(第 3 编),第 186、190、194 页,北平社会调查部,1928。

② 王清彬等编:《第一次中国劳动年鉴》(第 3 编),第 200 页,北平社会调查部,1928。

规定时,应酌量关系工人情况,使维持其适当生活程度为要件。1929年2月28日中央政治会议通过的《工厂法原则》,经立法院讨论后作为起草工厂法的依据,其中第7条对最低工资问题作了专门规定:"最低工资宜以各工厂所在地之工人生活状况为标准,并规定工资之给付方法"。1929年12月30日,南京国民政府正式公布《工厂法》第20条即依此原则明定:"工人最低工资率之规定,应以各厂所在地之工人生活状况为标准"。此项规定"既为将来最低工资立法之准据,亦为各工厂给付工人最低工资之限度"①。

《工厂法》公布后,上海市社会局要求对于"工人最低工资率"应有一对应的"工人每日最低生产率"之标准,所陈理由为:按工人之工资率,应依生活状况为标准,固属当然,但工人既受相当之工资,惟劳力系抽象之词,其供给之尽量与否,非若布粟可以度量而得,设不树一准则,必致漫无依据。拟请参照苏俄《新劳动法》第56条办法,"准由各地方主管官署参酌当地各业劳资情绪情形,各定一日生产之标准,"俾与最低工资率相对待,而使劳资双方均得保障也。② 此项要求未被国民政府后来公布的《修正工厂法》所采纳。

综上所述,中国近代最低工资立法在30年代以前呈现如下特点:(1)立法形式上,多作为工厂立法的个别条款出现;(2)立法内容上,除冯玉祥公布的《陕甘域内之临时劳动法》有关规定较切合养家费制度外,多以工人生活状况为衡量标准,且规定过于粗疏笼统,缺乏可操作性;(3)引入了国际最低工资公约中"最低工

---

① 谢振民编著:《中华民国立法史》(下册),第1103页,中国政法大学出版社,2000。

② 谢振民编著:《中华民国立法史》(下册),第1119页,中国政法大学出版社,2000。

资率"的概念,成为嗣后国民政府最低工资立法的固定术语。

(二)20 世纪 30 年代以后最低工资立法

1930 年 2 月 28 日,国民政府第 65 次国务会议批准了国际劳工组织大会第 11 会议所通过的《规定最低工资办法公约》,并于同年 5 月 20 日经国际联合会秘书长登记,这表明中国近代的最低工资立法进入了一个新阶段。与此同时,国民政府实业部为履行该公约起见,于 1931 年 4 月拟具《最低工资法草案》,呈请行政院转咨立法院,以期迅予核议,转呈公布施行。但立法院在审议时,认为体察当时国内经济情形及劳工状况,实施法定最低工资颇多窒碍,经第 173 次大会议决"暂从缓议",《最低工资法草案》遂被搁置。

20 世纪 30 年代初期,中国外遇日本之武力侵略,内受奇重之天灾威胁,国民经济遭到严重摧残,一时难以颁行最低工资法也实属事出有因,不应完全归咎于国民政府没有实行的诚意。但根据国际劳工组织的基本规则,公约既经批准,政府便负有实际履行的义务,而不可长期迁延不决。有鉴于此,也为了缓解来自国际劳工组织方面的压力,国民政府实业部决定先从国营企业某一部分着手试行最低工资公约办法,经过 1934 年 1 月 5 日及 26 日两次召集交通部、铁道部、军政部及建设委员会开会讨论,最终拟订了《国营企业最低工资办法草案》。

1934 年 3 月 22 日,国民政府行政院公布《国营企业最低工资暂行办法》,规定"本办法在最低工资法未公布以前各部会得就其主管范围内国营企业一部分之工人其工资特别低廉者试行之"①。该办法还规定:最低之工资率由国营机关斟酌各该地方生活情形分别规

① 《国营企业最低工资暂行办法》第 1 条,蔡鸿源主编:《民国法规集成》(第 55 册),第 461 页,黄山书社,1999。

定;国营企业机关应将核准之最低工资率张贴于场内显明处所或领款处。从此,最低工资办法开始在部分国营企业中试行。

但该办法附带了多个限制性条款,首先适用范围仅限于国营企业一部分之工人其工资特别低廉者,但其中残废老弱尚堪担任一部分工作之工人或临时雇佣之短工其工资得经主管部会之核准少于最低工资率;其次,遇有天灾、战事或其他意外事变发生,各主管部会得斟酌情形分别暂行停止本办法之施行。诸多限制条件使该办法徒具虚文,难收实效。尽管这样,此办法的出台仍有积极意义:一是使国民政府最低工资法初现"雏形";二是为最低工资法的最后出台"鸣锣开道"。

1936 年 12 月 23 日,国民政府颁发《最低工资法训令》,训令曰:"查最低工资法,现经制定,明令公布,应即通行饬知。"这样,几经周折,国民政府的《最低工资法》终于出台。该法共 23 条,适用范围规定为:"各种工业其全部或一部之工人,无团体协约或其他方法以确定其工资,而其工资特别低廉者,主管官署得依本法处理之。"①依据该法,最低工资制度包含如下内容:

第一,最低工资的标准。最低工资率应就当地生活程度及各该工业工人情况依下列情况确定:(1)成年工以维持其本身及足以供给无工作能力亲属 2 人之必要生活为准;(2)童工工资不得低于成年工最低工资之半数;(3)残废体弱之工人尚堪担任一部分之工作者,其工资经主管官署之核准,不得少于最低工资率。

第二,最低工资委员会。最低工资委员会是最低工资率的议决机构,该委员会置 9 至 15 名委员,具体由 4 个方面的人员

---

① 中国第二历史档案馆编:《中华民国档案资料汇编》(第 5 辑),第 1 编政治(三),第 167 页,江苏古籍出版社,1994。

组成:主管官署(市或县政府)代表1人或2人;关系劳资双方各推出无直接利害关系并熟悉该工业情形者1人;关系劳资双方代表各3人至5人;实业部或省主管官署认为必要时得派代表1人;主席由实业部或地方主管官署代表担任。

第三,最低工资的确定与公布。主管官署对于某种工业工人之全部或一部,认为有规定最低工资必要时,征询该工业劳资双方的意见后,得提请最低工资委员会议决;最低工资委员会开会时,须有2/3委员出席,并有出席委员2/3同意始得议决最低工资;开会时,资方或劳方如无代表出席时,会期应顺延1次,由主管官署书面通知,该方第2次开会时不得缺席,如仍无代表出席时,主管官署得自行决定最低工资率,或交由出席各委员开会,并以出席委员2/3同意议决之。同时,该法考虑到地区和时间的不同作出灵活规定,如本法得分区施行;最低工资率实行满12个月后,得依法修改。该法还规定,雇方应将主管官署所定该业之最低工资率张贴于工作场所显明处,如雇有场外件工者,应贴于领件交件处所。

第四,最低工资的给付。工资计算,以每日工作时间所得者为准,除雇方供给之膳宿得依最近3个月的平均价值在工资内并入计算外,下列各款不得并入计算:(1)雇方所定分给之红利及津贴;(2)延长工作时间之工资。

第五,最低工资的保障与监督。劳资双方不得以个人或团体资格订立少于最低工资率之契约或团体协约,少于最低工资率者仍应依最低工资率给付。工厂检查员或主管官署派员负责检查最低工资实行情况,发现违反本法规定者,分别情况处以100元以下或50元以下罚款。

由以上内容看,《最低工资法》规定了比较完备的最低工资制度。但遗憾的是,由于抗日战争的爆发,该法实际上并未付诸实行。抗战期间，国民政府行政院于 1941 年 1 月 15 日核准公布《平定工资实施办法》，要求“平定工资应参照工厂法第 20 条之规定以工人所在地之工人生活状况为标准”①。此办法沿袭了战前国民政府《工厂法》关于最低工资的有关条款，采用了“法定工资率”的概念，规定：根据当地粮价、物价情形，参照各业工人享受之待遇及其个别收入，以物价指数与工资指数之平均比例为基数分别拟订法定工资率；法定工资率确定以后，如粮物价格降低，应即根据降低后之粮物价指数并配合消费指数比例另行规定工资率。该办法实行不到两年时间即被废止，同时为了控制国统区物价飞涨的局面，国民政府于 1942、1943 年相继公布了《限制工资实施办法》和《战时管制工资办法》，对工资最高限额作出规定，实为“最高工资法”，与最低工资立法的精神已完全背道而驰。

第三节　社会服务立法

社会服务也称社会福利服务，从一般意义上理解，社会服务可分为社会性服务和福利性服务，前者又称社会事业，指对一般人口服务的事业，如教育和卫生；后者又称福利服务或福利事业，专指对社会上的弱势人群提供的服务。在社会保障理论领域，对社会服务的理解通常是狭义的，即社会服务往往等同于福利性服务。②

① 《平定工资实施办法》第 1 条，王宗洲主编：《中国劳动法规全书(1912—1989)》，第 311 页，黄河出版社，1989。

② 参见张海鹰主编：《社会保障辞典》，第 320 页，经济管理出版社，1993。

一、社会服务内容的界定

社会服务应该包含哪些内容，至今在社会保障理论领域尚无定论，国际劳工组织编写的《社会保障基础》一书对社会服务的内容作了这样的描述："任何与社会服务有关的详细内容，可能包括健康服务、健康照顾预防行动和事故预防，负伤人员的职业康复、残废人和老年人的特殊设施、儿童福利与照顾，以及计划生育门诊等等，……上述任何服务内容的限度，都是和社会保障政策水平、地方和部门的管理水平，以及享受这些服务的前提条件联系在一起的，或与通过财政安排的人员总数多少有关。否则，服务范围就将取决于社会保障制度自身的历史发展、本国的社会和政治组织、各种服务计划的范围和结构，以及与它们相关部分的优先考虑等因素。"①这段话包括两层含义：一是社会服务的内容可能包括健康服务、疾病预防和劳动安全，伤残人员的职业康复，为残疾人、老年人、儿童提供的设施和照顾等，这些服务内容的数量和质量取决于各国的社会保障政策及财政状况；二是上述社会服务内容只是可能的，而不是绝对的，并且其内容的变化与各国社会传统及其社会保障制度自身的历史发展状况息息相关。

国际劳工局组织编写的《21 世纪社会保障展望》一书则将保健服务从社会服务中分离出来并将它们并列，而将社会服务的内容界定为：(1)"能够防止造成损失和伤残的条件"的服务；(2)"能够保护那些其安全或幸福受到威胁的人"(如老年人、残疾人、被遗弃或受虐待的妻子和无依无靠的孤儿)的服务；(3)

① 联合国国际劳工组织主编：《社会保障基础》，第 9—10 页，吉林大学出版社，1989。

"能够使那些已经不能过正常生活的人改除恶习和恢复生活能力"(如酗酒者、吸毒者、精神病患者、刑满释放者、移民和少数民族)的服务;(4)"帮助某些人和社区发挥他们的潜力"(如部分丧失劳动能力的人、弱智者、因债或其他难题陷于困境的家庭,以及需要发动公民参与和专业人员帮助的社区)的服务。①显然,在《21 世纪社会保障展望》一书中,社会服务的外延较之《社会保障基础》一书已有很大的拓展。但不论怎样扩展,公益性和福利性都是其应当具备的基本特征。

二、社会服务立法

如果完全套用社会服务的国际标准来考察中国近代社会服务立法,我们可能会很失望。但如果承认社会服务内容本身也具有历史性,正如《社会保障基础》一书已经指明的那样,我们就应当承认,中国近代政府在社会服务法规的制定方面也并非毫无作为。国民政府颁布的《社会部各司分科规则》规定,社会福利司第 3 科为社会服务科,掌管社会服务的机构设置、设施倡导、计划推行、研究调查、奖励监督等事项。② 1941 年 12 月 6 日,国民政府公布《社会部示范社会服务处暂行通则及分级准则》,规定社会服务处分三级,一级设于国民政府所在地、各特别市,二级设于各省会、普通市或人口 30 万以上之城镇,三级设于行政专员公署所在地及人口 20 万以上之城镇,设置总干事、副总干事各 1 人,并得设立分处及服务站;其具体业务分为生活

① 参见张海鹰主编:《社会保障辞典》,第 320 页,经济管理出版社,1993。

② 蔡鸿源主编:《民国法规集成》(第 35 册),第 152 页,黄山书社,1999。

服务、人事服务、文化服务及经济服务四大项。[①] 这里,结合中国近代社会的实际情况,从社会服务的公益性或福利性特征出发,在避免与其他章节内容重复的前提下,着重介绍民国政府在职业介绍[②]、移民垦殖、义务劳动和社会优待等方面的立法。

(一)职业介绍立法

职业介绍是工业社会兴起的一项社会服务事业。清末民初,具有现代特征的职业介绍机构在北京、上海等工业发达地区已经出现。此类机构在上海称荐头店,在北京称佣工介绍所,皆由私人开设,专为男女佣工与雇主之间介绍促合,而于其中抽取佣钱。店中一般还设床位,提供饮食,但都必须付费。这类店所实际上是一种营利性服务机构,还算不上真正的社会服务设施。

民国北京政府时期,公开为失业者介绍职业的机构尚不多见,据史料记载,仅有北京失业介绍所、上海失业工人介绍所、上海职业指导所、南京职业指导所等 4 处。因此,这一时期政府除了在 1925 年拟订的《工会条例草案》中将对会员的职业介绍定为工会的一项职务外,在职业介绍立法方面别无作为。倒是这些职业介绍或指导机构订立的章程,虽然不具有职业介绍法的效力,但已含有职业介绍立法的基本因素。其中,尤以北京失业介绍所制定的《失业介绍所简章》颇具代表性。该所成立于 1920 年,其简章规定:"本所专为家贫或因被难失业之男子介绍相当职业而设,不论京内外各公私工厂、银行、学校、商号,本所对于请求服务或需要服务者,均妥为介绍;本所对于失业者请求

① 周建卿编著:《中华社会福利法制史》,第 20 页,台湾黎明文化事业股份有限公司,1992。

② 按照国民政府《社会部各司分科规则》规定,职业介绍和社会服务分科掌管,但在实际运作中职业介绍往往依附于社会服务,如抗战期间,社会部各直属社会服务处就附设有职业介绍组。

介绍,或雇主嘱为招募,均尽义务,并不收介绍金,及一切杂费。”由此可见,该介绍所“乃一完全慈善性质之设施”。①

南京国民政府初期,在职业介绍立法方面没有大的进展,仅于1929年10月公布的《工会法》中将“会员之职业介绍及职业介绍所之设置”列为工会的一项任务②。20世纪30年代以后,世界资本主义经济危机波及中国,中国民族工业开始呈现衰退状态,注册工厂和资本额明显下降,工厂改组与闭歇者增加,开工率严重不足,失业浪潮席卷全国,据国际劳工局中国分局在30年代中期的统计,全国失业人数为5893196人。③ 失业问题已成为政府不得不设法应对的严重社会问题,而规范职业介绍活动自然成为解决失业问题的重要途径。为此,南京国民政府实业部加强和加速了职业介绍立法活动,于1931年12月3日颁行了《职业介绍所暂行办法》。该办法是民国政府制定实施的第一部专门性职业介绍法规,“在职业介绍法规未公布以前凡代谋工作以调剂劳工之供给予需要者,得依本办法设立职业介绍所”④。该办法规定职业介绍范围包括农工商矿渔牧各业、各公私机关团体或家庭之雇工与雇员,并将职业介绍所分为国营(省市县或乡镇区设立)、公营(工会、同业公会及其他公益团体所设不以营利为目的)和私营(商人所设以营利为目的)3类。《职业介绍所暂行办法》实为后来国民政府制定《职业介绍法》

① 王清彬等编:《第一次中国劳动年鉴》(第3编),第177页,北平社会调查部,1928。

② 谢振民编著:《中华民国立法史》(下册),第1091页,中国政法大学出版社,2000。

③ 参见国际劳工局中国分局:《1935年中国失业人数估计》,《国际劳工通讯》(第16号),1936年1月。

④《职业介绍所暂行办法》第1条,蔡鸿源主编:《民国法规集成》(第55册),第454页,黄山书社,1999。

之"蓝本"。

1935年8月7日,国民政府正式出台了《职业介绍法》。《职业介绍法》吸纳了《职业介绍所暂行办法》的基本内容,并进行了较大的扩充和修正,共分总则、职业介绍机关、介绍业者、罚则、附则5章。此法规定,市县政府掌管职业介绍行政事务,省市县得设置职业介绍机关或附设于他机关,受中央劳动主管机关之监督;申请介绍职业者须为具有职业之知识或技能者、具有相当体力及经验堪任劳动者,如未达法律规定某种工作之劳动年龄、吸用鸦片或其代用品、有恶性传染病或不良习惯,职业介绍机关或介绍业者可拒绝其申请。

《职业介绍法》将《职业介绍所暂行办法》所规定的3类职业介绍所区别为职业介绍机关和介绍业者两类。职业介绍机关包括原来的国营和公营职业介绍所,具体为:(1)公设职业介绍机关,指省市县或乡镇区设立的职业介绍机关;(2)私设职业介绍所,指工会、农会、商会、渔会、海员工会、同业工会、合作社或其他合法组织及团体设立的职业介绍所。这些职业介绍机构都属于公益性社会服务机构,不得向求职者收取介绍费。介绍业者即原来的私营职业介绍所,指以营利为目的而经营职业介绍者,其介绍酬金标准由市县政府参酌介绍业者及雇佣双方代表的意见确定。

《职业介绍法》的公布实施,对规范当时职业介绍活动、缓解由失业带来的社会压力具有一定的积极作用。但抗日战争全面爆发后,由于工厂内迁和难民浪潮的冲击,全国失业人数再次走高。据统计,1945年底仅上海一地失业工人就达99000人①。在这种严峻形势下,国民政府进一步加强了职业介绍立法活动:

① 参见国际劳工局中国分局1946年度10至12月月报。

第一,社会部取代原来中央劳动主管机关成为职业介绍机构的主管部门,根据国民政府《社会部组织法》和《社会部各司分科规则》的规定,由社会福利司第4科具体掌管职业介绍各项事宜。1942年6月22日,社会部同时公布了《社会部各直属社会服务处附设职业介绍组暂行组织通则》和《社会部社会服务处附设职业介绍组办事细则》,明确将职业介绍纳入社会服务范围。

第二,社会部于1942年8月11日公布《私设职业介绍所暂行办法》和《私设职业介绍所登记规则》,使农会、工会、商会、同业工会和其他合法组织之团体设立的职业介绍所的运作和登记进一步规范化,并规定这类职业介绍所"对于求职者或须人者以不收取介绍费为原则,如遇有必要时以不超过就职者第1个月薪金之半数为限,并由求职业需人双方平均分担之"①,体现了职业介绍服务的福利性特征。

第三,社会部为"提倡佣工介绍效能,健全佣工介绍组织,增进佣工福利起见"②,于1944年10月24日公布《佣工介绍所规则》,对营利性佣工介绍活动进行了规范,如规定申请设立佣工介绍所须具有如下资格之一:(1)有动产或不动产价值在5万元以上而有志从事职业介绍工作者;(2)继续办理职业介绍业务满2年以上著有信用者;(3)在初中以下学校毕业具有职业介绍能力者;(4)平素热心社会公益事业有事实足资证明者。并要求其收费标准不得超过佣工第1个月的工资之半数,且由雇佣双方平均负担,以一次为限。

---

① 《私设职业介绍所暂行办法》第12条,蔡鸿源主编:《民国法规集成》(第43册),第11页,黄山书社,1999。

② 《佣工介绍所规则》第1条,蔡鸿源主编:《民国法规集成》(第42册),第221页,黄山书社,1999。

第四,社会部于 1943 年 9 月 27 日公布《各职业介绍机关实施失业人员职业训练办法》,要求各职业介绍机关应根据社会需要及求职人登记统计使求才求职两方获得适当配合的原则,实施失业人员职业训练,具体可视当地情形分别采用下列方式:由职业介绍机关自行设班训练;洽商当地学校合作办理;洽商当地工厂、矿场或其他企业组织合作办理;洽商各职业团体及社会团体合作办理。

(二)移民垦殖立法

移民,从广义上说,泛指暂时或永久性改变定居地的人口迁移流动,“它既包括由各种灾变而引起的流民,也包括国家政府出于政治经济或军事目的而组织的有计划的人口迁移”①,而狭义的移民仅包括后者。国际劳工局组织编写的《21 世纪社会保障展望》一书将移民列为社会服务的内容,显然只是指狭义的移民。

中国近代由国家组织的移民活动起源于晚清政府“移民实边”的国防政策。“移民实边”于 19 世纪 60 年代拉开序幕,起初只是加强边防的一种军事活动。民国以后,这种移民活动更加活跃,但已不仅局限于军事目的,而是成为一项开发荒地、安辑流民、调剂人口的综合性社会政策。并且在实施这一政策的过程中,政府的积极性和主动性大为加强,这突出表现为移民垦殖立法活动的加强。

民国之初,在晚清“移民实边”运动的惯性影响下,内地移民垦殖活动更加活跃,而其重点仍在于东北及内蒙等边境地区。农商总长张謇于 1913 年拟订《国有荒地承垦条例》,此条例及其施行细则于 1914 年公布施行,“开垦之规定及承领之程序,乃

① 池子华:《流民问题与社会控制》,第 6 页,广西人民出版社,2001。

有遵循之轨矣”①。该条例所称国有荒地指“江海山林新涨及旧废无主未经开垦者而言”，而对于边境荒地的垦辟事宜当时另订有《边荒承垦条例》。②

当时的《中国经济杂志》曾刊文指出：“新的共和国在推翻满清统治以后，深知把本国人移往满洲的重要性，在黑龙江省设立了一个垦殖局，以促进移民工作。”③垦殖局是测量调查可耕土地及安置新来移民的服务机构。同时，东三省相继颁布了《黑龙江省招垦规则》、《吉林全省放荒规则》、《移民和开发计划》等章程。如《黑龙江省招垦规则》规定，在省城设垦户招待所，为垦户提供服务；而招垦员系义务服务人员，并无薪水，只是在招足一定数量垦户后给予津贴。该规则还规定了对垦户的资助及保护等措施。在这些优惠政策的鼓励下，大批关内流民、贫民移入关东。

为了推进移民进程，1925 年张作霖专门在天津设了一个移民局，“以便对打算迁徙的人们给予帮助”。交通部积极配合，1925 年实施《京奉、京绥两路发售移民减价票规则》，规定：“凡移民及其家属乘车，票价均较定章减至十分之四五。至孩童在十二岁以下者，及移民本身随带之农具，均予一律免收车费。”与此同时，内蒙古移民垦殖政策也在加速拟制，1915 年由农商部与蒙藏院拟具《垦辟蒙荒奖励办法七条》，11 月 18 日照准施行。20 年代初，张作霖在东蒙设立垦务局，对凡愿移往开垦的

---

① 池子华：《流民问题与社会控制》，第 178 页，广西人民出版社，2001。

② 参见蔡鸿源主编：《民国法规集成》（第 24 册），第 103、108 页，黄山书社，1999。

③ 章有义：《中国近代农业史资料》（第 2 辑），第 753 页，三联书店，1957。

农民将发给旅费、种子及农具,新垦土地将免租免赋3年。其计划得到蒙古王公们的赞助。交通部也发售京绥铁路移民减价票,予以推动。在政府优惠政策的引导下,流入关东和内蒙的移民常达百万以上。

南京国民政府成立后,在继续鼓励内地贫民到东北及内蒙垦荒的同时,对内地的移民垦殖事业更加重视,除颁行了与北京政府同名的《国有荒地承垦条例》及其《施行细则》外,还相继公布实施《奖励补助移垦原则》、《清理荒地暂行办法》和《督垦原则》。如根据《奖励补助移垦原则》,移民应以具有耕作能力、坚苦耐劳之贫民为主,并对初次到垦区的移民实行车旅费减免等鼓励政策。该原则要求垦区应注意教育卫生等设备以增进移民知识、保障移民健康,并鼓励移民实行土著,经训练逐步完成自治。

1936年9月10日,国民政府行政院公布施行《内地各省市荒地实施垦殖督促办法》,规定"内地各省市所有可垦荒地应分两期实施垦殖,以江苏、浙江、福建、安徽、江西、湖北、湖南、四川、贵州、河南、甘肃、陕西等12省及南京、上海2市为第一期实施范围,山东、山西、河北、广东、广西、云南等6省及青岛、北平、天津3市为第二期实施范围";并要求"各县市办理招垦时应援照国有荒地承垦条例及其施行细则,并依清理荒地暂行办法、督垦原则、奖励补助移垦原则拟具进行计划"①。

抗日战争开始后,移民垦殖成为国民政府安置难民的一项社会政策。1938年10月15日,国民政府公布《非常时期难民移垦规则》,凡各地难民移送各省荒区从事垦殖,依本规则之规

① 蔡鸿源主编:《民国法规集成》(第39册),第410页,黄山书社,1999。

定。在此规则的基础上,1939 年 5 月 6 日国民政府又制定公布《非常时期难民移垦条例》。按照条例,难民移垦事宜,中央由经济部会同内政部、财政部、振济委员会管理统筹,地方各省得设垦务委员会负责办理。《条例》还规定:难民移垦由省政府主办者,其经费除得由省政府呈请行政院补助外,由该省政府自行筹拨;垦民住宅建筑费用,由垦务机关支付,归垦户分期偿还;垦民第一年所需粮食、农具、耕牛、种子、肥料、饲料、种畜,由垦区管理机关采购贷与之;垦区内之医药卫生教育及其他公共事业,由垦区管理机关及地方政府规划办理。这表明抗战时期的移民垦殖带有明显的难民救济性质。

为了加强垦区的管理,国民政府在农林部下设垦务总局统筹全国垦务。抗战后期,又在垦务总局下设置垦区管理局,根据1944 年 12 月 9 日国民政府公布的《农林部垦务总局垦区管理局组织条例》规定,垦区管理局负责具体管理各区警卫消防卫生、垦民教育训练、垦区建设及一切公共事业之设计与兴办等事项。

(三)义务劳动立法

义务劳动是民国时期社会服务的基本内容之一,有关义务劳动的立法条款最早见之于 1927 年冯玉祥在西安公布的《陕甘区域内之临时劳动法》,其总则部分规定:"所谓义务劳动者,中央或地方政府于特别情形下,如军事期间或发生灾疫时,或其他为公共利益之重要工作时,均得支配人民为义务之劳动。义务劳动不与自由劳动同,工人必须服从政府之支配,完成其指定之工作";"无论男女凡 18 岁以下,男子 45 岁以上,女子 40 岁以上,及有疾病的人经医生之证明者,得免除义务劳动"。[①] 显然,

① 王宗洲主编:《中国劳动法规全书(1912—1989)》,第 5 页,黄河出版社,1989。

所谓义务劳动就是一种带有强制性的公益性社会服务活动,凡男女在18岁以上、男不满45岁女不满40岁,且身体健康者,都必须参加。

抗日战争初期,国民政府于1937年7月17日公布《国民工役法》,规定:国家为经济建设及救灾防患之必要,得于平时或非常时期征工役;平时征工役以自卫工事、筑路工事、水利工事、造林工事等公益事业为限,非常时期征工役以非常时期之自卫工事、水火灾、虫灾、地震及其他重大灾难之防卫及救护为限。该法还规定服工役和免服工役的条件:年满18岁至45岁之男子,每年均有服工役3日之义务;肢体残废、心神丧失或有痼疾不胜工役者,及现任公务员、学校教职员及肄业学生,免服工役。① 抗日战争后期,国民政府于1943年12月4日公布《国民义务劳动法》取代《国民工役法》,成为中国近代第一部义务劳动法。根据规定,中华民国男子年满18岁至50岁依本法服义务劳动,女子义务劳动另以法律规定;义务劳动的主管官署在中央为社会部、在省市为市政府、在县市为县市政府;义务劳动的事项包括筑路、水利、自卫、地方造产及其他地方公共福利事项。② 另外该法还对义务劳动的时间、征召及服务、征召之缓免等问题作出了详细规定。

(四)优待征属立法

抗日战争时期,优待出征抗敌军人家属(以下简称征属)成为国民政府社会服务的特有内容。1938年10月22日国民政府公布《优待出征抗敌军人家属条例》,年底对该条例进行修正

---

① 蔡鸿源主编:《民国法规集成》(第41册),第60页,黄山书社,1999。

② 蔡鸿源主编:《民国法规集成》(第41册),第317页,黄山书社,1999。

后重新公布。依照《修正优待出征抗敌军人家属条例》规定,出征抗敌军人家属"以直接参与作战军人军属之配偶及其直系血亲属为限"①,其优待事宜由各县市政府组织出征抗敌军人家属优待委员会办理之。对出征抗敌军人家属优待的主要项目包括:(1)除担负法定赋税外,得减免各项临时捐款;(2)得免服劳役,并尽先享受一切公益设施;(3)生活不能维持者、疾病无力治疗者、死亡不能埋葬者、子女无力教养者、遭遇意外灾害者,由优待委员会查明后予以救济;(4)出征抗敌军人在应召前所负债务无力清偿者,得展至服役期满后第2年清偿之,服役期间,其家属赖以维持生活之财产,债权人不得请求强制执行;(5)出征抗敌军人或其家属承租耕作之地或自住之房屋,在服役期间,出租人不得收回或改租与他人;(6)出征抗敌军人因作战阵亡或受重伤致成残废时,除依法令呈请抚恤及褒扬外,其家属得继续享受本条例所规定之优待。

国民政府社会部成立后,由社会部负责优待出征抗敌军人家属事项。1945年6月4日,社会部颁行《社会部重庆社会服务处优待出征抗敌军人家属办法》,将优待出征抗敌军人家属事宜明确列为社会服务的内容。依据该办法,重庆社会服务处内设征属服务柜,指派专人负责办理一切优待征属事宜;凡征属申请优待时得赴征属服务柜出验证明书领取征属优待券,凭优待券可享受诸如在职业介绍、患病儿童免费诊疗、遇特殊困难时的社会救济等10个方面的优待服务。

① 蔡鸿源主编:《民国法规集成》(第41册),第97页,黄山书社,1999。

第七章 近代中国社会抚恤立法

抚恤,在中国是一个古老的概念,原为安慰拯救之意,如《三国志》中即有"抚恤贫羸"、"抚恤故旧"之语。① 近代以来,抚恤一词多作"抚卹",其含义颇为宽泛,主要包括三个方面:一是指工厂对因工或因公伤亡工人及其家属的抚恤;二是指政府对阵亡或伤残士兵及其家属的抚恤;三是指政府为国家公职人员提供的退休养老金及伤亡恤金。工厂抚恤主要基于劳动契约关系,资金主要来自工厂利润,后来逐渐为人寿保险或劳动保险所取代,属于劳动保护或劳工保险立法的范畴,对此前文已有论及。政府抚恤纯粹基于崇功报德、矜恤、奖饰之目的,资金主要来自国家财政,即"国家直接从财政收入中拨款,对某一特定范畴的每一居民提供大部分或主要的补助金"。这种抚恤制度实际上是针对公务员、军人及其他社会公职人员的一种特殊的社会保障制度,联合国国际劳工组织称之为"另一条通向社会保障的航线"②。民国政府在"这条航线"上的立法,实际上主要涉及政府公务人员、军队士兵、教职员等社会公职人员的退休养老及其遗属抚恤两方面的问题,但由于在民国时期大部分时间里

① 参见《三国志·魏志·仓慈传》和《三国志·蜀志·张裔传》。

② 联合国国际劳工组织主编:《社会保障基础》,第7页,吉林大学出版社,1989。

(除了国民政府统治后期),两个方面均合并立法,并未做严格明确的区分,故本文统称之为社会抚恤立法。

第一节 公务人员抚恤立法

近代以来,中国人事制度逐渐从传统向现代演变,民国初期的文官制度和国民政府时期的公务员制度是其中的两个发展阶段。民国政府关于文官和公务员抚恤的立法,为公务人员个人的晚年生活及其遗属生活提供了法定的保障,构建了政府公务人员的退休养老及抚恤制度,也构成了近代中国社会保障制度的重要组成部分。

一、民国北京政府文官及警察抚恤立法

中国近代文官制度最早筹建于南京临时政府时期,民国北京政府建立后相继颁布了一系列法规,开始正式推行文官制度,关于文官及警察官吏的抚恤立法便是该制度的重要组成部分。

(一)《文官恤金令》

民国北京政府时期,在人事管理制度方面,开始正式实行文官制度。1914 年 3 月 2 日,民国北京政府公布《文官恤金令》,《文官恤金令施行细则》也于同年 3 月 29 日由国务院院令公布。这是当时唯一适用于文官的抚恤法规,也是民国时期最早一部适用于政府公务人员的抚恤法规。《文官恤金令》的适用范围,在令文中并未明定,但因其时尚有《警察官吏恤金给予条例》及《陆军平时恤赏暂行简章》,由此推断《文官恤金令》中"文官"一词,系指武官及警察官吏以外的文职公务人员。《文官恤金令》规定,文官恤金分终身恤金(类似现行的月退休金)、一次恤金(类似现行的一次退休金)和遗族恤金 3 种。可见,"恤金"一词

兼指退休养老金和死亡抚恤金两个方面。

第一,终身恤金和一次恤金的领取条件及给予标准。领受终身抚恤金者包括两种情形:其一,文官在职满10年,有下列条件之一者:(1)年满60岁以上自请免官者;(2)因身体衰弱或残废不胜职务者;(3)依文官保障法休职期满者,退职时皆得领受终身恤金。其二,文官在职未满10年,但其退职系:(1)因公受伤身体残废不胜职务者;(2)因公受病致身体残废或精神丧失不胜职务者,亦得领受终身恤金。文官在职满1年以上退职者,得于其退职时1月俸额之范围以内给以一次恤金,但有下列情事之一者,不在此限:(1)依本令受终身恤金者;(2)因惩戒处分或刑法之宣告免官者。不论终身恤金或一次恤金的给予,皆以文官退职时的俸给为标准。领受终身恤金而退职者,给以退职时俸给的10/60;若任职满10年以后每增1年递次加给退职时俸给1/60;如因公受伤或受病而退职者,除定额之终身恤金外,得增给退职时俸给的5/10。凡文官在职满1年以上领受一次恤金而退职者,得于其退职时1月俸额范围内给以一次恤金,若退职者其在职满1年后每增1年递次加给其退职时1月俸额的2/10,在职半年以上未满1年者以1年论。

第二,遗族恤金的领取条件及给予标准。文官在职满10年以上死亡或领取终身恤金的退职人员已经死亡者,可以在死者终身恤金1/2的范围内领取遗族恤金;文官在职未满10年而因公死亡或因公受伤退职后死亡或因公患病退职后死亡,可以在死者终身恤金2/3的范围内领受遗族恤金。遗族恤金依下列顺序发给:死亡者之子、妻、孙、父母、祖父母、同父母之兄弟、同父母之子。遗族恤金的支给从该文官死亡的翌月开始至下列情况发生之月为止:(1)该文官之妻死亡或改醮;(2)该文官之子、弟、侄、孙已经成年;(3)该文官之父母已经死亡。领取遗族恤金的人员有下列情形,应褫夺其恤金:(1)褫夺公权者;(2)丧失中华民国国籍者。

第三,恤金领受权之效力。终身恤金的支给自退职的翌月起至死亡月止。凡文官有下列情形之一者,褫夺终身恤金:(1)褫夺公权者;(2)丧失中华民国国籍者;(3)在职未满10年按规定受终身恤金后再任官者。褫夺终身恤金者,并褫夺其增给之恤金。领受终身恤金之文官,有下列情形之一者,停止其领受终身恤金之权:(1)停止公权者;(2)按规定领受终身恤金后再任官者。

(二)《警察官吏恤金给予条例》

1914年7月4日,民国北京政府以教令公布《警察官吏恤金给予条例》,《警察官吏恤金给予条例施行细则》也于同年8月19日由内务部饬令公布。这是民国时期唯一专门适用于警察的抚恤法规。《警察官吏恤金给予条例》规定,警察恤金分终身恤金、一次恤金和遗族恤金3种。警察抚恤分如下三种情况:

第一,因公死亡之抚恤。警察官吏因公死亡按照表7—1第1号的规定分别给予一次恤金暨遗族恤金5年。因公死亡主要指下列情形:(1)镇压内乱缉拿盗匪侦探要案遇害死亡者;(2)因公差委忽罹水火或误触弹药死亡者;(3)因公差委在洋海江河及各处危险地遇险死亡者;(4)人民械斗车马惊逸禁止阻遏受伤死亡者;(5)电线折断拦护人民触电死亡者;(6)桥塌墙圮拦护行人覆压死亡者;(7)其他因公与前列之事实相类受伤死亡者。

第二,积劳病故之抚恤。警察官吏积劳病故者按照表7—1第2号的规定分别给予一次恤金暨遗族恤金4年。积劳病故主要指下列情形:(1)因防验时役而传染病故者;(2)严寒盛暑因公勤敏染病身故者;(3)警察官在职继续满10年以上、巡官长警勤务继续满20年以上,办理公务勤劳卓著染病身故者。

第三,因公负伤之抚恤。警察官吏因公负伤已成残废者,应给予终身恤金,其年给金额为各该条附表各号规定金额的1/2,其有虽经负伤未及成废者,除酌给养伤费用外,应给予一次恤金,其金额为各该条附表所规定恤金1/2。

另外,《警察官吏恤金给予条例》还规定了遗族恤金的给予标准和顺序。遗族恤金应比照各该条附表各号规定金额的1/2按年给予,其给予顺序为:死者之妻、子、父母、祖父母、子之妻、孙、孙之妻。

表7—1 《警察官吏恤金给予条例》之抚恤表①

阶级	第一号	第二号
	因公殒命一次恤金	积劳病故一次恤金
简任警察官	800元	400元
荐任警察官	600元	300元
委任警察官	400元	200元
巡官	300元	150元
巡长	200元	100元
巡警	100元	50元

资料来源:1914年民国北京政府公布《警察官吏恤金给予条例》。

不难看出,民国北京政府的文官和警察抚恤立法具有如下特色:(1)普通文官抚恤和警察抚恤分别立法,文官抚恤在法制上与退休合为一法,而警察抚恤则与退休无关;(2)恤金分终身恤金、一次恤金和遗族恤金,生活保障较为周全,颇具现代社会保障思想;(3)恤金给付标准,不论终身恤金、一次恤金或遗族恤金,均嫌偏低,难以维持最低生活;(4)所有恤金给付,并未设

① 蔡鸿源主编:《民国法规集成》(第16册),第116页,黄山书社,1999。

立基金,亦未由文官和警察加以分担,而全部由政府编列预算支给,这与中国传统对官吏的崇功报德的观念十分吻合。

二、国民政府公务员抚恤立法

广州国民政府建立以后,为了与北京政府的文官制度相区别,开始提出“公务人员”的名称。南京国民政府成立后,沿用了广州国民政府关于公务人员的提法,并正式建立了公务员制度,公务员退休及抚恤立法是该制度的重要组成部分。

(一)《官吏恤金条例》

1927 年 9 月 9 日,南京国民政府公布《官吏恤金条例》,合退休、抚恤于一体,可谓国民政府退休抚恤制度之滥觞。① 该条例自公布日起施行,规定:凡服务中华民国之文官、司法官、警察官吏给恤事项,皆为本条例适用对象。

《官吏恤金条例》规定,恤金分为终身恤金、一次恤金、遗属恤金 3 种。根据规定,有下列情形之一的公务员,按其退职时俸给的 1/5,按期付给终身性恤金:(1)因公受伤而不能胜任工作者;(2)因公致病、精神丧失而不能继续工作者;(3)在职 10 年以上、身体衰弱或残废而不能执行职务者;(4)任职 10 年以上,功劳卓著、年过 60 自请退职的人员。② 支给终身恤金应从该公务员退职的第 2 个月起到其亡故止,但退职公务员若在此期间被剥夺公民权、失去中华民国国籍或再行任职,主管机关就将停止发给恤金。因公受伤或因公致病而未达到身体残废、神志不清程度的公务人员,在其退职时可享受两个月俸额限度之内的

---

① 台湾“考试院”考铨丛书指导委员会主编:《中华民国公务人员退休抚恤制度》,第 31 页,台北正中书局,1984。

② 《修正官吏恤金条例》,《中华民国现行法规大全》,第 253 页,商务印书馆,1933。

一次性恤金,委任警官和民警退职时可分别领取3个月和6个月薪俸的一次性恤金。

《官吏恤金条例》规定,有下列情况之一的公务员,按其最后在职时的俸金发给遗属1/10作为恤金:(1)因公亡故;(2)在职10年以上、勤劳卓著而亡故;(3)受终身恤金未满5年而亡故。① 遗属恤金从该公务员死亡的第2个月开始支给,到下列事情出现为止:(1)其子女已经成年;(2)其妻亡故或改嫁;(3)其孙子、孙女或弟、妹已成年;(4)其父母、祖父母或夫之父母、祖父母亡故。官吏在职3年以上、未满10年而亡故的,按其最后两个月俸给总额发给亲属一次性恤金。遗属恤金的领取顺序:亡故者之妻;之子女;之孙子、孙女;之父母;之祖父母;之兄弟姐妹。若亡故者为女公务员时,其亲属领取恤金的顺序如下:子女;孙子、孙女;其夫;其夫的父母;其夫之祖父母;其本身父母;其本身祖父母。②

《官吏恤金条例》施行3年后,各机关对其中个别条款颇有异议,尤以关于长警退职恤金年限问题异议最大。因此上海市政府公安局提议内政部呈请转商修正,其所提出修正原因略谓:"查官吏恤金条例第三条,官吏有下列情事之一者,得按其退职时俸给五分之一,按期给以终身恤金,但受恤者属委任警官或长警时,其终身恤金得按退职时俸给之半额至全额酌给之。又第四款系以在职十年以上勤劳卓著年逾六十自请退职者为限。法令对于委任警察之长警为特别规定,自是念其特别辛劳,惟按之实际,长警服不眠不休之勤务,暴风露雨,精神心力,最易销铄,一届五十,已难服勤,法令以年逾六十,想与实际未合,似宜酌量

① 委任警官的遗属可得到最后任职时俸金的1/7,长警亲属得1/3。

② 林代昭主编:《中国近现代人事制度》,第252页,劳动人事出版社,1989。

修正,拟请将关于退职长警年龄限制,改为五十岁,以符实际,而资奖励。"①内政部接获此提议后,经审查同意将六十岁改成五十岁,并提交内政会议通过,交由内政部办理,这是1931年12月19日国民政府对《官吏恤金条例》所作的修正。

(二)《公务员恤金条例》

1933年6月间,南京国民政府铨叙部以原有《官吏恤金条例》已公布6年,衡诸实情及办理经过,颇觉未尽适用,故拟具修正草案,呈经考试院核转国民政府,奉交由立法院参照修正草案议定。修正后的《官吏恤金条例》更名为《公务员恤金条例》,仍合退休抚恤于一体,1934年3月26日公布施行,同年5月30日国民政府核定《公务员恤金条例施行细则》。《公务员恤金条例》共实施9年(1934至1943年),其间曾于1934年5月26日修正该条例第18条,其适用范围规定为:"凡公务员之给恤,除法律另有规定外,依本条例行之。本条例所称公务员,谓文官、司法官、警官及长警。"②兹略述该条例主要内容如下:

第一,公务员年恤金及一次性恤金的给予标准。凡公务员"因公受伤或致病,致成残废,或心神丧失,不胜职务",或"在职15年以上,身体残废,不胜职务",或"在职15年以上,勤劳卓著,年逾60,自请退职,但长警年愈50,得退职受恤",经证明属实者,皆得按其退职时俸给1/5,给予年恤金。但受恤者为委任警官或长警时,得按其退职时俸给之半额至全额酌给之。凡公务员因公受伤或致病,而未达残废或心神丧失之程度者,得于其退职时2个月俸给之限度内,酌给一次恤金。但受恤者为委任

① 台湾"考试院"考铨丛书指导委员会主编:《中华民国公务人员退休抚恤制度》,第33页,台北正中书局,1984。

② 蔡鸿源主编:《民国法规集成》(第37册),第184页,黄山书社,1999。

警官时,以3个月之俸给为率;为长警时,以6个月之俸给为率。但受恤后,在1年内因伤病增剧以致残废或心神丧失者,得改受年恤金,但已给之一次恤金应扣除之。

第二,公务员遗族年恤金及遗族一次性恤金的给予标准。公务员因公亡故、在职15年以上病故或依条例应受年恤金而未满5年亡故者,得按其最后在职时俸给1/10给予遗族年恤金;但对于委任警官得以其最后俸给1/7为率,对于长警得以其最后俸给1/3为率。此外,因公亡故之公务员并得于其最后在职时两个月俸给之限度内酌给遗族一次恤金,但对于委任警官以4个月之俸给为率,对于长警以10个月之俸给为率。公务员在职亡故者按下列规定给予遗族一次恤金:(1)在职3年以上6年未满者,按其最后在职时两个月之俸额给恤,但对于委任警官以3个月之俸额为率,对于长警以4个月为率;(2)在职6年以上9年未满者,按其最后在职时3个月之俸额给恤,但对于委任警官以4个月之俸额为率,对于长警以5个月为率;(3)在职9年以上12年未满者,按其最后在职时4个月之俸额给恤,但对于委任警官以5个月之俸额为率,对于长警以6个月为率;(4)在职12年以上15年未满者,按其最后在职时5个月之俸额给恤,但对于委任警官以6个月之俸额为率,对于长警以7个月为率。遗族恤金的领受顺序为:配偶(但亡故者之夫以残废不能谋生者为限);未成年子女(但成年而残废不能谋生者亦得领受);未成年孙子孙女;父母;祖父母;未成年的同父弟妹。

第三,恤金领受权的效力。公务员年恤金之支给,自该公务员退职之次月起,至亡故之月止。公务员若被褫夺公权无期或丧失中华民国国籍者,即丧失其领受恤金之权利;凡被褫夺公权尚未复权或领受年恤金后再度任职者,即停止其领受恤金之权利。依本条例得领公务员年恤金者,自该公务员退职之日起2

年内不请求时,其权利消减;另外恤金领受权不得扣押、让与或供担保。遗族年恤金之支给,自该公务员亡故之次月起至下列事由发生为止:其妻亡故或改嫁;其子女已成年;其孙子暨孙女或弟妹已成年;残废之夫或残废之子女能自谋生或亡故时;其父母祖父母亡故时。

(三)《公务员退休法》和《公务员抚恤法》

由《官吏恤金条例》至《公务员恤金条例》,其内容都比较简略,且退休与抚恤合为一体,不便适用。抗日战争期间,国民政府迁都重庆,于1943年11月6日将退休养老制度和遗族抚恤制度分别立法,颁行《公务员退休法》和《公务员抚恤法》,从此退休养老与遗族抚恤乃各成独立制度。

1.《公务员退休法》

《公务员退休法》是国民政府颁行的第一部公务员专门性退休法规,其中规定了退休法的适用范围、退休的种类、退休给予、退休金的取消等内容。根据规定,公务员系指除长警外以组织法规定有员额、等级,并经铨叙合格,或准予任用派用有案者为限。公务员退休可分为声请退休和命令退休2种,声请退休的条件有2项:(1)任职15年以上,年龄已达60岁者;(2)任职25年以上成绩昭著者。命令退休的条件也有2项:(1)年龄已达65岁者;(2)心神丧失或身体残废致不胜任职务者。

公务员的退休给予分为年退休金和一次性退休金2种。当公务员声请退休或命令退休时,如果其年资达15年以上者,都给予年退休金,自退职的次月起至权利消灭之日为止。其标准为:任职15年以上20年未满,声请退休者退休金为40%,命令退休者为50%;任职20年以上25年未满,声请退休者退休金为45%,命令退休者为55%;任职25年以上30年未满,声请退休者退休金50%,命令退休者60%;任职30年以上,声请退休者退休金55%,命令退休者65%。以上年退休金的数额按照该公务员退职时的月俸额合成年俸,根据百分比进行计算。如其任职年资为5年以上而未满15年者,则发给一次退休金。但是,公务员因公伤病致心神丧失或身体残废不胜任职务而命令退休时,如其任职年限虽未达15年,仍以满15年论,可给予年退休金。一次退休金的数额按该公务员服务年资计算,每满1年给予退职时月俸1个月的退休金,其未满1年而有6个月以上者以1年计算。在非常时期退休人员,除按上述规定给予退休金外,"并按现任公务员待遇比例增给之,但一次退休金其增给额不得超过其待遇1年总额40%"①。

《公务员退休法》还规定,请领退休金的权利自退职的次月起经过5年不行使而消灭,此项权利不得扣押、让与或供担保。当退休公务员死亡、褫夺公权终身、背叛中华民国经通缉有案或丧失中华民国国籍时,丧失其领取退休金的权利。支领年退休金的公务员,被褫夺公权尚未复权或再任有俸薪的公职时,停止其领受年退休金的权利。

抗日战争胜利后,国民政府对《公务员退休法》作了两次修订。1947年6月26日,第1次修订内容为:(1)增列声请退休给予年退休金及一次退休金;(2)延长退休任职期限,将第3条第2款之任职25年以上成绩昭著者,修改为任职30年以上者;(3)增列任职5年以上15年未满,年龄已满60岁者,得声请退休给予一次退休金;(4)增列命令退休,凡年龄已满65岁,在职15年以上,或心神丧失,或身体残废不胜职务,系因公伤疾所致者,给予年退休金及一次退休金;(5)将声请退休人员之年退休

---

① 《公务员退休法》第9条,参见林代昭主编:《中国近现代人事制度》,第308页,劳动人事出版社,1989。

金给予百分比提高,最低为45%,最高可达60%。1948年4月10日,国民政府第2次修订内容为:(1)任职15年以上,年龄已满60岁,或任职30年以上之声请退休人员;或任职15年以上,年龄满65岁之命令退休人员;或任职15年以上,心神丧失或身体残废不胜职务之命令退休人员;或心神丧失或身体残废不胜职务,系因公伤病所致之命令退休人员,除给予规定百分比之年退休金外,其一次退休金均给予4个月俸。(2)任职5年以上,未满15年,年龄已满60岁之声请退休人员,其一次退休金给予6个月俸,另每增1年加给1个月俸。(3)任职5年以上,未满15年,年龄满65岁之命令退休人员,其一次退休金给予8个月俸,另每增1年加给1个月俸。

2.《公务员抚恤法》

抗战时期,因公务员伤亡人数的增加,南京国民政府加强了对公务员的抚恤立法。从1937年7月至1943年6月,南京国民政府机关与军事机关先后制定和颁布了《抗战伤亡文职人员从优核恤标准》、《文职人员战地守土伤亡奖恤审核程序》、《战时乡镇保甲长暨联保主任因公伤亡给恤标准》、《法官及其他司法人员恤金审核办法》等一系列专门性抚恤法规,针对各类公务员的抚恤作出了具体规定。1943年11月6日,国民政府公布《公务员抚恤法》,对除长警外以组织法规定有员额、等级,并经铨叙合格或准予任用派用有案的公务员的抚恤,作了明确规定。

根据《公务员抚恤法》的规定,公务员抚恤金分为遗族年抚恤金和遗族一次性抚恤金,有下列情形之一者,给予遗族年抚恤金:(1)因公死亡者;(2)在职15年以上病故者;(3)依法领受年退休金中而死亡者。遗族年抚恤金按公务员死亡时或退职时的月俸额合成年俸,依下列百分比率给予:在职15年以上20年未满的为30%;在职20年以上25年未满的为35%;在职25年以上30年未满的为40%;在职30年以上的为45%。有下列情形之一者,给予遗族一次抚恤金:(1)因公死亡的公务员已核定给予年抚恤金者;(2)在职3年以上15年未满而病故者。遗族一次抚恤金的数额,分以下二种情况:(1)公务员因公死亡已核定给予年抚恤金者,按该公务员最后在职时月俸给予其遗族相当于4个月薪俸的一次抚恤金;(2)公务员在职3年以上6年未满而病故者,按该公务员最后在职时月俸,给予其遗族相当于4个月薪俸的一次抚恤金,6年以上15年未满者,每满3年加给2个月俸。在非常时期公务员遗族抚恤金,除按上述规定给予外,应按现任公务员之待遇比例增给,但遗族一次抚恤金其增给额不得超过其待遇一年总额的30%。此外,对于"公务员在职死亡无力殓葬者应给予殓葬补助费"①。

遗族抚恤金的领受顺序为:妻或残废之夫;未成年子女及已成年而残废不能谋生之子女;未成年之孙子及孙女,但以其父死亡或残废不能谋生者为限;父母;祖父母;未成年的同父弟妹。抚恤金在以下情况下得予停止:(1)其妻死亡或改嫁;其子女已成年;残废之夫或残废之成年子女能自谋生或死亡;其孙子孙女或弟妹已成年;其父母与祖父母死亡。(2)褫夺公权者;背叛中华民国经通缉有案者;丧失中华民国国籍者。(3)请领抚恤金之权利自抚恤事由发生之次月起经过5年不行使而消灭。

1947年6月25日,国民政府对《公务员抚恤法》进行修订后重新公布。其修订的主要内容为:(1)兼领遗族年抚恤金及一次抚恤金。关于兼领恤金之条件,规定因公死亡或在职15年以上者,以及依法领受年退休金未满10年而死亡时,给予遗族

① 《公务员抚恤法》第7条,参见林代昭主编:《中国近现代人事制度》,第309页,劳动人事出版社,1989。

年抚恤金;超过10年死亡时给予遗族一次抚恤金。遗族年抚恤金给予标准,依照公务员死亡时或退休时之月俸,合成年俸依百分比率给予:在职15年以上20年未满者为35%;在职20年以上25年未满者为40%;在职25年以上30年未满者为45%;在职30年以上者为50%。兼领之一次抚恤金,其为因公死亡或在职15年以上病故者,给予4个月俸。长警再加10%。(2)遗族一次抚恤金。公务员在职3年以上15年未满者,病故时给予一次抚恤金:在职3年以上6年未满者,给予6个月俸;6年以上每满3年增给2个月俸。此项年资的计算,逾6个月者以1年计算。公务员依法领受年退休金逾10年死亡时,则给予遗族10个月俸之一次抚恤金。长警依上述规定再加10%。(3)抚恤给予随现职人员待遇调整比例增给,但一次抚恤金之增给,以待遇总额50%为限。(4)年抚恤金给予,以20年为限。

综上所述,国民政府的公务员抚恤立法实际上经历了三个发展阶段,《官吏恤金条例》开其端,在恤金种类的设置、恤金给付条件和标准的设定等方面吸纳了民国北京政府文官及警察抚恤立法的基本内容,但给付标准仍嫌偏低,不易维持最低生活,且不论年资长短,均按同一比率给付,缺乏功绩报偿意义。《公务员恤金条例》继其续,系以《官吏恤金条例》为蓝本,就其中主要条文予以修正增列而成,其修正重点为原有官吏字样一律改称公务员,增加恤金种类及给予标准,恤金领受权之消减与保障等;且条例中仍仅有自请退休,而无强迫退休的要求,其给予标准除遗族一次恤金外,仍以月俸为准,未随年资而俱增;但公务员在职亡故者给予遗族一次恤金,已按任职年资计给,年资愈久,给付额愈大,已略具功绩报偿意义。《公务员退休法》和《公务员抚恤法》则总其成,第一次将退休与抚恤明确区分开来,使国民政府的退休制度和抚恤制度初具规模,并首次在退休制度中建立了强制性的命令退休。抗日战争结束后,国民政府对两法进行的修订使民国时期的公务员退休及抚恤制度趋向完善。

第二节 军人抚恤立法

在近代中国,由于军阀混战连绵不断,军队成为政权存在和巩固的柱石。通过国家立法,为军人提供各种保障,是激励军人效命献身的有效手段。军人抚恤是中国传统的军人保障模式,也是民国时期军人保障的基本形式。“军事抚恤之意义,系国家以物质给予及精神方法,崇公报德,使生者赖以全活,死者亦得安慰,以激励军人效命献身,尽忠报国,而保障国家民族之生存与发展”①。因此,民国政府历来都较为重视军人抚恤立法。

一、南京临时政府军人抚恤立法

南京临时政府建立后,为了奖恤在辛亥革命前后伤亡的革命军人及其遗族,于1912年3月20日在《临时政府公报》上发布了《陆军部规定陆军官佐士兵恤赏表》,这是民国时期最早公布的一部军人抚恤法规。其中,规定阵亡或负伤致残的抚恤标准如下:

阵亡者,按阶级实行一次性恤金,其标准为将军1500—1100元,都尉900—700元,军校500—300元,额外军官200元,上士至下士150—120元,上等兵至二等兵100—60元。阵亡将士之父母子女给予遗族恤金,父母子女俱全者,则终其父母天年,若父母逝世其子女年幼者,得接续受恤至20岁止;遗族抚恤金也按以上阶级,每年最高800元(大将军),最低25元(二等兵)。

阵伤致残,按伤残部位和程度分为三等,规定每年恤金:一

① 《军人抚恤手册》第1条,1947年12月国民政府国防部印发。

等伤,从大将军800元至二等兵50元;二等伤,从大将军600元至二等兵40元;三等伤,从大将军500元至二等兵25元。阵伤致残各等恤金发给将士本人。阵伤或因公受伤军士除经赤十字会及陆军医院省分院诊治外,其他无医院地域,由该管长官酌给医药费,俾资调理。①

《陆军部规定陆军官佐士兵恤赏表》发布后,大总统和陆军部曾多次据以发布命令,褒奖、抚恤在辛亥革命前后牺牲的烈士。如《大总统令陆军部抚恤邹、谢、喻、彭四烈士文》曰:案查邹容当国民醉生梦死之时,独能著书立说,激发人心;喻培伦则阐明利器,以充发难军实;彭家珍则歼除大憝,以收统一速效。所请赐恤崇祀各节(照陆军大将军阵亡例赐恤,并崇祀忠烈祠),着即照准。惟谢奉琦,着改照陆军左将军阵亡赐恤,仍准崇祀忠烈祠,以慰忠魂,而垂不朽。②

南京临时政府公布的《陆军部规定陆军官佐士兵恤赏表》是民国时期军人抚恤立法的开端。该恤赏表对陆军战时抚恤作出了规定,将恤金分为三种,即一次性恤金、年恤金和遗族恤金。这种划分方法,不仅为民国北京政府和南京国民政府的军人抚恤立法所继承,而且对民国北京政府的文官抚恤立法和国民政府的公务员抚恤立法产生了直接的影响。

二、民国北京政府军人抚恤立法

民国北京政府成立后,为了解决南北方陆军抚恤办法不统一的问题,于1912年6月16日公布了《陆军部请恤请奖各项章程变

---

① 参见邱远猷、张希坡:《中华民国开国法制史——辛亥革命法律制度研究》,第424—425页,首都师范大学出版社,1997。

② 《临时政府公报》(第51号),1912年3月29日。

通办法》,规定:“一、共和未宣布以前南方军队中被难负伤或积劳病故之官佐目兵,拟按南京陆军部所定陆军官佐士兵恤赏分别给恤;二、共和未宣布以前北方军队中之被难或负伤及积劳成病之官佐目兵之请恤未经办出者,拟按前陆军部所定之简明阵亡阵伤章程分别给恤;三、共和宣布后南北各军中之伤亡官佐目兵,拟一律按照本部现在改订抚恤章程中之平时恤赏章程分别给恤。”①

民国北京政府军人抚恤立法仍然主要针对陆军,陆军部改订后的陆军抚恤章程分平时和战时两种:《陆军平时恤赏暂行简章》公布于1912年9月18日,《战时陆军恤赏简章》公布于1912年10月18日。这是民国北京政府时期制定最早也是影响较大的两部军人抚恤法规。

《陆军平时恤赏暂行简章》分总则、剿办内乱伤亡之恤赏规则、因公伤亡之恤赏规则、积劳病故之恤赏规则、恤赏规则等5章,主要规定了如下内容:(1)恤金种类。陆军平时恤金包括一次恤金和年抚金两种,其中一次恤金分为被戕身死一次恤金、因公毙命一次恤金两个档次;年抚金分为被戕身死遗族年抚金、因公毙命遗族年抚金、因公负伤年抚金3个档次,而因公负伤年抚金又根据头等伤、二等伤和三等伤细分为3个小档次。(2)恤赏标准。陆军剿办内乱伤亡之官佐士兵,限给该员或遗族5年年抚金;因公伤亡者,限给该员或该遗族3年年抚金;平时陆军官佐士兵积劳病故者只给一次恤金,不给年抚金。(3)恤金领受权之效力。应受年抚金之遗族违背法律时,年抚金即转给其遗族中之第二应受者;应得5年或3年年抚金之负伤官兵,或失去军人分位或剥夺公权者,或再入常备改就文职受有薪俸或本

① 蔡鸿源主编:《民国法规集成》(第16册),第110页,黄山书社,1999。

人身故,均停给恤金,取销其给予令;年抚金自议准日起逾 2 年未具领者,亦停给恤金,取销其给予令。(4)恤金申领之程序。剿办内乱之负伤官兵暨因公负伤之官兵,均由各该管长官取其医官诊断书,按照陆军部颁定的调查表填报陆军部,陆军部审核后按照阶级议恤,呈请大总统批准后,分别发给恤金给予令(分为恤亡恤金令和恤伤恤金令两种),于每年 5 月后领取。

《战时陆军恤赏简章》分总纲、阵亡规则、伤亡规则、阵伤规则、因公殒命规则、积劳病故规则、恤赏规则、年抚规则、陆军佣雇人员恤赏规则和恤金给予令规则 10 章,主要规定了如下内容:(1)恤金种类。战时陆军恤金包括两种:一次恤金系按死者阶级议准时查照恤赏表给予该遗族恤金一次,分阵亡、因公殒命、积劳病故 3 个档次;年抚金系按年给予受伤官佐士兵或死者遗族,分阵亡、阵伤致废、因公殒命、积劳病故 4 个档次;阵伤致废年抚金又根据阵伤等次分为一、二、三等。(2)恤赏标准。战时官佐士兵临敌殒命、临阵受伤旋即殒命、战地防守受伤旋即殒命者给予阵亡一次恤金和遗族年抚金。官佐士兵临敌或防守或出征受伤,头等伤在 10 个月内殒命、二等伤在 6 个月内殒命、三等伤在 3 个月内殒命者(参见表 7—2),给予阵亡一次恤金和遗族年抚金;在前述时限外伤发身故者,给予因公殒命一次恤金和年抚金。凡官佐士兵当战争防守时或因差委罹水火或误受药弹以及各项伤痍者,均按其受伤等次分别给予阵伤致废年抚金。因公殒命之官佐士兵登时或旋即或在法定期限内伤发殒命者,给予因公殒命一次恤金和年抚金。当国家战争时,官佐士兵出征或在军营立功之后或在戍防及陆军各机关办理军务勤劳卓著染病身故者,给予因公殒命一次恤金和年抚金;未立功在军营病故者只给积劳病故一次恤金,不给年抚金。另外,还规定了陆军佣雇人员的恤赏标准。(3)年抚金规则。凡应得年抚金者,给予恤金给予令;年抚金给予对象为持有恤金给予令的受伤官兵或死者之寡妇或其孤儿,其无子之寡妇应终身给予,孤儿至其年满 24 岁为止;凡得有一次恤金之年,不给年抚金。领受年抚金之官兵或其遗族有下列情形之一者,得停止年抚金并注销其恤金给予令:入外国籍;被处重罪之刑狱;寡妇死亡或再醮或去其户籍;孤儿死亡无兄弟或为他人养子或满 24 岁;自年抚金议准之日起 2 年之内未曾禀申咨到部请领者;发给恤金给予令后按年请领年抚金,忽然停请逾 5 年以上者。(4)恤金给予令规则。恤金给予令须经大总统批准及各调查表到齐后,方得按其事实分别填给;恤金给予令为三联单式,即恤金给予令、备查和存根;凡给予年抚金除受伤官兵归该管长官出具切结,至死亡者之遗族应由其本籍地方长官详细查明,取具宗图及填载调查表并出具切结,由陆军部查核相符后照章办理。

表 7—2 《战时陆军恤赏简章》阵伤等次表①

头等伤	二等伤	三等伤
两眼皆盲者; 失去一足或一手以上者; 咀嚼言语之机能并废者; 身体运动非人扶持不可者; 与前项相等之一切伤病者。	两耳俱聋者; 一足一手残废者; 生殖器损失或失去其机能者; 身体运动失去自由者; 与前项相当之一切病伤者。	盲一目者; 鼻脱落者; 咀嚼言语之机能生大障碍者; 一手失去拇食两指或三指以上者; 一足失去四指以上者,项及腰运动上有大障碍者; 与前项相当之伤者。

资料来源:1912 年民国北京政府公布《战时陆军恤赏简章》。

① 蔡鸿源主编:《民国法规集成》(第 16 册),第 82 页,黄山书社,1999。

与此同时,民国北京政府也已开始着手进行海军抚恤立法,并拟制完成了《海军赡恤法草案》和《海军给予令草案》。这两部草案虽直至民国北京政府覆亡也没有正式公布,但其中规定的内容实际上已在海军抚恤中施行。如1914年海军总长刘冠雄在为军舰轮机长周邦勋等请恤给大总统的呈文中说:"查海军赡恤法草案及海军给予令草案虽未公布,业经咨送国务会议在案,应仍暂依该草案办理,以昭激劝。如蒙俞允,查该故员轮机长周邦勋系上尉阶级,拟请进一级照轮机少校例暂依海军赡恤法草案第四表乙项给予一次恤金400元,并拟暂依海军给予令草案第四表给予殡殓费600元。又查该故员周邦勋在医院诊治共计60天,并拟暂依海军给予令草案第三表给予医药费480元,……以示体恤而励将来。其遗族年恤金应俟赡恤法草案发布后再行呈请。"①该呈文经大总统批示执行。从中,我们可以窥知《海军赡恤法草案》和《海军给予令草案》内容之一斑。

民国北京政府公布《陆军平时恤赏暂行简章》和《战时陆军恤赏简章》,并开始进行海军抚恤立法,这是民国时期军人抚恤立法的继续。两个简章对陆军抚恤分战时和平时分别立法,并分别对恤金种类、抚恤标准、抚恤规则和恤金领受程式作出了简明规定。这种立法模式对南京国民政府的军人抚恤立法产生了显著影响,不论其陆军抚恤法规,还是海军抚恤法规、空军抚恤法规,都对平时和战时抚恤作了明确区分。

三、南京国民政府军人抚恤立法

南京国民政府于1927年4月宣布成立后,同年7月8日即公布了《国民革命军战时抚恤暂行条例》,足见其对军人抚恤立

① 《政府公报》(第676号),1914年3月26日。

法之重视。《国民革命军战时抚恤暂行条例》作为国民政府最早制定的军人抚恤法规，适用对象仅为战时伤亡的官佐士兵。后来，国民政府又制定公布了《陆海空军平时抚恤暂行条例》和《陆海空军战时抚恤暂行条例》，并在国民政府军政部下设立陆海空军抚恤委员会，专门负责办理军人抚恤事项。1928 年 12 月 17 日，国民政府公布的《陆海空军抚恤委员会组织条例》规定："陆海空军抚恤委员会直隶于军政部，依陆海空军平时暂行抚恤条例、陆海空军战时抚恤暂行条例及其他关于陆海空军抚恤之法令办理抚恤事宜。"①次年 2 月 18 日公布的《陆海空军抚恤委员会编组大纲》规定，该委员会下设总务处、审核处、教养处和经理处，分别掌理官佐兵夫阵亡及因公殒命各项善后事宜，官佐兵夫阵亡阵伤、因公伤亡、积劳病故各项审核调查统计事宜，官佐兵夫阵伤及因公受伤等之残废教养暨阵亡因公殒命等之遗族抚养教育等事宜。

20 世纪 30 年代初期，国民政府又相继公布了《国民革命军誓师日以前为革命殉难军人之抚恤办法》、《平战时伤亡抚恤划分标准》、《负伤官兵及死亡官兵遗族迁居领恤办法》、《陆海空军国际战争抚恤从优办法》等，对各项具体抚恤事项作出规定。30 年代中期以后，国民政府的军人抚恤立法趋向专门化，陆海空军平时抚恤暂行条例和战时抚恤暂行条例渐渐弃而不用，分别颁布《空军抚恤暂行条例》、《陆军抚恤暂行条例》、《海军平战时抚恤暂行条例》等单行条例取而代之。

抗日战争期间，国民政府为了激励将士英勇作战，在对上述三部暂行抚恤条例进行修正的基础上，于 1943、1944 年相继正

① 蔡鸿源主编：《民国法规集成》(第 47 册)，第 464 页，黄山书社，1999。

式公布了《陆军抚恤条例》、《海军抚恤条例》和《空军抚恤条例》。兹对三部抚恤条例的内容综述如下:

(1)各条例对抚恤都作了战时和平时之区分。其区别为:"战时因捍卫国家而亡者;平时因绥靖地方而伤亡者,现役军人在平时服务期间,预备军人在平时应召期间而伤亡者。"①但每部条例又根据军种的不同作出了细致的规定,如《空军抚恤条例》规定平时空中因公殒命的情形包括:试飞发明飞机失事殒命者;试飞新装飞机失事殒命者;长途飞行因恶劣天候地势或机械故障失事殒命者;教练或练习飞行因恶劣天候地势或机械故障失事殒命者;长途飞行或教练、练习飞行因驾驶关系失事殒命者。

(2)各条例都把恤金分为两种:一次恤金,按死亡者阶级议准给恤时,依照恤金表数目给予死亡者遗族恤金一次;年抚金,按伤亡者阶级议准给恤时,依照恤金表数目,分别给予受伤者及死亡者遗族年抚金。

(3)各条例都把平时战时官佐士兵的伤亡区别为5种情况。《陆军抚恤条例》和《海军抚恤条例》区分为阵亡、因公殒命、积劳病故、临阵受伤或因公受伤、伤剧殒命5种情况;《空军抚恤条例》区分为阵亡、因公殒命、积劳病故、阵伤、因公负伤5种情况。但各条例对每种情况的界定并不完全相同,如陆军、海军抚恤条例把"阵亡"界定为:临阵殒命、遇非常事变被戕时殒命,因临阵或遇非常事变受剧伤在6个月内殒命者,视为阵亡;空军抚恤条例则规定,空中与敌作战殒命者和地面与敌作战殒命者为阵亡。

---

① 蔡鸿源主编:《民国法规集成》(第49册),第113页,黄山书社,1999。

(4)各条例参照民国北京政府《战时陆军恤赏简章》及国民政府历次军人抚恤立法关于阵伤等次表的规定,都规定了详尽的阵伤等次标准(参见表7—3)。

表7—3 陆、海、空军抚恤条例规定之阵伤等次表①

一等伤	二等伤	三等伤
两眼皆盲者; 失去一足或一手以上者; 咀嚼言语之机能并废者; 生殖器损毁者; 身体瘫废者; 与上列各项相当之伤废者。	一手或一足残废者; 一手失去拇食二指或三指以上者,一足之五趾及足之一部失去者; 两耳俱聋或盲一目者; 咀嚼及言语机能发生重大障碍者; 重要脏器受伤而贻后症确系治愈无望者; 与上列各项相当之伤废者。	一手失去拇指或其他二指者; 一足失去三趾以上者; 聋一耳者或鼻脱落者; 视力障碍者; 头及腰部运动上有障碍者; 重要脏器受伤有再发之虞者; 伤虽治愈精神上贻有重大障碍者 与上列各项相当之伤废者。

资料来源:1944年国民政府公布《陆军抚恤条例》、《海军抚恤条例》和《空军抚恤条例》。

(5)各条例都根据伤亡的不同情况规定了详尽的抚恤标准。以阵亡为例,陆军和海军抚恤条例都根据战时与平时分别规定战时一次恤金(分16等,上将最高3000,二等兵最低80元)及遗族年抚金(分16等,上将最高800,二等兵最低40元)和平时一次恤金(分16等,上将最高900,二等兵最低50元)及

① 蔡鸿源主编:《民国法规集成》(第49册),第115页,黄山书社,1999。

遗族年抚金(分16等,上将最高600,二等兵最低30元)。空军抚恤条例规定,空中与敌作战当场阵亡者给一次恤金(分15等,上将最高20000元,一、二等兵最低800元)和遗族年抚金(分15等,上将最高1500元,一、二等兵最低90元);地面与敌作战当场阵亡给一次恤金(分15等,上将最高6000元,一、二等兵最低1200元)和遗族年抚金(分15等,上将最高1000元,一、二等兵最低60元)。可见,不但各军种之间抚恤标准差距较大,而且各军种内部根据军人的阶级不同其标准也是天悬地殊。此外,三部条例还分别规定了恤金领受条件、领受期限和领受资格的丧失以及遗族恤金的领受顺序。

南京国民政府公布《陆军抚恤条例》、《海军抚恤条例》和《空军抚恤条例》,使陆海空3个军种都有了正式的专门抚恤法规。至此,民国时期覆盖陆海空三军的军人抚恤法规体系基本形成。抗日战争胜利后,国民政府对这些抚恤条例进行了修订。1947年12月,国民政府国防部印发了《军人抚恤手册》,对军人抚恤业务等问题作出了明确的规定:"军事抚恤业务以核发恤令、恤金、荣哀状及编订各项恤籍为主,次则主动与有关机关策划或协同办理荣誉官兵及遗族优先就业,功勋子女免费就学,特勋褒扬,特殊忠勇官兵表扬,殉难忠烈官民祠祀纪念牌坊,暨国葬公葬公墓公祭等事项。"①此《手册》虽不属于立法的范畴,但其中的条款显然综括了各项军人抚恤法规的基本内容。

第三节 教职员及其他人员抚恤立法

教职员养老及抚恤问题是民国时期抚恤立法的又一项重要

① 孟昭华、王明寰:《中国民政史稿》,第158页,黑龙江人民出版社,1986。

内容,教职员抚恤立法萌芽于民国北京政府时期,至广东国民政府和南京国民政府时期,教职员养老抚恤立法渐趋完备。国民党党员抚恤问题是国民政府时期特有的抚恤立法内容。

一、教职员养老及抚恤立法

民国时期,教职人员的养老及抚恤立法经历了从单纯的抚恤立法到养老与抚恤合并立法,再到养老与抚恤分别立法的发展过程。

(一)《黑龙江学校职教员恤金暂行章程》

1918 年 7 月,黑龙江省拟定《学校职教员恤金暂行章程》可谓民国时期教职员抚恤立法的最早萌芽。1918 年 4 月,黑龙江省立甲种工业学校国文教员刘瀚文病故,该校鉴于刘瀚文家境贫寒,且此前曾有本省立中学校教员郭树屏在职病故时由省署恩赐 3 个月薪俸以示体恤的成例,遂呈文省署援照郭树屏例请恤。黑龙江省长公署遂拟订章程,咨送教育部,咨文称:“查学校职教员恤金并未规定专章,本省前恤中学已故教员郭树屏原系一时权宜办法,未便援以为例。惟此种事,实在恒有,倘非略示标准,不足以利推行。兹由本署拟订本省学校职教员恤金暂行章程十四条。此项章程系按照本省地方情形规定行之,似无窒碍,相应检同章程一份,咨请贵部查核,见复施行。”教育部复文称:“此项暂行章程十四条规定,均极妥适,应准照行。”①

《黑龙江学校职教员恤金暂行章程》于 1918 年 8 月 15 日公布,主要内容包括:(1)抚恤范围为本省各校在校服务 3 年以上著有成绩者之校长、学监和教员;(2)抚恤标准:恤金金额以该员在职病故时每月所受俸给数目两个月范围以内为准,在校服

① 《政府公报》(第 918 号),1918 年 8 月 15 日。

务至5年以上每1年得按照应受恤金数加2/10发给;(3)经费来源:每年应发恤金应由省县地方教育经费列入岁出预算,省立学校由省地方教育经费支给,县区立学校由各县区地方教育经费支给;私立学校由该校经费支给,如有不足,中学以上由省地方教育经费补助,高等小学以下由县地方教育经费补助,但不得超过应领恤金数的1/3。该章程最后规定"如经教育部颁定恤金通章,此项章程应即废止"①。然直至民国北京政府覆亡,也未见颁布"恤金通章"。但该章程确定的抚恤经费由各级政府分级负担的原则为后来的相关立法所继承。

(二)《学校职教员养老金及恤金条例》、《修正学校教职员养老金及恤金条例》和《社会教育机关服务人员养老金及恤金条例》

1926年11月2日,广东国民政府公布《学校职教员养老金及恤金条例》,12月21日又公布了《学校职教员养老金及恤金条例施行细则》。该《条例》及其《施行细则》首次将教职员养老与抚恤合并立法,此为国民政府教职人员养老及抚恤立法之雏形。南京国民政府在整合该条例及其细则的基础上,明令"兹将学校职教员养老金及恤金条例改为学校教职员养老金及恤金条例",于1940年7月13日公布了《修正学校教职员养老金及恤金条例》,该修正条例除将原条例中的"职教员"改称"教职员"外,承袭了原条例的基本内容。

根据规定,养老金及恤金之经费在国立学校由国库支给;在省立学校由省库支给;在市县区乡镇保立学校由市县经费支给;私立学校由各该校按其经费情形酌量支给。教职员领受养老金须连续服务15年以上,且符合下列条件之一:(1)年逾60岁自请

① 蔡鸿源主编:《民国法规集成》(第17册),第129—130页,黄山书社,1999。

退职者;(2)年逾60岁由学校请其退职者;(3)未满60岁而身体衰弱不胜任务,经医生证明属实者(第2条)。另外,教职员如因公受伤以致残废不胜任务时,虽服务未满15年,亦得请养老金,但以不任其他职务者为限(第3条)。专任教员及职员养老金标准依据在职年数及最后月俸金额进行计算,在职20年以下,最高900元最低180元;在职20至25年,最高1050元最低192元;在职25年以上,最高1200元最低204元。兼职教员养老金按其最后3年内年薪平均数给予20%。凡连续服务15年以上依第3条规定退职时,专任教职员除享有前述养老年金外,并按其最后年薪加给10%;兼职教员则按其最后3年内年薪平均数给予30%。恤金领受条件和标准参见表7—4,死亡者遗族领受恤金按下列顺序依次后推:配偶(但死亡者之夫以残废不能谋生者为限);未成年之子女(但成年而残废不能谋生者亦得领受);未成年之孙子暨孙女;父母;祖父母;未成年之同父弟妹。

表7—4 教职人员抚恤表

条件	标准		备注
	专任教职员	兼任教员	
连续服务10以上死亡者	最后年薪之半数	最后3年内年薪平均数之30%	教职员退职后依本条例领受养老金未满2年而死亡者得由法定承领人请领本表恤金额之半数。
连续服务15以上死亡者	最后年薪之额数	最后3年内年薪平均数之40%	
连续服务20以上死亡者;因公致死者;因公受伤或罹病致死者	最后年薪之倍数	最后3年内年薪之平均数	

资料来源:1940年国民政府公布《修正学校教职员养老金及恤金条例》。

1940 年 4 月 8 日,国民政府公布《社会教育机关服务人员养老金及恤金条例》,首次把社会教育服务人员也纳入了教职员的抚恤立法范围。该条例所称社会教育机关,包括:民众教育馆、图书馆、体育场、博物馆、美术馆、科学馆、专设民众学校、民众教育实验区与其他实验区所属社会教育之组织以及各级教育行政机关或社会教育机关所属有关社会教育之组织。① 该条例所规定的社会教育服务人员养老金及恤金的条件与标准及其他内容与教职员完全相同,此不重述。

从立法内容看,关于退休养老问题已有自愿退休和命令退休的明确区分,但两种退休的养老金数额并无差别。另外,不论是养老金还是恤金规定的标准都比较单一,而没有像公务人员或军人抚恤立法那样,明确划分一次退养金、一次恤金和年退养金、年抚金。

(三)《学校教职员退休条例》和《学校教职员抚恤条例》

1944 年 6 月,国民政府分别公布了《学校教职员退休条例》和《学校教职员抚恤条例》。1948 年 4 月 10 日,国民政府对两部条例修正后重新公布,修正后的《学校教职员退休条例》和《学校教职员抚恤条例》体例完全相同。两条例的适用范围与以前教职员养老及抚恤立法相比有所缩小,仅"以公立学校专任教职员依规定资格任用而有证明者为限"。而私立学校之退休金及抚恤金,由各该学校参照两条例,依其经费情形,酌量支给,不足时由主管教育行政机关予以补助。同时,社会教育机关服务人员之退休及抚恤不再单独立法,由教育部比照两条例执行。退休金和抚恤金的经费仍由国家财政分级负担,在国立学

① 蔡鸿源主编:《民国法规集成》(第 59 册),第 464 页,黄山书社,1999。

校者由国库支给,在省或院辖市立学校者由省市经费支给,在县市区乡镇保立学校者由县市经费支给。

《学校教职员退休条例》规定,退休金分为年退休金及一次退休金,符合下列条件之一者给予年退休金及一次退休金:(1)服务15年以上,年满60岁,声请退休者;(2)服务30年以上声请退休者;(3)服务15年以上,年满65岁或心神丧失、身体残废不胜职务,应当退休者;(4)心神丧失或身体残废不胜职务,应当退休,而系因公伤病所致者。符合下列条件之一者给予一次退休金:(1)服务5年以上未满15,年满60岁声请退休者;(2)服务5年以上,年满65岁或心神丧失、身体残废不胜职务,应当退休者。年退休金数额按该教职员退休时之月薪额合成年薪,各依下列比率计算:服务15年以上未满20年,声请退休者45%,应即退休者50%;服务20年以上未满25年,声请退休者50%,应即退休者55%;服务25年以上未满30年,声请退休者55%,应即退休者60%;服务30年以上,声请退休者60%,应即退休者65%。服务15年以上,因公伤病致心神丧失或身体残废不胜职务,应即退休者,额外再加10%。

《学校教职员抚恤条例》规定,抚恤金分为年抚恤金及一次抚恤金,服务15年以上病故者和因公死亡(服务不满15年者以15年论)者,给予其遗族年抚恤金及一次抚恤金;教职员依法领受年退休金未满10年而死亡者,给予遗族年抚恤金,逾10年者给予遗族一次抚恤金;服务3年以上未满15年,在职病故者,给予遗族一次抚恤金。年抚恤金数额按该教职员死亡时或退休时之月薪额合成年薪,各依下列比率计算:服务15年以上未满20年者35%;服务20年以上未满25年者40%;服务25年以上未满30年者45%;服务30年以上者50%。服务15年以上因公死亡者,额外再加10%。两条例还分别规定了一次退休金和一次抚恤金的给予标准、退休金和抚恤金的起止期限及其领受权利的丧失或停止情形、遗族抚恤金的领受顺序等。

从立法内容看,教职员退休、抚恤问题虽已分别立法,但退休与抚恤原是一个问题的两个侧面,两条例从名称上看是分立的,而内容上则是互补的。两条例的公布实施,使国民政府关于教职员退休养老及抚恤的立法体系进一步完备。其中,退休条例规定了最高退休年龄、强制退休条件,并对强制退休规定了较高的退休金,使教职员的退休养老更加制度化、规范化。

二、国民党党员抚恤立法

国民党党员抚恤问题是南京国民政府时期特有的抚恤立法内容。国民党第二届中央执行委员会最早于 1926 年 11 月 16 日通过《党员抚恤条例》;第三届中央执行委员会通过了《党员抚恤条例施行细则》,并对条例进行了增订;第五届中央常务委员会进行对条例进行了修正,并于 1941 年 7 月 7 日公布了《修正党员抚恤条例》。根据规定,国民党党员抚恤分为三种:(1)被害抚恤,指各级党部之职员在本党主义及党纲范围内从事各种运动而遭杀害者;党员在国内外受本党之命令秘密或公开为本党主义之宣传及党务活动而被敌人杀害者。(2)病故抚恤,指服务于本党各级党部 3 年以上因公积劳病故者;受本党各级党部之命令在各地从事农工运动及民众运动已有成效而积劳病故者;努力于党务工作曾有著作阐明主义对本党有特殊贡献积劳而病故者。(3)残废抚恤,指党员被敌谋害残废者。国民党党员抚恤金分为两类:(1)年抚恤金,按死者或残废者应得之抚金每年给予其家属一次,分 6 个等级,最高 900 元最低 150 元;(2)一次抚恤金,按死者或残废者应得之恤金给予其家属一次,分 7 个等级,最高 2000 元最低 200 元。符合抚恤条件的党员,由国民党中央执行委员会发给恤金证书,凭证书领取抚恤金。抚恤金发给期限,凡被害或病故党员之遗族抚恤金以其父母之终身或子女之成年(20岁)为止,仅遗妻者以其妻之终身或改嫁为止;凡因公残废之党员其抚恤金以其本人之终身及子女之成年(20岁)为止。

此外,民国时期,海关、铁路、邮政等部门为解决从业人员的退休养老及抚恤问题,分别制定实施了适用本部门的养老及抚恤法则。如1920年民国北京政府颁行《海关人员强制退职暨养老金以及强制储金办法》;国民政府铁道部于1930年公布《国有铁路员工抚恤通则》,1935年公布《国有铁道员工退休养老金规则》,建立了铁路员工退休养老及抚恤制度;国民政府交通部于1929年公布《邮政养老抚恤金管理章程》和《邮政养老抚恤金支给章程》,1930年公布《邮政养老抚恤金管理章程及支给章程施行细则》,建立了邮政养老抚恤金制度。应当说,这也是民国政府抚恤立法一个重要组成部分,但与前述公务人员、军人和教职员等养老抚恤立法不同,其养老及抚恤资金一般来源于本部门一部分经营收入和从业人员的强制储蓄及其利息,而不是主要由国家财政负担,并且养老及抚恤金数额往往与个人的储金多少直接相关。

结语:理念的嬗变与制度的初创

——关于近代中国社会保障立法的评价

随着国民党统治在大陆的结束和中华人民共和国的成立,特别是计划经济体制和国家保障制度被确立为新中国的社会经济制度后,民国时期关于社会救济、社会保险、社会福利等各方面的立法在大陆似乎都已化为毫无价值的文献资料。改革开放以来,特别是社会主义市场经济体制被确立为经济体制改革的基本目标以后,社会保障逐渐成为国家和社会共同关注的重大问题,学术界也兴起了研究社会保障问题的热潮。但大陆学者在研究社会保障或社会保险问题时,面对国内制度资源不足的现状,多都把目光投向国外,连篇累牍地翻译或介绍外国的社会保障制度,而不愿意去翻动尘封的历史,对国内这段历史要么避而不谈,要么予以否定,要么轻描淡写,要么一笔带过。笔者无意在此标新立异,仅就前述社会救济、社会保险、社会福利等社会保障立法的评价问题,作一些粗浅的分析,谈点自己的管见。

一、近代中国社会保障立法的积极意义

在法制史学领域,如何看待一个政权的性质与其立法机构、立法活动的关系,这是一个尚未完全解决的理论问题。在中国近代史上,不乏逆历史潮流而动的反动政权或滞后于历史发展

的落后政权,无论是用现世的观点,还是用历史的眼光,对于这些政权的评价从整体上都应该是否定的。但是,即便是这样的政权统治时期,也不排除法律上的创新和进步。有学者曾打过这样一个形象的比喻:“一艘行驶方向错误的轮船,也可能在轮船内部管理、在水手分工等方面创立合理的机制。”①基于此,我们可能会更加客观公正地分析和评价近代中国社会保障立法活动,并在一定程度上肯定其积极意义。

(一)确立了具有现代意义的社会保障立法理念

立法是社会发展到一定阶段的产物,它需要立足于一定的立法理念基础之上。因此,评估社会保障立法必须先行考察立法理念的嬗变。有的学者将社会保障立法理念嬗变的历程概括为这样一条线索:“从惩治术到怀柔术,再演变到社会稳定与公平维系机制,进而成为国家长期稳定协调发展的战略措施。”②这显然是分析西方社会保障制度发展史得出的结论。

中国自周秦以来即进入了以农业为主要生产方式的社会,在漫长的农业时代,社会保障的主要形式具体表现为救荒救灾及民间的慈善救助活动,这些活动带有浓厚的恩赐及施舍色彩,并且多是一些临时性的赈济措施,而没有形成一套经常性的法规制度,因此也没有立法理念可言。就近代中国社会保障立法的状况来看,理念的嬗变是沿着两条路径进行的:一是传统救济、抚恤观念的近代化改造;二是社会保险、社会福利等现代理念的引入。

中国传统救济观念,“在儒家渊源于仁爱,佛家发源于慈

① 朱勇:《中华民国立法史·序言》,第2-3页,中国政法大学出版社,2000。

② 郑功成:《社会保障学》,第382页,商务印书馆,2000。

悲，故综合而为慈善观念”，带有浓厚的道德色彩。传统中国文化重视人伦，强调道德在社会生活中的作用，君主将国家视为私物，将百姓视为子民，“君主，民之父母”，故贤明的君主“保民若赤”、“胞与为怀”，官府将社会救济视为对子民的怜悯和恩赐。民国以后，社会救济的观念逐步向现代嬗变，摈弃了传统的慈善观念，代之以先进的国家责任理念，将社会救济视为“因集体之生存而当为，不专为人类之悲悯而宜为”的事业。民国学者对“国家责任”的含义曾有详细的阐述：“国家为人民聚集而成，政府乃由人民组织，而为人民谋福利之机关，人民有所困苦则应加以救济，人民有所需要，自当俾与协助，此乃贤明政府所应负之责任也。”①国民政府社会部在拟订《社会救济法》的过程中，在明确国家责任观念的同时，还提出了积极救济、以全民为救济对象、国家与社会共同救济等进步的社会救济理念。

抚恤在中国是一个古老的概念，原为安慰拯救之意，如《北史》有“善抚恤，却盗息止”之语。民国以后，则逐渐用以专指军人与国家公职人员伤亡后，政府对其本人或遗属所作的退休养老安排或安慰救助活动。抚恤一词内涵也发生了很大的变化，被赋予了崇公报德、国家保障的意义。以军人抚恤为例，国民政府国防部印发的《军人抚恤手册》规定：“军事抚恤之意义，系国家以物质给予及精神方法，崇公报德，使生者赖以全活，死者亦得安慰，以激励军人效命献身，尽忠报国，而保障国家民族之生存与发展。”②

社会福利是源于西方工业化国家的一种社会保障观念。民国时期，社会福利的含义经历了从狭义到广义的嬗变过程。抗

① 陈凌云：《现代各国社会救济》，自序，商务印书馆，1937。

② 国民政府国防部印发：《军人抚恤手册》，第1条，1947年12月。

日战争以前,社会福利与社会救济基本上是同义语。如当时学者在谈及社会救济理念从慈善向国家责任转变时,曾指出:“故有抛弃‘社会救济’之名词,而改称‘社会福利’(Social Welfare)、或‘社会事业’(Social Work)、或‘公共协助’(Public Asistance)者。”①后来,社会福利的含义不断拓宽,社会救济转而变为其中的一个组成部分。抗日战争期间,国民政府在社会立法过程中,确立了包含社会救济、社会保险在内的大福利理念。如1940年国民政府公布的《社会部组织法》及《社会部各司分科规则》将社会保险、劳工福利、社会服务、职业介绍、社会救济、儿童福利等全部纳入了社会福利的范畴。抗日战争末期及胜利之后,社会保险逐步从社会福利中独立出来,而社会救济仍然是其组成部分。

社会保险也是近代以来出现于西方工业化国家的一种社会保障理念。1918年至1919年间,《东方杂志》相继刊发《劳动者失业保险制度》和《劳动者疾病保险制度》两文,在中国较早宣传了社会保险理念。民国北京政府时期,劳动保险已成为政府劳工立法中的一个重要概念。国民政府初期草拟的《劳动保险草案》首次引入了强制保险、伤害保险费由雇主负担、疾病保险费由雇主和雇员分担等社会保险立法的基本原则。抗日战争末期,国民政府提出了“政府认定社会保险为全体国民福利,保障社会永久安全的措施,应由中央政府主持办理”;其一切经费,“应有切实保障,并依法管理使用”等实施社会保险的重要原则。1947年10月31日,国民政府国务会议通过的《社会保险法原则》,系统地确立了社会保险立法的基本理念。

综上所述,近代中国社会保障立法理念嬗变的历程可以概

① 陈凌云:《现代各国社会救济》,自序,商务印书馆,1937。

括为这样一条线索:从恩赐、施舍、慈善的传统观念到国家责任理念,进而到维系"全体国民福利,保障社会永久安全设施"①。立法理念的嬗变为近代中国社会保障立法提供了理论支撑,其中一些具有现代意义的立法理念对当今中国的社会保障立法仍然不无启示和借鉴意义。当然,在人类社会保障制度发展的历史进程中,由理念的更新到制度的肇建,再到最终落实为社会保障实践活动,每前进一步都要经历相当长的社会过程。在近代中国,这一过程尤为复杂而曲折。尽管如前所述,近代中国社会保障立法理念已由传统的救济施舍观念嬗变为国家责任,国民政府甚至把社会保险提升为"全体国民福利,保障社会永久安全设施",但进步的社会保障立法理念并不等于健全的社会保障制度,更不等于成熟的社会保障实践活动。

(二)开启了中国近代社会保障法制化之路

法制化是近代以来社会保障制度发展的基本特征,也是社会保障制度从传统走向现代的必由之路。民国时期,政府在社会救济、社会保险、社会福利等方面的社会立法活动开启了中国近代社会保障的法制化之路。综括前面几章的内容,中国近代社会保障的法制化进程大致可划分为三个阶段:民国北京政府时期,社会保险的理念已经传入中国,政府劳工立法中也已出现"劳动保险"的概念及有关劳工保障的条款;而此时政府颁行的《游民习艺所章程》、《勘报灾歉条例》及有关文官、警察、军人抚恤的系列法令,也把中国传统的救济、救灾、抚恤等社会保障形式引向了法制化轨道。这可视为中国近代社会保障法制化的初

① 1946年国民政府行政院核定:《战后社会安全初步设施纲领实施办法》,转引自刘见祥:《我国社会保险政策与实践之研究》,第236页,台湾私立中国文化大学三民主义研究所1991年5月博士论文。

始阶段。

从国民政府建立到抗日战争爆发前夕是中国近代社会保障法制化的发展阶段。南京国民政府建立后，延续了前届政府社会立法的基本特征，重心依然在于推进传统救济、救灾、抚恤等传统社会保障形式的法制化。但法制化水平已有显著提高，在救济立法方面，救济对象已由游民扩及老弱病残等各种社会脆弱群体，救济内容也由单纯的游民教养扩展到养老、育幼、施医、贷款等多种方式，并颁行《慈善团体监督法》，将民间的慈善救济活动纳入法制化管理；在救灾立法方面，除颁有勘报灾情的条例与规程外，还出台《救灾准备金法》，建立了中央和省两级救灾准备金制度。与此同时，国民政府在劳工立法的过程中，先是拟成《劳动保险草案》作为《劳动法典》独立组成部分，后又拟制《强制劳工保险法草案》作为单行劳工法规，这表明当时的社会保障立法已开始迈上了现代化的门槛。

抗日战争全面爆发后，在日军步步紧逼、国军节节败退的严峻局势下，国内社会安全保障已经成为关乎国民政府存亡的重大问题。在此社会历史背景下，以国民政府社会部的成立为转折点，中国近代社会保障法制化进入了快速发展时期，在此后不到 10 年的时间里，《社会救济法》的颁布为中国近代社会保障法制化奠定了基石；从《社会保险法原则草案》的议决，到《健康保险法草案》、《伤害保险法草案》、《社会保险方案草案》的草拟与川北盐工保险的试办，再到《社会保险法原则》的最终确立，演绎了中国近代社会保险制度走向法制化的曲折历程；《职工福利金条例》、《职工福利社设立办法》、《农民福利社设置办法》、《捐资兴办社会福利事业褒奖条例》、《社会部奖助社会福利事业暂行办法》等法令的公布，为构筑中国近代社会福利法制体系进行了有益的探索和尝试。此外，在公务人员、教职员、军队士兵等抚恤立法方面则形成了“另一条通向社会保障的航线”。至此,中国近代社会保障法制体系的雏形已依稀可见。从立法模式上看,这一体系呈现出平行立法的基本特征。

追溯中国近代社会保障的法制化之路,我们不难发现,抗日战争时期是近代中国社会保障立法的一个高涨期,举凡社会救济、社会保险、社会福利等各方面的重要法规或法规草案都是在这一时期形成的,这说明“在社会大变革时期,社会保障方面的法律制度往往容易得到确立”①。其实,这在现代社会保障法律制度发展史上也似乎已成为一条“规律”,如德国在19世纪80年代建立社会保险制度,美国于1935年建立社会保障制度,法国在1930年完善社会保险制度等,均因当时较为特殊的历史条件与时代背景而进展顺利。

(三)推动了中国法律制度从传统向现代的转型

中国法律制度从传统向现代转型是从19世纪下半叶开始的,其主要标志是“中国传统的中华法系的破坏,和大陆法系在中国的开始确立”②。中国传统法观念的核心是刑,其职能主要是“绳顽警愚”,是“防民之具”。因此,中华法系的传统重公权、轻私权,重刑法、轻民法。大陆法系又称罗马法系,以强调平权关系的私法发达著称,其关于私法与公法之间的区分成为法律体系化的基础,并形成了二元化法律制度的基本结构。中华法系与大陆法系同以国家制定法为主要特征,这种法律渊源上的共同性是晚清修律仿效大陆法系的主要原因之一;而大陆法系的德国、日本都保留了君主政体才是晚清政府选择大陆法系的

---

① 郑功成:《社会保障学》,第374页,商务印书馆,2000。

② 张晋藩:《中国法律的传统与近代转型》,第472页,法律出版社,1997。

根本所在。

中国近现代意义上的立法事业肇端于清末改法修律，改法修律活动引入了大陆法系的法律文化和二元法律结构，变革了中国重刑轻民的一元法律传统，促进了中国人法律意识的觉醒，并“为中国法律的近代转型，确定了航标，奠下了基础”①。至中华民国时期（主要包括南京临时政府、北京政府、南京国民政府），“初步完成了我国第一个形式上现代化的法律体系”②，因此曾作为中央政府的中华民国，其社会保障立法的历史实为中国20世纪法律社会化最初的全面尝试。

民国时期，自19世纪末以来由俾斯麦开创的社会保障法逐渐成为大陆法系的重要法律制度，并在全球范围内得以迅速发展。西方学者认为，这些法律既不属于传统的公法领域，也不属于私法领域，而是介于公法和私法之间的第三法域，即“法的社会化”，通称为社会法。就狭义而言，社会法是指国家为保护经济弱者而制定的各种社会安全保障立法，如产业革命前的济贫法，产业革命后的劳工保护法、社会救济法、社会保险法、社会福利法等；广义的社会法则是指国家为了解决和预防社会问题而制订的各种法规的总称。20世纪前半叶，其含义主要限于狭义的范畴。

法律社会化是近代法律制度变迁的一大趋势，以维护社会本位为取向的社会保障立法，被视为法制现代化的重要内容和显著标志之一。民国时期，“法的社会化”趋向已十分明朗，“自产业革命，社会经济组织发生剧烈之变化，于是法律渐由传统个

① 张晋藩：《中国法律的传统与近代转型》，第475页，法律出版社，1997。

② 谢振民编著：《中华民国立法史》（上），校勘说明，第1页，中国政法大学出版社，2000。

人主义，而倾向于社会化，私权绝对之原则，契约自由之原则，均已动摇而日趋于崩溃”①。因此，引入社会法理念，创制社会法体系已成为中国法制现代化的题中应有之义。

国民政府时期，“法的社会化”趋向也已成为政府立法的目标，“吾国以前私法，多为前清草案，直接继受外国个人主义之法律，不足以适应现代之潮流。立法院除编纂《新民法》外，并同时遵照国民党政纲起草《土地法》、《劳工法》。……凡此劳工立法、土地立法之趋势，不独吾国为然，而在施行社会主义或社会政策之国家，尤为显著”②。抗日战争期间，国民政府社会部“为拟订各种社会法草案起见，特设社会法临时起草委员会”③，其工作任务包括起草社会保险法草案、起草社会救济法草案、起草其他有关社会法之法律草案等事项。嗣后，《社会救济法》的颁行以及《社会保险法原则》的通过，使得中国近代真正意义上的社会立法开始入门。

总之，从法律结构的嬗变来看，中国法律制度从传统向现代的转型进程经历了两个阶段。晚清修律打破了传统中华法系重公权、轻私权的一元法律结构，引入了大陆法系的公、私法二元化法律结构，这是中国法制从传统走向现代的第一步。民国之际，追逐“法的社会化”之潮流，引入社会法理念，创制社会救济、社会保险、社会福利等社会保障立法，使得晚清以来逐步形成的二元法律结构进而演化为公法、私法、社会法并存的三元法

① 谢振民编著:《中华民国立法史》(上)，第21页，中国政法大学出版社，2000。

② 谢振民编著:《中华民国立法史》(上)，第21页，中国政法大学出版社，2000。

③ 《社会部社会法临时起草委员会简章》第1条，蔡鸿源主编:《民国法规集成》第43册，第96页，黄山书社，1999。

律结构。这标志着中国法律制度的现代化进入了一个新的阶段。然而，“由于社会的发展是永不停止的，因此法律的现代化也只有阶段性而没有终结”①。

二、近代中国社会保障立法的局限性

由于民国时期正处于从农业社会向工业社会转型的过程中，各种社会经济制度也处于“方生方死，方死方生”的新旧交叠转型之际。“始生之物，其貌必丑”，我们研究近代中国社会保障立法，在肯定其积极意义的同时，更要看到其自身存在的许多先天性不足：

其一，立法的基本概念混沌不清。社会救济、社会福利、社会保险等是社会保障体系的有机组成部分，也是社会保障立法的理论基础。民国时期，三种概念均已出现并广泛运用，但各自的内涵和外延却没有明确的界定与区分，从当时的立法内容来看，有时候是社会救济与社会福利完全等值，有时候是社会救济包含社会福利、社会保险，有时候是社会福利包含社会救济、社会保险。到国民政府晚期，社会保险虽已与社会救济、社会福利区分开来，但社会救济与社会福利仍然混淆不清。立法概念的混沌不清，客观上必然阻滞着社会保障立法体系的完善和健康发展。

其二，立法的体系结构发展不平衡。民国 38 年间，社会保障立法活动实际上包括两个方面的内容，一方面是传统社会保障形式的法制化，另一方面是现代社会保障法的引入和创制。透视近代社会保障立法状况，传统社会保障形式的法制化进程

① 张晋藩:《中国法律的传统与近代转型》,前言,法律出版社,1997。

贯穿整个民国时期,立法数量丰富,立法成就也较高。以抚恤立法为例,民国北京政府就颁有覆盖军人、文官、警察等多种职业的法规;国民政府时期,覆盖范围扩及各种公务人员、教职员、社会教育人员、国民党党员等,并在军人、公务员、教职员等方面形成了各自独立、相当完备的立法体系。再如救济立法,从《游民习艺所章程》公布到《各地方救济院规则》颁行,最后到《社会救济法》出台,不论是立法形式还是立法内容,都取得了较高成就。比较之下,现代社会保障法的引入和创制则进展缓慢,乏善可陈。如社会保险立法在国民政府时期才开始启动,南京国民政府统治的22年间,先后拟订的社会保险法规不下五六部之多,数量不可谓不丰,但除了《社会保险法原则》由国务会议通过外,其他都是草案,充其量只能算半成品,无一被正式颁布实施。

其三,立法主体混乱,立法层次低。民国北京政府时期,立法机构先后有国会、政治会议、约法会议、参政院等,由于国会时有时无、形同虚设,其他立法机构多是严重激烈的政治斗争的产物,存在时间均较短暂,实际上一直没有稳定统一的立法机构,"法出多门"的现象十分严重。如《暂行工厂通则》由农商部公布;《矿业条例》由北京政府以教令公布;《游民习艺所章程》、《警察储金试办办法》均由内务部草拟公布。国民政府时期,虽有专门立法机关——立法院,但从政权体制及功能职掌上看,立法院既不是近代共和政体中的立法机关,更不具备民主政治中民意机构的性质。从当时立法状况看,一项法律的成立,从提出立法动议、确立立法原则、到拟订法律草案、审批法律议案,均由国民党的机构主持参与,立法院实际上只是一个法律编纂机构,并不拥有实质意义上的立法权。因此,"法出多门"的状况并没有多大改观,行政院、社会部、考试院、卫生署(部)等部院都享有一定的立法创制权，而国民政府国务会议、最高国防会议等都享有一定的立法审核权，特别是国民党中央政治会议甚至对在立法院经过三读完成全部立法程序的法律案仍有权发回立法院修改。同时，立法层次普遍较低，除《社会救济法》、《救灾准备金法》等为数不多的法规外，大多是各种条例以及等而下之的规则、章程、办法、规程等。

其四，立法与实践相脱节。在近代中国社会保障立法的实施方面，民国政府除出于政治因素考虑，在救济、救灾、抚恤等传统形式的社会保障方面有所作为外，在社会保险、社会福利等现代社会保障方面，仅有星星点点的试办，基本上是在“纸上谈兵”。马克思在谈及1848年11月4日法兰西共和国宪法时曾指出：“每个条款都包含着相反的一面，而完全取消条款本身。”①如以之评判民国政府的不少社会保障立法条款也是恰如其分的。这是研究近代中国社会保障问题不容回避的一个事实，虽说有法胜于无法，并且从社会保障制度发展史看，“先立法、后实施，是社会保障制度的内在要求”②，然“徒法不能以自行”，民国政府有心立法，无心或无力行法，不能不说是其最终落败的一个重要致因。

最后需要指出的是，中国近代不论是民国北京政府，还是南京国民政府，它们虽然在形式上都维持着资产阶级民主共和的体制(北京政府时期短暂的流产帝制除外)，但实质上都代表着大地主、大资产阶级的利益。如果说这种不同于封建君主制的新的政治体制为近代中国社会保障立法奠立了起码的政治条

① 马克思：《1848年11月4日通过的法兰西共和国宪法》，《马克思恩格斯全集》(第7卷)，第588页，人民出版社，1959。

② 郑功成：《社会保障学》，第372页，商务印书馆，2000。

件,那么这种代表大地主、大资产阶级利益的政权实质则最终决定了近代中国社会保障立法的阶级本质,亦即只能是为了保障其自身统治的“永久安全”及某些“特殊国民”的福利,而不可能真正做到保障“全体国民”的福利。美国前总统富兰克林·罗斯福在为其开创的社会保障立法辩护时曾说:“检验我们进步的标准,不是看我们是否为绰绰有余者锦上添花,而是看我们是否使缺吃少穿者丰衣足食。”①如果以此“标准”来检视近代中国社会保障立法,其局限性和落后性还是显而易见的。

① 富兰克林·罗斯福总统连任就职演说,1937年1月20日。参见王建华等编译:《美国历届总统就职演说精选》,第287页,江西人民出版社,1989。

余论:模式的转换与道路的选择

——关于近代中国社会保障立法的思考

中国社会自近代以来进入了从传统向现代的转型时期。民国以后,随着工业化的进展,农业时代以社会救济为主导的传统社会保障模式也开始向工业时代的现代模式转化。近代中国社会保障立法既是社会保障法制化之滥觞,也是社会保障模式从传统向现代转换的基本路径。

近代中国时期,世界各主要工业化国家的社会保障体系,由于其历史文化背景不同,社会经济发展状况各异,在保障的政策取向、制度设计、具体标准及实施办法等方面都存在着很大的差别。但若从社会保障制度的核心即社会保障基金的筹集方式来考察,其制度安排大致可归纳为福利国家型、社会保险型、国家保险型等三种主流模式。福利国家型模式始于英国,其基本特征是以公民权利为核心确立了福利普遍性和保障全面性原则,它以国家为直接责任主体,以国家为全体国民提供全面保障为基本内容,以充分就业、收入均等化等为目标。社会保险型模式始于德国,其基本特征是以面向劳动者建立各种由政府、社会、雇主与个人之间责任共担的社会保险机制为中心,再补充以其他救助或福利性政策,构成能够满足工业社会需要的社会安全网。国家保险型模式始于前苏联,其基本特征是社会保障事务完全由国家(或通过国营企业等)包办,个人不交纳任何保险费,在保障目标上是以追求社会公平为主,在保障范围上几乎是全体国民。

因此,民国之际,中国社会保障模式从传统向现代转换就面临着三条可供选择的道路:一是转向福利国家型模式;二是转向社会保险型模式;三是转向国家保险型模式。就近代中国的工业化程度及社会经济发展水平来看,第一条道路显然不具有现实可行性;而国家保险型模式实行于社会主义国家,与民国政府的国家制度不相匹配,也不会成为其选择的目标。由此,社会保险型模式便成为民国政府的唯一选择及其社会保障立法的基本取向,近代中国社会保险立法的发展史也充分证明了这一点。

抗战末期,国民政府核定的《战后社会安全初步设施纲领实施办法》曾规定:初期创办社会保险,应谋奠定保障社会安全的始基,采用强制政策;关于预防保险事故的发生,所有安全及福利设施,尤应同时举办。经常社会保险的实施,应力求下列原则的贯彻:政府认定社会保险为全体国民福利,保障社会永久安全设施,应由中央主持办理,并力谋其业务的扩展与充实;社会保险的一切经费,应有切实保障,并依法管理使用;执行社会保险业务的人员,应受专业训练,具专业精神与服务道德。① 这表明,国民政府已将实施社会保险确立为社会保障制度的基本模式。

国家保险型模式虽为民国政府所不取,却对中国社会保障模式从传统向现代转换产生了直接而深远的影响。中国共产党早在成立之初,就在《劳动法案大纲》中明确提出:"劳动者应参

---

① 秦孝仪:《中华民国社会发展史》(第3册),第1845—1846页,台湾近代中国出版社,1985。

加一切保险,其保险费用应完全由雇主或国家负担。"①红色革命政权和革命根据地建立后,在中国共产党领导下制定的有关社会保障立法明确规定了国家保险模式的基本内容,如1931年颁布的《中华苏维埃共和国劳动法》第10章规定:社会保险基金由各企业、各机关、各商店及私人雇主按照中央劳动部统一制定的标准支付,"保险金不得向被保险人征收,亦不得从被保险人的工资内扣除"②。解放战争后期由东北行政委员会于1948年12月公布的《东北公营企业战时暂行劳动保险条例》也规定,劳动保险金的征集标准为各公营企业工资支出总额的3%,各公营企业劳动保险管理机关必须按月缴纳。③

综上可见,在中国近代社会保障模式的转型过程中曾出现了两条道路:一条通向社会保险型模式;一条走向国家保险型模式。1949年国民政府退守台湾和中华人民共和国宣告成立后,两条道路的选择也似乎已经尘埃落定。1951年2月,《中华人民共和国劳动保险条例》公布,规定:"劳动保险的各项费用,全部由实行劳动保险的企业行政方面或资方负担,其中一部分由企业行政方面或资方直接支付,另一部分由企业行政方面或资方缴纳劳动保险金,交工会组织办理。"④这标志着国家保险模式在中国大陆地区的正式确立。国民政府退守台湾后,继续筹办社会保险,1950年3月颁行《劳工保险条例》并开办劳工保

---

① 《中国工会历史文献——1921.7至1927.2》,第15页,工人出版社,1958。

② 蔡鸿源主编:《民国法规集成》(第70册),第210页,黄山书社,1999。

③ 详见吕伟俊、岳宗福:《论中国共产党在新中国成立前领导的社会保险立法》,《山东大学学报(哲社版)》2005年第4期。

④ 中央人民政府劳动部劳动政策研究室编:《中央劳动法令汇编》,第284页,人民出版社,1953。

险,此后《军人保险条例》、《公务人员保险法》、《私立学校教职员保险条例》等立法陆续出台,军人保险、公务人员保险、私立学校教职员保险、公务人员眷属疾病保险及农民健康保险等社会保险也相继依法举办,奠立了社会保险模式的基本格局。

但是,20 世纪 80 年代以后,随着中国推行经济体制改革并将社会主义市场经济体制确定为最终目标,大陆地区实行了三十余年的国家保险制度因丧失了计划经济与乡村集体经济的基础,加之其自身亦存在着某些缺陷,又再次面临着一次抉择:是继续坚持国家保险制度,还是转向社会化保险模式。90 年代以后,国家保险模式在国际社会随着前苏联的解体和东欧国家的剧变而被摒弃,中国内地也开始改革国家保险制度,"改革的目的在于重新确立与市场经济相适应的社会化社会保障制度"①。这样,经过近半个世纪的迂回曲折,历史再次选择了社会保险之路。有学者曾预言:"国家保险模式作为一场现代社会保障制度的伟大实践,正在成为历史,但这种结局并不表明在未来社会里绝对不会再度出现。"②但不论回眸中国社会保障模式的变迁历程,还是展望中国社会保障制度的未来前景,我们都应该记住西方哲人的一段话:"历史并不仅仅是已经过去的事物。因为完全过去的东西对我们没有任何影响。相反,过去的事物左右着我们的现在,预示着我们的未来。"③

---

① 郑功成:《社会保障学》,第 296—297 页,商务印书馆,2000。

② 郑功成:《社会保障学》,第 152 页,商务印书馆,2000。

③ [德]海德格尔:《存在与时间》,转引自王寿林等主编《当代西方社会科学名著导读》,第 20 页,北京大学出版社,1999。

主要参考文献

一、档案、年鉴与资料汇编

中国第二历史档案馆编:《中华民国档案资料汇编》,江苏古籍出版社。

山东省档案馆等编:《山东革命历史档案资料选编》,山东人民出版社,1984。

第二历史档案馆馆藏:北洋政府档案第1001、1002号全宗;国民党和国民政府档案第1、2、10、11号全宗。

山东省档案馆馆藏民国档案第105、165号全宗。

武汉市档案馆馆藏民国档案第108号全宗。

王清彬等编:《第一次中国劳动年鉴》,1928。

国民政府实业部年鉴编辑委员会编:《民国二十一年中国劳动年鉴》,1992。

国民政府实业部年鉴编辑委员会编:《民国二十二年中国劳动年鉴》,1992。

中国年鉴社:《中国年鉴》,商务印书馆,1916。

中华年鉴社:《中华年鉴》,1948。

国民政府主计处统计局编:《中华民国统计年鉴》,南京中国文化事业公司,1948。

《工商会议报告录》,1912年工商部编印。

蔡鸿源主编:《民国法规集成》(1—100册),黄山书社,1999。

《最新编订民国法令大全》,商务印书馆,1924。

徐百齐编:《中华民国法规大全》(一),商务印书馆,1937。

王宗洲主编:《中国劳动法规全书(1912—1989)》,黄河出版社,1989。

《武汉抗战法制文献选编》,农村读物出版社,1987。

严仲平等编:《中国近代经济史资料》,科学出版社,1955。

陈真等著:《中国近代工业史资料》,三联书店,1957。

彭泽益:《中国近代手工业史资料》,中华书局,1962。

章有义:《中国近代农业史资料》,三联书店,1957。

荣孟源主编:《中国国民党历次代表大会及中央全会资料》,光明日报出版社,1985。

千家驹编:《旧中国公债史资料(1894—1949)》,中华书局,1984。

河北文史资料编辑部编:《近代中国土匪实录》,群众出版社,1992。

北京图书馆编:《民国时期总书目(1911—1949)·社会科学(总类部分)》,书目文献出版社,1995。

中华全国总工会中国职工运动史研究室编:《中国历次全国劳动大会文献》,工人出版社,1957。

《中国工会历史文献——1921.7至1927.2》,工人出版社,1958。

中央人民政府劳动部劳动政策研究室编:《中央劳动法令汇编》,人民出版社,1953。

台湾中国国民党中央委员会党史委员会编:《革命文献》。

《20世纪中国全记录(1900A.D.—1990A.D.)》,台湾锦绣出版事业股份有限公司,1990。

中共中央马恩列斯著作编译局研究室编:《五四时期期刊

介绍》(第3集),人民出版社,1958。

二、报刊资料

《临时政府公报》。
《政府公报》。
《国民政府公报》。
《中央日报》。
《立法院公报》。
《申报》。
《东方杂志》。
《国闻周报》。
《民国日报》。
《晨报》。
《大公报》。
《民立报》。
《银行周报》。
《劳工月刊》。
《中国劳动》。
《国际劳工通讯》。
《社会工作通讯》。
《赈务通告》。

三、文集与工具书

《马克思恩格斯选集》,人民出版社,1972。
《马克思恩格斯全集》,人民出版社,1959。
《列宁全集》,人民出版社,1959。
《毛泽东选集》(四卷本),人民出版社,1991。

《孙中山选集》,人民出版社,1957。

《罗斯福选集》,商务印书馆,1982。

《潘光旦文集》,国际文化出版公司,1997。

《礼记》。

《孟子》。

《汉书》。

《新论》。

王建华等编译:《美国历届总统就职演说精选》,江西人民出版社,1989。

陈旭麓、李华兴主编:《中华民国史辞典》,上海人民出版社,1992。

张海鹰主编:《社会保障辞典》,经济管理出版社,1993。

《辞海·历史分册·中国现代史》,上海辞书出版社,1984。

四、主要法规法令

《陆军平时恤赏暂行章程》,1912 年民国北京政府公布。

《战时陆军恤赏简章》,1912 年民国北京政府公布。

《警察官吏恤金给予条例》,1914 年民国北京政府公布。

《文官恤金令》,1914 年民国北京政府公布。

《矿业条例》,1914 年民国北京政府公布。

《矿业条例施行细则》,1914 年民国北京政府公布。

《游民习艺所章程》,1915 年民国北京政府公布。

《勘报灾歉条例》,1915 年民国北京政府公布。

《警察储金试办办法》,1917 年民国北京政府内务部公布。

《暂行工厂通则》,1923 年民国北京政府公布。

《矿工待遇规则》,1923 年民国北京政府农商部公布。

《工厂条例》,1927年民国北京政府公布。

《保险契约法草案》,1927年民国北京政府拟订。

《官吏恤金条例》,1927年国民政府公布。

《国民革命军战时抚恤暂行条例》,1927年国民政府公布。

《各地方救济院规则》,1928年国民政府内政部公布。

《管理各地方私立慈善机构规则》,1928年国民政府内政部公布。

《劳动法典草案》,1929年广东省建设厅劳动法起草委员会拟订。

《工厂法》,1929年国民政府公布。

《监督慈善团体法》,1929年国民政府公布。

《保险法》,1929年国民政府公布。

《救灾准备金法》,1930年国民政府公布。

《各地方仓储管理规则》,1930年国民政府内政部公布。

《强制劳工保险法草案》,1932年国民政府实业部拟订。

《国营企业最低工资暂行办法》,1934年国民政府行政院公布。

《公务员恤金条例》,1934年国民政府公布。

《合作社法》,1934年国民政府公布。

《职业介绍法》,1935年国民政府公布。

《农仓业法》,1935年国民政府公布。

《简易人寿保险法》,1935年国民政府公布。

《简易人寿保险章程》,1935年行政院公布。

《实施救灾准备金暂行办法》,1935年国民政府公布。

《最低工资法》,1936年国民政府公布。

《勘报灾歉规程》,1936年国民政府内政部公布。

《社会部组织法》,1940 年国民政府公布。

《社会教育机关服务人员养老金及恤金条例》,1940 年国民政府公布。

《社会部各司分科规则》,1941 年社会部公布。

《社会部社会法临时起草委员会简章》,1941 年社会部公布。

《社会保险法原则草案》,1941 年社会部拟订。

《修正非常时期难民救济办法大纲》,1942 年国民政府行政院公布。

《捐资兴办社会福利事业褒奖条例》,1942 年国民政府公布。

《社会救济法》,1943 年国民政府公布。

《职工福利金条例》,1943 年国民政府公布。

《职工福利金条例施行细则》,1943 年社会部公布。

《农民福利社设置办法》,1943 年社会部公布。

《川北区各盐场盐工保险暂行办法》,1943 年社会部公布。

《公务员抚恤法》,1943 年国民政府公布。

《陆军抚恤条例》、《海军抚恤条例》、《空军抚恤条例》,1944 年国民政府公布。

《工厂工人储蓄办法》,1944 年行政院公布。

《社会部奖助社会福利事业暂行办法》,1944 年社会部公布。

《社会救济法实施细则》,1944 年行政院核准。

《社会保险方案草案》,1944 年社会部拟订。

《各市地县地方救济事业基金管理办法》,1943 年社会部公布。

《救济院规程》,1944 年行政院公布。

《管理私立救济设施规则》,1944 年行政院公布。

《救济院基金委员会组织规程》,1945 年社会部公布。

《社会保险法原则》,1947 年国民政府国务会议通过。

《学校教职员抚恤条例》,1948 年国民政府公布。

五、学术专著

李新、李宗一主编:《中华民国史》,中华书局,1987。

朱汉国主编:《南京国民政府纪实》,安徽人民出版社,1993。

魏宏运主编:《民国史纪事本末》,辽宁人民出版社,1999。

郑杭生主编:《社会学概论新编》,中国人民大学出版社,1987。

侯均生:《西方社会学思想进程》,辽宁人民出版社,1988。

许庆朴、张福记主编:《近现代中国社会》,齐鲁书社,2002。

周积明、宋德金主编:《中国社会史论》,湖北教育出版社,2000。

杨雅彬:《近代中国社会学》,中国社会科学出版社,2001。

李文海:《世纪之交的晚清社会》,中国人民大学出版社,1995。

张静如等主编:《北洋军阀统治时期中国社会之变迁》,中国人民大学出版社,1992。

龚书铎总主编:《中国社会通史·民国卷》,山西教育出版社,1996。

吴承明:《中国的现代化:市场与社会》,三联书店,2001。

王云骏:《民国南京城市社会管理》,江苏古籍出版社,2001。

敖文蔚:《中国近现代社会与民政》,武汉大学出版社,

1992。

陈达:《我国抗日战争时期市镇工人生活》,中国劳动出版社,1993。

孟昭华、王明寰:《中国民政史稿》,黑龙江人民出版社,1986。

余双秋主编:《中国民政史》(下),湖南大学出版社,1989。

马宗晋:《灾害与社会》,地震出版社,1990。

胡明思等:《中国历史大洪水(上、下)》,中国书店,1992。

王劲峰等:《中国自然灾害区划》,中国科学技术出版社,1995。

李文海等:《近代中国灾荒纪年》及《续编》,湖南教育出版社,1990。

李文海等:《中国近代十大灾荒》,上海人民出版社,1994。

夏明方:《民国时期自然灾害与乡村社会》,中华书局,1999。

池子华:《流民问题与社会控制》,广西人民出版社,2001。

史全生等:《中华民国经济史》,江苏人民出版社,1989。

孙健:《中国经济史——近代部分》,中国人民大学出版社,1989。

本书编写组编:《旧中国的资本主义生产关系》,人民出版社,1977。

薛暮桥:《旧中国的农村经济》,农业出版社,1980。

许涤新、吴承明:《中国资本主义发展史》(第2卷),人民出版社,1990。

黄立人:《抗战时期大后方经济史研究》,中国档案出版社,1998。

颜鹏飞等主编:《中国保险史志》,上海社会科学院出版社,

1989。

吴申元、郑韫瑜编著:《中国保险史话》,经济管理出版社,1993。

魏原杰、吴申元主编:《中国保险百科全书》,中国发展出版社,1992。

中国保险学会编:《中国保险史》,中国金融出版社,1998。

郑功成:《社会保障学——理念、制度、实践与思辨》,商务印书馆,2000。

郭士征:《社会保障——基本理论与国际比较》,上海财经大学出版社,1996。

覃有土、樊启荣:《社会保障法》,法律出版社,1997。

王益英主编:《外国劳动法和社会保障法》,中国人民大学出版社,2001。

李晓林、王绪瑾主编:《社会保障学》,中国财政经济出版社,1997。

李琮主编:《西欧社会保障制度》,中国社会科学出版社,1989。

林嘉:《社会保障法的理念、实践与创新》,中国人民大学出版社,2002。

蒋月:《社会保障法概论》,法律出版社,1999。

林丽等编著:《社会保险》,法律出版社,1996。

冯兰瑞等著:《中国社会保障制度重构》,经济科学出版社,1997。

郑功成:《中国社会保障论》,湖北人民出版社,1994。

刘金章主编:《现代社会保障通论》,天津科学技术出版社,1996。

苏振芳:《社会保障概论》,中国审计出版社,2001。

林代昭主编:《中国近现代人事制度》,劳动人事出版社,1989。

邹依仁:《旧上海人口变迁的发展》,上海人民出版社,1980。

顾朝林等著:《中国城市地理》,商务印书馆,1999。

邱远猷、张希坡:《中华民国开国法制史——辛亥革命法律制度研究》,首都师范大学出版社,1997。

张晋藩:《中国法律的传统与近代转型》,法律出版社,1997。

王寿林等主编:《当代西方社会科学名著导读》,北京大学出版社,1999。

陈煜堃:《社会保险概论》,经纬社,1946。

陈凌云:《现代各国社会救济》,商务印书馆,1937。

陈达:《中国劳工问题》,商务印书馆,1929。

柯象峰:《中国贫穷问题》,正中书局,1947。

骆传华:《今日中国劳工问题》,上海青年协会书局,1933。

陈振鹭:《劳动问题大纲》,上海大学书店,1936。

李剑华:《劳工法论》,上海法学编译社,1934。

刘局壑:《工厂检查概论》,商务印书馆,1934。

张樑任:《中国邮政》(上卷),商务印书馆,1936。

许闻天:《中国工人运动史初稿》,国民党中央社会部1940年印发。

朱斯煌主编:《民国经济史》(上),台湾文海出版有限公司,1985。

谢振民编著:《中华民国立法史》,中国政法大学出版社,2000。

国民政府社会部编:《社会保险法原则》,1948。

任源远:《社会保险立法之趋势》,上海群学社,1936。

吴耀麟:《社会保险之理论与实际》,上海大东书局,1932。

牟乃纮编:《社会福利事业之理论与实际》(初稿),中央社会部,1940。

国民政府卫生部编:《健康保险计划书》,1929。

张法尧:《社会保险要义》,上海华通书局,1931。

梁启超:《中国历史研究法》(外二种),河北教育出版社,2000。

卜凯:《中国农家经济》,商务印书馆,1937。

于树德:《农荒预防策》,商务印书馆,1923。

邓云特:《中国救荒史》,上海书店,1984年影印本。

詹火生、吴明儒:《西欧社会安全制度发展之分析》,台湾中正大学社会福利研究所,1993。

王国羽主编:《社会安全问题之探讨》,台湾中正大学社会福利研究所,1993。

陈国钧:《社会政策与社会立法》,台湾三民书局,1984。

刘修如:《社会政策与社会立法》,台湾开明书店,1977。

周建卿编著:《中华社会福利法制史》,台湾黎明文化事业股份有限公司,1992。

刘见祥:《"我国"社会保险政策与实践之研究》,第237页,台湾私立中国文化大学三民主义研究所1991年5月博士论文。

郭寅生:《公务人员保险法概论》,台湾学生书局,1980。

秦孝仪:《中华民国社会发展史》(第3册),台湾近代中国出版社,1985。

江亮演:《社会救助的理论与实务》,台湾桂冠图书文化有限公司,1990。

赖建诚:《近代中国的合作经济运动——社会经济史的分

析》,台湾正中书局,1990。

联合国国际劳工组织主编:《社会保障基础》,吉林大学出版社,1989。

美国社会保障署编:《全球社会保障——1995》,华夏出版社,1996。

[法]白吉尔:《中国资产阶级的黄金时代(1911—1937)》,上海人民出版社,1994。

[美]彭尼·凯恩:《1959—1961,中国的大饥荒》(中译本),中国社会科学出版社,1993。

[德]路德维希·艾哈德:《大众的福利》,武汉大学出版社,1995。

[美]施坚雅:《晚清时期的城市》(William G. Skinner: *The City in Late Imperial China*),斯坦福大学出版社,1975。

[美]戴维·D. 巴克:《中国城市的变迁:1890—1949 年山东济南的政治及其发展》(*David. D. Buck*: *Urban Change in China Politics and Development in Tsinan, Shantung*, 1890—1949),麦迪逊·威斯康星大学出版社,1978。

Hennoch, *British Social Reform and German Precedent*. Oxford, 1987。

Pat Thane, *The Foundation of Welfare State*. Longman, 1983。

六、学术论文

黄艳:《我国社会保障立法的历史发展》,《重庆三峡学院学报》2000 年第 3 期。

张玉法:《民国初年的社会救济(1912—1937)——山东地区的个案研究》,《中华民国史专题论文集》(第二届讨论会),台湾"国史馆"印行。

杨团:《社会政策研究范式的演化及其启示》,《新华文摘》2002 年第 10 期。

刘五书:《论民国时期的以工代赈救荒》,《史学月刊》1997 年第 2 期。

成志刚:《世界各国社会保障模式研究》,《中国保险干部管理学院学报》2002 第 6 期。

陈清敏:《抗战时期社会救济的行政规划与措施》,《中华民国史专题论文集》(第二届讨论会),台湾"国史馆"印行。

卜凯:《中华民国二十年水灾区域之经济调查》,《金陵学报》第 2 卷第 1 期。

郑秉文:《合作主义:中国福利制度框架的重构》,《经济研究》2002 年第 2 期。

周秋光:《民国北京政府时期中国红十字会的慈善救护与赈济活动》,《近代史研究》2000 年第 6 期。

龚汝富:《浅议中国古代社会保障体系》,《光明日报》2001 年 12 月 4 日。

丁建定:《试论近代晚期西欧的社会保障制度》,《史学月刊》1997 年第 4 期。

丁建定:《英国在西欧现代社会保障制度建立过程中的历史定位》,《欧洲》2000 年第 2 期。

饶东辉:《民国北京政府的劳动立法初探》,《近代史研究》1998 年第 1 期。

陈竹君:《试论抗战时期国民政府的劳工福利政策及其缺陷》,《民国档案》2003 年第 1 期。

吕伟俊、岳宗福:《论中国共产党在新中国成立前领导的社会保险立法》,《山东大学学报(哲社版)》2005 年第 4 期。

岳宗福:《试探晚清和北洋政府时期的保险立法》,《中国保险干部管理学院学报》2002 年第 6 期。

岳宗福、聂家华:《国民政府社会保险立法述论》,《社会保障制度》2005 年第 4 期。

后　记

《左传》曰:“太上有立德,其次有立功,其次有立言,虽久不废,此之谓不朽。”“立言”虽位列最末,毕竟是人生“三不朽”盛事之一。如果把学位论文印刷成书,也有幸算得上古人所谓“立言”,每念及愚钝如我,现在也要出书,就倍感汗颜。好在秋风正凉,汗颜易干,何妨也学易安居士一样吟唱:“知否?知否?应是绿肥红瘦。”

关注社会保障问题已有多年,但选择一个与社会保障有关的课题作为学位论文选题,对于一个历史专业的学生来说,似乎有“不务正业”之嫌。为了完成和完善这部书稿,我下了很多蚂蚁式的工夫,得到的也是一份劳动密集型作品。但如今要付梓印行,心中仍不免忐忑,特别是一想到有那么多有关专家以及他们的皇皇著作,自己就有裸立于众之感。

本书的印行首先要感谢我的导师吕伟俊先生,从硕士到博士,从山东大学到浙江大学,十几年来,是先生把我领入了学术殿堂,并在学习、生活、工作上给予了无微不至的关怀,先生在为人和为学上对我影响至深,所得教益非言语所能表达。在浙江大学攻读博士期间,杨树标教授不仅在学业上给予了精心指导,而且在生活上关爱有加,使我在美丽的西子湖畔感到家一样的温暖。金普森教授、王斯德教授、高力克教授等专家在论文答辩过程中,既肯定了论文的重要学术价值,也提出了需要考虑的问题和改进的建议,使我获得了一次难得的向前辈学者面对面讨教和学习的机会;郭德宏教授、朱汉国教授、李学昌教授、董宝训教授对论文进行了认真评阅,言辞真切,意见中肯,使本书付梓之际减少了疏漏。借此机会,向以上各位专家表示深深的敬意和真诚的谢意。

在浙江大学学习期间,各位师兄弟和同学曾在各个方面给予了莫大帮助。在山东省档案局工作期间,学习上曾得到有关领导及同事的支持。在攻读博士学位和论文写作过程中,得到了妻子和儿子的理解和鼓励。本书得到"山东工商学院出版基金"资助,保证了顺利出版。在此,一并表示衷心的感谢。

社会保障法制化研究在我国还是一个有待开拓的新领域,从理论到实践都还有许多问题有待探讨。"始生之物,其貌必丑",祈愿这份劳动密集型作品,能成为引导该领域研究走向深入的"引玉之砖",也恳切希望得到有关专家和学者的批评和指教。

岳宗福

2006年9月

图书在版编目(CIP)数据

近代中国社会保障立法研究（1912—1949）/岳宗福著. —济南：齐鲁书社，2006.12
ISBN 7-5333-1756-4

Ⅰ. 近... Ⅱ. 岳... Ⅲ. 社会保障—立法—研究—中国—1912—1949 Ⅳ. D922.182.32

中国版本图书馆 CIP 数据核字(2006)第 139869 号

近代中国社会保障立法研究(1912—1949)

岳宗福 著

出版发行	齊魯書社
社　　址	济南经九路胜利大街 39 号
邮　　编	250001
网　　址	www.qlss.com.cn
电子邮箱	qlss@sdpress.com.cn
印　　刷	日照报业印刷有限公司
开　　本	850×1168/32
印　　张	13.5
字　　数	339 千
插　　页	2
版　　次	2006 年 12 月第 1 版
印　　次	2006 年 12 月第 1 次印刷
标准书号	ISBN 7—5333—1756—4/K·552
	定价：**28.00 元**